표현, 언론 그리고 집회결사의 자유

이재진

현재 한양대학교 미디어커뮤니케이션학과 교수이다. 서울대에서 학·석사를, Univ. of Iowa에서 석사, 그리고 Southern Illinois Univ.에서 박사를 취득하였다(저널리즘/언론법 전공). 언론윤리법제 분야의 연구를 계속해오고 있다. 대표적 저서로 〈인터넷 언론 자유와 인격권〉(2009)과 〈언론 자유와 인격권〉(2006), 〈International Encyclopedia of Communication〉(2008) 등이 있으며, 국내외의 언론윤리법제 관련 논문들이 다수 있다. 2009년 제8회 철우언론법상과 2006년 방송학회 학술상 등을 수상한 바 있다. 현재 한대신문 편집인 겸 주간을 맡고 있으며, 대외적으로 제1기 방송통신심의위원회 위원과 선거기사심의위원회 위원, 법원전문심리위원을 지냈다.

이정기

한양대학교 신문방송학과에서 박사과정을 수료하고(2011), 현재 한양대 신문방송학과에 출강 중이다. 동명대 신문방송학과(2007), 경희사이버대 NGO학과 및 사회복지학과에서 학사학위를(2009), 한양대 신문방송학과에서 석사학위를 취득하였다(2009). 2010년 한국장학재단의 국가연구장학생(인문사회계)으로 선발되었고, 동 재단으로부터 전공 분야의 논문 공적을 인정받아 국가장학사업 연구장려비 지원 대상자에 선발되었다. 미디어 효과 및 수용자, 뉴스 콘텐츠, 언론법제 및 정책에 관심을 두고 공부하고 있으며, 한국연구재단 등재(후보)지에 21편의 논문을 게재하였다.

표현, 언론 그리고 집회결사의 자유

이재진, 이정기 지음

초판 1쇄 인쇄 2011년 12월 23일 **초판 1쇄 발행** 2011년 12월 30일
발행인 임덕호 **발행처** 한양대학교출판부
주소 133-791 서울 성동구 왕십리로 222 **전화** 02)2220-1432~4 **팩스** 02)2220-1435
홈페이지 www.press.hanyang.ac.kr **전자우편** presshy@hanyang.ac.kr
출판등록 제4-7호(1972년 2월 29일) **인쇄처** 미르P&P

ISBN 978-89-7218-407-2 93300

표현, 언론 그리고 집회결사의 자유

| 이재진, 이정기 공저 |

한양대학교출판부

2011년 '표현, 언론 그리고 집회결사'의 자유의 위기

2010년에서 2011년 사이에 발표된 국제연합(UN), 국경 없는 기자회(RSF), 국제 인권 감시단체 프리덤하우스(Freedom house) 등의 언론·표현의 자유 관련 보고서는 현재 우리나라의 표현의 자유 수준을 객관적으로 가늠할 수 있는 준거틀을 제공해 주고 있다.

장면 1: 2010년 5월 17일 유엔 의사표현의 자유 특별보고관 프랭크 라뤼는 '한국의 표현의 자유 실태 조사 결과' 기자회견에서 2008년 이후 한국 사회의 표현의 자유가 위축되고 있다고 발표하였다. 그는 국가보안법, 공익을 저해한다는 이유로 수행되고 있는 인터넷 게시물의 삭제, 전국교직원노동조합(전교조)의 시국선언 규제 등이 표현의 자유가 침해된 사례에 해당한다고 지적하였다(이태영, 2010. 5. 17).

장면 2: 2010년 10월 국경 없는 기자회는 '세계언론자유지수'에서 우리나라의 언론자유 순위를 178개국 중 42위로 평가하였다. 이는 'MBC PD수첩 제작진에 대한 체포' 사건이 발생했던 2009년 69위에 비해서는 27단계 상승한 것이었지만, 노무현 정권 시절인 2006년 31위, 2007년 39위에 비해서는 하락한 것이었다(곽상아, 2011. 5. 3; 조현호, 2011. 5. 3).

장면 3: 2011년 4월 22일 발표된 국제 언론감시단체 프리덤하우스(Freedom house)의 '2011 인터넷 상의 언론자유 보고서(Freedom on the net)'에 따르면 우리나라는 부분적 인터넷 자유국가로 분류되었다. 인터넷 자유지수는 조사대상 37개국 중 케냐, 멕시코 등과 함께 9위를 차지한 것으로 나타났다. 프리덤하우스는 "한국정부가 북한의 공식 트위터 계정 등 65개의 북한 관련 사이트 접근을 차단하고 있고, 인터넷 실명제 등의 규제장치를 가지고 있으며, 인터넷 논객 미네르바에 대한 수사를 벌이는 등 인터넷 사용자에 대한 권리침해를 하고 있다"고 지적하였다. 이러한 규제환경이 인터넷 사용자에게 자기검열을 강화하는 역할을 하게 된다는 것이다(연합뉴스, 2011. 4. 22).

장면 4: 2011년 5월 2일 발표된 프리덤하우스의 '2011 언론자유 보고서'에 의하면 우리나라는 2010년 조사 당시 조사대상 196개국 중 67위의 언론자유도를 보이며 언론자유국으로 분류되었다. 그러나 2011년 조사에서는 70위로 하락하면서, 부분적 언론자유국(partly free)으로 강등되었다. 프리덤하우스는 "검열과 함께 언론사와 정보 콘텐츠에 대한 정부의 영향력 개입 확대"가 그 이유라고 지적하였다. 최근 몇 년간 친북적이거나 반정부적 시각을 가진 온라인 표현물이 무단삭제 되었고, 이명박 대통령의 측근을 언론사의 주요 보직에 임명하는 등 방송의 독립성 침해가 발생하고 있다는 것이다(곽상아, 2011. 5. 3; 방연주, 2011. 5. 3; 조현호, 2011. 5. 3).

저널리즘 측면에서 표현의 자유 연구의 필요성

이처럼 국제사회단체는 2011년 현재 우리나라의 표현, 언론 그리고 집회결사의 자유 수준이 퇴보하고 있음을 지적하며 우려를 표명하고 있다. 표현의 자유는 국제법과 헌법이 보장하는 천부적 권리이기 때문이다. 그 누구도, 심지어 최근 들어 표현의 자유를 제약하는 주체로 지적되고 있는 정부까지도 표현의 자유의 가치와 중요성을 부인하지 않는다. 그러나 표현의 자유를 제약하는 사회는 물론, 표현의 자유를 중시하는 사회에서도 크고 작은 형태의 표현의 자유 제약은 꾸준하게 발생하고 있다. 이는 표현의 자유 보장이나 제한이라는 것이 가시적으로 드러나기에 어려움이 있다는 측면, 표현의 자유의 위상은 각 국가의 체제나, 자국내 사회문화적 환경에 의해 차별적으로 나타나는 상대성을 가지고 있다는 측면에서 설명될 수 있을 것이다. 그러나 표현의 자유 제약은 필연적으로 정치사회적 폐쇄성을 불러오고, 민주주의를 위협하는 기재로서 작동하기 마련이다. 따라서 표현의 자유의 중요성은 아무리 강조해도 지나침이 없다.

국가적 측면에서 보면, 미국의 경우 수정헌법 제1조를 통해 표현의 자유를 여타의 기본권에 비해 우월적인 기본권으로 보장하고 있다. 반면, 우리나라에서 표현의 자유는 국익, 인격권 등의 기본권과 비교형량되고 있는 상황이다. 실제 판례에서도 표현의 자유는 인격권 등의 가치에 비해 우월적인 지위로 인정받고 있지 못하고 있다. 즉 우리나라에서 표현의 자유는 제한적 보장이 이루어지고 있다고 할 수 있다. 그러나 중국, 북한 등 사회주의적 체제를 표방하고 있는 국가에 견주어 볼 경우 우리의 표현의 자유 보장 수준은 상당히 높은 편이다.

정치사회적 환경의 측면에서 보면 대체로 진보적 정(치)권에서는 표현의 자유를 여타 기본권에 비해 상대적으로 중요시하고 있고, 보수적 정(치)권에서는 표현의 자유보다 여타 기본권의 가치를 상대적으로 중요시한다는 사실을 여러 사례를 통해 확인할 수 있다. 예컨대 표현의 자유와 관련된 핵심 쟁점인 인터넷 실명제, 사이버 모욕죄, 집회 및 시위에 관한 법률의 야간옥외집회 규제조항 개정 등은 여권에 의해 주도되고 있고, 야권에서는 대체로 이러한 법안에 반대의견을 표명하고 있다.

이처럼 표현의 자유는 다양한 기본권과 충돌하고, 국내외의 정치사회적 환경에 따라 차별적이고 상대적인 의미를 가질 수밖에 없는 구조를 가지고 있다. 그러나 법적 불명확성은 필연적으로 사회적 혼란을 초래하기 마련이다. 과연 어느 정도 수준의 의견을 표현했을 때 표현의 자유로 인정되고, 인격권 침해가 되는지에 대한 기준이 명확하지 않고, 이러한 비교형량의 기준이 사회통념상 납득되지 않는 상황이라면 표현행위의 위축과 사법부에 대한 불신이 동시에 발생할 우려가 있다. 또한 표현의 위축과 법에 대한 불신은 민주주의의 질적 저하를 초래할 가능성이 있다. 따라서 표현의 자유가 국내 환경에서 어떠한 의미를 가지고 있으며, 표현의 자유의 보장과 제한 법리가 어떠한 근거를 가지고 있는지에 대한 논의는 중요한 가치를 지닌다고 하겠다. 그렇다면 과연 우리나라는 표현의 자유를 어느 정도 수준으로 보장하고 있는가? 또한 표현의 자유 제한 법리는 어떠한 근거를 가지고 작동하고 있으며, 이러한 법리는 타당성을 지니는가?

물론 표현의 자유와 관련한 다양한 학술서적들이 출판되어 국내의 표현의 자유에 대한 정의와 논의를 도출한 바 있다. 그러나 대부분의 관련 저술들은 법학자들에 의해 쓰여졌고, 대체로 표현의 자유의 기원과 의미, 법리적 해석, 미국의 사례를 소개하는 유형으로 한정되어 왔다. 예컨대 변재옥(1999)은 〈정보화사회의 프라이버시와 표현의 자유〉에서 미국에서 개인과 언론기관과의 대립을 통해 프라이버시의 권리가 어떻게 형성되었는가를 판례와 법률 설명을 통해 살폈고, 박용상(2003)의 〈표현의 자유〉는 표현의 자유와 관련된 법리적 해석의 전반적인 부분을 상세히 소개하였다. 로버트 하그리브스 저, 오승훈 역(2006)의 〈표현 자유의 역사〉는 고대시대부터 현재에 이르는 언론 자유의 기원을 추적하였다. 이부하 역(2007)의 〈표현의 자유와 미국헌법〉은 미국의 수정헌법 제1조의 제정 등 표현의 자유 보장의 역사를 설명하고, 표현의 자유 보장을 위한 중요한 판례를 소개하였다. 장호순(2007)의 〈미국 헌법과 인권의 역사〉는 미국 연방대법원의 주요 판결 20개를 통해 미국 사회의 법치주의가 뿌리내려지는 역사적 과정을 조명하였다. 사상과 이념의 자유, 표현의 자유, 언론의 자유, 평등권 보장 등을 주제로 논의를 전개하였다.

한편 표현의 자유의 문제를 집회 결사의 자유, 사상과 양심의 자유로 확대하여 논의를 이끌어간 저술도 일부 출판된 바 있다. 예컨대 윤명선(2004)의 〈표현의 자유〉는 표현의 자유의 의의와 기능, 전개과정, 결사의 자유와 표현의 자유 제한 법리 등에 대해 소개하고 있다. 조국(2007)의 〈양심과 사상의 자유를 위하여〉는 사상과 양심의 자유의 의미에 대해 논하고 있다. 한인섭, 한상희, 박경신 등(2009)의 〈한국과 표현의 자유〉는 광우병 촛불집회에서 나타난 다양한 표현의 문제 즉 촛불집회, 소비자 불매운동에 대한 규제의 문제를 현상학적, 비교법적으로 고찰하였다.

표현의 자유를 주제로 한 많은 서적들은 나름의 관점을 통해 표현의 자유 문제에 개론적 또는 비판적으로 접근하고 있지만, 국내외의 관련 법리를 중심으로 표현의 자유 문제에 접근하고 있다는 한계를 노출하고 있다. 그러나 저널리즘적 관점에서 표현의 자유 문제를 다루거나 국내의 독특한 사회문화적 환경에서의 표현의 자유 관련 문제에 천착하고 있는 서적은 부족하였다고 판단된다.[1] 예컨대 언론과 표현의 자유 보장의 핵심적 개념이라고 할 수 있는 파수견(Watchdog) 개념과 이명박 정권 들어 국제 사회의 비판대상이 되고 있으며 국내 정쟁의 핵심쟁점으로 부각되고 있는 언론과 표현의 제한 문제, 즉 온·오프라인 공간의 검열의 문제를 통해 표현의 자유 문제에 접근하고 있는 선행연구는 일천하였다. 온·오프라인 언론과 게시글에 대한 검열이나 미네르바 박대성씨와 같은 인터넷 논객의 게시글에 대한 위법성 판단과 이에 대한 수사가 파수견으로서의 언론과 일반인들의 표현에 어떠한 위축효과(chilling effect)를 가져올 수 있을 것인지에 대한 논의 역시 충분히 이루어진 바 없다. 표현의 자유는 저널리즘의 기본이라 할 수 있다. 그럼에도 불구하고 언론학계가 이 문제에 대한 지속적인 관심을 바탕으로 깊이 있는 분석을 수행하지 못했던 점은 반성이 필요한 부분이라고 판단된다.

더욱이 표현수단으로서의 1인 시위와 시국선언, 집회와 결사의 자유와 관련된 쟁점을 저널리즘적 측면에서 규명한 연구는 매우 부

1 표현의 자유 문제를 인격권과 연결시켜 논의를 진행시킨 출판물은 많지 않다. 안주열(2007)의 〈표현의 자유와 인격권〉은 표현의 자유와 대척점에 맞닿는 인격권, 그 중 명예권과 프라이버시권을 중심으로 표현의 자유와 관련된 논점을 정리했다. 본 책의 선행저술 격인 이재진(2006)의 〈언론 자유와 인격권〉, 이재진(2009)의 〈인터넷 언론 자유와 인격권〉 역시 표현의 자유와 인격권의 문제를 다루고 있다.

족한 편이다. 그러다보니 우리 법원 역시 표현의 자유와 다른 기본권이 충돌하는 사건을 판결할 경우 표현의 자유가 가진 기본권적 가치를 외국의 사례나 법리에 근거해서 해석하고 비교형량하는 등 평면적 수준에서의 판례 도출에 머무른 것이 아닌가 판단된다. 특정 분야의 표현의 자유가 우리의 사회·문화 환경에서 어떠한 의미를 가지고 있는지, 이를 제약했을 경우의 위축효과나 유발되는 또 다른 사회적 문제점은 무엇인지에 대한 입체적 분석을 간과하고 있는 것이다.

이러한 반성에서 본 저자들은 표현, 언론의 자유와 집회결사의 자유문제와 관련된 다양한 쟁점을 법리적 해석이 아닌 사건 중심으로 풀어나가고자 한다. 쟁점화된 판례를 중심으로 표현의 자유와 집회결사의 자유문제를 이론적으로 탐색하고, 저널리즘적 측면에서 대안을 모색해 보고자 하는 것이다.

이 책의 구성

이 책은 9개 장을 5개의 소주제로 나누어 구성하였다. 첫 번째 소주제는 표현(언론)의 자유에 대한 저널리즘적 접근(제1-2장), 두 번째 소주제는 인터넷 공간에서의 표현의 자유에 대한 접근(제3장), 세 번째 소주제는 표현수단으로서 집회결사의 자유(제4-6장), 네 번째 소주제는 인권으로서의 표현의 자유(제7장), 다섯 번째 소주제는 문화와 문화인에 대한 표현의 자유와 제한 법리(제8-9장)이다.

제1장과 제2장을 통해서는 표현(언론)행위에 대한 제한 수단으로서의 검열과 언론 표현행위의 근거로서 파수견(Watchdog)의 전통적 의미를 정립하고, 온라인 미디어의 발달 등 변화된 미디어 환경에

서의 검열과 파수견의 의미를 확인하였다. 또한 우리 사회에서 검열과 파수견 개념이 어떠한 맥락에서 작동하는지 관련 판례를 통해 살펴보고 관련법의 문제점과 개선방안에 대한 함의를 도출하였다. 즉 저널리즘의 관점에서 표현의 자유에 대한 논의를 시도한 것이다.

구체적으로 제1장은 표현(언론)에 대한 검열의 전통적인 개념이 어떻게 변화·발전되어 왔으며, 인터넷 시대의 검열은 어떤 의미로 이해될 수 있는지를 밝히고 있다. 특히 검열이 논란의 쟁점이 된 판례분석을 통해 온라인에서의 검열이 오프라인에서의 검열과 어떠한 차이가 있는지 살펴봄으로써 관련법 개선에 있어서의 함의를 도출하였다.

제2장에서는 권력과 사회에 대한 감시자, 비판자로서의 언론 기능을 논의할 때 주로 거론되는 파수견(Watchdog) 개념에 대해 논의하였다. 구체적으로 본 장에서는 언론의 파수견 개념의 발생 배경과 특성에 대해 살펴보고, 파수견 개념이 미국과 한국에서 어떻게 적용되고 해석되고 있는지에 대해 이론적으로 고찰하였다.

제3장은 인터넷 공간의 표현행위를 선도하는 인터넷 논객과 관련된 판례분석을 통해 온라인 공간에서의 표현의 자유 보장 범위와 제한 법리에 대한 우리 법원의 입장을 탐색적으로 확인하였다. 구체적으로 인터넷 논객의 표현(표현의 자유)과 타 인격권(명예훼손, 모욕죄 등)이 충돌할 경우 우리 법원이 어떠한 기본권을 상위의 가치로 인식하고 있는지에 대해 살펴보았다. 또한 관련 판결의 기준에 인터넷의 매체적 특성이 고려되는지 여부를 파악함으로써 인터넷 논객, 나아가 인터넷 공간에서의 표현과 인격권이 충돌할 경우 비교형량 기준 설정에 필요한 제언을 하였다.

제4-6장은 표현의 자유 중에서도 집회결사의 자유의 문제를 집중적으로 다루고 있다. 즉 1인 시위, 집회 및 시위, 초·중·고교 교원의 시국선언 등 대안언론적 표현행위를 보장해야 한다는 시각과 제한해야 한다는 이해당사자들의 시각을 소개하고, 실제로 이러한 대안언론적 표현행위와 여타 가치가 충돌하여 쟁점이 유발된 사건(판례)에 대한 우리 법원의 비교형량 기준을 도출하였다. 또한 이러한 비교형량 기준에 문제점은 없는지 외국의 사례를 통해 비판적으로 검토하였다.

구체적으로 제4장은 2000년 이후 매체접근력이 제한된 사람들의 대안언론적 표현수단으로 널리 활용되어 온 1인 시위가 본격적인 연구의 대상이 되지 못했다는 측면에서 착안되었다. 이에 1인 시위의 위법성에 대한 찬·반 시각과 판례분석, 1인 시위와 인격권이 충돌하는 경우에 대한 판례분석, 1인 시위의 표현 수위에 대한 판례분석을 통해 우리 법원의 1인 시위와 관련된 인식을 탐색적으로 규명하였다. 이를 통해 우리 법원의 1인 시위 인식과 판결의 문제점을 도출하고, 소수자의 표현수단으로서의 1인 시위의 가치를 최대한 보장하면서 타 기본권과의 충돌을 원만하게 해결할 수 있는 대안을 제시하고자 하였다.

제5장은 보수와 진보, 여권과 야권 간 정치적으로 첨예하게 대립하고 있는 문제 중 하나인 집시법 상의 야간옥외집회 관련 조항과 관련하여 국민의 알권리를 실현하고 있는 언론사의 보도 경향과 프레임에 차이가 존재하는지에 대해 살펴보고자 하였다. 즉 집시법 상의 야간옥외집회 관련 조항에 대한 신문들의 보도 논조는 신문사별로 어떠한 차이가 있는지, 보도 논조의 차이가 어떠한 방식의 보

도를 이끌어 내고 있는지, 보도 내용에 나타난 보도의 프레임이 있다면 어떠한 것인지를 확인하고자 한 것이다. 제5장에서는 보수적인 성향을 가진 신문들은 야간옥외집회 금지에 대해서 찬성하는 논조를 보일 것이고 진보적인 성향의 신문들은 그와 다소 반대로 갈 것이라고 예상을 하였고, 내용분석을 통해 그렇게 판단하고 보도하는 근거나 논리가 무엇인지에 대해 살펴봄으로써 표현의 자유, 집회결사의 자유라는 것이 국내 언론환경에서 어떠한 의미를 지니는지에 대한 함의를 도출하고자 하였다.

제6장은 초·중·고교 교원의 정치적 표현의 자유 수단으로서의 시국선언 행위를 다루고 있다. 우리나라는 초·중·고교 교원의 정치참여를 금지하고 있다. 그러나 교원들은 그것이 불법행위임을 인지하고도 꾸준히 시국선언을 하면서 교원의 정치적 표현행위의 합법화를 요구하고 있다. 제6장을 통해서는 교원들의 정치적 표현행위를 반대하는 측과 찬성하는 측의 대립적 입장을 확인하고, 관련 판례분석을 통해 교원의 시국선언이 다른 헌법적 가치와 충돌하는 경우의 쟁점이 무엇인지 규명하고자 하였다. 또한 교원의 시국선언이 정치적으로 쟁점화 되고 있는 사안이라는 점에 착안하여 교원 시국선언에 대한 우리 법원의 인식을 정권별(노무현 정권, 이명박 정권)로 파악하고자 하였다. 이를 통해 교원의 정치적 표현행위가 진정으로 규제되어야만 할 사안인가에 대한 함의를 도출하고자 하였다.

제7장은 인권으로서의 표현의 자유는 국가인권위원회의 표현의 자유 관련 진정사례와 의견 표명문을 통해 인권의 시각으로 표현의 자유 문제를 어떻게 볼 수 있을지에 대해 탐색적으로 살펴보았다. 집회 및 시위, 1인 시위, 국가보안법 등 표현의 자유와 관련한 다양

한 사건들을 바라보는 국가인권위원회와 법원의 시각 차이를 비교 확인함으로써 법원이 표현의 자유와 관련된 사건을 판결함에 있어 바람직한 비교형량의 기준이 무엇인지에 대한 함의를 도출하고자 하였다.

제8-9장은 국내의 문화적 환경에 있어 표현의 자유가 어떠한 법리에 의해 제한될 수 있는지에 대한 이해를 돕고자 하였다. 구체적으로 사회질서와 청소년 보호를 명분으로 한 영화 등급제, 대중스타의 사생활 보호를 명분으로 한 보도의 제한 등 국내 환경에서 문화 또는 문화인과 관련된 영역의 표현의 자유 보장 정도는 어떠하며, 어떠한 근거에 의해 표현의 자유가 제한되고 있는지에 대해 다루었다. 이를 통해 문화 영역에서의 표현의 자유와 여타의 가치가 충돌할 경우 합리적인 비교형량의 기준을 모색해 보고자 하였다.

구체적으로 제8장은 영화 등급제와 표현의 자유에 대한 논란을 다루고 있다. 2008년 7월 31일 내려진 헌법재판소의 '제한상영가 등급'에 대한 헌법불합치 결정, 즉 제한상영가를 결정하기 위한 법적인 규정이나 근거가 명확성의 원칙 및 포괄위임 금지의 원칙을 위반하고 있다는 결정을 내렸다. 그러나 영상물등급위원회의 제한상영가 등급 유지에 대한 찬반 논란(청소년 유해 음란물 규제의 필요성과 표현의 자유)은 지속되고 있고 대체입법 등이 준비되고 있는 상황이다. 이에 본 장에서는 자율규제의 본질에 대한 이해를 중심으로 영상물 등급제의 위헌성 여부에 대한 언론법적 판단 기준을 모색하였다. 즉 영상물에 대한 사전심의의 위헌성에 대한 논의의 연장선에서 이해될 수 있는 등급제를 둘러싼 논의를 소개하고, 국내 등급제 심의 방법을 미국의 사례와 비교하였다. 궁극적으로 표현의 자유를 보장하면서 국가 사회질서와 청소년을 보호하는 절충적 수단이 무엇인지에 대한 함의를 도출하였다.

제9장은 언론의 자유와 공인의 사생활 보도의 한계에 대한 쟁점을 다루고 있다. 구체적으로 본 장은 대중스타의 사적정보 공개의 문제점을 짚어보고 이들의 공인성은 어느 정도이며, 대중스타들의 사생활과 관련된 발언의 공개가 국내 환경에서 어느 정도까지 허용될 수 있는가를 문헌분석과 판례분석을 통해 확인하고자 하였다. 미국의 경우 대중스타는 일반인보다 사생활 보호의 정도가 약하다는 것이 판결의 경향이다. 그러나 우리나라의 경우 대중스타의 사생활이 어느 정도 보호되는지, 또한 대중스타가 정말로 공적 인물에 속하는지, 그리고 이들의 사적인 정보가 알권리의 대상이 되는지에 대해 명확히 밝히고 있는 상급심 판례가 아직 도출되고 있지 않다. 따라서 대중스타의 사생활에 대해 어느 정도의 표현행위를 표현의 자유로 인정할 수 있는지에 대한 명확한 기준이 없는 실정이다. 이에 제9장에서는 대중스타를 공인으로 볼 수 있는지에 대한 문제를 확인하기 위해 공인이론을 적용해보고, 판례에 나타난 대중스타의 공인성에 대한 우리 법원의 인식을 도출해 내고자 하였다.

이처럼 이 책은 저널리즘적 관점에서 표현, 언론, 집회결사의 자유와 관련된 다양한 쟁점을 다루고 있다. 제1장에서 제9장까지의 연구의 주요 분석 대상은 관련 판례 또는 언론보도 내용이지만 판례분석과 내용분석 이전에 소송 또는 사건과 관련된 핵심 쟁점 사항의 개념과 국내외 동향을 소개하거나 이해당사자들의 입장에 대해 기술하였다. 이러한 개념과 이해당사자들의 입장이 판례에서 도출된 우리 법원의 인식과는 어떠한 차이가 있는지 살피는 작업을 수행하였다. 이를 통해 독자들은 관련 주제에 대한 지식은 물론, 쟁점사안의 이해당사자들의 의견과 법원 인식의 공통점과 차이점을 어렵지 않게 비교할 수 있을 것이다.

이 책은 전문학술서이지만, 언론과 법을 전공하지 않은 사람들도 어렵지 않게 내용을 이해할 수 있도록 평이하게 글을 쓰고자 노력하였다. 저자들은 이 책이 언론법을 공부하거나 연구하는 학부생 및 대학원생의 교재나 부교재는 물론이고 표현의 자유 문제에 관심이 있는 일반인의 교양서로도 활용될 수 있을 것으로 기대한다. 이번 책이 언론법에 관심을 가지고 공부하는 분들이 표현, 언론의 자유와 집회결사의 자유를 입체적으로 이해하는데 작은 도움이 될 수 있기를 기대한다.

끝으로 이 책이 나올 수 있도록 도움을 주신 동명대 유승관 교수님과 좋은 책을 쓰고 만들 기회를 주신 한양대학교 출판부에 심심한 감사를 드린다.

2011. 12. 10.

저자 일동

| 차례 |

표현, 언론 그리고 집회결사의 자유

C·H·A·P·T·E·R 01

검열과 표현의 자유

이번 장에서는 표현을 제한하는 규제수단인 검열의 전통적인 개념이 어떻게 변화·발전되어 왔으며, 인터넷 시대의 검열은 어떤 의미로 이해될 수 있는지에 대하여 논의하였다. 또한 검열과 관련된 판례분석을 통해 온라인에서의 검열이 오프라인에서의 검열과 어떠한 차이를 보이고 있는지에 대해 설명하였다.

1. 검열의 개념과 배경

1) 사전제재로서의 검열

15세기 스위스의 작은 마을에 사는 한 소녀는 매일 같이 교회에서 파견된 감독관을 만나야 했다. 감독관은 소녀에게 부모나 친지들에게 무슨 말을 했는지, 기도는 어떻게 했는지에 대해서 물었고, 소녀의 머리 모양은 어떤지 치마의 종류와 길이는 어떤지에 대해 살폈다. 그 소녀는 자신의 감정이나, 취향에 대해서는 말을 꺼낼 수 없었다. 심지어 하루에 먹는 끼니 수까지도 교회에서 정해 준대로 따라야 했다. 그렇지 않을 경우 혹독한 처벌이 뒤따랐다(Jansen, 1991).

위의 모습은 캘빈주의(Calvinism) 교회가 일반인들의 삶의 기준이 되던 중세 시대 북유럽의 모습을 잘 보여주고 있다. 당시 일반인들은 자신들이 원하는 표현을 할 수 없었을 뿐만 아니라 일거수일투족을 교회로부터 검열 당하고 있었다. 심지어 일반인들은 어떻게 말하고, 기도하며, 어떠한 방식으로 생활을 해야 할 것인가에 대해서까지 강요당하고 있었다.

검열이 일상적으로 이루어지는 상황에서 '표현의 자유'에 대한 인식은 중세가 끝나고 시민혁명기에 이르기까지 배태되지 못했다. 개인의 자유, 특히 표현의 자유가 언제부터 개념화 되었는지 명확하지 않다. 심리학자 프로이드는 진정한 개인의 자유에 대한 인식은 인간이 고안한 가장 잔인한 처벌인 '화형제도'가 폐지되면서라고 말한 바 있다(Jansen, 1991). 분명한 것은 적어도 계몽주의 시대(Enlightenment Age)가 도래하기 이전까지 위와 같은 검열이 계속되었다는 것이다.

현대사회에서 이러한 장면은 상상 조차 하기 힘들다. 개인들의 표현의 자유는 헌법으로 보호되고 있으며 타인에 의한 검열은 금지되고 있다. 따라서 국가는 개인의 사상이나 표현에 직접적으로 개입하지 못한다. 더욱이 미디어 기술이 발달함에 따라 개인적 기본권 보호의 중요성이 더욱 확대되고 있다는 점에서 이전의 검열은 불가능하다. 그렇다면 개인적인 소통매체인 인터넷이 발달한 현대에는 더 이상 표현에 대한 검열은 존재하지 않는가? 만일 존재한다면 과연 검열은 어떤 다른 모습을 띠게 되는가? 인터넷 시대에 검열을 어떻게 정의할 것인가? 이 장에서는 이러한 질문에 중점을 두고 그 해답을 찾아보고자 하였다.

그러나 실제로 이러한 질문에 대해 대답을 하는 것은 쉬운 일이 아니다. 검열에 대한 정의와 판단 자체가 어렵고, 심지어는 자율규제가 사전검열에 속하는 것인지에 대해서도 논란이 존재하고 있는 상황이기 때문이다. 한편 인터넷에서의 다양한 불법적인 행위들에 직면하여 상당수의 이용자들은 발화자(speaker)부터 ISP에 이르기까지 다양한 형태의 검열이 필요하다고 인식하고 있는 상황이다. 예를 들어 지난 몇 년 동안 발생한 유명 연예인들의 자살에 소위 악성 리플라이(이하 악플)가 중요한 원인으로 작용하였다는 분석이 존재하고, 공익을 저해한다는 이유에서 모 인터넷 논객의 게시글이 차단되고 구속 사태에 이르게 된 바 있다. 이에 인터넷 상의 표현에 대해 다층적인 형태의 검열(자기 검열에서부터 기관의 검열까지)을 요구하고 있는 사회적 분위기가 일부 형성되고 있는 상황이다.

이러한 이해에 근거하여 헌법에서 금지하고 있는 검열의 전통적인 개념이 어떻게 변화·발전해 왔으며 인터넷에서는 어떤 의미로 이해될 수 있는지를 알아볼 필요가 있다. 즉 온라인에서의 검열은 오프라인에서의 검열로부터 어떻게 발전해 왔으며 어떠한 차이가 있는가를 살펴 인터넷에서의 사전검열 문제를 어떻게 해결해야 할 것인가의 방안을 모색할 필요가 있다. 이에 대한 이 장에서의 논의는 향후 인터넷에서 언론자유와 인격권을 어떻게 비교형량할 것인가에 대한 하나의 해답을 제시할 수 있을 것으로 보인다.

2) 인터넷의 매체적 특성과 표현의 자유

인터넷은 상호작용적 매체로서 누구나 특정한 목적을 달성하기 위해 자신의 견해, 생각, 그리고 사상을 순간적이고 광범위하게 유포하고 획득할 수 있다. 그래서 인터넷은 기존 미디어 체계에 있어 가장 큰 문제였던 일방성을 극복하고 진정한 민주주의의 실현과 진리를 발견하는 자유로운 소통의 장이 될 것으로 기대되었다.

그러나 이러한 기대는 점차 그 빛이 바래고 있는 듯하다. 왜냐하면 사람들의 기대에 반하여 인터넷에서는 여러 다양한 형태의 범죄와 불법행위가 발생하고 있기 때문이다. 이 때문에 인터넷이 단지 인간이 조장해 낸 환상(illusion)에 불과하고(Gandy, 1994), 이상적 공론장(public sphere)으로서의 정보의 바다가 아니라 각종의 불법행위들이 넘치는 불법의 바다로 전락하고 있다는 우려가 계속되고 있다.

그러나 인터넷을 단지 불법의 바다라고 단정하는 것은 인터넷의 본질을 잘못 이해한 소치라는 반론 또한 만만치 않다. 이러한 반론의 핵심은 모든 사람들이 참여할 수 있는 공간을 제공하였다는 점에서 인터넷을 평가해야 한다는 것이다. 즉 누구나 자유롭게 매체를 통해 정치사회의 각 영역에 참여할 수 있다는 측면은 기존의 매체가 제공할 수 없었던 공론장의 가능성을 실현할 수 있는 기초가 될 수 있다고 한다. 비록 인격권 침해의 문제가 발생할 수 있으나 공익적인 측면에서 중요한 기능을 할 수 있다는 점을 고려해야 한다는 것이다.

다시 말하면 인터넷에서 교환되는 다양한 대화와 담론들이 항상 이성적일 수는 없으며, 비록 토론과정을 거친다고 해서 반드시 합의에 이르는 것도 아니지만 그렇다고 해서 인터넷을 규제일변도의 시각으로 보려는 것은 바람직하지 않다는 것이다(김경년 · 김재영, 2005, pp.35~37). 왜냐하면 인터넷은 사회적으로 민감한 문제를 토론하는 공간으로서의 역할을 하고 있으며, 수동적 위치에 머물러왔던 일반 시민으로 하여금 공공의 문제에 대한 토론에 적극 참여토록 하는 기능을 수행하고 있는데(김병철, 2004, pp.148~149), 이러한 현상자체가 새로운 것으로 의미를 가지기 때문이다.

인터넷의 경우 자신이 자유롭게 창출한 생산물을 어떠한 형태의 제도적 검열도 받지 않고 서로 공유할 수 있다는 점에서 기존 미디어들의 단순한 '전달(transmission)' 기능에서 나아가 "공유, 참여, 결사, 또는 공동의 신념 구현"을 가능하게 하는 특성이 있다(Carey, 1989). 물론 인터넷에서의 자유도 언제, 어디서, 그리고 어떠한 방식으로 하든지 상관없이 표현할 수 있다는 것을 의미하는 것은 아니지만, 인터넷에서는 기존의 매체에서는 불가능했던 우월적인 자유를 누릴 가능성은 더욱 커졌다.

그렇다면 이처럼 인터넷에서의 표현의 자유가 중요한 기본권으로 인식되는 이론적 근거는 어디에 있는 것인가? 이는 크게 두 가지 정도의 이론적 논의로 요약할 수 있는데, 사상의 자유 시장 이론(theory of free marketplace of ideas)과 자치이론(theory of self-government)이 그

것이다. 사상의 자유 시장[2] 이론이란, 진실은 자정작용에 의해 저절로 그 모습을 드러낸다는 것이다. 즉 어떤 사상의 표현이 잘못되었다는 이유로 국가가 이를 억압해서는 안 되며, 허위라고 하더라도 이를 자유롭게 표출하도록 허용함으로써 그 허위성을 지적하는 다른 표현들에 의해서 스스로 허위가 자정(self-righting) 된다는 논리가 사상의 자유시장 이론의 핵심이다.

이러한 이론은 인쇄의 자유를 최초로 항변한 영국의 시인이자 작가 '밀턴(Milton)'의 〈아레오파지티카〉에서 유래하고 있다. 1644년 밀턴은 이 책을 통해서 고대 그리스 로마 시대부터 지속된 출판의 검열(허가제)을 반대하였다. 그는 당시까지의 시대적 규제 패러다임이었던 '엄격한 검열'(stringent censorship)의 성격을 띠는 허가제는 출판물이 크게 늘어나면서 더 이상 기술적인 측면에서 유효한 정책이 되지 못하며, 오류가 있는 정보와 진실된 정보가 서로 충돌하여 싸우다 보면 진실이 승리할 것이라고 보았다(임상원, 2000). 인터넷의 경우에는 모든 사람들이 자유롭게 참가할 수 있다는 측면에서 진정한 의미의 사상의 자유 시장이 형성될 가능성이 있다.

두 번째 근거는 자치이론(self-government)이다. 이는 지배자와 피지배자가 동일하다는 전제 하에 모든 국민이 주체로서 생활하는데 필요한 정보는 자유롭게 유통되고, 그 정보에 기초하여 자기 견해를 자유롭게 피력할 수 있어야 한다는 동일성 민주주의에 근거한다. 자치이론은 마이클존(Michaeljohn)의 이론인데, 그는 표현 중에서도 정치적 표현은 절대적으로 보호되어야 한다고 피력하면서 표현의 자유를

---

2 사상의 공개시장이란 표현은 1919년 Abrams v. United States (250 U.S. 616)에서 홈즈(Oliber Wendell Holmes) 대법관에 의해서 처음 사용되었다.

보호하는 가장 중요한 목적은 국민이 스스로 자신을 통치하는 과정에 자발적으로 참여하도록 하기 위한 것이라고 믿었다(Michaeljohn, 1960).

마이클존은 과거에는 공적인 결정을 하기 위해서 마을 주민들이 공회당에 모여서 자신의 견해를 자유롭게 제시하였다는 점을 강조하면서, 표현은 민주사회에서 자기 통치에 참여하기 위해 필수적인 것으로 이러한 자기 통치와 관련되는 표현, 즉 정치적 표현(political expression)은 절대적으로 보호되어야 한다고 보았다. 실제로 자유로운 참여가 강조되는 인터넷에서도 이러한 이론이 적용될 수 있을 것이다.

이와 관련하여 민주적인 자치를 위한 토론 정치를 주장하며 새로운 언론·표현의 이론을 제시한 선스타인(Sunstein, 1993)은 마이클존의 '정치적 표현'의 정의가 불명확하다고 지적하고 이를 현실적으로 규정지으려고 하였다. 그는 어떠한 표현이 정치적인 것으로 인정받기 위해서는 표현이 어떠한 문제에 대한 일반 대중의 숙의(deliberation)에 기여할 의도에서 행해지거나 또는 그렇게 인식되어야 한다고 보았다. 즉 그는 대중들에게 의미가 있는 주제의 표현일 경우에만 정치적 표현으로 보아야 한다고 피력하였다.

이러한 논리에 근거하면, 검열이란 한 개인이 자신이 주체가 되어 무엇인가를 판단하고 결정할 수 있는 기본적인 장치(자치)를 박탈하는 것이라고 할 수 있다. 인터넷을 통한 커뮤니케이션의 경우 실제로 기존 매체들이 일방적이고 상업적인 대중매체로서 개인의 결정과 거리가 멀었던 것과는 달리 쌍방향적이고 개인적인 커뮤니케이션을 통하여 자기 결정에 이르는데 중요한 역할을 하고 있다. 개인적인 결정과는 크게 관련이 없었던 기존 매체와는 이용 목적에서 본질적인 차이를 보이고 있는 것이다.

2. 사전검열의 구조 변화

1) 사전검열의 정의

미국의 헌법학자 빅켈(Bickel, 1975, p.61)은 "형벌은 위축(chill)시키지만, 사전검열은 얼어붙게(freeze) 만든다"고 갈파하였다. 표현의 자유에 대한 사전검열이 사후규제보다 근본적으로 문제가 된다는 것이다. 이처럼 사전검열이란 검열의 주체가 규제의 안정성을 높이고, 특정한 집단이나 개인에게 자신들의 권위를 행사하고자 하는 행위로 말(스피치)이나 다른 형태의 표현을 규제하는 것을 의미한다(Ahmed, 2008). 사전검열은 오랫동안 정부 기관이 특정 출판물이 출판되거나 배포되지 못하도록 하는 행위로서 인식되어 왔다.

사전검열은 무엇보다 한 국가의 헌법적 체계에 반하는 것이라 할 수 있다. 이에 대해 블라시(Blasi)는 밀턴(Milton)의 〈아레오파지티카〉를 긍정하면서, 사전검열을 허용하는 법체계가 있다면 이는 다음과 같은 세 가지 잘못된 전제(premises)에 기초하고 있다고 설명한 바 있다. 그것은 (1) 사전검열을 허용하는 것은 개인이나 공중보다 국가를 더욱 신뢰한다는 것을 의미하고, (2) 자신이 하고 싶은 말을 하는 것은 민주사회에서 극히 위험하다는 인식을 나타내며, (3) 국가로부터 벗어난 개인의 자치(self-government)가 인정되지 않는다는 것을 의미한다고 한다.

블라시는 이러한 전제들이 잘못된 인식이라고 주장한다. 무엇보다 그는 후견주의적 검열은 필자와 독자 모두를 불신하는 것이므로 대단히 모욕적인 것이라고 피력한다. 즉 국가가 전파될 내용 모두를 감독하고 이를 승인해야 한다면, 국가는 은밀하고 전지전능한 역할을 하게 된다는 것이다. 아울러 그는 표현이란 검열을 당하거나 금지를 당할 수 있는 위험한 행위라고 하는 전제에 대해서도 비판적이었다. 그는 발행허가제는 사회적 규범을 강제하는 하나의 방식에 불과하며, 비록 표현이 문제가 될 수도 있지만 이러한 문제를 통해 국가와 개인간의 균형을 유지할 수 있다고 주장한다.

마지막으로 블라시는 사전검열에 대한 승인이 '개인적 자치'를 사실상 포기한 것이라는 전제에 대해 비판한다. 그는 사전검열은 자유민주주의가 추구하는 원리와 상반된다고 보았다. 특히, 브랜트(Brandt, 2005)가 간파한 바와 같이, 사후처벌에 직면한 표현은 적어도 사상의 시장(marketplace of idea) 속으로 진입하여 공중의 비판이나 검토를 받는 것이지만 사전검열이란 공중에게 도달하는 것 자체가 금지된다는 점에서 자유민주주의와 배치되는 것이다.

이러한 이유로 인하여 표현 또는 출판의 자유에 대한 초기 인식은 '사전 검열(prior restrain)이 없는 상태', 즉 검열을 받지 않고 자유롭게 의견을 표출할 수 있는 것이었다. 출판물에 대한 사전검열 금지 개념은 18세기 영국의 윌리엄 블랙스톤(William Blackstone) 대법관에 의해서 자리를 잡게 되었다. 블랙스톤 대법관은 "출판의 자유란 출판에 대한 사전적 억제가 없는 상태를 말하는 것이다. 모든 자유인은 공중 앞에서 자신의 즐거운 감정을 표출할 절대적인 권리를 누린다. 따라서 이를 억압하는 것은 출판의 자유를 파괴하는 것이다. 그러나 만일 개인이 부적절하거나, 장난스럽거나, 또는 불법적인 것을 출판한다면, 그 사람은 자신의 무모한 행위의 결과에 대해 책임을 져야 한다"고 주장하였다(Blackstone, 1765~1769).

블랙스톤 대법관의 '사전검열이 없는 상태'의 개념은 1791년 미국에서 수정헌법 제1조가 도입될 때 가장 근본적인 원리로 수용되었으며(Levy, 1985), 1931년 니어 대 미네소타(Near v. Minnesota) 사건에서 재차 확인되었다. 이 사건에서 당시 신문에 대한 발행금지 명령을 허용한 미네소타주의 공공소란방지법(PNA)은 언론에 대한 사전 검열을 허용하는 것이기 때문에 위헌으로 간주되었는데, 미국 연방대법원은 단지 군사작전 등의 군기밀에 대한 위협이 되는 표현, 음란한 표현, 그리고 치안선동적 표현에 한해서만 예외적으로 사전검열이 가능하다고 판시하였다. 이 사건에서 에반스 휴고 대법관은 "수정헌법 제1조 상의 보장에 있어서의 주요 목적은 출판물에 대한 사전 검열을 금지하는 것"이라고 피력하였다(283 U.S. 697(1931)). 이러한 블랙스톤의 자유관은 당시의 지배적인 '엄격한 검열'(stringent censorship) 패러다임으로부터 획기적인 변화를 이끌어 낸 것이었다.

실제로 이러한 언론·출판의 자유의 패러다임은 상당히 오랫동안 지속되었다. 즉 '~으로부터의 자유'라는 소극적인 기본권 개념이 상당 기간 언론·출판의 자유의 본질로서 인식되어 왔는데 이는 전술한 〈아레오파지티카〉에서 나타난 존 밀턴(John Milton)의 출판허가제 반대와 맥을 같이하는 것이다. 밀턴은 모든 정보를 국민들에게 전달해야 하고 국민들이 이를 판단하게 해야 한다고 보았다. 그는 출판물에 대한 허가 없는 인쇄가 사회를 혼란에 빠지게 할 것이라는 비판에 대해 지적하면서 많은 시각들 속에는 진실과 오류가 존재하는데 진실과 오류가 서로 충돌하여 다투다 보면 결국 진실이 승리할 것이라고 반박했다.

밀턴의 자유주의적 사상은 17-18세기 계몽주의자들에게 이어졌고 이들은 실제로 사상에 대한 검열을 폐지하도록 하는데 기여하였다(Jensen, 1991). 더 나아가 이러한 견해는 토마스 제퍼슨과 J. S. 밀로 이어지게 된다. 제퍼슨은 미국 독립 당시 언론자유의 중요성을 강조하면서 언론은 자유롭게 취재·보도할 수 있어야 하며, 이것이 '지적 시민(informed citizen)'을 형성하여 다수의 정치적 참여를 이끈다고 주장하였다.

한편, 밀은 〈자유론〉에서 비록 잘못된 것으로 보일 수 있는 소수의 견해일지라도 이를 절대로 억압해서는 안 된다고 주장하였다. 비록 한 사람이 모든 사람들과 다른 의견을 가졌다 하더라도 그 사람의 의견이 진실을 내포할 수 있기 때문에 단 한 사람의 견해라 해서 이를 무시해서는 안 된다고 강조하였다. 결과적으로 언론·출판의 자유는 모든 사람에게 다양하고 평등한 가치를 향유하게 하는 '열린 사회(open society)'를 위해 필수적인 것이며(Smolla, 1992), 정책의 집행을 위해 여론을 수렴하는 가장 중요한 근거이다.

이러한 개인들의 표현에 대한 국가의 사전검열 금지 패러다임은 현대로 오면서 언론매체에 대한 사전검열이라는 패러다임으로 변화한다. 그런데 개인의 언론·출판의 자유와는 달리 언론사나 언론매체의 자유라는 개념은 공익성과 밀접한 관련이 있다. 즉 언론 매체의 표현은 개인이 자신의 견해와 사상을 표출하는 것이 가진 가치 이외의 공적인 가치를 가진다는 것이다. 이러한 공익적 역할의 핵심은 정보의 전달과 권력의 감시·비판 기능이다. 블라시(Blasi, 1977)는 비록 언론에 상업적 폐해가 있다고 하나 최악이라고 할 수 있는 국가권력의 남용보다는 덜하기 때문에 언론의 감시 가치는 언론·출판 자유 보장의 근거가 된다고 주장하였다. 그는 개인들이 누리는 언론자유의 근거가 되는 '자치이론(self-government)'이 비현실적이라는 점을 지적하면서 언론사나 언론 매체에 대해서 확장된 보호가 요구된다고 보았다. 그는 언론사 또는 언론 매체야 말로 공적인 비리를 광범위한 조사와 보도를 통해서 감시할 수 있는 공적 영역에 존재하는 유일한 사적 존재라고 강조하였다. 블라시(1981)는 이러한 언론(매체)에 대해 검열을 가하는 것은 자유국가의 기본적 원칙에 위배되는 것이라고 피력하였다.

2) 사전검열의 의미변화

언론매체에 대한 사전검열의 역사는 인쇄술로 인한 대량 출판이 가능해진 15세기로 거슬러 올라간다. 1476년 영국에서 새로운 인쇄술에 의한 출판물이 대량으로 생산되기 시작하자 왕정과 교황청은 이에 대한 통제를 가하기 시작하였다. 교황청은 1501년 모든 출판물은 발행허가를 받도록 규정하였다(발행허가제). 허가를 받지 않고 출판된 서적들은 불태워졌고(분서) 저작자들은 교회에서 추방당했으며(추방), 신자들의 독서는 금지 되었다(독서 금지). 그럼에도 출판물에 대한 수요는 지속적으로 증대되었다.

1529년 헨리 3세는 교회의 세력이 약화되고 물리적 검열이 점차 어려워지자 최초로 금서목록을 선포하고 이를 어긴 자들을 처형하였다(금서 지정). 또한 1530년 최초로 교회가 주체가 되지 않은 국가적 차원의 발행허가제를 선포하였다. 이를 어기는 경우에는 처형, 벌금 그리고 투옥과 같은 징벌이 뒤따랐다(형벌 및 벌금형). 또한 이러한 사전허가제를 이전의 종교적 출판물뿐만이 아닌 모든 종류의 출판물에 확대 적용하였다. 아울러 그는 출판업자들에게 보증금을 미리 납부하도록 하고 만일 선동적인 표현이나 왕정에 비판적인 내용이 출판되는 경우 이를 몰수하도록 하였다(보증금 선납제).

가장 핵심적인 사전검열 방식이었던 발행허가제는 17세기까지 지속되었다. 발행허가제는 때로는 성공적이었고 때로는 그렇지 못하기도 했는데, 그 성패는 정부가 얼마나 공격적으로 또는 엄격하게 법을 적용하느냐에 달려 있었다. 만일 용감한(?) 출판인들이 이를 어기는 경우 그 대가로 재산의 몰수, 투옥, 처형, 고문, 벌금 등을 감수해야 했다.

1643년 영국 의회는 왕권으로부터 발행허가제에 대한 통제권을 인계받게 되었다. 그러나 의회주의 하에서도 사전검열의 기본 형태는 이전과 유사하게 지속되었다. 출판물은 방식만 달랐지 다양한 형태의 정부 규제에서 자유로울 수 없었다. 예를 들어 치안 선동적 표현이나 세제를 비판하는 표현에 대해서는 검찰권이 발동하는 방식 등으로 이전과 유사한 정도의 혹독한 처벌을 받았다.

궁극적으로 정부는 출판되기 전의 모든 발행물에 대한 검열을 실시하는 발행허가제를 통하여 모든 출판물에 대한 통제권을 행사할 수 있었다. 그러나 발행허가를 받지 못한 사람들로부터의 이의가 지속적으로 제기되었고, 언론자유의 철학과 가치가 형성되기 시작하였다. 시버트(Siebert)에 따르면 당시의 논쟁은 과거 영국인의 의회에 '탄원할 권리' 논쟁이 '자유로운 언론에 대한 권리' 논쟁으로 전환된 것이었다.

최초의 언론자유 항변서인 〈아레오파지티카〉의 축약본이 1693년 출간되었지만, 1694년 하원이 '발행허가법(Licensing Act)'을 통과시키는데 아무런 제어 장치 역할을 하지 못하였다. 이후 존 로크(John Locke)가 발행허가법을 새로 제·개정해서는 안 되는 18가지의 이유를 피력하면서 발행허가제에 대한 논의가 다시 시작되었다. 그는 발행허가법이 그 검열의 기준이 모호하고, 자유로운 교류에 방해가 되며, 검열체제가 실효성이 없다는 등 다양한 측면에서의 반대이유를 언론자유의 철학에 근거하여 피력하였다. 이러한 로크의 주장이 제기된 지 150여년이 지난 후에야 검열제도는 영국에서 사라지게 된다.

결국 사전검열이란 출판예정인 모든 간행물을 검열 당국에 제출하여 그 내용이 발행가능한 것인지의 여부를 결정하게 하는 것이며, 이는 간행물이 출판되기 이전에 구체적으로 실시되는 것이라고 할 수 있다. 즉 사전검열은 엄격히 말하자면 '정부에 의한 억압(suppression)'이라고 할 수 있으며, 역사적으로 사전검열은 사람들의 언어(speech)에 대해서가 아니라 인쇄물(press)에 대해서 취해졌다는 것을 알 수 있다.

사전검열의 목적은 간행물이 출판되기 이전에 출판물을 통제하는 데 있다. 따라서 인쇄를 사실상 막을 수 있는 여러 다른 정부 조치, 예를 들어 뉴스 수집(news gathering)을 규제하거나 정보원을 은닉하는 데 따른 처벌 등과 같은 경우, 비록 이것이 출판 이전에 발생하지만 사전검열이라고 할 수 없다. 왜냐하면 이러한 정부의 조치들은 출판 자체를 막거나 특정한 간행물의 출판을 저지할 목적을 갖는 것은 아니기 때문이다(Hopkins, 2007).

이와 관련 토마스 에머슨(Thomas Emerson, 1955)은 그의 주요 에세이인 'The Doctrine of Prior Restraint'에서 하나의 해답을 제시하고 있다.

에머슨은 첫째, 사전제약의 범위(breadth)를 지적하였다. 그는 사전검열의 경우 모든 출판물이 검열을 받아야 하기 때문에 특정한 출판물이 사후처벌 되는 것보다 커뮤니케이션에 훨씬 더 많은 영향을 끼친다고 보았다. 비록 사전검열은 아니지만 사후처벌의 경우에도 최소한에 그쳐야한다.

둘째, 사전검열과 사후처벌 두 가지 형태의 규제에 내재된 시간적 측면을 강조하였다. 사전검열의 경우, 출판의 시기와 연기(timing and delay) 여부를 정부가 결정하는 반면, 사후처벌의 경우, 적어도 출판물이 사상의 시장에 도달하게 되면 출판 시기를 전적으로 발행자가 결정한다는 점에서 다르다고 지적한다. 그러나 그는 사후처벌을 피하기 위한 사전검토는 편집과정에서 명확한 장애가 되며, 출판을 단순히 연기(delay)하는 것만으로도 내용의 시의적절성을 훼손하여 사전검열이 의도하는 바와 유사한 효과를 낳을 수 있다고 주장한다.

셋째, 사전검열 체계는 주로 기존 질서에 대한 반대 결정(adverse decision)에 적용된다. 출판 이후의 문제에 대해 판결하기 위해서는 아무리 관련 판례가 집적되었다고 하더라도, 단지 펜으로 한 획을 그어버리는(a simple stroke of the pen) 단순한 검열 행위에 비해 대단히 번거로운 절차를 거쳐야 한다. 따라서 에머슨은 본질적으로 사전검열 체계란 표현에 대해 쉽게 적용되고 억압적인 성격을 띨 수밖에 없는 것이라고 결론을 내린다.

넷째, 사전검열의 경우 절차상 정부가 유리한 입장에 서게 된다. 사전검열은 형사적 절차의 문제가 아니라 행정적 절차의 문제이다. 형사적 절차의 경우 무죄추정의 원칙, 입증책임의 문제, 증거 적용의 엄격성 등으로 인하여 행정적 절차보다 더욱 신중한 판단이 요구된다. 또한 배심원들의 심리절차도 거치게 된다. 그러나 행정적 조치는 단지 하급직 관료들에 의해서 행해지는 단순한 과정에 불과하다는 것이다.

다섯째, 사후처벌 절차는 공개적인 평가와 비판(public appraisal and criticism)을 위한 기회를 제공한다. 즉 사전검열과 관련된 행정적 절차는 공개적인 눈을 피할 수 있는 반면 사후처벌에 있어서 법정의 심리는 민주주의 실현과 여론 전파를 위해 공개되어야 한다.

여섯째, 사전검열은 구조적으로 불합리하고 비상식적인 행정부가 언론과 출판의 운명을 미리 결정하는 것이나 다름없다. 흥미롭게도 에머슨(Emerson)은 검열 담당자는 지나치게 업무에 충실한 경향이 있다고 지적한다. 그들은 출판이 허용되어야 할지 아닌지 의심스러운 경우 더욱 검열을 엄격히 하려한다. 왜냐하면 출판이 금지되어야 할 것을 허용하는 경우, 차후에 그 위험이 더욱 크고 감당하기 힘들다고 생각하기 때문이다.

일곱째, 사전검열 체계는 애매함보다는 명료함(certainty)을 선호한다. 즉 명확한 기준을 통해서 사전금지되어야 할 것을 판단하게 된다. 그래서 발행허가제의 장점이란 일단 출판물이 사전 검토를 통과하여 승인을 받게 되면 그 출판물은 더 이상의 제재로부터 자유로울 수 있다는 데 있다. 그러나 사후처벌 체계의 경우, 출판업자는 비록 법의 범주 안에 있다고 하더라도 어떠한 처벌에 직면할 수 있다. 왜냐하면 출판업자는 법을 해석하는데 있어 실수를 할 수 있고, 이러한 실수로 인하여 처벌을 받을 수 있기 때문이다. 물론 사전검열 체계에 순응하는 것은 정부가 허용하는 공식적 견해에 순응하는 것이기 때문에 활기차고 건전한 이단적 표현이나 수용할 수 없는 의견에 대해 주장할 수 있는 권리는 위축될 가능성이 있다.

마지막으로, 사전검열 체계는 이를 실시하는데 있어 사후처벌보다 더 큰 효과를 발휘한다. 사전검열을 집행하는 데 있어 핵심은 출판이 사전 승인을 받을 수 있는가 아닌가 하는 점이다. 사람들은 이러한 사전검열의 원리를 쉽게 이해하고 어떻게 하면 출판이 될 수 있는지를 알고 있다. 즉 사전검열 체계의 미덕이란 간단명료함이다. 출판업자들은 이 체계에 순응할지 불응할지를 선택할 수 있는데 대개의 경우 순응하게 된다.

궁극적으로 에머슨은 사전검열이 아무리 좋은 목적과 취지를 가지고 있다고 해도, 어떤 표현이 제대로 이루어지고 다양한 의견이 허용되기 위해서는 지양되어야 한다고 보았다. 에머슨은 사전검열은 단순히 역사적인 사건에 그치는 것이 아니라 수정헌법 제1조의 적용에 있어 가장 이성적으로 판단해야 하는 원칙이라고 지적한다. 즉 사전검열은 과거 정부가 시행한 하나의 규제방식이 아니라 본질적으로 헌법에서 보호하고자 하는 언론을 정말로 보호할 수 있는가를 결정하는 잣대가 된다는 것이다.

3. 인터넷에서의 검열의 의미

1) 인터넷에서의 검열 관련 쟁점

미국 연방항소법원은 인터넷 상에서 외설적 표현을 한 사람에 대해 형사처벌을 명시한 연방통신품위법(Communications Decency Act; CDA)이 표현의 자유에 대한 헌법 보장을 위배했다고 판시하였다. 미국 연방대법원도 연방항소법원의 판결을 긍정하면서 통신품위법이 표현의 자유에 대한 헌법 보장을 위협하는 것이라고 보았다. 표현의 자유를 제한적으로 인정하게 되는 근거인 라디오, 텔레비전, 통신과 같은 기술적 특성이 인터넷에는 없고, 이에 인터넷에서의 표현의 자유를 제약할 하등의 이유가 없다는 것이다.[3]

결국 미국의 경우 법제정을 통해 인터넷에서의 표현의 자유를 규제할 수는 없으며 사회적 규범(social norm)이나 시장(market) 논리 그리고 코드(code)를 통한 규제를 유도하고 있다. 특히 코드가 오프라인에서의 법률과 같은 역할을 한다고 볼 수 있다(Lessig, 2002). 좀 더 구체적으로 코드를 통한 통제는 검열과 관련하여 다음과 같은 특정 방식으로 이루어진다(황용석, 2010).

첫째, 특정 인터넷 사이트 접근을 차단하는 기술을 통한 규제이다. 즉 IP차단, DNS 간섭, 프락시를 이용해서 URL을 막는 등의 조치를 도모할 수 있는데 포르노그래피나 도박사이트 등에 접속하는 것을 막는데 주로 이용될 수 있다. 접속차단 조치는 백본(기간망)과 ISP를 통해서 이루어지는데 국제 회선의 게이트웨이를 직접통제하면서 한편으로는 ISP에게 접근차단의 압력을 가하게 된다.

둘째, 검색 결과에서 특정 사이트나 사이트의 내용을 제거하는 방식을 통한 규제이다. 이러한 것은 ISP가 특정 내용물로 인하여 처벌을 받는 것을 우려하여 자발적으로 제한하는 규제방식이다. 그래서 어떤 민감한 정치 사안을 검색하게 되면 특정 국가의 정부에 불리한 내용이나 반정부적 내용이 삭제된 채 나오게 된다.

셋째, 사회·문화적 논쟁거리에 대해 검색사업자가 자발적으로 검색 결과에서 삭제하는 방법이 있다. 이는 상업적인 이해로 인하

---

3 ACLU v. Reno, 929 F.Supp. 830, 1996: ACLU v. Reno, 521 U.S. 844, 1997.

여 정부와 타협을 하는 방식이기도 하다. 예를 들어 아랍지역에서 '빙'(Bing)을 통해 '게이'라는 정보를 검색하면 이를 빙이 필터링 하기 때문에 검색 결과를 얻지 못한다. 이처럼 금칙어를 설정하여 검색 장애를 유발하는 것이 대표적인 코드 규제이다. 우리나라의 경우 현재 약 700여개의 인터넷 금칙어가 설정되어 있다.

마지막으로, 감시나 추적 시스템을 통해 이용자와 사업자에게 규범적인 측면에서 압력을 가해 자기검열을 강화시키는 규제방식이 있다. 대표적인 것이 인터넷에서 실명제를 실시하거나, 정치 모니터링 시스템, 개인추적 소프트웨어, ISP를 통한 이용자 정보 수집이다. 우리나라에서 인터넷 실명제는 거의 전면적으로 실시되고 있으며 아시아의 경우 싱가포르와 중국이 유사한 제도를 시행하고 있다(황용석, 2010, 재인용).

2) 우리나라 인터넷 검열에 대한 논의

2010년 국무총리실이 인터넷 블로그의 동영상을 근거로 민간인을 불법 사찰한 사건이 발생하면서 인터넷 모니터링 시스템이 검열에 해당하는지에 대한 논쟁이 촉발되었다. 모니터링 시스템은 포털, 웹, 게시판, 블로그, 카페 등에서 발생하는 정보 가운데 특정 검색어를 포함하는 정보를 수집 분석하고 있다. 정부 부처와 주요 대기업들의 감시 대상 인터넷 게시판 수는 4만 2천개 정도로 알려지고 있다. 통신사, 병원, 연예기획사 등 모니터링 시스템은 광범위하게 활용되고 있다.

이러한 조치에 대해 찬성 측은 여론의 부정적 동향을 파악하기 용이하므로 위기관리 전략 수립에 효율적이라고 간주한다. 반면 인터넷 모니터링 시스템에 반대하는 측은 모니터링은 정부에 불리한 내용을 삭제하기 위한 통제를 목적으로 한다고 주장한다. 아울러 정부가 개인 글을 수집, 배포하는 것은 불법사찰로 악용될 수 있다고 지적한다(박성준 · 김재홍, 2010. 7. 8; 2010. 7. 9). 즉 제3자의 주장이 있다는 이유만으로 게시글이 차단, 삭제된다면 블로그는 '타인이 싫어하는 글은 삭제 또는 차단되는 공간'으로 전락하여 본연의 기능과 의의가 상실될 수 있다는 것이다(공익법센터, 2009. 12. 9). 이러한 조치는 결국 정부의 권력에 대해 비판적인 글을 올릴 수 있는 기회를 차단하게 될 우려가 있다.

한편, 2009년 12월 9일 참여연대 공익법센터에서 포털사이트를 대상으로 제기한 소송을 통해 최근 블로그 등 사적 인터넷 공간에 대한 검열의 현황과 쟁점을 확인할 수 있다. 소송의 주체 중 한 명인 인터넷 논객 진 모씨는 2009년 6월 3일부터 8일까지 자신의 블로그에 15개의 글을 게재했는데, 그중 14개의 글이 포털사이트 D사에 의해 임시 접근 금지 조치되었다. 임시조치가 내려진 글들은 진 씨가 한국예술종합학교의 객원교수 자격이 없음에도 채용되었다는 모 인터넷 신문 기사에 대하여 위 기사들의 근거 없음을 밝히기 위한 글이다. D사는 진 씨에게 임시조치에 대한 통보를 하지 않았다(공익법센터, 2009. 12. 9, 재인용).

또 다른 소송 주체인 김 모씨는 2009년 1월 23일 인터넷 블로그에 용산참사와 관련된 신문기사의 원문을 복사하여 게재하면서, 용산참사를 불법행위에 대한 정당한 공권력행사라고 주장하는 국회의원들이 "인두겁을 쓴 짐승과 같다"라는 의견을 덧붙였다. 이와 관련해 해당 블로그를 운영하고 있는 포털사이트 D사는 국회의원장 모씨로부터 명예훼손을 이유로 해당 게시글의 중단 요청을 받았다. 또한 김 모씨에게 임시조치를 취한다는 통보를 하였다. 김 모씨는 D사에게 삭제된 게재글의 복구를 요청하였으나 D사는 "피해자로부터 명예훼손으로 인한 권리침해 주장이 있었고, 명예훼손 여부는 법률적 판단을 따라야 하는 부분으로서 D사가 판단하기 어려운 문제여서 임시조치를 취하게 되었으며, 30일간 임시조치 후 자동으로 복원시킬 것"이라는 답변을 받았다(공익법센터, 2009. 12. 9, 재인용).[4] 이를 통해 확인할 수 있는 블로그 검열 찬성 논리는 표현의 자유만큼 인격권 역시 중요한 기본권이기에 블로그에서 명예훼손적 표현행위가 발생할 경우 제한되어야 한다는 것이다.

그러나 블로그 검열을 반대하는 참여연대 공익법센터는 "블로그 서비스 제공자는 블로그에 게시된 글이 자신의 권리를 침해한다는 제3자의 주장만으로 그 글을 삭제 또는 차단할 수 없으며, 제3자의 주장이 불합리한 경우에도 그 주장이 있다는 이유만으로 게시글이 차단·삭제된다면 블로그는 '타인이 싫어하는 글은 삭제 또는 차단되는 공간'으로 전락하여 본연의 기능과 의의가 퇴색될 것"이라고 주장하였다(공익법센터, 2009. 12. 9). 단지 제3자의 주장만으로 인터넷 공간이 규제될 경우 사회나 개인의 부정한 행위를 비판하고 감시하는 대안적 공론장으로서의 인터넷의 기능이 발휘될 수 없다는 것이다.

이상의 사건은 최근 개인 공간이라 알려진 블로그에서도 OSP에

---

[4] D사의 서비스 약관 중 제12조는 다른 이용자 또는 제3자를 비방하거나 중상모략으로 명예를 손상시키는 내용의 게시는 이용자에게 사전 통지 없이 해당 공개게시물을 삭제할 수 있다고 명시하고 있다. 또한 이용자의 공개게시물로 인한 법률상 이익 침해를 근거로, 다른 이용자 또는 제3자가 이용자 또는 D사를 대상으로 하여 민형사상 법적 조치를 취하는 동시에 법적 조치와 관련된 게시물의 삭제를 요청해오는 경우, D사는 법적 조치의 결과가 있을 때까지 관련 게시물에 대한 접근을 잠정적으로 제한할 수 있다고 명시하고 있다.

의한 게시글의 삭제나 차단조치가 빈번히 발생하고 있다는 사실을 증명하고 있다.[5] OSP가 스스로 명예훼손적 표현을 구분할만한 전문성을 갖추고 있지 못하기 때문에 제3자의 게시글 차단 요청만으로 손쉽게 게시글이 차단되는 행정편의적 조치가 취해지고 있는 상황인 것이다.

아울러 인터넷 공간의 검열이 사회적 쟁점으로 부각되면서 인터넷 공간의 제재와 검열에 반대하는 누리꾼들 사이에서는 사이버 망명, 검열을 피해 웹서핑 하는 방법, 금칙어 피하는 방법 등이 유행하기도 하였다. 무엇보다 사이버 망명은 정치적 사유 등으로 자국 내 서버에서의 자유로운 인터넷 이용에 제한을 받는 이용자가 이메일, 블로그 등 인터넷 서비스의 주 사용무대를 국내법의 효력이 미치지 못하는 해외서버로 옮기는 행위이다(위키피디아, 2010. 7. 30). '사이버 망명의 원인과 과제'라는 정책 자료집에서 한나라당 이정현 의원은 "인터넷이란 신세계는 사이버모욕죄와 패킷 감청, 메일 압수수색 등 계속된 규제로 사이버 망명이 일어나고 있다. 불편함과 두려움이 공존하고 있는 한국 인터넷의 현주소는 네티즌의 사이버 망명뿐 아니라 인터넷 기업의 경제적 타격까지 초래한다"고 주장하였다. 지나친 인터넷 규제가 누리꾼들의 사이버 망명을 조장하고, 인터넷 산업도 위축시킨다는 것이다(장동준, 2009). 박경신(2010)은 매달 수백 건의 100% 합법적인 게시물들이 방송통신심의위원회에서 시정요구를 했다는 이유만으로 포털에서 영구삭제되고 있는데, 강제성이 없는 시정요구에 대해 사업자들이 자발적으로 게시물을 삭제

[5] 실제로 2011년 11월 15일 현재 주요 포털사이트에 "블로그 게시글 삭제"라는 키워드로 검색하면 다양한 게시글 삭제 사례를 확인할 수 있다.

하고 있는 OSP도 사이버 망명에 기여를 했다고 주장하기도 하였다(헤럴드경제, 2010. 3. 30).

이와 함께 검열을 피해 웹서핑 하는 방법, 금칙어 피하는 방법 등은 코드를 통한 인터넷 사전검열의 실효성 문제를 제기하고 있다. 조선인포뱅크와 같은 대북관련 사이트, 포르노 사이트와 같은 유해사이트에 대한 코드를 통한 통제는(IP차단 등) 구글검색 등을 통해 검열을 피해 웹서핑하는 방법에 대한 정보를 얻음으로서 벗어날 수 있다. 금칙어는 띄어쓰기, 쉼표, 온점의 활용 등으로 유사 언어를 입력하거나 새로운 인터넷 용어를 만들어 금칙어를 대체하는 방법으로 차단을 피할 수 있다. 따라서 인터넷 검열론자들이 주장하는 건전한 인터넷 문화의 조성은 법적 규제만으로는 한계가 존재한다는 의견이 지배적이다. 규제일변도의 정책보다는 자율규제가 규제론자들이 주장하는 건전한 인터넷 환경을 조성하기 위한 보다 근본적 해결책이라는 것이다.

3) 인터넷 실명제와 OSP의 책임

우리나라에서 실시되고 있는 인터넷 실명제는 인터넷에 대한 검열의 기재로 평가되고 있다. 예를 들어 2010년 3월 11일 국경 없는 기자회(RSF)는 인터넷 검열에 관한 연례보고서에서 중국과 북한 등 검열이 가장 심한 12개국을 '인터넷의 적'(enemy)으로 분류하였는데 비록 '인터넷의 적'에는 포함되지 않았으나 우리나라는 '인터넷의 적' 다음 단계인 '감시 대상국'으로 선정되었다(중앙SUNDAY, 2010. 3. 28, p.20).

인터넷 실명제는 인터넷의 본질적인 특성인 익명성을 규제하는 것으로, 인터넷에 접속하거나 특정 사이트에 접속할 때 또는 특정 영역에서 댓글을 남기고자 하는 경우에 자신의 신원을 공개하도록 하는 법적·코드적 규제이다. 특히 선거와 관련된 글을 남길 때에는 본명을 밝히고 작성해야 한다. 2007년 1월에는 정보통신망법을 개정하여 지방자치단체, 공기업, 그리고 민간이 운영하는 대형 인터넷 포털에 본인 확인 조치를 취하도록 의무화하여 실명확인제를 도입하였다. 여기서 인터넷 포털은 정보 통신 서비스의 유형별 일일 평균 이용자수가 10만 명 이상이 되어야만 실명확인제를 적용하는 것으로 결정하였다. 이러한 실명제에 대해 찬반 논란이 팽팽하게 맞섰다.

실명제를 찬성하는 측은, 이러한 인터넷 실명제의 궁극적인 목적은 사이버 명예훼손이나 익명성에 따른 사이버 범죄의 증가를 막기 위한 것이기 때문에 공익적인 목적을 달성하기 위해서는 표현의 자유도 제한될 수 있다고 주장한다(황창근, 2008). 그러나 실명제에 반대하는 측은, 인터넷의 본질적 특성인 개개인의 자유로운 표현이 보장되고,[6] 자기 정보는 자신이 관리해야 한다는 점을 고려할 때 실명제의 실시는 이러한 매체의 본질적 속성을 침해하게 된다고 주장한다(황성기, 2008). 즉 인터넷 실명제의 경우 사이버 명예훼손의 급증이나 익명성에 따른 사이버 범죄에 주목하면서 익명 표현의 자유도 제한될 수 있다는 찬성론(황창근, 2008)과 인터넷 여론형성 기능과 개인의 욕망 배출 기능을 중시하면서 익명 표현의 자유와 자기정보

---

6 헌법재판소는 "언론·출판의 자유는 민주 국가의 존립과 발전을 위한 기초가 되기 때문에 특히 우월적 지위를 지니는 것이 현대 헌법의 특징"이라고 판시하여 표현의 자유를 중시하고 있다(헌재 1991. 9. 16. 선고 89헌마165 결정). 즉 법적인 규정이나 판례들의 판결 경향을 두고 본다면 약간의 정도 차이는 있을지언정 언론·출판의 자유는 여타 다른 기본권에 우선하는 모습을 보이고 있다고 할 수 있다.

관리통제권을 침해한다는 반대론(황성기, 2008)이 대립하고 있다.

사실 실명제를 실시하면 익명성으로 인해 발생할 수 있는 피해는 줄일 수 있으나 익명성이 줄 수 있는 다양한 미덕을 상실하게 된다. 많은 법학자들은 익명성에 대하여 때로 타인의 인격권 침해를 야기하는 요인이 되기도 하지만 익명을 통한 사이버 공간에의 참여가 본질적으로 소외감을 느끼는 사람들이 자신이 누군가에게 인정받는다는 위안과 만족을 얻게 해주며, 현실로부터 도피할 수 있는 매력적인 방법이라고 인정한다. 다시 말하자면 인터넷에서의 익명성은 활발하고 직설적인 의견 표출이 허용되는 커뮤니케이션 형태를 생산하게 된다는 것이다(Herring, 1996).

미국의 경우 익명성은 헌법적으로 보장받고 있는 것으로 인식된다. 미국 연방대법원은 1995년 매킨타이어 대 오하이오 주 선거관리위원회(McIntyre v. Ohio Elections Commission) 사건에서 익명성이란 헌법하에서 악의적이고 기만적인 것이라기보다는 옹호와 이견이 허용되는 자랑스러운 전통이라고 말한 바 있다. 연방대법원은 어떠한 동기에 입각하든지 간에 개인이 익명으로 남을 권리가 진입 조건으로 신원을 밝히기를 원하는 '시장적 요구'에 우선한다고 판시하였다. 따라서 익명으로 남고자 하는 개인적 결정은 헌법에 의해서 보호되는 언론자유의 한 측면이라고 판단하였다.

연방대법원은 "익명성이란 다수의 폭력으로부터의 안전판 역할을 하는데, 이는 사회적으로 지지를 받지 못하는 사람들이 보복을 당하거나 그들의 사상이 억압되는 것을 막도록 한다는 수정헌법 제1조의 취지를 담고 있다"고 판시하였다. 연방대법원은 "사기성 있는 행위까지 보호하게 되는 경우 이는 분명 익명으로 남을 수 있는 권리를 남용하는 것이다. 그러나 정치적인 표현이란 그 본질상 때로는 입맛에 맞지 않는 결과를 낳을 수 있으며, 일반적으로 우리 사회는 남용될 위험성보다는 표현의 자유의 중요성에 더욱 무게를 두고 있다"고 주장하였다(115 S.Ct.1511(1995)). 이러한 판결로 인하여, 비록 익명성이 아직 헌법적 권리가 아니라는 주장도 있지만, 이후에 나온 여러 판결들을 종합적으로 판단해 보면 익명으로 표현할 권리는 미국에서는 헌법적으로 보호받는 것이라고 보아도 무방할 것으로 보인다(이재진, 2009, p.36).

우리나라 법원의 경우 아직 익명성의 사회적 성격에 대해서 정의한 바가 없다. 오히려 익명성을 인터넷 범죄의 핵심 요인으로 인식하는 경향이 있다(이재진, 2009). 이러한 상황에서 실명제 도입 추진을 위한 논의가 지속되었고, 공직선거법(제82조의6)에서 이를 도입하여 인터넷의 게시판, 대화방 등에 선거에 관한 의견을 제시 하는 경우 인터넷 언론사는 의견 게시를 하고자 하는 자의 성명과 주민등록번호의 일치 여부를 확인한 후 의견 제시를 할 수 있도록 기술적 조치를 취하도록 하였다.

이러한 실명제 도입의 가장 큰 쟁점은 실명제가 사전검열의 성격을 띠는가 하는 것이다. 이에 대한 논의를 명확히 하기 위해 사전검열의 논리적 타당성(rationale)을 살펴보아야 한다. 무엇보다 사전검열은 사후처벌과 구분된다. 물론 미국의 경우 수정헌법 제1조가 일정 부분 사후처벌도 금지하고 있다는 주장도 있다. 연방대법원은 "사전검열은 자유로운 언론에 대해 가장 가증스럽고 수인 한도가 낮은 침해이다… 그런데 사전검열 원칙이 존중받던 시대를 지나서도 차별적인 처분이 정당화 되고 있다… 사후처벌의 핵심 또한 사전에 언론을 억제하고자 하는 것과 같다… 입법자들은 언론인을 감옥에 감금하는 것은 배제하였으나 언론행위를 저지하는 법을 제정했고, 언론을 처벌하는 법들은 사전검열과 큰 차이가 없다"고 피력하였다(Near v. Minnesota, 1931).

그러나 1993년 연방대법원은 이전의 인식과 달리 창고에 보관된 음란한 잡지와 비디오테이프를 몰수하는 것이 사전검열에 해당하는가의 여부를 다룬 알렉산더 사건(Alexander v. United States, 509 U.S. 544)에서 사전검열이란 '어떠한 커뮤니케이션이 발생되기 이전에 커뮤니케이션이 발생되지 못하도록 명령하는 것'이라고 정의하였다. 연방대법원의 윌리엄 렝퀴스트(William Lenquist) 대법관은 "단지 음란물 범죄에 대해서 처벌하는 것은 사전검열이 아니며, 사전검열은 본질적으로 언어(speech)를 완전히, 그리고 영원히 못하도록 막는 것"이라고 피력하여 사전검열과 사후검열을 구별하였다.

연방대법원은 당사자인 알렉산더가 음란물을 압수당했다고 하더라도 당장 내일이라도 다시 음란물 가게를 열 수 있기 때문에 음란물에 대한 압수가 음란적 표현을 완전히 못하게 막는 것은 아니라고 판시하였다. 대법원은 특히 정부가 범죄행위와 관련된 재산을 압수하도록 법적으로 정하는 데 있어 재산을 표현적 재산이냐 비표현적 재산이냐를 구분해서 적용하는 데 따른 실익이 없다고 판단하여 필요한 압수행위는 사전검열이 아니라고 보았다.

우리나라의 경우 정보통신망법에 근거하여 인터넷 실명제(제한적 본인확인제)를 도입하였다. 전술한 바와 같이 인터넷 실명제 이후 방문자 10만 명 이상의 인터넷 사이트에 댓글을 쓰려면 반드시 실명과 주민등록번호 확인을 거쳐야 한다. 이러한 인터넷 실명제가 인터넷에서 개인이 익명으로 남을 권리를 침해한다는 비판의 목소리가 계속되었다. 결국 2010년 1월 세 명의 누리꾼이 인터넷 실명제가 헌법이 규정하는 언론·출판의 자유, 사생활의 자유 그리고 평등권을 침해한다며 헌법소원을 제기하였다. 실명제가 익명성의 권리를 침해 한다는 것이다. 이들은 "지난해 말과 올해 초 동영상 사이트인 유튜브에 익명으로 댓글을 남기려 시도했으나 '본인확인제로 인해 한국 국적 설정시 댓글을 쓸 수 없다'는 메시지가 뜨면서 의견을 개진할 수 없었다", 또한 "〈오마이뉴스〉와 〈YTN〉 기사를 읽고 익명으로 댓글을 달려 했으나 실명 등록 없이는 불가능 했다"고 청구 취지를 밝혔다(한겨레, 2010. 1. 25). 그러나 2011년 11월 현재까지 인터넷 실명제(제한적 본인확인제)는 폐지되지 않고 있다.

이전에도 시민단체 등을 중심으로 인터넷 실명제는 네티즌(누리꾼)의 식별 정보를 운영자가 수집해 국가의 요구시 제출하도록 강제할 수 있기 때문에 국가의 공권력이 자신의 기본권을 침해할 수 있다고 보았다(문재완, 2008). 즉 실명제는 개인의 기본권인 표현의 자유를 위축시키는 실질적인 사전 검열이라는 주장을 제기해 왔다. 그럼에도 이에 대해 헌법소원을 제기한 것은 이번이 처음이다. 헌법소원을 제기한 사람들은 실명제의 가장 큰 목적은 악성 댓글로 인한 피해를 줄이자는 것인데, 2007년 7월부터 도입된 실명제가 현재까지 악성 댓글을 줄이는데 기여하지 못했으며, 오히려 실명제에 의해 사생활의 비밀과 자유가 침해되는 사례가 발생하고 있기 때문에 철회되어야 한다고 보았다. 결국 실명제가 위헌이 아닌 올바른 조치였는가 그리고 실제로 의도하는 만큼의 효율성이 있는가 하는 점은 좀 더 많은 논의가 요구된다.

실명제와 관련한 또 하나의 핵심적 쟁점이 OSP(Online Service Provider)[7]의 법적 의무와 책임성이다. 정보통신망법은 사생활 침해 또는 명예훼손 등 타인의 권리를 보호하고 정보통신서비스제공자의 의무조항을 마련하고 있다.[8] 사생활의 침해 또는 명예훼손 등 권리가 침해된 경우 정보통신서비스제공자에게 정보의 삭제나 반박내용 게재를 요청할 수 있으며 이 때 정보통신서비스제공자는 삭제, 임시조치 등 필요한 조치를 취해야 한다. 필요한 조치를 한 경우 정보통신서비스제공자는 책임이 경감될 수 있다.

국내 학계의 경우 OSP에게 광범위한 책임을 요구하는 해석론에 대해 우려를 보이며(김경호, 2008; 성선제, 2002; 황성기, 2007), 행위자가 아닌 사이트 제공자인 OSP에게 직접적으로 그 책임을 묻는 것은 형법 상 자기책임의 원칙에 반하기에(정대관, 2005), 부작위에 의한 방조범으로서의 제한적 책임을 지워야 한다고 주장하고 있다(박광민, 2005; 이민영, 2007; 이호중, 2004). 왜냐하면 OSP에게 책임을 과도하게 지웠을 경우 인터넷 상 정보의 자유로운 교환에 있어 나타나게 될 부작용이 훨씬 크기 때문이라는 것이다.

---

7 ISP(인터넷서비스제공자) 등 다른 용어들도 있지만 보다 포괄적인 개념인 저작권법 상의 OSP(온라인서비스제공자)라는 용어를 사용하기로 한다. 저작권법 제2조 제30호. "온라인서비스제공자"는 다른 사람들이 정보통신망(「정보통신망이용촉진 및 정보보호 등에 관한 법률」제2조제1항제1호의 정보통신망을 말한다. 이하 같다)을 통하여 저작물 등을 복제 또는 전송할 수 있도록 하는 서비스를 제공하는 자를 말한다.

8 정보통신망법 제44조 제2항, 제44조의2. 또 방송통신위원회도 정보통신망에서 사생활 침해 또는 명예훼손 방지를 위해 시책을 마련하고 권고하도록 했지만 강제 사항은 아니고 재량적 규정이다. 방송통신위원회는 정보통신망에서 사생활의 침해 또는 명예훼손 등 타인에 대한 권리침해 방지를 위해 기술개발·교육·홍보 등에 대한 시책을 마련하고 이를 정보통신서비스제공자에게 권고할 수 있다(정보통신망법 제44조 제3항).

4) 관련 판례 분석: 우리나라의 경우

인터넷은 이른바 정보통신매체로서 종래의 대중매체에 비교하여 "진입장벽이 낮고, 표현의 쌍방향성이 보장되며, 그 이용에 적극적이고 계획적인 행동이 필요하다는 특성"을 지니고 있어, "오늘날 가장 거대하고 주요한 표현매체"로서 "가장 참여적인(매체) 시장", 그리고 "표현촉진적인 매체"로 정의되어 왔다(헌재 2002. 6. 27. 선고 99헌마480 결정).

그러나 법원은 이러한 점은 단지 '전제'에 불과하다는 점을 명확히 밝힌다. 무엇보다 우리 헌법에서 표현의 자유가 무한정 보호받는 권리가 아니며 일정한 경우 제한될 수 있다고 규정하고 있으며,[9] 대법원도 "인격권으로서의 개인의 명예 보호와 표현의 자유의 보장이라는 두 법익이 충돌하였을 때 그 조정을 어떻게 할 것인지는 사회적인 여러 가지 이익을 구체적으로 비교하여 표현의 자유로 얻어지는 이익·가치와 인격권의 보호에 의하여 달성되는 가치를 형량하여 그 규제의 폭과 방법을 정하여 한다"고 설시하였다(대법 1988. 10. 11. 선고).

우리나라 헌법재판소도 내용 그 자체로 불법성이 뚜렷하고 사회적 유해성이 명백한 아동 포르노, 국가기밀 누설, 명예훼손, 저작권 침해 같은 경우를 제외하고는 "함부로 내용을 이유로 표현물을 규제하거나 억압하여서는 아니 된다"고 보았다(헌재 2002. 6. 27. 선고 99헌마480 결정). 헌법재판소는 또한 검열을 "행정권이 주체가 되어 사상, 의견 등이 발표되기 전에 예방적인 조치로서 그 내용을 심사·선별

---

9 헌법 제37조 제2항; 국민의 모든 자유와 권리는 국가안전보장·질서유지 또는 공공복리를 위하여 필요한 경우에 한하여 법률로써 제한할 수 있으며, 제한하는 경우에도 자유와 권리의 본질적인 내용을 침해할 수 없다.

하여 발표를 사전에 억제하는, 허가받지 아니한 것의 발표를 금지하는 제도"라고 정의를 내리고 있다(헌재 2001. 8. 30. 선고 2000헌바36 결정). 이에 따르면 방송이나 배포금지에 대한 가처분 결정 또한 검열이 아니라고 할 수 있는데, 헌법재판소는 "언론의 자유와 개인의 인격권이 충돌할 때 법원이 헌법 상 언론자유 보장을 참작해 엄격하고 명백한 요건 하에서만 가처분을 받아들이는 점을 고려하면 가처분 결정은 헌법에 위배되지 않는다"고 판단하였다. 이러한 판단에도 불구하고 언론을 완전히 금지하는 것은 형평성의 원칙과 과잉금지 원칙에 위배된다는 주장들이 계속 제기되었다. 즉 검열의 성격이 강하다는 것이다.

구체적으로 우리 헌법재판소는 일반적으로 검열이란 ▲허가를 받기 위한 표현물의 제출의무 ▲행정권이 주체가 된 사전심사절차 ▲허가를 받지 아니한 의사표현의 금지 ▲심사절차를 관철할 수 있는 강제 수단 등의 요건을 갖춘 경우를 의미한다고 보았다(헌재 2001. 8. 30. 선고 2000헌가9 결정).

한편, 최근 행정부는 인터넷 공간에 대한 규제를 강화하려는 움직임을 지속적으로 보이고 있고 누리꾼들은 표현의 자유 침해에 반발하고 있다. 양자 간 의견이 대립되고 있다는 점에서 국내에서 바람직한 인터넷 규제방향을 위해 합리적 판단 기준이 다각적으로 제시될 필요가 있을 것이다.

아래 〈표 1-1〉에서 알 수 있듯이 OSP의 책임과 관련하여 가장 핵심적인 판결은 2009년 대법원 판결이다.[10] 우리나라 대법원은 피

---

10 이 사건은 임신한 채 버림받은 한 여성이 자살을 하게 되었고, 그 여성의 어머니가 자신의 딸이 전 남자친구 때문에 자살하게 되었다는 글을 미니홈피에 남기게 되면서 시작되었다. 자살한 여성의 어머니는 미니홈피 게시글에서 해당 사연

〈표 1-1〉 인터넷 검열이 쟁점이 된 대표적 판례

판결일	법원	원고	미디어	쟁점	결과	사건번호
2003. 6. 27.	대법	전 군수	전자게시판	OSP 책임	원고 패소 (원심파기)	2002다72194
2006. 5. 12.	서울중앙지법	연예인	포털사이트	OSP 책임	원고 패소	2004가단292358
2006. 9. 8.	서울남부지법	국회의원	포털사이트	OSP 책임	원고 승소	2005단18300
2007. 1. 10.	서울고법	연예인	포털사이트	OSP 책임	원고 패소 (항소기각)	2006나48160
2007. 2. 7.	대전지법	초등학교교사	전자게시판	공익성	무죄판결	2004고단230
2007. 5. 10.	대법	국회의원	전자게시판	사실성	유죄 판결 (상고기각)	2007도1307
2007. 12. 26.	서울중앙지법	연예인	포털사이트	OSP 책임	원고일부 패소	2005합112203
2008. 1. 16.	서울고법	국회의원	포털사이트	OSP 책임	원고 승소 (항소기각)	2006나92006
2009. 4. 16.	대법	김OO	포털사이트	OSP 책임	원고 승소 (상고기각)	2008다53812
2010. 2. 11.	서울행법	최OO	포털사이트	공익성	원고승소	2009구합35924

해를 주장하는 당사자로부터 직접 요구를 받지 않은 경우라도 OSP가 명예훼손적 게시물을 삭제하거나 차단할 의무가 있다고 인정하였다(대법 2009. 4. 16. 선고 2008다53812 판결). "…피해자로부터 직접적인 요구를 받지 않은 경우라 하더라도 그 게시물이 게시된 사정을 구체적으로 인식하고 있었거나 게시물의 존재를 인식할 수 있었음이 외관상 명백히 드러나며, 또한 기술적·경제적으로 그 게시물에 대한 관리·통제가 가능한 경우, 그 게시물을 삭제하고 차단할 주의의

을 널리 퍼뜨려 달라고 호소했고 누리꾼들은 자살한 여성의 전 남자친구의 실명, 출신학교와 회사의 이름, 전화번호 등이 적시된 사건 게시물을 자신의 블로그나 카페 등에 옮겨 고인을 추모하고 남자친구에 대한 응징을 논의하기도 하였다. 이로 인하여 전 남자친구는 다니던 직장을 그만두는 등 정상적인 사회생활을 하지 못하게 되었고, 블로그나 카페 등의 서비스를 제공하고 있는 인터넷 포털 서비스 사이트를 대상으로 손해배상을 청구하였다.

무가 있다…"는 것이다. 다시 말해 대법원의 판단은 게시물의 삭제 의무는 불법성을 인지할 수 있는 특정 게시물에 대해서 피해자가 삭제 등의 조치를 요청한 경우, 이것이 기술적으로 가능한 경우여야 한다는 기존의 논리를 넘어서는 것이다.

또한 이 사건에서 대법원은 포털사이트로서의 OSP가 "보도매체가 작성·보관하는 기사에 대한 인터넷 이용자의 검색·접근에 관한 창구 역할을 넘어서서 보도매체로부터 기사를 전송받아 자신의 자료저장 컴퓨터 설비에 보관하면서 그 기사 가운데 일부를 선별하여 자신이 직접 관리하는 뉴스 게시공간에 게재하였고 그 게재된 기사가 타인의 명예를 훼손하는 내용을 담고 있다면, 이는 인터넷 종합 정보제공 사업자가 보도매체의 특정한 명예훼손적 기사 내용을 인식하고 이를 적극적으로 선택하여 전파한 행위"에 해당하므로 보도매체에 준하여 손해배상책임을 진다고 보았다.[11]

이러한 대법원의 판결은 이전의 OSP에 대한 책임을 종합정리하는 한편 실제로 OSP의 책임을 대단히 무겁게 묻는 동시에 OSP의 사전검열 가능성을 열어 놓는 결정이라고 할 수 있다. 실제로 이전 판결에서 대법원은 OSP가 명예훼손 상의 손해배상 책임을 가지는 경우는 운영자가 그 게시물을 삭제할 의무가 있음에도 정당한 사유 없이 이를 이행하지 아니한 경우여야 하고, 그러한 삭제의무가 있는지는 게시의 목적, 내용, 게시 기간과 방법, 그로 인한 피해

11 이 사건의 하급심에서 서울중앙지법은 원고에 대한 게시물들은 높은 조회수를 기록하여 피고들 검색어 순위에서 상위에 오르고 엄청나게 많은 댓글이 달리는 등 피고들이 쉽게 그 존재를 알 수 있는 상태에 있었을 뿐만 아니라, 피고들이 뉴스 기사나 검색 서비스를 통하여 그러한 표현물의 위치를 네티즌에게 알려주는 등 원고에 대한 명예훼손 표현물들이 확산되도록 한 행위는 원고에 대한 명예훼손 행위가 된다고 판시하였다(서울중앙지방법원 2007. 5. 18. 선고 2005가합64571 판결).

의 정도, 게시자와 피해자의 관계, 반론 또는 삭제 요구의 유무 등 게시와 관련한 쌍방의 대응태도, 당해 사이트의 성격 및 규모·영리 목적의 유무, 개방정도, 운영자가 게시물의 내용을 알았거나 알 수 있었던 시점, 삭제의 기술적·경제적 난이도 등을 종합하여 판단하여야 한다고 판시한 바 있다(대법 2003. 6. 27. 선고 2002다72194 판결; 대법 2007. 12. 26. 선고 2005가합112203 판결).

한편, 서울행정법원의 판결(2009구합35924)은 한 블로거가 개인 블로그에 국내 시멘트의 유해성을 비판한 글이 정보통신망 이용촉진 및 정보보호 등에 관한 법률 제44조의7 제1항 제2호가 규정하고 있는 불법정보 즉 '사람을 비방할 목적'이 부인되는 '공공의 이익에 관한 글'인지 여부에 대한 내용을 다루고 있다. 판결은 OSP와 방송통신심의위원회의 개인 블로그 게시글 삭제가 공익을 침해하는 행위일 수 있음을 증명하고 있다.[12] 재판부는 적시한 사실이 공공의 이익에 관한 것인지의 판단은 명예훼손적 표현으로 인한 피해자가 공인인지 아니면 사인인지의 여부, 그 표현이 국민이 알아야 할 공공성을 갖춘 공적 관심 사안에 관한 것으로 사회의 여론형성 내지 공개토론에 기여하는 것인지 여부, 표현에 의하여 훼손되는 명예의 성격과 침해 정도 등 제반 사정을 고려하여 판단하여야 한다고 보았다(대법 2005. 10. 14. 선고 2005도5068판결 등 참조).

12 이 사건은 한 블로거가 개인 블로그에 국내시멘트의 유해성에 관한 글을 게시하면서 발생하였다. 한국양회공업협회 등은 이 글이 자신들의 명예를 훼손했다며 방송통신심의위원회에 심의를 신청하였다. 심의결과 방송통신심의위원회는 해당 글이 정보통신망 이용촉진 및 정보보호 등에 관한 법률 제44조의7제1항 제2호 소정의 '불법정보'에 해당한다며 2009년 4월 24일 포털사이트에 대해 해당정보의 삭제를 요구하였다. 포털사이트는 2009년 4월 28일 시정요구에 따라 게시물을 삭제하였다. 그러나 행정법원은 게시글의 삭제를 요구한 방송통신심의위원회의 시정요구가 위법하다고 보았다.

이러한 행정법원의 판결은 방송통신심의위원회의 행정처분 과정의 문제점과 이에 대한 OSP의 무비판적 수용의 문제점을 드러내고 있다. OSP는 방송통신심의위원회의 삭제요구에 대해 불복하여 이의신청을 할 수 있고, 방통심의위는 이의신청이 있은 날부터 15일 이내에 이를 심의하도록 규정되어 있다(법 시행령 제8조 제5항, 제6항). 그러나 이 사건에서 OSP는 삭제요구 4일 만에 글을 삭제하였다. 이에 불복하는 원고의 의견이 소송으로 이어질 수밖에 없는 구조를 OSP가 조성한 것이다. 이는 OSP가 행정처분 지시에 대해 자체적 시각으로 판단하고 이의신청 등의 절차를 통해 이용자의 표현의 자유를 보장하려는 노력을 더욱 경시할 가능성을 높이는 결과를 초래할 수 있다. 행정처분의 결과를 일방적으로 수용하는 행위는 결과적으로 검열을 방조하거나 인터넷에서의 표현의 자유를 억압하는 기제로 작용할 수 있기 때문이다.

또한 비영리 홍보사이트인 군청 사이트 게시판에 익명의 이용자가 원고의 공직생활 중 성추행 사건, 금품수수 사건 등의 게시물을 올린 사건이 있었다. 그러한 명예훼손적 내용이 담긴 게시물은 52일간 유지되었고 그 후 원고가 게시물의 삭제를 공식 요청하자 피고측 담당자는 삭제하였다. 이 사건에서 대법원은 "홈페이지 운영자가 제공하는 게시판에 다른 사람에 의하여 제3자의 명예를 훼손하는 글이 게시되고 그 운영자가 이를 알았거나 알 수 있었다는 사정만으로 항상 운영자가 그 글을 즉시 삭제할 의무를 지게 된다고 할 수는 없다"고 판시함으로써 OSP의 책임 여부를 종합적으로 판단할 것을 주문하고 있다(대법 2003. 6. 27. 선고 2002다72194 판결).

유명 배우였던 황수정 씨가 포털검색 사이트에 필로폰 투약으로 구속된 사진 등이 게시되어 있는데도 피고가 이를 방치해 불특정 다수인들이 이를 검색할 수 있게 하여 퍼블리시티권과 명예가 훼손되었다며 제기한 손해배상청구소송에서 법원은 1, 2심 모두 OSP의 책임을 인정하지 않았다(서울중앙지법 2006. 5. 12. 선고 2004가단292358 판결; 서울고법 2007. 1. 10. 선고 2006나48160 판결). 법원은 인터넷 사이트가 타인의 명예를 훼손하는 이미지 파일이 등록되어 이용자들이 검색할 수 있다는 사정을 알았거나 알 수 있었을 경우에 삭제의무를 진다고 전제한 뒤, 이 사건에서는 "삭제 요청을 하였다고 인정하기에 부족하고 달리 이를 인정할 증거도 없으며, 나아가 피고가 이 사건 소가 제기된 이후에도 이미지 파일들이 검색될 수 있도록 방치하였는지에 대하여 살피건대, 피고가 포토앨범을 이용하는 인터넷 이용자들이 수시로 등록하는 이러한 이미지 파일들을 일일이 검색하여 삭제할 수는 없는 점, 또한 이 사건 소가 제기되자 피고는 원고 이름을 키워드로 한 이미지 파일을 검색할 수 없도록 한 사실이 인정되는 점에 비추어 방치하였다고 인정할 증거가 없다"고 판시하였다. 즉 인터넷 사이트가 명예훼손적 내용을 인지한 후 임시조치를 취했는가를 통해 방치 여부를 판단하고 있다.

그러나 한나라당 전여옥 국회의원이 제기한 손해배상 소송에서 법원은 원고 일부 승소 판결을 내렸다(서울남부지법 2006. 9. 8. 선고 2005가단18300 판결).[13] 재판부는 "불특정 다수가 접속하여 볼 수 있는 포털

13 이 사건은 노컷뉴스 사이트에 '김현미 대변인'을 '전여옥 대변인'으로 잘못 입력하여 CBSi와 뉴스 공급을 맺고 있던 네이버 분야별 주요뉴스 시사분야란에 '이명박 시장, "전여옥, 말을 그리 함부로 하나"'라는 제목으로 게재되면서 발생하였다. 당시 네이버측은 기사작성에 개입하지도 않았고 단지 CBSi가 전송해준 기사를 그대로 게재하였을 뿐이며, 제목 또한 CBSi가 전송해 준 기사에 의존하여 작성할 수밖에 없으므로 허위기사 게재에 따른 책임을 부담하지 않는다고 주장했지만 법원은 이를 받아들이지 않았다.

사이트를 운영하는 피고 엔에치엔으로서는 기사의 대상이 되는 인물에 대한 관계에서는 자신의 사이트에 게재되는 기사가 사실 내용과 맞는지 여부를 확인하는 작업을 통하여 기사의 대상인물에게 명예훼손 등의 손해를 입히지 않도록 주의할 의무가 있다"고 판시하였다. 또한 네이버를 운영하는 엔에치엔이 진실성을 확인할 수 있는 방법의 여지가 없다고 하더라도 그와 같은 사유는 면책주장으로 받아들일 수는 없다고 판시하였다. 이 사건 2심 판결에서도 법원은 네이버가 인터넷 포털사이트로 단순 전달자 역할의 OSP로 판단하는 것이 아니라 취재, 편집 및 배포 기능을 두루 갖춘 언론매체에 해당한다고 판단하였다(서울고법 2008. 1. 16. 선고 2006나92006 판결).

초기 판례에서는 OSP에 대한 법적 책임성 여부 판단으로 원고가 삭제 요청을 했는지 등 원고의 행위와 이에 대한 OSP 조치의 적절성 등이 기준이 되었다면, 최근의 경향은 원고의 행위와 단순히 OSP의 적절한 조치 여부보다는 OSP가 어떤 기능을 하고 있는가가 중요한 기준이 되고 있다고 할 수 있다. 즉 OSP가 단순 전달자의 역할을 하는지, 취재/편집/배포 기능을 갖춘 언론매체에 해당하는지가 중요한 판단 기준이 되고 있는 것이다. 그리고 대부분 포털사이트가 단순 전달자라기보다는 편집자(publisher) 기능을 하기 때문에 결국 OSP에게 사이버 명예훼손의 책임을 엄격히 지우는 판결 경향을 보이는 것으로 판단된다. 또한 최근 대법원의 판결 경향은 피해자의 삭제 요구가 없더라도 OSP가 불법행위를 명백하게 인지할 수 있었는지 여부를 판단함으로써 배포자로서의 책임이 엄격하게 적용되고 있음을 확인할 수 있다(대법 2009. 4. 16. 선고 2008다53812 판결).

이러한 대법원의 판결은 이전의 OSP에 대한 책임을 종합정리하는 한편 실제로 OSP의 책임을 대단히 무겁게 묻는 동시에 OSP의 사전검열 가능성을 열어 놓는 결정이라고 할 수 있다. 실제로 이전 판결에서 대법원은 OSP에게 명예훼손의 손해배상 책임을 지게 하기 위해서는 그 운영자에게 그 게시물을 삭제할 의무가 있음에도 정당한 사유 없이 이를 이행하지 아니한 경우여야 하고, 그의 삭제의무가 있는지는 게시의 목적, 내용, 게시기간과 방법, 그로 인한 피해의 정도, 게시자와 피해자의 관계, 반론 또는 삭제 요구의 유무 등 게시와 관련한 쌍방의 대응태도, 당해 사이트의 성격 및 규모·영리 목적의 유무, 개방정도, 운영자가 게시물의 내용을 알았거나 알 수 있었던 시점, 삭제의 기술적·경제적 난이도 등을 종합하여 판단하여야 한다고만 판시한 바 있다(대법 2003. 6. 27. 선고 2002다72194 판결; 대법 2007. 12. 26. 선고 2005가합112203 판결).

결과적으로 게시물의 불법성을 '인식할 수 있는 경우'에 삭제의무를 인정한다는 것은 인터넷 종합 정보제공 사업자에게 그러한 불법성을 '인식하여야 할 의무'가 있고, 이를 인식하지 못하여 불법적인 게시물을 삭제하지 않은 경우 삭제의무를 위반한 것으로 평가받을 수 있다는 것을 의미한다. 이러한 경우 인터넷 종합 정보제공 사업자로서는 손해배상책임을 면하기 위해서는 자신에게 과실이 없다는 것을 내세워야 할 것이고, 이를 위해서 게시물 등에 대한 관리 또는 감시에 나아갈 것이며, 이것은 결국 위 사업자에게 일반적·포괄적인 상시검열의무를 인정하는 것과 다를 바 없을 것이다.

그러나 인터넷 종합 정보제공 사업자에게 그가 제공한 인터넷 게시공간에 게재된 게시물에 대하여 상시검열의무를 인정하는 것은 인터넷 상의 표현의 자유를 심각하게 제한하는 위축효과를 초래하는 것일 수 있다. 따라서 이것을 부정하고 있는 것에는 오늘날 거의 이론이 없다. 다만 인터넷 종합 정보제공 사업자가 명예훼손적 게시물의 존재를 알 수 있었음에도 이를 확인하지 못하여 삭제 조치를 취하지 아니한 경우에도 법적 책임을 물을 수 있다고 한다면, 이는 결국 위와 같이 인터넷 종합 정보제공 사업자에게 부정되어야 할 상시검열의무를 인정하겠다는 것이 되어 부당하다고 할 수 있다(이재진, 2009).

요약하자면 우리 법원은 실명제와 OSP의 책임에 있어 좀 더 적극적인 규제의 모습을 보이고자 하는 것으로 판단된다. 실명제의 경우 기존의 판례를 통해서는 검열의 여부를 판단하기는 어려운 것으로 보인다. 최근 실명제의 위헌여부에 대한 소청이 제기된 상태로 이에 대한 헌재의 결정이 나오면 좀 더 논의를 명확하게 할 수 있을 것이다. OSP의 책임에 대한 문제는 OSP의 책임을 무겁게 물어 미국의 경우와는 사뭇 다른 모습을 보이며 동시에 OSP의 사전검열 가능성을 열어 놓았다고 할 수 있다. 즉 피해를 입었다고 주장하는 사람의 요구가 있는 경우에만 기술적·경제적 여건을 통해서 필요한 조치를 해야 한다는 기존의 판결을 더욱 강화하여 요구가 없는 경우에도 OSP가 이에 대해 적절한 조치를 자발적으로 취하도록 함으로써 OSP의 주의의무를 강화하는 한편 검열의 패러다임에 변화를 가져오는 결과를 낳았다고 하겠다. 한편, OSP가 잘못된 행정처분을 수용하여 게시글을 삭제한다 하더라도 아무런 법적 제재가 이루어지지 않는다는 최근 판례는 OSP가 인터넷 검열에 대한 방조 또는 상업적 논리에 의한 행정적 패러다임으로 표현의 자유를 재단할 우려를 제기한다.

4. 검열의 재정립을 위하여

오닐, 라이스, 그리고 더글라스(O'Neill, Rice, & Douglas, 2004, p.420)는 "검열은 강렬한 열망을 계속해서 부추긴다. 검열을 반대하는 사람에게 있어서는, …심지어 아주 가치 없는 기사에 대한 금지조차도 한 발자국만 더 나아가면 전체주의로 빠지는 미끄러운 경사(slippery slopes)로 이어질 수 있다. 반면, 이를 옹호하는 사람들에게 검열이란 우리가 아는 바와 같이 인류문명을 지키는 데 있어 핵심적인 요인으로 간주된다"고 말한 바 있다. 즉 검열이란 이를 어떻게 판단하는가에 따라서 대단히 상대적인 것이며 상반되는 방향으로 더욱 강한 욕구를 느끼게 된다는 지적이다.

그러나 분명한 것은 강력하고 적극적인 검열의 패러다임은 사전 검열이 없는 자유의 패러다임으로 변화하였고 또 다른 방향의 패러다임으로 진화하고 있다는 것이다. 특히 새로운 매체의 기술이 발달하고 이러한 기술을 이용하는 사람이 크게 늘면서 필요에 따른 검열과 표현의 자유를 어떻게 조화시킬 것인가에 대한 문제가 검열을 둘러싼 핵심적인 주제로 등장하였다. 예컨대 최근 인터넷에서의 악플이 유명 연예인들의 자살과 팬들의 모방자살 등을 유발할 수 있다는 이유에서 규제되어야 한다는 시각이 설득력을 얻고 있는 반면, 규제가 강화되고 다양화될수록 인터넷 상의 표현의 자유에 대한 욕구 또한 강하게 표출되어 결국 더욱 큰 문제가 야기될 수 있다는 반론도 만만치 않다.

매체에 대한 규제의 기본은 오랫동안 그 매체의 특성에 맞는 규제, 즉 매체특성론적 규제체제로 인식되어 왔다. 이에 인터넷의 경우에도 그 매체의 특성에 맞는 규제는 지속될 수밖에 없을 것이다. 그러나 무조건적 규제강화는 인터넷 매체의 문제를 근원적으로 해결할 수 없을 뿐 아니라 인터넷 매체가 이용자들에게 가져다 줄 수 있는 미덕을 억압할 수 있는 위험이 있다. 따라서 인터넷에서의 검열의 수준을 낮추는 한편 자율적인 정화(규제)가 이루어질 수 있도록 유도하는 것이 현재로서는 가장 좋은 방법으로 사료된다.

이는 규제의 주체가 정부가 아니고 정부 규제에서 피규제자의 위치에 있던 개인, 기업, 업계 등이 규제의 주체가 되는 것을 의미하는 것으로, 정부규제의 부적절성을 극복하고 효율성을 회복하는 방법의 하나로서 정부가 정한 기준에 대해 기업이나 업계, 개인이 자율적으로 순응하는 것을 의미한다(강희원, 2002). 그러나 자율규제와 정부규제가 명확히 구분되지 않으며(Sinclair, 1997), 국가가 정보통제로부터 완전히 자유방임적일 수 없다는 견해가 존재하기도 한다(장우영, 2006). 따라서 집단들 스스로 규제하되 정부의 승인을 받는 '승인적 자율규제'보다는 정부의 적극적 개입이 없는 '자발적 자율규제'가 더 필요하다고 할 수 있다(이재진, 2009).

온라인에서의 글쓰기에 대해서는 오프라인의 실정법을 적용하는 것보다 평판시스템(찬성, 반대, 추천)에 따라 거짓은 도태되고 진실이 살아남을 수 있도록 자율규제 기능을 강화하는 방법을 적극적으로 도입할 필요가 있다(전종휘, 2009). 법적 규제 또는 코드 규제는 필연적인 반감과 표현의 음성화를 촉발할 수 있다. 또한 인터넷의 기술 진보 속도를 고려할 때 오프라인의 법률을 통해서는 변화하는 인터넷 문화를 모두 적절히 규제하기란 여간 어려운 일이 아니다. 따라서 온라인 글쓰기의 경우 평판 시스템에 기반한 자율규제를 지향하되 표현의 정도와 표현 대상(공인, 사인 여부 등) 등을 고려하여 법적인 규제를 병행하는 협력 모델을 동시에 구현해 내고자 하는 노력이 필요하다(전종휘, 2009). 하향식 규제보다는 상향식의 규제를 적극적으로 반영하는 동시에 인터넷에서 형성된 상향식의 규율을 사회규범화하기 위한 노력도 동시에 필요하다. 인터넷에서 글쓰기 가이드라인 제시, 온라인 윤리(네티켓)교육의 활성화, 자율규제를 위한 적극적인 홍보를 적극적으로 활용할 필요가 있다(김민배, 2005).

한편, 비록 인터넷이 가장 표현 촉진적이고 개방된 시장이라는 것을 인정한다고 하더라도 기존의 매체와 마찬가지로 인터넷에서의 표현의 자유는 절대적일 수는 없다. 표현의 자유와 관련된 어떠한 이론적 시각에서도 표현의 자유는 여타 다른 기본권과 적절한 비교형량이 이루어져야 한다. 하지만 이러한 경우라도 대안적 정치 공론장의 가능성을 유지·발전시키기 위해 사인이 아닌 공인 또는 공적 기관을 대상으로 한 정치적 표현의 경우에는 국민 자치의 개념에 입각하여 최대한 보호를 받아야 한다. 또한 인터넷의 정치적 표현과 인격권의 충돌시 인터넷 공간의 특성을 고려 공인이나 단체에 대한 패러디나 풍자의 수위를 오프라인 공간에서 보다 폭넓게 보장할 필요가 있다(이재진·이정기, 2009). 공인은 명예훼손, 모욕적 표현 등에 대해 참고 견뎌야 할 범위가 사인에 비해 훨씬 넓기 때문이다(김옥조, 2007).

또한 여타 인격권과의 갈등에 있어 이를 기존의 매체특성론적 접근과 아울러 매체의 기능론적 규제 방식을 병행해야 할 것이다. 즉 매체가 어떤 특성을 갖는가에 대한 규제론은 인터넷의 성격상 너무 포괄적이므로 어떠한 기능을 했는가에 대해서 규제원리를 보강해야 한다는 것이다. 아울러 인터넷에서의 표현의 자유가 어느 정도 보호되는가의 문제는 온라인서비스제공자(OSP)의 통제의 권한과 책임의 문제와 적절히 조화를 이루도록 해야 한다.

한편, 인터넷서비스제공자의 법적 의무의 강화와 통제권 강화가 인터넷에 대한 사전검열이 될 수 있다는 지적에 귀를 기울여야 한다. 왜냐하면 비록 이것이 헌법재판소가 밝히고 있는 '정부차원의 검열'에 해당하지는 않지만 사후에 불법행위에 대한 처벌을 면하기 위한 사적 검열의 성격을 띠게 될 수도 있기 때문이다. 그래서 각종 법을 통해 인터넷서비스제공자의 책임성을 강하게 따질수록 인터넷서비스제공자의 사전 검열은 더욱 강화될 수밖에 없다. 관련법제·개정에 있어 이러한 본질적인 측면에 대한 고려가 필요하다.

궁극적으로 표현의 자유는 '표현에 대한 정부의 검열이 없는 상태' 패러다임에서 출발하였으며 점차 검열의 의미가 기존에 다수의 학자들이 우려하던 '상업적 주체의 검열' 패러다임으로 변하고 있다고 할 수 있다. 즉 국가 및 정부차원의 규제로서의 검열에서부터 상업적인 매체로서의 검열의 문제로 발전해 왔으며, 정부차원의 검열은 위헌이라고 반복적으로 강조하면서도 매체의 자율적인 검열을 포함한 상업적 미디어의 사적인 검열에 대해서는 검열의 여부를 판단하지 않고 있다. 이는 인터넷에서의 정부 규제가 최소화되어야 하다는 취지에는 부합하는 것이라고 할 수 있으나 상업적인 검열에 대해서 정부가 명확한 기준을 제시하지 못함으로써 궁극적으로 상업적인 논리가 정부의 규제논리에 앞서나가게 되었음을 의미하는 것이라고 할 수 있다. 또한 결국 인터넷에서의 검열은 사라지지 않았으며 규제의 주체만 바뀐 채 여전히 위협적인 형태로 남아있다는

사실을 증명하고 있다.[14]

본 장에서는 검열의 역사와 의미 변화 그리고 인터넷에서의 그 의미를 찾아보고자 하였다. 이러한 점에서 연구가 다소 서술적이고 단편적으로 이루어진 측면이 있다. 그리고 관련 판례를 종합정리하고 이를 외국의 사례와 비교하고 심층적으로 분석하는데 한계를 드러내었다. 향후 각각의 부분에 대한 심도 있는 논의를 통해 이론적인 접근을 강화해 갈 필요가 있을 것이다. 특히 과도한 상업적 검열을 허용함으로써 예상되는 여타 이익에의 침해를 어떻게 예방하고 현명하게 해결해 나갈 것인가에 대한 고민을 더 해야 할 것으로 보인다.

14 이 점은 잔센(Jansen, 1991)이 지적하는 이른바 "자유주의가 떠드는 '선한 거짓말'(good lie)"이라는 주장과 일치한다. 잔센은 자유주의 하에서 검열이 사라졌다고 하지만 이는 사실이 아니며 교회와 국가가 실시하는 검열이 단지 시장(market place)에 의해서 실시되는 것으로 변한 것일 뿐이라고 주장한다.

C·H·A·P·T·E·R

02

'파수견'으로서의 언론의 자유

이번 장에서는 '권력남용과 사회적 부정부패'에 대한 감시·비판자로서 언론의 '파수견(Watchdog)' 개념이 어떻게 생성되었고 발전해 왔는가에 대해 미국과 한국의 사례를 중심으로 설명하고자 하였다.

1. 언론의 사회적 기능

우리가 흔히 언론의 사회적 기능이나 역할을 논할 때 늘 듣는 말 중의 하나가 바로 파수견(Watchdog)으로서의 언론, 곧 권력과 부정부패에 대한 감시·비판자로서의 언론의 기능과 역할이다. 다시 말하자면 하나의 제도(institute)로서의 언론의 기능과 역할이 바로 권력의 남용과 사회적 부정부패의 감시와 비판이라고 할 수 있고, 이러한 모습을 상징적으로 표현하는 것이 바로 '파수견'이라는 개념이다.

미국의 저명한 헌법학자인 빈센트 블라시(Blasi, 1977, p.541)는 권력이란 항상 남용될 가능성이 높기 때문에 이를 미리 예방할 필요가 있다고 주장하였다. 아울러 사회적 부정이나 비리 또는 인권침해 등의 사례가 발견되면 이를 고발하여 주의를 환기시켜 주는 역할을 누군가 해야 하는데, 바로 이러한 기능을 파수견으로서의 언론이 수행하는 것으로 인식하였다.

이러한 파수견 개념에 대한 논의는 언론의 사회적 기능 측면에서 여전히 중요한 의미를 갖는다. 왜냐하면 오늘날 수많은 커뮤니케이션 매체가 발달함으로써 전례 없이 소통의 기회가 확장되었음에도, 여전히 언론(특히 신문)이 존재해야 할 이유나 가치를 따지자면 아마 이러한 점에서 찾을 수 있을 것이기 때문이다. 실제로 언론의 사회적 기능과 역할은 지속적으로 확장되어 왔으나, 이러한 개념이 하나의 저널리즘적 현상으로 언제 그리고 어떻게 자리를 잡게 되었는가에 대해서는 거의 논의가 없다고 해도 과언이 아니다.

본 장에서 논하는 언론의 권력 감시 및 비판자 개념은 광범위한 의미의 시민사회론적 파수견이라기보다는 하나의 제도로서의 언론사의 자유와 관련된다. 이는 전통적으로 언론사의 발행의 자유(Freedom of the Press)와 유사한 의미로 이해되어 왔다. 즉 파수견 개념은 언론의 자유라는 명제에서 파생되었다고 할 수 있다. 따라서 파수견 개념은 언론의 자유 개념만큼 당연하게 이해되어 왔다. 그러나 파수견 개념이 언론이 하나의 제도로 발전하기 시작하고, 사회적으로 그 기능에 대한 관심이 커지면서 파생되었다는 견해가 제기되고 있다. 예를 들어 미국의 경우 언론이 상업화되고 거대기업화되는데 따른 병폐에 대한 사회적 비판과 비난을 불식시키고자 권력에 대한 감시·비판자로서의 기능과 역할을 언론 스스로가 주장하면서 파수견 개념이 만들어졌다는 주장도 제기되었다(Gleason, 1990, p.13).

실제로 언론은 스스로를 권력 감시·비판자로서 민주주의 발전에 기여한다고 공언해왔다. 언론이 왜 권력 감시·비판자의 역할을 해야 하는가에 대한 질문이 제기되는 경우, 언론은 그것이 공익을 위한 것이라고 대답해 왔다. 그러나 언론이 상업화와 대기업화 과정을 거치면서 과연 얼마나 공익의 실현에 기여해 왔는가를 되물어본다면 이에 대한 대답은 그리 명확치 않을 것으로 보인다.

상업화된 언론은 무엇보다도 이윤창출에 충실한 모습을 보일 수밖에 없으므로 이러한 파수견으로서의 존재양식에 대해 궁극적인 의문이 생기는 것은 너무 당연한 일이다. 실제로 언론의 재정적 기반은 대개 매체의 판매나 광고의 판매를 통해서 형성되는데 무엇보다 갈수록 언론의 광고 의존 비율이 더욱 커지는 현상이 두드러지는 것을 감안한다면 언론이란 더 이상 공익을 위해 존재하는 것이라 단언하기 힘든 측면이 있다(McChesney, 2004, pp.33~38).

결국 파수견 개념은 자유주의에 근거한 언론의 본질적 특성이라기보다는 언론에 대한 일종의 법적 장치와 같은 성향을 가진다고 할 수 있다. 즉 언론에 대한 사회적 비난이나 법적인 제재에 대해 어떠한 면책을 제공하는 하나의 구체적인 장치로서의 의미를 가진다고 하겠다. 이러한 파수견 개념이 정확히 언제부터 그리고 어떻게 수용되고 이해되어 왔는가를 파악하는 것은 쉽지 않다. 특히 우리나라의 경우 오랫동안 지속되어 온 공경·순종 그리고 준수를 강조하는 유교주의적 전통 속에서 언론의 파수견적 모습을 찾아보기는 어려웠을 것으로 사료된다(정진석, 1990, pp.13~14; Youm, 1996, p.27). 그래서 파수견으로서의 언론에 대한 개념 정립은 그리 오래 되지 않은 것으로 예상할 수 있다. 또한 어느 시점에서 언론을 권력의 감시·비판자 또는 파수견과 유사한 상징적 기능을 하는 것으로 인정하게 되었는가에 대한 부분도 명확치 않다.

이러한 이해를 바탕으로 본 장에서는 한국에서 언론의 파수견 개념이 언제 생성되었으며 어떻게 발전해 왔는가를 관련 판례를 분석하고, 미국의 경우와 비교함으로써 조망하고자 한다. 즉 언론의 파수견 개념이 어떻게 법적인 보호 장치로서 인식되어 왔고, 보편적으로 수용되었는가를 추적하고자 한다. 구체적으로 본 장에서는 먼저 언론의 파수견 개념의 발생 배경과 그 특성이 무엇인가를 살펴보고, 파수견 개념이 미국과 한국에서 어떻게 적용되고 해석되고 있는가를 분석한다. 특히 법적인 측면에서 면책특권이나 위법성조각사유로서 권력 감시·비판자 개념이 어떻게 발전해 왔는가에 대해 집중적으로 탐색하고자 한다. 왜냐하면 어떤 개념이 보편적으로 인식되기 위해서는 사법부의 법리적 판단이 선결요건이 되기 때문이다.

이를 위해서 무엇보다 명예훼손 관련 판례에서 나타난 법원의 견해를 살펴보는 것이 필수적이다. 따라서 관련 판례를 수집하고 판례에 나타난 결정을 중심으로 사법부가 언론을 어떻게 인식하고 있는가를 분석해야 한다. 판결에 나타난 법관들의 견해가 궁극적으로 사회적 인식의 근간을 이룬다고 볼 수 있다는 점에서 법원의 판례가 중요한 분석의 근거가 된다. 다시 말하자면 언론에서 주장된다고 하여도 사법부에서 받아들여지지 않는다면 일반적으로 인식되는 보편타당성을 결여하게 될 수밖에 없게 되는 것이다.

이러한 점에 근거하여 본 장에서는 해방 이후 현재(1945년-2010년 8월)까지의 언론과 관련된 대법원 및 헌법재판소의 판결과 결정들 중에서 관련 판결례를 수집, 이를 검토하였다. 1980년 이후의 판례는 하급심 판례도 포함하였다. 비록 한국법의 체계적인 속성상 영미법의 보통법(common law)적 속성인 선례구속의 강제력은 없으나, 1988년 헌법재판소가 설립된 이래 대법원 판결과 헌법재판소 결정이 상당한 구속력을 발휘하고 있다는 점(Lee, 1999)을 감안할 때 이러한 판례의 분석은 의미가 있다고 할 수 있다.

분석을 위한 관련 판례들은 다양한 경로를 통해서 수집되었다. 본 장에서는 대법원 판례집을 포함하여, 언론중재위원회에서 계간으로 발간되는 〈언론중재〉와 국내언론관계판례집(1-14집, 1981-2007), 언론관련판례분석보고서(2008-2010), 그리고 DVD로 나오는 대법원 및 헌법재판소 판례모음(법고을 2006 DVD), 인터넷을 통한 법률서비스(대법원 사이트 www.scourt.go.kr) 등을 활용하였다. 1980년대 후반 이후부터 명예훼손 소송을 수집한 판례자료집인 〈언론과 명예훼손〉(차형근 등, 2000), 그리고 기타 법원공보 및 신문에 보도된 기사들을 통해서도 수집이 이루어졌다.

언론의 감시·비판 기능과 관련된 키워드를 이용하여 가능한 한 많은 판례를 구하도록 하였다. 판례집에 실린 모든 언론관련 판례를 꼼꼼히 읽어보면서 판시내용 중에 언론의 감시 비판 기능을 언급하는 판례들을 모두 수집하였다. 1980년대 이후의 판례는 법고을 DVD와 언론중재위원회의 〈국내언론관계판례집〉에 의존하였다. 이를 통해 언론의 감시 비판 기능에 대해서 언급하고 있는 판례들을 추출하였다. 기타 인터넷을 통하여 언론의 감시 비판 기능에 대한 판례가 기사화되는 경우 이를 역으로 추적하여 판례를 찾도록 하였다. 이러한 과정을 두 사람의 연구보조원과 같이 병행함으로써 좀 더 정확하게 분석판례를 수집하도록 하였다. 그럼에도 불구하고 얼마나 많은 수의 판례가 존재하는지를 명확히 추산하기는 쉽지 않았다. 이러한 절차를 통해서 총 20건의 판례가 수집되었다.

2. 언론자유와 파수견의 관계

1) 언론의 파수견 개념 정의와 배경

파수견(Watchdog)으로서의 언론의 전통이란 지사(志士)적 편집인과 집요한 기자들이 사회의 부패와 타락을 탐사하고 고발하는 영광스러운 과정을 상징한다. 이러한 전통은 저널리즘에 강력한 힘을 실어 주었으며, 언론인들은 이에 근거해서 자신들을 공중의 대표자(수탁인) 또는 공중의 눈과 귀로 묘사해 왔다. 공중은 언론이 묘사하는 파수견적 전통을 당연한 것으로 인식해왔다. 파수견으로서의 언론은 '언론의 자유' 또는 '자유주의적 언론(liberal concept of press)'의 일부로서 이해되어 온 경향이 있다.

파수견으로서의 언론은 궁극적으로 다수의 이익을 위해 봉사하는 기관으로서의 기능에 근거하고 있다. 그래서 파수견 개념은 취재보도를 담당하는 기자나 편집자의 개인적 권리라기보다 대단히 제도적인 권리 개념이라고 할 수 있다. 글리슨(Gleason, 1990, p.117)은 파수견 개념이란 "언론 기관의 표현의 결과"라고 피력하였다. 이러한 측면에서 볼 때 파수견 개념이 전통적으로 헌법의 보호 영역에 포함되는지 또는 그렇지 않은지는 명확하지 않다. 그래서 몇몇 연구자들은 헌법적 보호의 영역 속에서 지속적으로 논의되어 온 명제라기보다는 언론에 주어지는 어떤 특별한 헌법적 보호로 보아야 한다고 주장한다(Bollinger, 1991, p.54; Rosenberg, 1986; Van Alstyne, 1984).

언론의 파수견 개념은 객관성(objectivity)과 유사하게 그 기원 및 의미가 명확하지 않다. 물론 파수견이라는 용어 자체가 사용된 것은 아니지만, 그 시초는 18세기 영국의 정치철학자 에드먼드 버크가 제4계급으로서의 언론의 위상을 설파한 이래, 제4부로서 권력을 견제하는 기관으로서의 언론의 역할을 강조하는 전통에서 찾아 볼 수 있을 것이다(차배근, 1987). 그러나 당시 제4부로서의 언론의 역할이 오늘날 사용되는 파수견의 의미와 일맥상통한 것인지에 대해서는 명확하지 않다. 예를 들어 파수견 개념의 기원에 대한 하나의 견해는 파수견 개념이 '소극적 자유'(…로부터의 자유)로서의 언론자유의 개념에서 '적극적인 자유'(…를 위한 자유)의 개념으로 변화하는 과정에서 배태되었다는 것이다.

파수견 개념과 아울러 파수견의 의미에 대한 해석도 명확하지 않다. 일부에서는 파수견 역할이 제대로 이루어지기 위해서는 언론에 대한 제약이 최소화 되어야 한다고 주장한다. 대표적으로 언론법학자 길모어(Gillmor, 1992, p.167)는 언론을 상대로 한 명예훼손을 허용하는 것은 궁극적으로 수정헌법 제1조의 정신을 훼손하는 것임은 물론이고 활발하고 용맹하고 혁명적인 저널리즘의 전통을 무시하고 억압하는 처사라고 주장한다. 그는 언론에 대한 명예훼손 소송은 연방대법원이 지난 200년 동안 주저하던 반정부선동행위(seditious libel)에 대한 처벌을 경제적인 형태로 수행하려는 모습에 불과하다고 비판한다.

그러나 맥체즈니(McChesney, 2004, pp.208~209) 등은 언론이 제대로 파수견 역할을 하기 위해서는 일정한 통제가 필요하다고 주장하였다. 그는 파수견으로서의 언론이란 민주주의가 완성되지 않았고 독점자본주의도 존재하지 않았던 사회에서의 언론의 공적 역할을 의미하는 것으로 보았다. 즉 왕정과 맞선 공화정 수립이 민주주의의 핵심이었던 시대에는, 정부가 독점하고 있던 정보를 국민들과 공유하는 것이 언론이 해야 할 가장 큰 사명이었다. 그런 의미에서 당시의 언론은 정치권력으로부터 자유로운 일반인이 주도하는 언론이었고, 다양한 견해가 자유로이 교환되는 공론장으로서 기능했다고 보았다. 그런데 이러한 공론장으로서 언론의 모습은 독점자본주의가 등장하고 언론이 사적 이익을 위해 정보를 통제하는 수단으로 변하면서 사라져 버렸다고 비판한다. 오늘날의 언론은 더 이상 민주주의를 위해 존재하는 것이 아니며 언론의 파수견으로서의 개념은 단지 개인들의 판단을 흐리게 하는 신화로 존재하고 있을 뿐이라고 지적한다.

역사적으로 볼 때 1850년대 이후 미국 언론이 상업화되기 시작하고, 1890년대 옐로우 저널리즘(yellow journalism) 시기를 거치면서 보도의 선정성에 대한 사회적 비난 여론이 높아졌다. 이러한 사회적 분위기가 언론을 상대로 한 명예훼손 소송에 상당한 영향을 미치게 되었다(Smolla, 1986). 언론인들은 자주 명예훼손으로 인한 사법적 제재에 시달렸다. 이러한 상황에 봉착한 언론은 언론의 사회적 기능으로서 중요한 것이 바로 권력과 사회적 부정부패를 고발하고 감시하는 것이라는 점을 강력하게 주장하게 되었으며, 이러한 언론에 대한 인식이 확대되면서 오늘에 이르게 되었다(Blasi, 1977).[15]

파수견 개념은 또한 언론의 전문주의(professionalism)의 핵심적 요소인 뉴스 수집과 보도의 객관성과 밀접하게 연관되어 있다. 다시 말하자면 언론이 뉴스를 수집하고 이를 출판하는 경우 당파성을 띠거나 특정 집단의 편을 들지 않고 제3자적 입장에서 현실을 조망해야 한다는 입장과 일맥상통한다. 그래서 파수견 개념은 언론이 취재·보도에 있어 주관적 가치를 배제한 채 객관성을 유지하면서 공익을 위하여 사회적 기능에 충실하겠다는 이데올로기를 담고 있다(Bollinger, 1991, p.20).

2) 언론자유이론에서 파수견의 의미

파수견 개념을 좀 더 정확히 이해하기 위해서는 언론자유론에

15 이러한 점은 19세기 미국의 언론인들이 언론윤리강령(SPJ)을 제정할 때 윤리의 문제를 언론인 개인의 문제로 고려하게 되었고, 언론사의 윤리에 대해서는 언급하지 않았던 것에서 찾아 볼 수 있다. 다시 말하자면 언론의 윤리는 개인들이 지켜야 하는 덕목이며 조직으로서의 언론사는 합목적인인 존재로서 공익을 위해 봉사하므로 윤리와는 상관없다는 것이다(McCheszney, 2004).

대한 이해가 선행되어야 한다. 왜냐하면 비록 파수견 개념이 언론자유이론과 상치되는 부분이 있지만 언론자유이론에 대한 이해 없이 파수견 개념을 정확히 이해하기 힘들기 때문이다.

언론자유론에 기초한 법원의 인식은 언론자유는 '사전 검열 없이 자유롭게 의견을 표출할 수 있는 것'이었다. 출판물에 대한 사전검열의 금지 개념은 1791년 수정헌법 제1조(the First Amendment)가 제정되기 이전 영국의 윌리엄 블랙스톤(William Blackstone) 판사에 의해서 제시된 것이다. 블랙스톤 판사에 의하면 언론의 자유(liberty of the press)란 출판 이후의 형사적 문제에 대한 검열로부터의 자유가 아니라, 출판에 대한 사전적 억압이 없는 상태를 말하는 것이다. 그는 "모든 자유인은 공중 앞에서 자신의 즐거운 감정을 표출할 절대적인 권리를 갖는다. 이를 억압하는 것은 언론의 자유를 파괴하는 것이다. 그러나 만일 개인이 부적절하거나, 장난스럽거나, 또는 불법적인 내용을 출판한다면, 그 사람은 자신의 무모한 행위의 결과에 대해 책임을 져야 한다"고 밝혔다(Blackstone, 1769; Pember & Clavart, 2007, p.44에서 재인용)[16].

블랙스톤 판사가 주장한 사전 검열 금지 개념은 1791년 미국에서 수정헌법 제1조가 도입될 때 가장 기본적인 원리로서 작용하였다(Levy, 1985, pp.266~267). 언론 자유에 대한 블랙스톤 판사의 견해는 1931년 니어 대 미네소타(Near v. Minnesota) 사건에서 재차 확인되었는데, 휴고(Hughes) 대법관은 "수정헌법 제1조 상의 보장에 있어서의 주요 목적은 출판물에 대한 사전 검열을 금지하는 것"이라고 판시하였다(283 U.S. 697(1931)).

---

16 자세한 내용은 제1장을 참고할 것.

이러한 블랙스톤식(Blackstonian) 언론자유 개념은 1920년대를 거치면서 이론화되기 시작하였는데, 채피(Chafee, 1920)에 의해서 그 토대가 만들어지고, 레비(Levy, 1966)가 이를 1960년에 재구성했다고 볼 수 있다. 레비(Levy, 1985)는 법과 이론이란 수정헌법 제1조(The First Amendment) 제정자들의 언론자유에 대한 인식을 이해하는 핵심 요소라고 주장하였다. 그러나 그는 언론이 정부를 비판하는 경우 이에 대해 정부가 처벌할 수 있는 권위를 여전히 가지고 있는 것으로 이해하고 있었다. 이러한 점에 비추어 볼 때 그는 언론의 자유에 대해 완벽한 자유주의 이론을 만들어내지는 못하였다. 즉 그는 언론은 완전히 자유로울 수도 없고 자유로워서도 안 된다는 시각을 견지하였는데, 이후 일단의 학자들이 채피와 레비의 자유주의적 해석에 도전하게 된다.

우선 티터(Teeter, 1968) 등은 레비의 이론이 언론인들의 언론활동에 대한 실제를 간과한 채 판례와 법률조항 그리고 이론에만 집착한 결과라고 비판하였다. 스미스(Smith, 1988)도 레비의 시각을 반박하였다. 그는 식민지 시기와 독립 시기에 있어서의 언론활동을 고려컨대, 수정헌법 제1조가 제정되던 1791년 당시 휘그(Whig)적(진보적) 시각에 입각한 자유주의적 언론 이데올로기가 존재하였다고 해석하였다. 그는 이러한 저널리즘 활동과 이데올로기가 바로 수정헌법상의 언론자유를 의미한다고 주장하였다. 로젠버그(Rosenburg, 1985)도 수정헌법 제1조는 역사적인 측면에서 많은 함정을 남겼다고 지적하였다. 그는 '구속으로부터의 자유'(freedom)와 '적극적인 자유'(libertarian)와 같은 개념의 구분은 역사적 맥락에서 그 근거를 찾아야지 언론자유에 대한 단선적인 이해에 그쳐서는 안 된다고 보았다.

유사한 맥락에서 블라시(Blasi, 1977)는 언론의 자유를 보장하는 데 있어 가장 기본적 가치는 '언론이 정부 권력의 남용을 감시하는 역할'을 한다는 것이라고 보았다. 그는 언론이 비록 상업적 폐해가 있다고 하나 최악이라고 할 수 있는 국가 권력의 남용보다는 덜하기 때문에 언론의 '감시 가치'(checking value)는 언론 자유 보장의 근거가 된다고 주장하였다. 이러한 블라시의 주장은 스튜어트(Stewart, 1975) 대법관의 해석과도 유사한데 그는 언론이 수정헌법 제1조 입안자들이 의도한 의미의 언론자유의 역할을 실천하고 있다고 지적한 바 있다. 즉 수정헌법 제1조의 보호범위에 언론의 권력에 대한 감시·비판의 역할이 포함되어 있었다는 것이다.[17]

그러나 이러한 스튜어트 대법관의 견해는 실제로 수정헌법 제1조 제정 이후 오랫동안 법원에서 수용되지 않았다. 루이스(Lewis, 1979)는 스튜어트 판사가 리치몬드 신문 대 버지니아(Richmond Newspaper v. Virginia) 사건 등을 인용해서 말하고자 하는 감시·비판자의 역할은 단지 역사적이고 이론적인 추론에 기인하는 것이라고 지적하였다. 오히려 파수견 개념이란 자유로운 발언(speech)과 출판(press)을 위한 일종의 정책이라는 것이다. 그는 파수견 개념이 공익적 목적을 의도하여 만들어진 것이라고 본 반면, 20세기 자유주의적 개념의 언론자유란 정치적·사회적 논란거리에 대해서 말하고 싶은 자가 자유롭게 말할 수 있는 것을 의미한다고 보았다.

---

17 이러한 인식이 법적으로 확대되어 현재 수정헌법 제1조는 언론의 자유가 다른 개인적 기본권보다 '우월적인 지위'(preferred position)를 누리도록 하는 결과를 가져왔다(Youm, 1996, p.185). 이에 대해 샤우어(Schauer)는 "미국 헌법 하에서 언론은 구체적으로 보호되는 반면, 명예는 그렇지 않다. 언론에 대한 잘못된 제약이나 처벌은 개인의 명예에 대한 피해보다 더욱 큰 피해가 되기 때문이다. 그래서 언론은 미국 헌법에서 우월적 지위를 향유한다"고 간파하였다(1980, pp.12~13).

드보르킨(Dworkin, 1978, pp.385~386)은 하나의 기관으로서의 언론사의 집단주의적 주장과 개인에 근거하는 권리 사이에 구별이 없는 것이 실제로 언론자유의 원리적 힘을 약화시킨다고 꼬집는다. 그는 만일 판사들이 언론자유 관련 판례를 기본적인 개인의 출판할 자유의 권리의 원칙에 근거해서 판결한다면 그 권리는 당연한 것으로 인정되지만, 이를 언론자유를 위한 정책에 근거해서 본다면 그것은 개인적인 권리라기보다는 공익적 개념에 근거해야 할 사안이라고 지적한다. 예를 들어 언론인들이 감옥 접근권과 같은 특수한 요청을 할 경우, 연방대법원은 안녕질서와 효율적인 감옥의 운영을 위해 언론이 감옥에 접근하는 것이 불가능하다는 정부의 주장을 일축하고 언론의 공익성에 무게를 두고 있다는 것이다.

같은 맥락에서 반 알스타인(Van Alstyne, 1984, p.58)은 실제로 언론의 파수견적 전통은 20세기에 등장하며, 오늘날 지배적으로 수용되는 자유주의적 언론자유(dominant liberal concept of freedom of the press)와 오히려 상치되는 개념이라고 설명한다. 왜냐하면 언론의 자유(freedom of press)라는 개념은 개인이 원하는 대로 말하고 생각할 권리인 반면 파수견 개념은 언론이 공중에게 종속되는 관계에 입각하기 때문이다. 이러한 상치론적 시각은 자유주의적 언론과 파수견 언론을 명확히 구분하게 해주는 하나의 방법이 된다.

이러한 언론자유론에 입각한 언론기관의 자유에 대한 연구자들의 논지는 다음과 같이 정리할 수 있다(Pember & Calvert, 2005; Gleason, 1990).[18]

---

18 고전적 의미로서의 언론의 자유(freedom of press), 특히 미국의 수정헌법 상의 언론의 자유란 다양한 시각(various viewpoints)을 의미하는 것이다(Gleason, 1990). 즉 누구나 자신이 가진 신념, 의견 그리고 사고를 자유롭게 말하고 출판

첫째, 전통적으로 법적인 측면에서 언론자유는 개인에게 속하는 권리이다. 즉 수정헌법 제1조의 권리 보호는 개인에게 적용되는 것이지 기관으로서의 언론에 대해서 특별하게 적용되는 것이 아니라는 것이다. 수정헌법 제1조 조문 상의 '프레스'(press)의 개념은 기관으로서의 언론이 아닌 개인의 인쇄·출판의 자유를 의미하는 것이다.

둘째, 전통적 언론자유 개념에서 언론(press)이란 개인적인 권리를 실행하는 '집단으로서의 개인'으로 이해해야 한다. 예를 들어, '사상의 자유 시장' 이론은 언론이 사상의 자유로운 교환을 통해서 더 나은 공익실현에 도달하는 것을 목적으로 하는 것이지 개인적인 표현의 자유와 출판의 자유를 보호하고 있는 것은 아니라는 것이다. 따라서 기관으로서의 언론은 진실을 추구함으로써 개인들이 삶의 질을 향상시키거나 사회적 이익을 얻을 수 있도록 의견을 자유롭게 표출하도록 보조해야 할 공적 의무가 있다.

셋째, 언론이란 공익을 위해 봉사하는 기관으로서의 실체(entity)를 의미한다. 만일 언론 기관의 행위가 공익에 봉사하는 것이라면 언론은 권리 자체를 행사하는 존재가 될 수 없다. 그래서 파수견 개념은 단지 개인적 권리의 하위 개념 또는 대중에 대한 법적 의무와 같은 것으로 보는 것이 타당하다.

넷째, 언론과 공중 사이의 관계는 '대리인'의 관계로 보는 것이 타당하다. 즉 언론은 공중의 대리인이라는 것이다. 만일 언론이 공중의 대리인이라면 그 존재는 다수에 의해서 설정된 규범에 합치되

하고 인쇄할 수 있는 것을 의미한다고 하겠다. 비록 의미나 분별이 없는 표현은 아니지만 가장 올바른 공적인 결정(public decision)에 이르기 위해서 필요한 의견을 누구나 제시할 수 있는 것을 언론의 자유로 인식해 왔다.

는 것이어야 한다. 따라서 파수견 개념은 언론이 가지는 고유의 권리라기보다는 공중에 대한 의무와 관련된 특별한 권리를 의미한다.

다섯째, 언론 기관의 헌법적 보호를 확장하고 강화할 수 있는 유일한 방식은 언론자유의 원칙에 근거한 논리를 널리 알려 당연한 것으로 수용하도록 하는 것이다. 언론의 기능(예를 들어 뉴스 수집과 보도)은 어떤 관련 당사자(예를 들어 기자)가 이를 실행할 때에만 보호되는 것인 반면, 수정헌법 제1조는 개인의 가치실현을 위한 정치적·비정치적 표현을 보호하는 것이다.

이처럼 공익적인 시각에서 파수견 개념이 기존의 언론자유이론에 일치하는 것이 아니라고 가정한다면 현재와 같이 언론의 자유를 보장하는 헌법적인 전통은 어디에서 그리고 어떻게 발생하게 되었는가에 대한 의문이 남게 된다. 이에 대해 글리슨(Gleason, 1990)은 언론 기관의 자유를 보장하는 법의 역사는 결국 언론 소송의 역사와 일치한다고 보면서, 언론의 파수견 개념은 자유주의적 언론처럼 철학적이고 이론적인 환경에서 자연스럽게 발전했다기보다는 언론에게 주어지는 법적 보호의 정도를 둘러싼 법정에서의 치열한 공방 속에서 발전해 왔다고 피력하였다.

명예훼손법 상 대단히 불리한 위치에 있던 언론이 자신을 보호하기 위한 면책특권으로서 이를 강력히 청원하였고 법원이 이를 수용하면서 인정받기 시작했다는 것이다. 이러한 감시비판자로서의 파수견 개념은 19세기 후반에 들면서 언론의 자유주의 개념이 확산되고 명예훼손법이 발달하면서 점차 구체적인 법적 장치로서 자리매김하게 된다. 결국 파수견 개념은 개인이 실현해야 하는 보편적 권리와는 다르게 기관으로서의 언론에 대한 특별한 권리라고 이해할 수 있다.

3) 명예훼손 판례에서 나타난 파수견 개념의 형성 및 적용 과정

전술한 바와 같이 파수견으로서의 언론의 모습이 언제부터 존재하였는가 하는 것은 아직 명확치가 않다. 관련된 연구에 따르면, 파수견 개념은 자유론적 권리보호의 대상이라기보다는 언론이 전문직화(professionalism) 되기 시작하는 1910년대 이후부터 인식되기 시작하면서 나온 것이라고 할 수 있다. 당시 언론은 상업화·거대화·복점화되어가는 상황에서 이를 타개하려는 정부와 마찰을 빚고 있었고(Barnouw, 1997), 이러한 이유로 명예훼손법 등 언론 관련법이 언론에 불리하게 작용하였다고 할 수 있다. 이러한 상황을 타개하고자 언론은 법원을 상대로 복잡한 뉴스수집 과정에서의 오류의 불가피성과 파수견으로서의 사회적 기능을 역설하지 않을 수 없었다(Rosenberg, 1986).

이러한 점에서 언론의 파수견 개념이 사법부에 의해서 어떻게 수용되는가를 살펴볼 필요가 있다. 이를 위해 파수견 개념이 19세기말 미국의 명예훼손법이 발전하는 과정에서 자리를 잡게 되었다는 시각을 검토하고자 했다.[19]

명예훼손 사건과 관련하여 파수견 개념의 단초가 법원에 의해서 처음 논의된 것은 1805년 소위 이브닝 포스트(Evening Post) 사건에서이다(A Faithful Report, 1807; Gleason, 1990에서 재인용). 여기서 편집인은 신문이 공중에 대해 보도할 의무를 가지는데 이러한 의무가 명예훼손적 글의 게재를 정당화한다고 주장하였다. 즉 공적인 보도활동은 비록

---

19 여기서 분석된 미국 판례들은 2차적 자료를 통해서 수집되었다. 다만, 판례의 존재여부와 내용은 온라인 리서치 사이트(www.westlaw.com) 검색을 통해서 최종적으로 확인하였다.

〈표 2-1〉 미국의 파수견 개념 형성 시기의 주요 판례

판결명	연도	주(state)	판결요지
Curry v. Walter	1796	뉴욕	공정보도(fair report) 면책 최초 인정.
Evening Post	1805	뉴욕	선의의 보도에는 공정보도 면책 적용 안 됨.
King v. Root	1829	뉴욕	공정보도 면책 이상의 보호 주장 거부.
Hotchikiss v. Oliphant	1842	뉴욕	언론에 절대적인 진실 부과는 가혹하다는 주장 거부.
Sheckell v. Jackson	1852	매사츄세츠	언론이 진실이라고 믿은 바를 공중에게 전달할 의무가 있다는 주장 거부.
Tresca v. Meddox	1856	루이지애나	언론은 정보전달의 통로. 그러나 명예훼손법을 느슨하게 적용해서 얻을 이익이 없음. 공정보도 면책특권 확대 거부.
Smith v. Tribune	1867	일리노이	문제된 공무원은 공인이 아니며 진실이 아니면 비판할 수 있는 특권이 없음.
Detroit Daily Post v. McArthur	1868	미시간	언론이 명예훼손이 발생하지 않도록 하는 원칙과 규율을 제정하였다는 사실을 증명할 수 있다면 언론에 징벌적 손해배상을 부과할 수 없음.
Struthers & Sons v. Evening Bulletin	1877	펜실베니아	언론이 공정한 논평과 논의 이상의 권리를 갖지 않음. 자신이 믿은 바를 전달해야 하는 특권이 없음.
Scripps v. Reilly	1878	미시간	믿을 만한 최신 뉴스를 독자들에게 전달하려는 언론의 욕구를 인정해야 함. 비의도적 과실에 대한 제한적 면책 인정.
Miner v. Post Tribune	1882	미시간	공중의 자유보도원칙을 무시하는 태도에 대한 도전은 언론의 의무임.
Bourreseau v. Detroit Evening Journal Co.	1886	미시간	파수견 역할 주장 부정. 증명되지 않은 비판을 통해서 공적 이익의 실현은 불가능.
McAllister v. Detroit Free Press	1889	미시간	언론의 섬세하고 이성적 판단이 명예훼손 소송에서 언론에 특별한 보호를 제공하는 것은 아님.
Riley v. Lee	1889	켄터키	언론에 정보의 진실성에 대해 책임지게 하는 것은 과잉 조치임. 그러나 진실이 아닌 경우는 발행하지 말아야 함.
Edwards v. San Jose Printing & Publishing	1893	캘리포니아	기관으로서의 파수견 역할에 대한 특권과 뉴스 수집 기능에 대한 보호 주장을 부정.
Upton v. Hume	1893	오레곤	언론의 기관으로서의 역할 때문에 일정 부분 보호받을 수 있으나 면책의 범위는 제한적임.
Fitzpatrick v. Daily States Publishing	1896	루이지애나	언론의 파수견 역할 일부 인정. 파수견 역할이란 일관되고, 섬세하고, 합리적인 편집을 통해서 달성할 수 있으며 진실과 도덕 그리고 건전한 시민정신을 향상시킬 수 있다고 봄.
Arnold v. Saying Co.	1898	미조리	언론의 취재보도에 있어 쉽게 발생할 수 있는 실수에 대한 면책에 대해 부정.

명예훼손적인 내용이 있다고 하더라도 그 활동의 성격상 면책되어야 한다는 것이다. 이브닝 포스트(Evening Post)는 뉴욕시의 한 카운티의 구빈원(poorhouse)이 11월의 춥고 눈 오는 밤에 임신한 흑인 여성의 보호를 거부하는 등 태만한 관리감독을 했다고 비판하는 글을 게재하였는데, 이에 대해 원고측이 소송을 제기하였다. 제1심 판결에서 피고측(언론측) 변호사는 문제된 기사는 1796년 커리 대 왈터(Curry v. Walter) 사건(Eng. Rep. 1046(C.P. 1796))에서 인정된 '공정보도 면책'(fair report privilege)이 적용된다고 주장하였으나 배척되었다.

피고측(언론측) 변호사는 피고는 '공적 신문(public paper)'의 편집인으로서 공무집행인을 감시하고 공무원들의 행동에 대해서 공중의 관심을 환기시킬 의무가 있다고 피력하였다. 또한 변호사는 배심원들에게 공적인 파수견으로서의 언론의 역할을 인식해 달라고 주문하였다.[20] 이 사건에서 배심원들은 피고측의 주장에 호의적이었으나 법원은 이러한 피고측의 파수견 역할 주장을 대부분 부정하였다. 이후 발행인들은 공정보도 면책 이상의 보호를 계속 요구하였으며, 이와 유사한 내용의 명예훼손 소송이 이어졌다. 그러나 미국 법원은 상당한 기간 동안 언론의 특별한 권리를 인정하지 않았다(King v. Root, 4 Wend. 113(N.Y. 1829); Arnold v. Clifford, 1F,Cas. 1177(D.R.I. 1935)).

1830년대 이후 본격적인 상업지가 등장하게 되고 내전(Civil War)을 겪으면서 명예훼손법에 변화가 발생한다. 호치키스 대 올리판트

---

20 법원에서 Curry 사건과 유사한 입장을 보이는 것이 4년 뒤의 King v. Wright 사건이다. 법원은 법집행(judicial proceedings)에 있어 수집된 명예훼손적 정보 보호의 근거를 설명하였다. 법원은 "언론의 보도는 공중에 대한 정보로서 인쇄되었고…, 비록 법정절차에 대한 게재가 관련된 개인에게 불리할 수 있으나, 이는 사법부의 법적 절차라는 것이 공중에게는 대단히 중요하다는 것을 알아야 한다"고 판시하였다(101 Eng. Rep. 1399(1799)). 결국 이러한 판결로 인하여 공정보도 면책이 인정되었고, 이후 언론의 파수견 논의의 밑거름이 되었다.

(Hotchkiss v. Oliphant) 사건에서 뉴욕 헤럴드(New York Herald)지 변호사는 신문편집인에 있어 증거의 기준은 기술된 사실이 진실이냐 아니냐의 문제에 근거하기보다는 편집인이 진실이라고 믿었느냐 아니냐에 근거해야 한다고 주장하였다(Hotchkiss v. Oliphant, 2 Hill 510(N.Y. 1842)). 그는 신문의 뉴스 수집 및 취재과정의 복잡성을 고려하건대, 신문에 "진실 여부에 대한 절대적인 인식"(absolute knowledge of truth)을 요구하는 것은 너무 가혹한 조치라고 피력하였다.

이와 같은 주장은 쉐켈 대 잭슨(Sheckell v. Jackson) 사건에서도 제기되었다. 여기서 언론측 변호인은 뉴스란 어떤 질문과 조사를 했고 어떤 취재원에 근거했는지에 따라서 달리 인식해야 한다고 주장하였다. 변호인은 배심원들에게 "언론은 자신이 진실이라고 믿는 바를, 비록 과실이 발생하는 경우가 있다 하더라도, 공중에게 전달할 의무가 있기 때문에 이에 대한 면책특권이 있다"고 호소하였으나 법원은 이를 부정하였다(64 Mass. 25(1852)).

유사하게 트레스카 대 매독스(Moore v. Stevenson) 사건에서 루이지애나주 대법원은 다음과 같이 명시하였다.

> 신문은 일반적이고 중요한 정보를 전달하는 통로로서 간주된다… 그러나 이러한 점에서 우리는 편집자에게… 언론의 공적인 능력을 생산하는 사람으로서 신중하고 양심적으로 행동하도록 요구할 수 있다. 또한 현재의 명예훼손법을 느슨하게 적용함으로써 얻을 수 있는 것은 아무것도 없을 것이다(Tresca v. Maddox, 11 La. Ann. 206(1856)).

판결문에서 보듯 법원은 언론이 고집스럽게 주장해 온 '공정보도 면책특권'의 적용범위를 확대하는 것을 용인하지 않았다. 왜냐하면 언론이 범죄뉴스를 선정적으로 보도하는 일이 증가하고, 범죄와 관련된 판결 내용에 대한 비평(comment)을 신문이 자주 게재하는 것을 당시 판사들이 달가워하지 않았기 때문이다(Rosenberg, 1986).

남북간 내전(Civil War) 이후 1860년대에 들어서면서 신문 발행자들은 파수견 개념에 더욱 집착하는 경향을 보인다. 발행인들은 파수견 개념의 필요성을 더욱 강하게 주장함과 동시에 이를 입법화하려는 노력까지 전개하게 된다. 언론환경도 점차 변화하기 시작하는데 일간신문의 수도 증가하였다. 예컨대 1850년대 254개였던 일간지가 1880년대 971개로 크게 늘어나면서 신문산업이 확장되었다. 당시 신문과 관련된 가장 영향력 있는 단체인 미국신문발행인협회(American Newspaper Publishers)는 언론 산업에 대한 가장 위험한 요소로서 명예훼손 소송을 꼽았으며 이에 적극적으로 대처할 것을 제의하였다(McChesney, 2004).

그러나 이러한 변화 속에서도 법원은 선정적이고 위협적이며 잘못된 정보는 공익을 위한 것이 아니라는 입장을 고수하였다. 예를 들어 스미스 대 트리뷴(Smith v. Tribune) 사건에서 일리노이주 대법원은 문제된 공무원은 공적인 인물(public man)로 규정할 수 없으며, 언론의 자유에는 진실이 아님에도 어떤 개인을 비난하거나 비판할 수 있는 특권이 포함되는 것은 아니라고 판시하였다(22 F.Cas. 689 (N.D.Ill., 1867)).

법원의 태도는 디트로이트 데일리 포스트 대 맥아더(Detroit Daily Post v. McArthur) 사건에서 약간의 변화를 보인다. 이 사건에서 미시간(Michigan)주 대법원은 기관으로서의 언론의 사회적 역할을 처음으로 인정한다. 캠벨(Cambell) 대법원 판사는 보통법(common law) 상의 신문을 위한 특별한 보호가 필요하다고 언급하면서, 언론 보도는 문명의 필수 요소이므로 언론이 어떻게 공적 역할을 수행해야 할 것인가를 비이성적이고 비일관적인 방식으로 규제해서는 안 된다고 피력하였다.

법원은 "언론이란 기관으로서의 관행(institutional practices)과 신문 산업의 압력에 의해 발생하는 문제점이 존재하지만, 언론이 공적 이익에 봉사하기 때문에 언론보도행위 때문에 명예훼손 소송이 항상 발생하는 것은 아니라는 사실을 인식하는 것이 중요하다"라고 판시하였다. 계속해서 법원은 "만일 신문이 능력 있는 발행인을 고용했으며 신문 보도로 인한 명예훼손을 방지하기 위한 원칙과 규정을 제정하였다는 사실을 입증할 수 있다면, 언론에 대한 징벌적 손해배상은 적용되지 않아야 한다"고 판시하였다(16 Mich. 447(1868)).

그러나 이후의 명예훼손 소송에서 법원들은 디트로이트 데일리(Detroit Daily) 사건의 결정을 받아들이지 않았다. 오히려 1870년대 들어서면서 미국 법원은 명예훼손 소송에서 언론에 호의적인 배심원들의 태도에 대해 회의적이었다. 다만 적어도 파수견 역할이 언론의 공적 의무라는 사실에 대한 인식과 논의는 점차 확산되었다(Marks v. Baker, 9 N.W. 678(Minn. 1881)). 파수견 의무의 중요성에 대해서 가장 명확하게 정의내린 사람은 쿨리(Cooley) 판사이다. 그는 "공중과 개인의 자유를 보호하는 원칙을 무시하는 태도에 대해 도전하는 것은 어떤 다른 의무보다도 더욱 확실한 언론의 의무"라고 지적하였다(Miner v. Post Tribune, 49 Mich. 358(1882)).

1888년 펜실베니아(Pennsylvania) 주 대법원은 쿨리 판사의 견해를 더욱 확장하는 판결을 내린다. 법원은 언론의 파수견 역할이 개인이 소유한 '클럽 양성 학교'에 대한 조사까지 포함하도록 확대한다. 법원은 "언론이 원고가 엉터리(charlatan)라는 사실을 밝히려고 하는 행위는 언론의 의무에 합치하는 것"이라고 보았다.

그러나 이러한 판결들에도 불구하고 파수견 역할을 수행함으로써 추구하고자 하는 공적인 목적을 수용하려는데 있어 법원은 불명확한 입장을 계속 취하게 된다(Press Co. v. Stewart, 14 A. 51(Pa. 1888)). 예를 들어, 미시간주 대법원은 판사들과 보안관들이 그 지역을 지나는 사람들을 불법적으로 체포했다는 기사가 문제된 사건에서 "언론의 입증되지 않은 비판이 공적인 이익의 실현에 공헌하지 않는다"는 기존의 태도를 고집하지는 않았으나, 언론의 파수견 역할은 부정하였다(Bourreseau v. Detroit Evening Journal Co., 63 Mich. 425(1896)).

이렇게 미국 법원은 법원에 따라서 판단의 기준을 어떻게 두어야 하는가에 대해 다양한 모습을 보였다. 어떤 법원은 파수견 개념이 기관으로서의 의무라고 본 반면, 또 다른 법원은 인위적으로 주장되는 파수견 개념의 수용에 대해서 부정적이었다. 이러한 불확실성은 발행인들에게 주어지는 특권으로서의 파수견의 가치(value)를 축소시켰고, 파수견으로서 역할을 자임하는 신문의 위상을 위축시키는 결과를 초래하였다. 결국 파수견 개념이 언론에 중요한 면책특권이 되기 위해서는 법원이 뉴스 취재의 복잡성과 불확실성을 이해해야만 했고, 보도 내용이 절대적으로 정확해야 한다는 것보다는 보도가 공중을 위한 공적 의무라는 인식이 수용되어야 했다. 무엇보다 당시에는 신문 발행인들이 판사들이 판결에서 적용하는 '추정적 악의(assumed malice)'의 짐으로부터 벗어나게 하는 것이 가장 큰 문제였다.

추정적 악의의 입증과 관련, 뉴스 수집과 취재 과정에 대해 법원이 깊이 고려하기 시작한 것은 스크립스 대 라일리(Scripps v. Reilly) 사건부터이다(38 Mich. 10(1878)). 이 사건에서 미시간 대법원은 기존의 많은 법원들이 언론의 진실을 보도할 의무라는 것을 기사의 진실성에 대해서 절대적으로 확신하기 전까지 기사를 게재하지 않는 것이라고 믿었지만, 추정적 악의를 결정하는데 있어서는 뉴스의 시의성을 인식하고 최신의 그리고 믿을 만한 뉴스를 독자에게 제공하려는 발행인의 강한 욕구가 판단에서 고려되어야 한다고 보았다. 아울러 법원은 "오늘날 언론이 사람들의 건강, 복지, 편의, 행복과 관련된 주제의 논의에 참여하는 것은 하나의 권리이자 의무"라고 주장하였다. 이 사건을 계기로 적어도 미시간주에서는 대중계몽의 목적을 가진 순수한 언론 보도의 경우 비의도적 과실에 대해서 만큼은 제한적 면책특권이 적용될 것으로 기대하였다.

그러나 언론의 기대와는 달리 법원들은 면책특권을 인정받기 위해서는 언론이 제대로 된 취재 절차를 통하여 뉴스를 수집할 것을 끈질기게 요구하였다. 이러한 점은 맥알스터 대 디트로이트 프리프레스(McAllister v. Detroit Free Press) 사건에서 잘 나타난다(76 Mich. 338 (1889)). 이 사건은 프리 프레스(Free Press)지가 온타리오의 윈저시에서 두 명이 불법으로 우표를 팔다가 체포되었다는 내용의 기사를 게재하는데 있어서 취재원이 문제가 되어 발생하였다. 미시간주 대법원의 모스(Morse) 판사는 "문제된 기사는 완전히 소문에 근거한 것이다. 기자는 개인적으로 이를 조사할 수 있었지만 그렇게 하지 않았다… 기자가 유일하게 만난 것은 피소인들이다… 신문사도 기자에게서 받은 기사를 확인하지 않은 채 기사화함으로써 주의의무를 다하지 않았다"고 지적하였다. 그는 뉴스취재에 있어 언론이 섬세하고 이성적인 판단을 했다고 해서 명예훼손 소송에 있어 언론에 특별한 면책을 제공하는 것은 아니라고 설명하면서 공익성 이외의 그 무엇이 있어야 신문에 대한 특별한 보호의 정당성이 인정될 수 있다고 보았다.

다른 주의 법원들도 파수견 개념과 뉴스 취재보도 사이의 관계에 대한 미시간 대법원과 인식을 같이하였다. 예를 들어 펜실베니아주 한 하급심 법원에서 판사는 배심원들에 대해 지침을 내렸는데, 이는 공익으로서 언론의 면책특권의 확장여부와 언론의 파수견으로서의 역할 사이의 기본적인 연결고리를 잘 보여주고 있다. 판사는 "…공공건물이 세워지는 방식에 대해 주의를 환기시키고 비판을 하는 것은 언론의 권리이자 의무이다… 공중은 이러한 관심사에 대해서 대개 무관심하거나 늦게 알게 된다… 신문은 그 주의를 끌기 위해 다소간 시끄럽게 외쳐댈 필요가 있다"고 하면서도 "누군가를 희생하면서까지 자극적인 글을 싣는 것은 언론의 자유를 남용하는 것이다"라고 피력하였다(Struthers & Sons v. Evening Bulletin, 3 W.N.C. 215(Pa. 1877)). 펜실베니아주 대법원도 공직자의 공적 활동에 대해서 의문을 제기하고 이에 대해서 균형 있는 비판과 합리적인 논평을 게재하는 것은 언론의 권리라고 긍정하였으나 파수견 개념을 여전히 제한적으로 수용하였다. 궁극적으로 사법부는 대개 발행인들의 주장을 완전히 수용하는 것을 꺼려하였다(Rosenberg, 1986).

매릴랜드(Maryland)주의 경우 해거스 타운에서 발행되는 헤럴드 앤 토치라이트(Herald and Torchlight)지가 한 주 상원의원의 뇌물수수와 사기행각을 비판하다가 제소되었는데 발행인은 이에 대한 면책을 강력히 주장했으나 인정되지 않았다. 발행인은 주 상원의원의 행위는 충분한 조사와 보도가 필요한 주제이며, 아울러 그 카운티의 규모와 인구 수 등으로 볼 때 신문보도는 공익적 목적에 부합한다고 주장하였다. 그러나 크롬톤(Crompton) 판사는 파수견 개념을 부정하였다. 그는 "어떤 개인이 공정한 논평과 논의 이상의 권리를 가지며 보도의 근거를 자신이 믿는 바에 두려는 것은 수용하기에 당황스런 일"이라고 지적하였다(Negley v. Farrow, 60 Md. 158(1882)).

19세기 후반에 들어서도 지난 20여 년 동안 시도되었던 파수견 개념을 통한 면책특권의 확장노력은 크게 결실을 맺지 못한 것처럼 보였다. 미시간주와 다른 몇몇 주 법원들이 뉴스 수집과정에 있어서의 문제점을 지적하기도 하였으나, 대부분의 경우 신문에 특별한 보호가 주어질 필요가 없다는 인식에는 큰 차이를 보이지 않았다. 이러한 점은 켄터키(Kentucky)주 항소심 사건에서 드러난다. 법원은 1889년 사건에서 파수견에 대한 다수의 견해를 피력하고 있다. 법원은 "신문의 운영자들로 하여금 공중에게 제공하는 정보의 진실성에 대해서 책임을 지라고 요구하는 것은 과도한 조치일 수 있다… (그러나) … 만일 정보가 진실인지 알지 못하면, 이를 발행하지 말아야 한다"는 기존의 자세를 견지하였다(Riley v. Lee, 11 S.W. 713, 715(Ky. 1889)).

이러한 법원의 판단에도 불구하고 언론은 자신들의 기관으로서의 역할에 대한 특별한 면책특권과 뉴스 수집 기능에 대한 특별한 보호를 집요하게 요구하였다. 언론은 파수견 개념을 기자나 편집인의 '직업관(view of profession)'으로까지 바라보았으며(Edwards v. San Jose Printing & Publishing Co., 34 P.128(Cal. 1893)), 보도가 쉽게 범할 수 있는 신문의 과실로 인해 문제가 된 경우에는 면책된다고 주장하였다(Arnold

v. Saying Co., 76 Mo. App. 159(1898)). 그러나 이러한 언론의 집요한 노력과 주장 그리고 법원의 수용거부의 악순환은 19세기가 끝날 무렵까지 계속되었다.

루이지애나(Louisiana)주 대법원은 피츠패트릭 대 데일리 스테이트 퍼블리싱(Fitzpartrick v. Daily States Publishing) 사건(20 So. 173(1896))에서 언론이 파수견 역할을 한다는 것을 인정하였으나 문제가 된 기사가 언론자유의 범위를 넘어서는 것이라고 보았다. 당시 신문은 시장과 시의원들이 협박과 사기행각을 일삼으며 뇌물수수와 향응을 제공받는다는 비판적 기사를 게재하였다. 신문측은 언론이란 대중계몽의 존재로서 공직자들 사이에서 비리가 발생하는 경우 이를 알릴 의무가 있다고 주장하였다. 법원은 이를 전적으로 수용하지 않았지만 신문의 파수견 역할이란 일관되고, 부드럽고, 합리적인 편집을 통해서 달성할 수 있는 것이며 이를 통해 진실과 도덕 그리고 좋은 시민정신을 향상시킬 것이라고 판시하였다.

업튼 대 흄(Upton v. Hume) 사건에서 오레곤주 대법원은 하급심 결정을 번복하면서 골드 비치 가제트(Gold Beach Gazette)가 "염치없이 혐오스럽고, 사악하고, 악명 높은 자, 위증을 하는 간악한 인물… 업튼을 위해 투표한 사람은 도둑"이라고 게재한 기사에 대해 신문의 사설은 정치 후보자들에 대해서 논의할 의무가 있기 때문에 이런 표현으로 인한 책임에서 어느 정도 벗어난다고 판시하였다(33 P. 310(1893)). 그러나 법원은 신문이 언론기관으로서의 역할로 인하여 어느 정도는 보호를 받을 수 있으나 이러한 역할로 인하여 면책될 수 있는 범위는 대단히 제한적이라는 기존의 인식에서 벗어나지 못하였다.

결론적으로 당시의 판사들은 언론자유의 보호범위를 결정하는데 있어 발행인들의 의도와 게재물의 정당성을 고려하는 경향을 보였는데 이러한 이유로 언론은 신문 산업에 있어서의 뉴스의 수집과 발행에 대한 어떤 특별한 면책특권을 획득하는데 실패하였다. 간단히 말하자면 19세기 동안 보통법 상의 면책특권이란 오늘날과는 달리 언론인들에게 아주 제한된 범위로만 인정되었다. 기존의 전통적인 보통법 상의 면책특권은 신문의 내용에 대해서 적절한 보호를 제공하지 않았다. 예를 들어 공직자의 무능력이나 태만에 대한 주장은 보통법 면책특권의 밖에 존재하였다. 따라서 뉴스의 수집과 사실적 정보의 보도가 상업언론의 주요한 업무가 되어 갈수록, 발행인들은 자신들의 선한 의도를 입증하고 잘못된 정보의 게재를 정당화하는 복잡한 작업으로 인해 발생하는 명예훼손 소송에 더 많이 직면할 수밖에 없었다. 그럼에도 불구하고 법원이 기관으로서의 언론의 역할에 대해 인식하기 시작한 이후 언론관련법이 정립되면서 감시비판자로서의 언론에 대한 면책특권으로 인정되는 계기를 제공했다고 할 수 있다. 결국 미국의 파수견 개념은 언론에 대한 자유론적 환경에서 도출된 것이라기보다는 명예훼손법의 발전과정에서 파생되었다는 시각이 설득력을 가지고 있음을 알 수 있다.

3. 우리나라에서의 파수견 개념: 판례분석

미국의 경우에서 드러난 것처럼 파수견 개념이 언론에 대한 보호 장치로서 역할을 하기 위해서는 이것이 법원에 의해서 구체적인 법적 개념으로 인식되어야 한다. 따라서 우리나라의 판례에 대한 연구의 경우에도 언론의 파수견 개념이 법원에 의해서 언제부터 그리고 어떻게 인정받고 있으며 그것이 하나의 면책사유로서 언론을 보호하는 역할을 하고 있는가의 여부를 판단해 보아야 할 것이다.[21]

그런데 판례분석에 앞서 우리 언론이 처한 정치·사회적 환경 및 특수성을 고려할 필요가 있다. 왜냐하면 여기에서 탐구하고자 하는 명예훼손 관련 판례들의 경우 한 사회의 환경적 요건으로 인해 발생하는 경향이 크기 때문이다. 우리나라의 경우 무엇보다 언론이 오랫동안 정권에 예속되었거나 정치권과 상부상조 관계를 지속해 온 역사를 지니고 있다.

따라서 1980년대 말까지만 해도 언론은 정부의 억압적 통제 하에서 권력 감시 및 비판이라는 자신의 목소리를 제대로 내지 못하였다. 다시 말하자면, 파수견으로서의 언론의 개념은 전면적으로 드러나지 않았다. 파수견 개념이 적극적으로 개진되고 법원에 의해서 수용되기 시작한 것도 1990년대에 들어서라고 추정할 수 있다. 이 시기에 언론에 대한 정부의 물리적 통제가 줄어들고 이와 반대로 시민 개인들의 언론에 대한 법적 대응의 정도가 커지게 되는 현상(Smith, 1980; 이재진, 2006; 표성수, 1997)이 발생한 것이 이러한 추정을 입증해 준다.

이와 함께 언론의 '자유' 보다는 언론의 '책임'이 강조되는 사회적 분위기가 도래하였다(정진석, 1999). 1980년대까지 언론의 자유라는 명분이 민주화 과정에서 국민들에게 중요한 요소로서 인식되어 온

---

21 우리나라에서 언론의 자유는 여타 개인적 기본권과 동등한 위치에 있다. 즉 헌법재판소는 "언론의 자유는 민주 국가의 존립과 발전을 위한 기초가 되기 때문에 특히 우월적 지위를 지니는 것은 현대 헌법의 특징"이라고 판시한 바 있으나(1991. 9. 16. 선고 89헌마165 결정) 사법부는 언론의 자유와 인격권 간의 적절한 비교형량을 원칙으로 하고 있다.

반면, 1990년대에 들어서면서 정부의 언론규제가 약화되어 가는 과정에서 언론의 잘못된 취재보도 관행으로 인하여 발생하는 개인적 피해에 대해서 책임을 강조하는 경향이 커지게 되었다(이재진, 2002, p.25). 즉 언론의 책임 있는 여론형성이 1990년대의 지배적 패러다임이 되었다. 이러한 점은 법원의 판례들에서도 많이 발견된다(박선영, 1996; 임병국, 1999). 다시 말하자면 1990년대까지 우리 법원은 언론의 공적 역할을 파수견 기능보다는 건전한 여론형성 기능으로 파악하고 있음을 알 수 있다.

이러한 법원의 인식은 1990년대 후반 이후 변화하게 되는데 이는 〈표 2-2〉에서 제시된 20건의 판례에 나타나 있다. 판례들은 공

〈표 2-2〉 한국의 파수견 관련 판결

연번	재판일	재판부/심결	원고/신청인	매체	요지	결과	사건 출처
1	1999. 6.24.	헌법재판소 결정 (불기소처분 취소 청구)	정 모씨 (강원도 도위원)	강원일보	시간과 싸우는 신문보도에 오류를 수반하는 표현은 사상과 의견에 대한 아무런 제한 없는 자유로운 표현을 보장하는데 따른 불가피한 결과이고 이러한 표현도 자유토론과 진실확인에 필요한 것이므로 함께 보호되어야 하기 때문에 신속보도를 생명으로 하는 신문의 속성상 허위를 진실한 것으로 믿고서 한 명예훼손적 표현에 정당성을 인정할 수 있거나, 사소한 부분에 대한 허위보도는 모두 형사제재의 위협으로부터 자유로워야 함.	기각	97헌마 265
2	2001. 8.22	서울지방법원 1심	OOO (대학 교수)	SBS	공익성이 인정되는 언론기관의 보도를 보호하고자 하는 법리는, 언론기관이 우리 사회의 어두운 면을 파헤치고 이를 국민들에게 알려 그에 관한 건전한 여론을 형성, 전달, 집약함에 따라 사회의 전체적인 건전한 발전을 도모하고자 하는 의도로서 그러한 역할을 수행할 경우에는... 표현의 자유로서 보호됨.	원고 패소	98가합 107982

3	2002. 10.11.	서울지방법원 남부지원 1심	KBS	MBC	언론의 자유는 자유민주주의의 초석이 되는 가장 중요한 기본권의 하나로서 언론사들이 이를 통하여 국가기관, 단체, 개인에 대하여 비판적 기능, 경고적 기능을 수행함.	원고 패소	2001가합 14741
4	2002. 10.24.	서울고등법원 항소심	박 모씨	학원사, 일요 신문사	언론은… 범죄형태를 비판적으로 조명하고… 나아가 범죄의 사회문화적 여건을 밝히고, 그에 대한 사회적 대책 강구해야 함.	기각 (원고 패소)	2002나 5738
5	2003. 8.21.	서울고등법원 항소심	동아 일보	MBC	언론의 자유는 자유민주주의의 초석이 되는 가장 중요한 기본권의 하나로서 언론사들이 이를 통하여 국가기관, 단체, 개인에 대하여 비판적 기능, 경고적 기능을 수행하는 등 중요한 공적 역할을 담당하고 있음.	기각 (원고 패소)	2002나 22153
6	2005. 8.30.	서울고등법원 항소심	김 모씨	시사 저널	언론이 기울인 진상규명 노력에도 불구하고 합리적 자료나 근거가 뒷받침 되지 않아 진실성이 없음. 언론의 감시와 비판기능은 공적기관의 권위를 넘어서는 안 됨.	원고 승소	2004나 65338
7	2006. 4.21.	서울지방법원 1심	김 모씨 (교회 목사)	오마이뉴스	교회 목사의 보수는 국민의 정당한 관심사이므로 공익성이 있다고 판단됨. 국민의 알권리 보호와 관련한 언론의 감시와 비판기능의 중요성에 비추어 허용될 수 있는 범위 내에 있음.	원고 패소	2005가합 18950
8	2006. 10.13.	서울중앙 지방법원 1심	임종인 (국회 의원)	YTN (돌발 영상)	공직자의 도덕성, 업무처리의 정당성에 대한 언론기관의 감시와 비판 기능은 그것이 악의적이거나 현저히 상당성을 잃은 공격이 아닌 한 쉽게 제한되어서는 안 됨.	기각	2005가합 71378
9	2006. 11.8	서울중앙 지방법원 1심	공모, 음 모씨 (영등위 위원)	한겨레 (기사 및 사설)	직무의 특성상 고도의 비판과 감시를 받아야 할 당위성이 인정되는 인물에 대한 비판은 그 지위를 감안하여 폭넓게 허용해야 함.	기각	2005가합 90013
10	2006. 11.23.	대법원	여 모씨	조선 일보, 동아 일보	언론기관도 헌법 제21조에 기하여 기본권으로서 언론의 자유를 가지는데… 서로 충돌하는 두 헌법적 이익 사이의 갈등은 상충하는 이익 모두가 최대한으로 그 기능과 효력을 나타낼 수 있도록 하는 조화로운 방법을 모색함으로써 두 이익이 최적으로 실현될 수 있는 경계획정을 통하여 해결해야 함.	원심 파기 환송 (원고 패소)	2004다 50747

11	2007. 2.22.	대법원	허 모씨 (골프장 관련 주식 회사 사장)	제주 일보	다소 감정적이고 거칠거나 적절치 못한 표현이 있으나 이러한 공적인 관심사에 대하여는 언론 등에 의한 적극적인 비판과 감시가 필요하므로 정당한 의견표명의 한계를 넘어 위법성이 있는 인신공격에 해당하지 않음.	상고 기각	2006다 87217
12	2007. 12.27.	대법원	원고	조선 일보 (상 고인)	언론보도의 내용이나 표현방식, 의혹사항의 내용이나 공익성의 정도, 공직자 또는 공직 사회의 사회적 평가를 저하시키는 정도, 취재과정이나 취재로부터 보도에 이르기까지의 사실 확인을 위한 노력의 정도, 기타 주위의 여러 사정 등을 종합적으로 판단할 때 악의적이거나 심히 경솔한 공격으로서 현저히 상당성을 잃은 것으로 평가되는 경우에는 명예훼손이 됨.	상고 기각	2007다 29379
13	2008. 2.13.	서울고등 법원	문화 관광부	동아 일보	공직자의 도덕성, 업무처리의 정당성 여부에 대한 언론기관의 감시와 비판 기능은 그것이 악의적이거나 현저히 상당성을 잃은 공격이 아닌 한 쉽게 제한되어서는 아니됨.	원고 일부 승소 (확정)	2007나 41852
14	2008. 4.24.	대법원	조선 일보/ 디지털 조선	오마 이뉴 스	'오마이뉴스'는 열린우리당이 만든 파시스트 언론집단 '이라고 표현된 부분은' 악의적이거나 심히 경솔한 공격으로서 현저히 상당성을 잃어 위법하다고 볼 것은 아님.	판기 환송 (고법 확정)	2006다 53214
15	2008. 11.13.	대법원	이해찬	프런 티어 타임 즈	공직자 또는 공직 사회에 대한 감시, 비판, 견제라는 정당한 언론활동의 범위를 벗어나 악의적이거나 심히 경솔한 공격으로서 현저히 상당성을 잃은 보도는 공직자 등의 수인의 범위를 넘어 명예훼손이 되는 것으로 보아야 함.	원고 승소	2007나 61870
16	2009. 2.10.	서울동부 지방법원	이 모씨	한국 세정 신문 사	공적 인물에 대한 감시, 비판을 위한 보도라 하더라도 사실에 근거한 객관적인 비판보다는 다분히 의도적이고 주관적인 편향성을 띄고 있는 점 등 정당한 언론활동의 범위를 벗어나 악의적이거나 심히 경솔한 공격으로서 현저히 상당성을 잃은 것으로 보임.	원고 승소	2008가단 10984
17	2009. 8.19.	서울고등 법원	김 모씨 외 3인	문화 방송	사건의 진실여부를 정확히 파악하려는 노력 없이 고소인이나 진정인의 일방적인 진술만을 근거로 여러 번에 걸쳐 보도하였다는 점 등을 고려할 때 공직자에 대한 감시, 비판 견제라는 정당한 언론활동의 범위를 벗어나 심히 경솔한 공격으로서 현저히 상당성을 잃었다 할 것임.	원고 승소	2008나 91908

18	2009. 9.30.	서울고등 법원	임 모씨	동아 일보	비방할 목적이나 허위임을 인식하고 고의적으로 보도한 것이 아니라 할지라도 사실 확인을 않은 채 '국회의원 성접대' 등의 보도를 한 것은 심히 경솔한 것으로서 현저히 상당성을 잃은 것이라 할 것임.	원고 승소	2008나 103825
19	2010. 2.16.	서울남부 지원	박지원 (국회 의원)	대구 방송	공직자에 대한 감시와 비판이라고 하는 언론기능은 그 내용이 악의적인 면을 가지거나 아주 과도하게 공격적인 면을 가지는 경우가 아니라면 보호범위가 넓게 경계를 잡아야 함.	기각 (원고 패소)	2008가단 96240
20	2010. 8.12.	서울중앙 지방법원	한명숙	조선 일보	전 국무총리의 도덕성 등에 관한 기사로서 공익성이 인정되고 수사상황을 객관적으로 보도하였을 뿐 혐의를 단정적으로 보도하거나 악의적으로 왜곡된 인상을 심어주었다고 보이지 않음.	기각 (원고 패소)	2009가합 140725

통적으로 언론의 공적인 기능을 수용하고 있음을 알 수 있다. 무엇보다 이 판례들은 쟁점별로 구분하여 살펴볼 필요가 있다. 왜냐하면 쟁점을 구분해 봄으로써 파수견으로서의 언론의 역할이 어떻게 형성되고 발전되었는가를 가늠하기가 용이하기 때문이다. 미국에서의 파수견 논의에서 드러난 쟁점들을 중심으로 이를 살펴보면 ① 대중계몽 기능, ② 사회 고발·비판 기능, ③ 국가기관 및 권력에 대한 감시·비판 기능, 그리고 ④ 공직자 및 공적 인물에 대한 비판 기능의 4가지로 구분할 수 있다.[22]

1) 대중계몽

위의 〈표 2-2〉에서 보는 바와 같이 기존에는 언론을 주요 여론 형성 기관으로 인식했으나 1999년 6월 24일자 헌법재판소 결정(97헌

22 쟁점 간의 구분이 명확하지 않고 서로 중복되는 경우도 있으나 본 장에서는 편의상 쟁점을 구분하였음.

마265)에서 파수견으로서의 언론의 본질적 특성을 처음으로 고려하는 견해를 엿볼 수 있다. 재판부는 "…시간과 싸우는 신문보도에 오류를 수반하는 표현은 사상과 의견에 대한 아무런 제한 없는 자유로운 표현을 보장하는데 따른 불가피한 결과이고 이러한 표현도 자유토론과 진실확인에 필요한 것이므로 함께 보호되어야 하기 때문에 신속보도를 생명으로 하는 신문의 속성상 허위를 진실한 것으로 믿고서 한 명예훼손적 표현에 정당성을 인정할 수 있거나, 사소한 부분에 대한 허위보도는 모두 형사제재의 위협으로부터 자유로워야 한다…"고 하여 신문의 매체로서의 속성에 대한 인식의 필요성과 동시에 더욱 자유로운 보도를 허용해야 할 이유에 대해서 피력하고 있다.

즉 재판부는 명예훼손에 대한 위법성조각사유인 진실성(상당성)의 근거를 자유토론과 진실확인에 두고 이를 위해서는 신속보도를 해야 하는 신문의 속성을 이해하는 측면에서 면책사유의 적용을 고려해야 한다고 피력하고 있다. 이러한 점은 파수견 개념을 신문의 뉴스 수집 및 취재 활동과 연결시키려는 미국의 경우와 상당히 유사하다고 할 수 있다.

아울러 헌재는 "…국민이 듣고, 읽고, 보는 이른바 알권리는 신문이나 방송 등 언론매체의 보도에 의존하는 바가 크고 이 보도를 통한 정보는 활발한 비판과 토론을 할 수 있게 하여 국민의 정치에 대한 높은 관심과 적극적인 참여라는 결과를 이끌어내게 된다. 국민이 바라는 정치를 하는지를 감시하고 권력을 가진 자에 대한 자유로운 비판을 보장하며, 소수의견을 외면하지 않는 정치적 언론이 숨 쉬는 열린 공간에서 여론을 수렴하여 그것을 다수의사로 결집,

형성하는 과정을 갖는 것은 우리들 모두가 만들고 가꾸는 민주제의 참된 모습이다…"라고 밝혀 언론자유의 중요성을 권력에 대한 비판 기능에서 찾고 있다. 재판부는 국민의 알권리를 충족시키기 위한 언론매체의 역할이 활발한 비판과 토론을 이끌게 하도록 하는 것으로 이해하고 있다. 간단히 말하자면 헌재는 언론매체를 정치가 제대로 돌아가고 있는지를 국민들에게 알려서 지적인 시민을 양성하는 대중계몽의 역할을 하는 주체로서 파악하고 있다.

이러한 점은 2006년 대법원 판례에서도 엿볼 수 있는데 언론 보도의 청구범위에 대한 판결(2006. 11. 23. 선고 2004다50747)에서 대법원은 언론의 독특한 사회적 기능을 확정하는 한편, 감시 및 비판기능과 인격권의 기능이 서로 조화를 이루어야 한다고 밝혔다. 대법원은 "…언론기관도 헌법 제21조에 기하여 기본권으로서 언론의 자유를 가지는데… 서로 충돌하는 두 헌법적 이익 사이의 갈등은 상충하는 이익 모두가 최대한으로 그 기능과 효력을 나타낼 수 있도록 하는 조화로운 방법을 모색함으로써 두 이익이 최적으로 실현될 수 있는 경계획정을 통하여 해결…"해야 한다고 판시하였다. 원심은 이른바 '이용호 게이트 사건'에 대한 신청인의 로비의혹이 보도되자 신청인이 반론보도 청구소송을 제기하면서 시작되었다. 대법원은 반론보도내용들이 객관적으로 허위인지, 이를 신청인이 미리 알고 있었는지 여부를 심리하여 만일 신청인이 허위임을 알고도 이 사건에 대해 반론보도청구를 한 것으로 밝혀진다면 정당한 이익이 없으므로 배척해야 한다고 보았다.

관련 판례에서 볼 수 있듯이 궁극적으로 이러한 언론의 역할이 권력 감시·비판자로서의 역할과 완전히 일치하는가에 대해서는 명확하지 않다. 다만 법원이 권력 감시비판의 기능이라는 표현을 사용하고 있지는 않고 있으나 적어도 언론의 사회적 기능에 대해서는 재확인하고 있다는 것을 알 수 있다. 아울러 이러한 언론의 기능을 면책특권으로 인정하는가에 대해서도 확실치 않다고 하겠다. 비록 언론의 속성을 이해하기 시작한 부분이 있으나 이러한 이해와 감시, 비판 기능에 대한 인식이 개인의 인격권과 언론의 자유를 비교 형량하는데 있어 어떻게 반영되는가에 대해서는 좀 더 많은 판례가 나와야 할 것으로 보인다.

2) 사회 고발·비판

재판부의 인식은 더욱 확장되는데 2001년 8월 22자 선고된 판결에 의하면 언론의 역할이 건전한 여론의 형성과 아울러 "사회의 어두운 면을 파헤치는" 것에 있다는 인식으로 발전하게 된다(서울지법 98가합107982 판결). 이 사건은 서울방송이 '일그러진 대학, 대학교수'라는 제하로 원고가 대학원생에게 박사학위 논문을 대리 심사하도록 시키고 학생들의 번역 리포트를 모아 그대로 책으로 출판했으며 강의내용도 수준 이하였다는 등 교수로서의 자질 및 도덕성에 심각한 문제가 있다는 취지의 보도를 하자 원고가 명예훼손 소송을 제기함으로써 시작되었다.

판결에서 법원은 "…공익성이 인정되는 언론기관의 보도를 보호하고자 하는 법리는, 언론기관이 우리 사회의 어두운 면을 파헤치고 이를 국민들에게 알려 그에 관한 건전한 여론을 형성, 전달, 집약함에 따라 사회의 전체적인 건전한 발전을 도모하고자 하는 의도로서 그러한 역할을 수행할 경우에는… 표현의 자유로서 보호하고

자 하는데 그 취지가 있는 것이다"라고 하여 언론의 역할을 단순한 여론 형성과 전달이라는 측면에서 사회적 비리를 탐사하는 역할로 확대하여 인식하고 있음을 알 수 있다.

이와 유사하게 2002년 10월 24일 서울고등법원은 스토킹에 대한 비판적 기사가 원고의 명예를 훼손했다는 이유로 발생한 소송에서 "언론은… 범죄형태를 비판적으로 조명하고… 나아가 범죄의 사회문화적 여건을 밝히고, 그에 대한 사회적 대책 강구"를 해야 한다고 판시함으로써 언론의 확대된 여론형성 역할에 동의하고 있다(2002나5738 판결).

그러나 2005년 판결(소위 김훈 중위 사망 사건)에서 서울고등법원은 범죄보도와 관련하여 언론의 파수견적 역할이 지나치게 확대되는 것을 경계하고 있다(서울고법 2005. 8. 30 선고 2004나65338 판결). 법원은 "… 범죄보도와 관련된 언론매체의 위와 같은 적극적 보도 형태가 과거 군부독재정권하에서 권력에 의하여 은폐되어 온 범죄를 국민에게 알리고 공적기관이 간과해 온 사회비리와 부조리를 이슈화하거나 그에 관한 수사의 단서를 직접 제공하기도 하는 등의 긍정적인 역할을 해왔음은 부정할 수 없으며 민주사회에서 수사나 재판과정 역시 언론과 국민의 감시 및 비판의 대상이 되어야 함은 물론이지만, 그럼에도 불구하고 범죄보도와 관련된 언론매체의 위와 같은 적극적 역할은 법률과 제도를 통하여 범죄와 관련된 수사 및 재판의 책임과 권한을 부여받은 공적기관의 보조적 내지 보완적 역할에 그쳐야 하고, 구체적인 사건에 있어서 공적기관의 판단은 우선적으로 존중되어야 한다…"고 설시하여 언론의 감시와 비판의 기능이 공적기관의 권위를 넘어서는 것은 아니어야 한다고 지적하였다.

그러나 가장 최근에 나온 판례(2007. 2. 22. 선고 2006다87217 판결)에서 대법원은 언론의 비판과 감시 기능에 주목함으로써 언론의 손을 들어주었다. 이 사건은 2005년 3월 11일 제주일보가 '골프장 재벌 000의 안하무인'이라는 제하의 사설에서 골프장 입장요금에 대해 비판하면서 시작되었다. 대법원은 "사설 중에는 다소 감정적이고 거칠거나 적절치 못한 표현이 있으나 이러한 공적인 관심사에 대하여는 언론 등에 의한 적극적인 비판과 감시가 필요하므로 정당한 의견표명의 한계를 넘어 위법성이 있는 인신공격에 해당하여 불법행위를 구성한다고 볼 수 없다"고 판시하였다. 이 판례에서 대법원은 기존의 입장에서 한 걸음 더 나아가서 언론의 기능이 최대화 될 수 있도록 모색하고 있으며 감시 및 비판 기능의 필요성에 대해서 긍정하고 있음을 알 수 있다.

3) 국가기관 및 권력에 대한 감시·비판

법원은 파수견으로서의 언론이 국가기관이나 권력에 대해서 감시 및 비판자로서의 기능을 한다는 점을 2002년 10월 11자 판결에서 피력하였다(2001가합14741 판결). 언론사 간의 상호비평이 문제가 되어 불거진 이 사건에서 서울지방법원 남부지원은 "언론의 자유는 자유민주주의의 초석이 되는 가장 중요한 기본권의 하나로서 언론사들이 이를 통하여 국가기관, 단체, 개인에 대하여 비판적 기능, 경고적 기능을 수행"한다고 판시한 바 있다.

이러한 법원의 언론의 기능에 대한 인식은 2003년 8월 21일 서울고등법원의 판결에서도 잘 드러난다. 법원은 동아일보와 MBC 간의 반론보도를 둘러싼 다툼을 판결하면서 언론의 비판적 기능에 대해서 긍정하고 있다(2002나22153 판결). 법원은 "언론의 자유는 자유민주주의의 초석이 되는 가장 중요한 기본권의 하나로서 언론사들이 이를 통하여 국가기관, 단체, 개인에 대하여 비판적 기능, 경고적 기능을 수행하는 등 중요한 공적 역할을 담당하고 있다…"고 판시하였다.

흥미로운 점은 기존의 판결의 경우 언론의 비판적 기능이 공직자, 공직 사회에 한정되고 있으나 이 판결에서는 그 기능의 범주를 국가기관과 단체에까지 적용될 수 있는 것으로 판단하고 있다는 것이다. 즉 언론의 비판적이고 경고적인 기능은 비단 개인적 차원에서만 적용되는 것이 아니라고 봄으로써 언론의 비판기능을 상당히 폭넓게 인식하고 있음을 알 수 있다.

4) 공직자 및 공적 인물에 대한 비판

대법원은 점차 언론의 감시와 비판 기능을 확장하는 경향을 보인다. 대법원은 2006년 5월 12일 집단에 대한 명예훼손을 다룬 사건(2004다35199)에서 다음과 같이 판단하였다.

> 공직자의 도덕성·청렴성이나 그 업무처리가 정당하게 이루어지고 있는지 여부는 항상 국민의 감시와 비판의 대상이 되어야 한다는 점을 감안하면, 이러한 감시와 비판 기능은 그것이 악의적이거나 현저히 상당성을 잃은 공격이 아닌 한 쉽게 제한되어서는 아니 되는바, 공직자 또는 공직 사회에 대한 감시와 비판 기능의 수행을 그 사명의 하나로 하는 언론보도의 특성에 비추어, 언론보도의 내용이 객관적 자료에 의하여 최종적으로 확인되지는 않았다고 하더라도, 공직자의 생활이나 공직 수행과 관련한 중요한 사항에 관하여 어

떤 의혹을 가질 만한 충분하고도 합리적인 이유가 있고 그 사항의 공개가 공공의 이익을 위하여 필요하다고 인정되는 경우에는, 언론보도를 통하여 위와 같은 의혹사항에 대하여 의문을 제기하고 조사를 촉구하는 등의 감시와 비판 행위는 언론자유의 중요한 내용 중의 하나인 보도의 자유에 속하는 것…

여기서 대법원은 공직자나 공직사회에 대한 언론의 감시 및 비판의 기능은 그것이 악의적이거나 현저하게 상당성을 잃은 공격이 아닌 한 보호되어야 하는 언론의 기능으로 인정하고 있다. 비록 판례에서 나타난 감시 및 비판 기능은 공직자나 공직 사회에 대한 것으로, 공직 수행과 관련된 사항에 대해서 공익에 필요한 경우에 할 수 있는 것으로 한정하고 있으나, 언론이 국민의 대리기관으로 단순히 건전한 여론 조성의 역할을 하는 것에 그치는 것이 아니라 감시와 비판의 기능을 수행한다는 이른바 파수견의 개념을 인정하고 있는 것으로 이해할 수 있다.

2006년 10월 13일에는 언론의 감시·비판기능과 관련, 공직자에 대한 언론의 풍자나 독설이 어느 정도 허용될 수 있는가에 대한 판결이 나왔다(서울중앙지법 2005가합71378 판결). 이 사건은 YTN의 '돌발영상' 프로그램이 문제가 되어 발생한 것으로 국회의원 임종인이 YTN이 자신이 법사위에 배정된 뒤 불만을 토로하는 장면을 몰래 담아 자신의 초상권 및 사생활의 비밀과 자유에 대한 권리를 침해당했다고 소송을 제기함으로써 시작되었다. 법원은 공직자에 대한 풍자와 독설은 모멸적인 표현에 의한 인신공격에 해당하는 정도가 아닌 한 널리 허용해야 하며 특히 "공직자의 도덕성, 업무처리의 정당성 여부에 대한 언론기관의 감시와 비판 기능은 그것이 악의적이거나 현저히 상당성을 잃은 공격이 아닌 한 쉽게 제한되어서는 아니된다"고 판시하였다. 법원은 '돌발영상'에서 문제된 장면이 공익성이 인정되고 진실이라고 믿을 만한 상당한 이유가 있으며 아울러 현저히 상당성을 잃은 공격으로 보이지 않아 위법성이 없다고 지적하였다.

그러나 상당성이 없거나 악의적 또는 공격적인 내용에 대해서는 그 진실성 여부를 따져서 판단해야 한다는 판례도 도출되었다. 서울고등법원은 2008년 2월 13일자 판결에서 문화관광부에 대한 동아일보의 비판적 보도가 비록 상당성이 없고 다소 공격적인 것은 사실이나 그 내용이 진실이 아니라고 할 수 있는 증거가 없다는 점에서 정정보도 청구는 기각하고 반론보도 청구는 수용한다는 판결을 내렸다(2007나41852 판결). 동아일보가 '문화관광부가 월드컵 축구선수들 격려보다는 장, 차관의 홍보에 더 관심을 두고 월드컵을 정부부처의 홍보수단으로 이용하려 한다'는 내용의 보도를 하자 문화관광부는 정정보도와 반론보도를 청구하는 취지의 소송을 제기하였다. 법원은 기존의 판례와 유사하게 언론기관의 기능을 공직자에 대한 감시와 비판으로 보았고, 이는 악의적이거나 상당성을 잃은 공격이 아닌 한 제한되어서는 안 된다고 피력하였다.

이러한 법원의 견해는 지속적으로 수용되고 있는데 현저히 악의적이거나 과도하게 공격적인 것이 아닌 경우에는 가능한 한 처벌을 배척해야 한다는 판례도 도출되었다. 예컨대 대구방송이 현역 국회의원의 금품수수 문제 등과 같은 사건을 보도하자 이 보도가 국회위원인 원고의 명예를 훼손하였다는 이유로 제기된 소송에서 서울남부지방법원은 "…보도한 내용이 공적인 영역에 관한 경우에는 언론권의 보호영역이 더 넓어지도록 경계선을 설정해야 한다… 공직자의 명예에 대한 보호영역은 본질적으로 매우 좁을 수밖에 없고 공직자에 대한 감시나 견제기능은 언론의 매우 중요한 기능이기 때문이다… 그러나 언론보도가 악의적인 면을 가지거나 아주 과도하게 공격적인 면을 가질 경우에는 언론기능의 보호영역권의 범위가 좁아지도록 경계선을 잡을 수밖에 없다… 이 사건 보도가 원고에 대해 악의적인 면을 가지거나, 아주 과도하게 공격적인 면을 가졌다고 볼 수는 없다"고 판시하였다(서울남부지법 2010. 2. 16. 선고 2008가단96240 판결).

한 걸음 더 나아가 법원은 언론의 파수견으로서의 기능이란 비록 공직자는 아니지만 공적으로 중요한 역할을 하는 지위에 있는 인물에까지 적용되며, 갈등을 해소하기 위한 조정자 역할을 해야 한다는 판결도 내린다. 2006년 11월 8일 판결된 이 사건은 한겨레신문이 영상물등급위원회 산하 게임제공업용 게임물등급분류 소위원회를 비판하는 기사와 논설을 쓴 것에 대해서 영등위 소위원회 위원들이 손해배상 및 정정보도의 소송을 제기하면서 발생하였다. 당시 한겨레신문은 '성인오락기 허가 로비 악취', '업체대표 심의위원 변신 뒤 심의 통과율 20% 쑥', '복마전 게임기 심의, 진상부터 밝혀라'라는 제하의 기사와 사설을 게재하였다. 판결에서 서울중앙지법은 기사로 인하여 원고들의 사회적 평가가 저하되었다는 것을 인정하면서도 이들은 감시와 비판을 수용할 위치에 있다고 보았다. 법원은 "비록 원고들 및 선정자들이 비상근 명예직으로서 그 보수 역시 수당의 형식으로 받고 있다고 하더라도 위와 같은 직분의 특성상 고도의 비판과 감시를 받아야 할 당위성이 인정된다 할 것이므로, 원고들 및 선정자들에 대한 비판은 상당한 정도로 폭넓게 허용되어야 할 것"이라고 판시하였다. 즉 법원은 기사나 사설의 공익성과 상당성을 인정함과 동시에 원고들에 대한 비판은 그 지위를 감안할 때 폭넓게 허용되어야 한다고 보았다.

이와 관련된 흥미로운 판례 중의 하나는 언론사 간의 비판적 보도로 인한 명예훼손 소송이다(대법 2008. 4. 24. 선고 2006다53214 판결). 이 사건은 조선일보가 2004년 4월 1일자 신문에서 인터넷 논객인 진 모씨의 서울대 강연 내용을 인용하면서 "…오마이뉴스는 열린우리당이 만든 파시스트 언론집단이라고 주장했다… 안티조선이 아니라 안티 조·중·동, 한겨레, 오마이뉴스로 가야한다고 말했다…"는 취지의 보도를 한 것에 대해 오마이뉴스가 조선일보를 명예훼손으로 제소하면서 시작되었다. 1심 재판부는 정정보도문 게재를 명하였고, 2심 재판부는 이에 더해 1천만 원의 손해배상금을 지급하라고 판결하였다. 대법원은 "…공공적, 사회적인 의미를 가진 사안에 관한 경우에는 언론의 자유에 대한 제한이 완화되어야 하고, 특히 당해 표현이 언론사에 대한 것인 경우에는, 언론사가 타인에 대한 비판자로서 언론의 자유를 누리는 범위가 넓은 만큼 그에 대한 비판의 수인 범위 역시 넓어야 하고, 언론사는 스스로 반박할 수 있는 매체를 가지고 있어서 이를 통하여 잘못된 정보로 인한 왜곡된 여론의 형성을 막을 수 있으며, 일방 언론사의 인격권의 보장은 다른 한편 타방 언론사의 언론자유를 제약하는 결과가 된다는 점을 감안하여, 언론사에 대한 감시와 비판 기능은 그것이 악의적이거나 현저히 상당성을 잃은 공격이 아닌 한 쉽게 제한되어서는 아니 되고, 수사적인 과장표현도 언론기관이 서로 반박할 수 있다는 점을 고려하여 개인에 대한 명예훼손의 경우보다 폭넓게 용인될 수 있다"고 판시하였다. 이러한 대법원의 판단은 이전까지 언론사 간의 명예훼손 소송에서 나타난 법원의 판결과 일치하는 것이다. 법원은 언론을 대단히 중요한 공적 존재로서 인식하고 있으며 이들 상호간의 비판은 언론의 비판기능에 비추어 볼 때 공익실현을 위해서 더욱 허용되어야 한다는 점을 다시 한 번 확인하였다.

한편, 법원은 판례를 통해서 어떠한 행위가 악의적이고 상당성을 잃은 공격행위인가에 대해서도 밝히고 있다. 서울동부지방법원은 2009년 2월 10일자 판결에서 "공적 인물에 대한 감시, 비판을 위한 보도라 하더라도 사실에 근거한 객관적인 비판보다는 다분히 의도적이고 주관적인 편향성을 띠고 있는 점 등 정당한 언론활동의 범위를 벗어나 악의적이거나 심히 경솔한 공격으로서 현저히 상당성을 잃은 것으로 보인다"고 보았으며(2008가단10984 판결), 서울고등법원은 2009년 8월 19일자 판결에서 "사건의 진실여부를 정확히 파악하려는 노력 없이 고소인이나 진정인의 일방적인 진술만을 근거로 여러 번에 걸쳐 보도하였다는 점 등을 고려할 때 공직자에 대한 감시, 비판 견제라는 정당한 언론활동의 범위를 벗어나 심히 경솔한 공격으로서 현저히 상당성을 잃었다 할 것이다"라고 판시하였다(2008나91908 판결). 또한 서울고등법원의 2009년 9월 30일 판결에서도 "비방할 목적이나 허위임을 인식하고 보도한 것은 아니라 할지라도 사실확인을 않은 채 '국회의원 성접대' 등의 보도를 한 것은 심히 경솔한 것으로서 현저히 상당성을 잃은 것"라고 보았다(2008나103825 판결).

이러한 판결을 통해서 볼 때 법원은 비록 언론의 비판기능을 인정하고 있다고 하더라도 '의도적인 주관적 편향성 여부', '진실확인을 위한 노력 여부', '비방할 목적이나 허위사실에 대한 인지여부'

등을 따져서 보도가 정당한 범위의 언론활동에 속하는지를 판단하고 있다는 사실을 알 수 있다.

5) 요약

우리나라 법원은 언론의 감시·비판 기능을 공익성의 근거로서 인정하고 있다. 한편 현저히 악의적인 의도성이 없고 상당히 공격적인 것이 아닌 한 감시 및 비판의 대상을 국가기관에서부터 공적 인물, 그리고 공익성이 인정되는 것으로 판단되는 경우 사적 인물에 이르기까지 확대 적용하고 있음을 알 수 있다. 즉 언론의 비판적 기능을 국가기관, 공직자에게만이 아니라 공적인 목적이 있는 경우 개인에게까지도 적용 할 수 있다고 봄으로써 언론의 공적 기능을 확대하여 해석하고 있다.

결국 우리나라에서 파수견 개념의 생성과 발전은 미국의 경우와 달리 언론의 자발적 노력이 강하게 작용했다기보다 정치사회적 민주화가 진행됨에 따라 이루어진 측면이 크다고 할 수 있다. 즉 언론의 역할이 단순히 건전한 여론형성에 머무르기 보다는 사회의 발전적인 측면에서의 공적 역할을 한다는 법원의 인식의 패러다임이 변화하는 과정 속에서 가능하게 되었다고 하겠다.

4. 새로운 개념의 정착을 위하여

언론의 사회적 기능을 언급할 때 가장 핵심적인 개념은 권력에 대한 감시·비판자로서의 파수견 개념이다. 그런데 이러한 파수견 개념은 자유언론이론과 일맥상통하는 것이라기보다는 언론의 필요에 의해 주장되고, 법원에 의해서 수용된 일종의 면책특권이라고 할 수 있다. 파수견 개념은 특히 언론의 취재 과정에서 보도행위에 이르는 일련의 과정과 밀접하게 연결되는 것으로 언론의 공익적 활동에 당위성을 부여하게 된다.

미국의 경우 파수견 개념은 19세기 말 명예훼손법의 발전과 함께 대두되었으며 법원에서 그 개념을 수용하면서 현재의 파수견의 이미지, 즉 권력에 대한 감시·비판자의 모습을 형성하게 되었다. 19세기말 이전에도 파수견 개념은 존재하였지만 법원이 이를 수용하기를 꺼려하였다. 왜냐하면 법원은 잘못된 보도나 선정적 보도를 하면서도 면책 받을 수 있는 특권을 언론에게 부여하는 것이 법리에 맞지 않은 것으로 판단했기 때문이다. 특히 옐로우 저널리즘 시대를 거치면서 법원은 언론에 대해 대단히 부정적인 인식을 가지고 있었는데 이러한 점도 언론에 대한 면책특권을 부정하는 요인으로 작용했을 것으로 보인다.

미국 법원의 이와 같은 인식은 명예훼손 소송에 있어 명백히 드러났다. 소송의 결과를 살펴보면 언론은 많은 경우 명예훼손으로 발생한 사건에 대해 책임을 면할 수 없었으며, 법원은 기존에 인정되어 온 공정한 보도 면책과 유사한 특권을 확장해서 적용하는 것을 기피하였다. 그러나 19세기가 끝날 무렵부터 미시간(Michigan)주를 시작으로 점차 파수견 개념이 법원에 의해서 수용되기 시작하였다. 다시 말하자면 언론의 뉴스 취재, 수집 및 보도의 과정은 대단히 복잡한데 그렇기 때문에 자주 오류가 발생할 수밖에 없으며, 아울러 언론의 역할은 필요한 정보를 신속히 공중에게 전달하고 여론을 형성하는 공익적 목적에 봉사하는 것이기 때문에 일정한 범위의 보도는 면책되어야 한다는 언론의 항변이 수용되기 시작한 것이다.

이러한 과정을 거치면서 언론의 감시 비판의 대상도 단지 권력의 주체라고 할 수 있는 공직자나 정치인에 머무르지 않고, 공적 위치에 있거나 공적인 역할을 하는 사람들, 또는 공적인 조직에 대해서까지 그 비판의 범위를 확장해 나갔다. 결국 파수견으로서의 언론의 역할에 대한 인식은 명예훼손법에 있어 대단히 중대한 변화를 가져왔다. 예컨대 수정헌법 제1조는 언론자유를 다른 여타의 개인적 기본권보다 '우월적인 지위(preferred position)'를 누리도록 하는 결과를 가져왔다(Schauer, 1980, p.3; Youm, 1996, p.185).

우리나라의 경우 파수견 개념이 언제부터 형성되었으며 어떻게 인식되어 왔는지에 대한 정의가 명확하지 않다. 무엇보다 우리나라의 경우 파수견에 대한 개념적·역사적 연구들이 구체적으로 이루어지고 있지 않다. 그러나 관련 판결례를 분석한 결과[23] 우리 법원은 비록 그 개념의 수용은 상당히 늦은 편이지만, 파수견 개념을 알권리와 언론의 공익적 기능의 측면에서 인정하고 있는 것으로 나타났다. 즉 언론의 기능이나 역할을 단순히 건전한 여론형성에만 두고 있는 것이 아니라 사회에 대한 감시, 비판자라는 것을 인정하고 있다는 것이다. 최근 대법원은 악의적이거나 현저히 상당성을 잃은 경우가 아니라면 언론의 공익적 기능이 최대화 될 수 있도록 모색할 필요가 있다고 판시한 바 있는데 이를 통해 우리 법원이 언

23 판례분석에 있어서 일관성 있는 틀이 마련되어 있지 않은 것이 이 분석의 제한점이기도 하다. 여기에서는 법원이 언론의 역할이나 기능을 어떻게 인식하고 있는가 하는 점이 여론형성에서 감시·비판으로 변화하는 과정 속에서 위법성 조각사유 적용에 어떤 영향을 미쳤는가에 분석의 초점을 두었다.

론의 권력에 대한 감시 및 비판 기능의 필요성을 일정정도 긍정하고 있다는 사실을 확인할 수 있다.

이러한 우리 법원의 판결은 미국의 경우와 유사하게 법원이 언론 활동의 복잡성과 오류 발생의 불가피성을 인정하고 있다는 것으로도 판단할 수 있다. 하급심 판결의 경우 언론의 감시 및 비판의 기능을 정치인이나 국가기관뿐만 아니라 공적 인물, 나아가서 공적인 역할을 하는 사인에게까지 확대해서 적용하고 있다. 즉 언론의 파수견으로서의 역할의 범위를 공직자나 정치인들의 도덕성, 청렴성, 그리고 업무상의 정당성에 대한 감시와 비판의 기능뿐만 아니라 공인의 위치에 있는 사람에 대한 감시와 비판 그리고 공익적 성격이 강한 사안에 대해서는 일반인의 경우에도 그 감시·비판적 기능을 인정하고 있는 것이다.

그러나 판례들은 우리 법원이 언론의 감시와 비판이 악의적이거나 현저히 상당성을 잃은 공격이어서는 안 된다는 점에는 일치된 관점을 가지고 있음을 보여주고 있다. 결국 우리 언론에게 미국의 경우와 유사한 개념의 파수견으로서의 면책특권이 인정될 수 있는가하는 문제는 우리 법원이 언론 보도의 악의성 여부와 함께 진실성(상당성)과 공익성을 어떠한 잣대에서 비교형량적으로 판단하는가에 달려있다. 현재로서는 공익성 판단의 일부로서 언론의 사회적 기능을 이해하고 있는 것으로 보인다. 궁극적으로 급변하는 미디어 환경 속에서 언론(특히 신문)이 생존해야 할 이유는 건전한 사회를 이루기 위한 파수견으로서의 공적 역할이라는 점에서 법원의 위법성 조각사유 적용의 요건을 용이하게 하는 방향으로 나가는 것이 바람직하다고 보인다.

표현, 언론

그리고
집회결사의

자유

C·H·A·P·T·E·R

03

‘인터넷 논객’의

표현의 자유

이번 장에서는 ‘인터넷 논객’의 특성을 규명하고, 인터넷 논객과 관련된 판례분석을 통해 온라인 공간에서의 표현의 자유 보장 범위와 제한 법리에 대한 우리 법원의 입장을 탐색적으로 확인하였다. 또한 관련 판결 기준에 인터넷이라는 매체의 특성이 고려되는지의 여부를 파악함으로써 인터넷 논객의 표현, 나아가 인터넷 공간에서의 표현과 인격권 등 다른 기본권이 충돌할 경우의 바람직한 비교형량 방안을 모색하였다.

1. '인터넷 논객' 연구의 필요성

2009년 1월 10일 인터넷 논객 '미네르바'의 구속은 국내외에 열띤 논쟁을 불러 일으켰다.[24] 미네르바의 구속을 찬성하는 측에서는 미네르바의 행위가 외환시장 등 우리 경제에 심각한 악영향을 미친 사안으로, 성격 및 중대성에 비추어볼 때 전기통신기본법 등을 위반해 구속이 당연하다는 입장을 보였다. 반면, 미네르바 구속에 반대하는 측에서는 미네르바의 구속수사는 명확한 법적 근거가 없어 수사기관과 법원의 판단에 좌우될 수밖에 없기 때문에 표현의 자유 침해가 우려된다는 의견을 표명하였다. 학계에서 미네르바 구속을 찬성하는 입장은 공동체에 해를 입히는 거짓말에는 도덕적 책임이 뒤따라야 한다는 것이었고, 반대하는 입장은 자유민주사회의 의사소통을 현저히 위축시킬 우려가 있다는 것이었다(이귀전 · 이태영, 2009. 1. 11).

이처럼 국내에서 인터넷 논객 미네르바 구속의 찬반 의견이 엇갈리는 가운데, 2009년 3월 미국의 〈포린 폴리시〉는 인터넷 논객 미네르바 구속사건 등을 지적하면서 우리나라를 '소리 없는 인터넷 검열국가'로 지정하였다. 〈국경 없는 기자회〉도 인터넷 표현의 자

---

24 다만, 헌법재판소는 2010년 12월 28일 '공익을 해할 목적으로 전기통신설비에 의해 공연히 허위의 통신을 한 사람에게 5년 이하의 징역이나 5,000만 원 이하의 벌금'에 처하도록 규정하고 있는 전기통신기본법 제47조 제1항에 대한 헌법소원 심판에서 7(위헌) 대 2(합헌)로 위헌 결정함으로써 논란이 일축된 측면이 있다. 이 헌법 소원은 인터넷 논객 미네르바 박대성씨가 1심 재판을 받던 중 이 조항이 "불명확한 내용으로 표현행위를 지나치게 규제하여 표현의 자유를 침해했다"며 제기한 사건을 다루고 있다. 이에 따라 이 조항은 폐기되었으며, 검찰은 이 조항 위반으로 기소된 사람들에 대한 공소를 취하하였다(김남일, 2010. 12. 28). 법무부는 전기통신기본법 제47조에 대한 대체법안을 신설하겠다고 밝혔으나(김종효, 2010. 12. 29), 아직 대체법안은 마련되지 않고 있다.

유와 관련하여 우리나라를 '감시대상 국가'로 지정하여, 인터넷 논객 미네르바 구속에 대한 관심을 표명하였다(송경재, 2009. 4. 29).

미네르바 구속에 대한 파장은 미네르바가 무죄 판결을 받은 2009년 4월 2일 이후에도 이어졌다. 국제인권감시단체 〈프리덤하우스〉는 '2011년 언론자유 보고서'에서 한국을 언론자유국(free)에서 부분적 언론자유국(partly free)으로 강등시켰다. 프리덤하우스는 '2011년 인터넷 상의 언론자유 보고서'에서도 한국의 인터넷 자유 지수를 조사대상 37개국 가운데 9위로 평가하며, '부분적 인터넷 자유국가'로 분류하였다. 프리덤하우스는 "인터넷 실명제 등 규제장치와 일련의 블로거 체포 사건 등이 한국의 인터넷 자유에 도전이 되고 있다"며, 한국의 인터넷 사용자 권리 침해 사례로 인터넷 논객 미네르바 사건 등을 꼽았다(곽상아, 2011. 5. 3).

한편, 이명박 정부에서 사이버 모욕죄 입법 추진, 광고 불매운동 누리꾼 유죄 판결, 검찰의 인터넷 논객 미네르바 구속 등의 인터넷 공간에 대한 규제 움직임이 가속화되면서 인터넷 공간의 표현의 자유가 실제로 위축되고 있다는 비판이 제기되고 있다. 일례로 미네르바의 구속 사건 이후 누리꾼 '필립피셔'는 아고라에 올렸던 경제 관련 게시글을 모두 삭제했고, '여자 미네르바'라는 별칭을 얻은 누리꾼 '그럴수만있다면' 역시 온라인 공간에서의 논객 활동을 접었다. 'readme' 등도 이전에 작성한 대부분의 게시글을 삭제했다(이귀전 · 이태영, 2009. 1. 11). 이명박 정부의 인터넷 규제 정책 속에서 표현의 '위축 효과(chilling effect)'[25] 혹은 '무의식적인 자기검열' 효과가 실

25 인터넷 공간의 규제와 위축 효과(chilling effect)의 관계를 규명한 우지숙·나현수·최정민(2010)의 '인터넷 게시판 실명제의 효과에 관한 실증 연구' 결과에 따르면, 인터넷 실명제 실시 이후 게시글과 댓글의 숫자 및 게시판 참여자의 숫자

제로 발생하고 있다는 것이다(채은하, 2009. 4. 28).

2009년 표현의 자유와 관련하여 가장 큰 사회적 쟁점을 제공했던 미네르바는 이른바 '인터넷 논객'으로 통한다. '인터넷 논객'은 인터넷을 매개로 누리꾼들의 여론 및 정치담론의 형성에 영향력을 행사하는 담론생산자를 지칭하는 개념이다. 인터넷 논객은 인터넷 언론이나 토론 게시판 등에서 주요 시사 현안을 분석하고 자신의 견해를 적극적으로 표출하며, 때로는 치열한 상호토론을 통해 여론 형성과정에 개입한다.

한편, 미네르바의 구속 사건에서 확인할 수 있듯 인터넷 논객에 대한 표현의 규제는 실제로 일반 누리꾼들의 표현 위축 효과, 사전 검열 효과를 이끄는 기제가 될 가능성이 있다는 측면에서 신중해야 한다는 지적이 있다. 그러나 그동안 저널리즘 영역에서 인터넷 논객에 대한 학술적인 접근은 거의 이루어지지 않았다. 인터넷 공간에서 영향력을 행사하는 논객들에 대한 학술적인 접근이 부족하다 보니 그들의 표현행위와 표현의 제한에 대한 누리꾼들의 사전검열 효과와 인터넷 공간에서의 표현 위축 효과에 관련된 연구 역시 체계화 될 수 없었다.

이러한 맥락에서 본 장에서는 인터넷 논객과 관련된 판례를 수집·분석하여 우리나라 법원이 인터넷 공간에서의 표현의 자유의 보장 범위와 제한 법리에 대해 어떤 입장을 취하고 있는지 탐색적으로 살피고자 한다. 구체적으로 본 장은 우리나라 법원이 용인하는 인터넷 논객의 표현 수준은 어떠하며, 제한 법리는 무엇인지, 인

가 감소하고 삭제한 글의 빈도가 늘어났다. 즉 인터넷 규제가 글 게시자들의 글쓰기 행태를 변화시키고 위축시키는 것으로 나타났다. 반면, 게시글에서의 비방과 욕설 사용정도는 줄어들지 않았다.

터넷 논객의 표현과 타 인격권(명예훼손, 모욕죄 등)이 충돌할 경우 인터넷 논객의 표현을 어떻게 인식하고 있는지를 인터넷 논객 승·패소 여부, 인터넷의 매체적 성격 고려 여부 등을 통하여 살펴보았다.

이를 바탕으로 우리 법원이 인터넷 논객의 표현의 자유를 지나치게 제약하는 방향으로 가고 있는 것은 아닌지 비판적으로 검토하고자 한 것이다. 또한 법원이 인터넷 공간에서 논객의 표현행위와 타 기본권이 충돌하는 상황에서 비교형량을 해야 할 때, 인터넷 공간의 매체적 특성과 인터넷 논객의 사회문화적 특성을 반영하여 표현의 자유의 가치와 타 기본권의 가치를 적절하게 비교형량하는데 도움을 주기 위한 제언을 하고자 하였다.

2. 인터넷 논객, 인터넷 논객의 표현과 한계

1) 인터넷 논객은 누구인가?

헌법재판소는 인터넷은 "가장 표현촉진적인 매체"라고 판시한 바 있다(헌재 2002. 6. 27. 선고 99헌마480 결정). 이러한 인터넷에서의 자유와 권리의 중심축은 표현의 자유이며, 표현의 자유를 통해 국민의 참정권이 실현될 수 있다(성낙인, 2009). 인터넷 공간에서의 표현의 자유와 참정권 실현의 가능성은 인터넷 공간이 대안적 공론장으로서 국민들로 하여금 토론과 합의의 과정을 이끌어 낼 수 있을 것이라는 전망에 연유한다.

한편, 인터넷 공간에서 자유롭게 정치사회적 의견을 표명하며 누리꾼들의 토론과 여론을 선도하는 대표적 인물이 '인터넷 논객'

이라 할 수 있다. 유명 인터넷 논객의 글에는 수천 개 이상의 댓글이 달리고, 온라인 공간에서 찬반논쟁으로 확장됨은 물론 오프라인 언론에 보도되며, 오프라인 공간에서의 토론으로 이어지기도 한다.

그러나 인터넷 논객에 대한 학술적인 접근은 시작 단계에 머물러 있다. 인터넷 논객 자체에 대한 학술적 연구는 거의 이루어지지 않았고, 인터넷 논객과 논객사이트를 다룬 연구는 이기형(2003), 민경배(2003; 2007. 9. 1), 장우영(2005) 등에 의해 일부 이루어졌다. 다만, 이들의 연구는 인터넷 논객 자체에 주목하여 그들의 표현행위에 대한 분석에 집중하기보다 인터넷 논객사이트의 공론장적 특성과 논객사이트 자체의 특성을 주로 다루고 있다. 그럼에도 이들 연구들은 인터넷 논객의 형성과정을 역사적인 맥락에서 다루고 있다는 측면에서 학술적 가치를 지닌다.

'인터넷 논객'이란 인터넷을 매개로 하여 누리꾼들의 여론 및 정치담론의 형성에 영향력을 발휘하고 있는 새로운 담론생산자들이 스스로를 지칭하는 개념이다(민경배, 2004; 2007. 9. 1). 인터넷 정치웹진이나 인터넷 칼럼 사이트, 토론 게시판 등에서 정치적이고 사회성이 두드러진 쟁점들과 그 쟁점들로 제기되는 특정 국면에 대한 분석, 주장, 해석, 그리고 자신의 견해를 적극적으로 표현하고 주장하며 때로는 여론 형성과정에 개입하는 사람으로 정의되기도 한다(이기형, 2003, p.42). 또한 '오마이뉴스', '서프라이즈', '대자보', '프레시안', '진보누리', '딴지일보' 등 진보·개혁적 성향의 웹진, '독립신문', '시스템 클럽' 등과 같은 보수 성향의 논객사이트에서 활동하는 사람들을 인터넷 논객으로 정의하기도 한다(이기형, 2003, p.96, p.122).

인터넷 논객 중에는 교수, 기자, 평론가 등 전통적 지식인층과

중첩되는 사람들도 상당수 존재하지만, 대부분의 경우 특정 이슈에 대한 논리와 글솜씨로 누리꾼들로부터 암묵적 인정을 이끌어 낸 인터넷 공간의 새로운 지식 엘리트층이라고 할 수 있다. 미디어에 글을 기고하면 끝나는 오프라인의 지식인 집단과는 다르게 인터넷 논객들은 글을 게시한 후에도 소위 '계급장을 떼고' 치열한 논쟁을 벌이며 누리꾼들과 지속적으로 쌍방향적 커뮤니케이션을 추구한다(민경배, 2004; 2007. 9. 1).

1990년대 초반 PC통신 시절과 인터넷 초창기에 활동했던 인터넷 논객들을 지칭하여 1세대 인터넷 논객으로 정의할 수 있다. 반면, 2000년 초반 유명 지식인들이 인터넷 글쓰기에 본격적으로 뛰어들기 시작하면서 2세대 인터넷 논객층이 형성되었다(민경배, 2004; 2007. 9. 1). 2세대 인터넷 논객은 현실 정치로부터 한 발짝 떨어져 일종의 훈수꾼의 입장에서 글을 쓰던 1세대 인터넷 논객들과는 달리 정치과정에 직접 개입하는 참여자적 자세를 보여준다는 특성을 가진다.

예컨대, 2세대 인터넷 논객들은 '안티조선 우리모두'를 통해 조선일보 거부 운동을 조직하거나, 2002년 서울시장 선거 당시에는 특정 후보를 지지하는 인터넷 논객들이 충돌한 이른바 '옥석논쟁'[26]을 이끌고, 노사모(노무현을 사랑하는 사람들의 모임)와 인터넷 언론 오마이뉴스, 정치웹진 서프라이즈 등을 통해 대선과정에 개입하는 등 적극적인 현실참여의 모습을 보였다. 온라인 상에 흩어져서 개별적

26 옥석논쟁은 민주노동당의 서울시장 후보인 이문옥 전 감사관과 민주당 김민석 후보를 비교하는 논쟁에서 시작되었다. 이문옥의 '옥' 자와 김민석의 '석' 자를 따서 '옥석논쟁'으로 명명되었다. 이문옥 후보를 지지하는 인터넷 논객 진중권씨 등에 의해 시작되어 〈안티조선 우리모두〉, 〈노하우〉, 〈대자보〉 등의 인터넷 공간에서 논객들 간의 치열한 논쟁이 발생한 사건을 지칭한다(이장춘, 2002. 5. 8).

으로 활동하던 1세대 논객들과 달리 2세대 논객들은 각자의 정치적 성향에 따라 이합집산을 거듭하며 몇 개의 분파를 형성해 활동하기도 하였다(민경배, 2004).

담론 생산자로서 인터넷 논객의 역할은 기존 언론에서의 논설위원이나 심층해설을 쓰는 정치평론가, 그리고 섭외된 글을 기고하는 외부 필진 또는 기타의 전문가, 지식인 집단과 일정부분 중복된다. 그러나 이들의 글쓰기 성향은 오프라인 매체에서의 글쓰기와 비교할 때 몇 가지 차이를 가진다. 인터넷 논객은 중립적이기보다 가치개입적인 글을 쓰고, 실천적이다. 때로는 정치적 동학을 비판적으로 분석하기도 하고, 특정 정치인이나 정당, 그리고 이슈를 지지하는 특성을 보이기도 한다. 즉 인터넷 논객들은 전통적인 저널리즘의 잣대보다 본인이 중요하다고 생각하는 주제와 대상에 대해 정파적이고 경우에 따라서는 편향된 의견을 표현하는 경우가 많다. 이는 웹진을 찾아오는 독자 역시 비슷한 기대를 가지고 있기 때문이다(이기형, 2003, pp.42~43).

그래서 인터넷 정치웹진 독자들의 입장에서 추상적인 일반론에 머무는 글, 계몽적이거나 엄숙한 글, 양비론적 글은 흥미를 끌지 못하거나 비판받게 된다. 이에 대해 이기형(2003)은 "정치웹진을 보는 사람들이 이미 정파적인 집단(partisan crowd), 주류언론이 잘 제공하지 않는 주장적, 논쟁적 글쓰기와 긴급한 정치적인 이슈들에 대한 심도 있는 해설, 시시비비를 따지는 글, 그리고 특정 웹진에 찾아오는 누리꾼 상호 간의 일정하게 공유되는 기대와 공감을 능동적으로 구성하는 집단이기 때문"이라고 주장하였다. 인터넷에서 시공간의 한계에 구속받지 않고, 댓글 달기와 퍼오기, 상호 간 논쟁의 형태를 통해 토론과정에 참여하거나 강하게 의사표시를 할 수 있는 누리꾼은 주어진 기사에 대한 논리적인 대응을 추구하면서도 일방적인 지지, 공감과 찬사, 욕설과 야유, 패러디를 포함한 정서적인 지지표현과 감정적인 표현을 자제하지 않게 된다(이기형, 2003, p.45).

한편, 장우영(2005)은 인터넷 논객이 활동하는 논객사이트는 대안적 공론장의 내용과 형식을 혁신하고 있다는 점, 그 가운데서 매스미디어로부터 소외되었던 대중들의 역동적 담론생산과 확산이 이루어지고 있다는 점에서 긍정적이라고 주장하였다. 반면 의제를 둘러싼 이질적 의견들의 수용과 숙의의 수준이 낮기 때문에 바로 이러한 점이 당파적 담론만을 수용하고 집단의 배타성을 심화하는 요인으로 작용하는 등의 단점이 있다고도 주장하였다. 그는 논객사이트가 강화된 상호작용성, 강고한 당파성, 배타적 공동체성 등의 측면에서 기존 인터넷 미디어와 차별성을 가진다고 분석하였다.

여기서 언론인을 포함한 전문가 집단과 비교되는 인터넷 논객의 특성을 세 가지로 정의할 수 있다(이기형, 2003).

첫째, 자신들의 지적인 작업을 평가하거나 추인하는 제도적인 통과의례나 학위와 같은 자격을 획득하지 않고서도 활동하고 있다는 점이 특징적이다. 즉 학벌이나 나이, 실명 여부와 같은 상징자본에 구애받지 않고 글솜씨만 가지고도 논지를 전개하는데 충분하며, 독자의 호응을 이끌어 낼 수 있다(정희주, 2003). 30대, 무직, 전문대졸의 이력을 가진 인터넷 논객 미네르바가 경제대통령의 칭호를 받게 된 경우가 대표적이다.

둘째, 논객성과 전문성을 판단할 수 있는 지표나 척도 설정이 어렵다. 즉 인터넷 논객의 글에 대한 지지정도는 특정한 평가 체계

없이 누리꾼들의 클릭수와 댓글달기의 형태로만 표현된다. 누리꾼들의 지지를 받는 일부 인터넷 논객들에 대한 '스타 시스템'이 확립되기 시작했다는 특징도 갖는다.

셋째, 인터넷 논객들의 인터넷 상의 글쓰기에 대해 일부 웹진에서는 보상체계를 가지고 있다고 하지만, 그렇다고 하더라도 그들의 글쓰기는 생계를 영위하기 위한 전업적 글쓰기가 아니라는 특성을 가진다. 즉 물질적 보상보다 '상징적 권위'와 중요한 의제나 논쟁에 대한 자신의 의견을 타인들이 보는 공공적 플랫폼에 올리고 회람시키는 데서 오는 현실개혁의 참여 열망과 힘 돋우기(self-empowerment)가 인터넷 논객들에게는 보상체계의 역할을 하게 된다(이기형, 2003, p.49). 이상의 논의들은 인터넷 논객의 표현행위와 표현내용, 보상체계, 독자층이 오프라인 미디어의 그것과는 차이가 있다는 사실을 증명한다.

한편, 기본권으로서의 표현의 자유는 인터넷 논객에게 무제한적일 수 없다. 기본권인 표현의 자유는 표현의 대상자가 되는 사람의 명예훼손, 모욕죄, 사생활 침해 등과 같은 개인의 인격권과 충돌할 가능성이 있기 때문이다(이재진 · 이정기, 2009). 또한 국가안전보장과 같은 공익의 가치와 충돌할 수도 있다. 이와 같은 표현의 자유 문제의 쟁점화가 이명박 정부 들어 가속화되고 있다는 평가가 있다. 이명박 정권 들어 표현의 자유가 위축되고 있다는 것이다(김연정, 2011. 6. 21). 예컨대 2009년 인터넷 논객 '미네르바' 소송, 2010년 이른바 '듣보잡' 소송 등은 인터넷 공간에서 이루어진 표현이 공익 또는 인격권 등의 가치와 충돌하여 소송에 이르게 된 경우이다. 여권이 건전한 인터넷 표현문화를 명분으로 추진하려고 한 바 있는 '사이버

모욕죄'는 인터넷 공간의 논객과 누리꾼들의 표현을 억압하는 기제가 될 수 있다는 비판을 받고 있기도 하다. 이정기(2009)는 새로운 형태의 공론장의 가능성, 숙의 민주주의의 가능성을 가지고 있는 인터넷 공간과 누리꾼, 인터넷 논객들을 상대로 한 각종 소송은 "벼룩 잡으려고 초가삼간 태우는 행태"가 될 수 있음을 지적하였다.

그러나 우리나라는 표현의 자유가 개인의 인격권 또는 공익과 같은 다른 기본권에 비해 우월적인 지위를 가지지 못하는 환경에 있다. 이러한 측면에서 인터넷 논객의 표현과 인터넷 논객의 표현에 의해 피해를 당한 개인이나 단체의 인격권, 공익 등은 비교형량될 수밖에 없다.

2) 인터넷 공간에서의 표현과 제한

인터넷 논객의 표현과 제한 법리에 대한 논의를 직접적으로 다룬 연구는 전무하다. 따라서 인터넷 논객의 표현과 제한 법리에 대한 논의는 인터넷 공간에서의 일반적인 표현과 제한 법리 연구, 더 나아가 현실공간에서의 표현과 제한 법리 기준을 통해 유추적용해 볼 필요가 있다.

전술했듯 인터넷 논객의 표현행위도 공익과 인격권 등의 가치와 비교형량 될 수밖에 없다. 헌법 제37조 제2항은 국민의 모든 권리와 자유는 국가안전보장, 질서유지 또는 공공복리를 위하여 필요한 경우 제한할 수 있다고 규정하고 있고, 제21조 제4항은 언론·출판은 타인의 명예를 침해하여서는 안 된다고 규정하고 있기 때문이다. 온라인 공간에서의 표현행위는 우리 헌법이 보장하고 있는 인간의 존엄과 가치 및 그를 바탕으로 하는 인격권(제10조)과 사생활의 비밀보호(제17조)와의 상호관계 속에서 이해할 수 있다.

즉 언론·출판이 헌법적 한계를 벗어나는 경우 언론·출판의 자유로서 보호될 수 없고, 그 일탈행위가 헌법 상의 다른 가치를 실현하고 보호하기 위해서 제정된 실정법 질서에 저촉되는 경우 오히려 법적 책임을 부담하게 된다. 예컨대 언론·출판이 타인의 인격권이나 사생활의 비밀을 침해하는 경우에는 민법 상의 손해배상(제751조)[27], 형법 상의 명예훼손(제309조, 제310조), 주거침입(제319조) 등의 책임을 진다. 또한 반사회적인 언론·출판은 형법 상의 음란물성에 관한 책임(제243조)과 발행정지, 등록취소 등의 행정법 상의 책임(신문 등의 자유와 기능 보장에 관한 법률 제21조 제2항 제3호)을 진다. 국가의 정체성에 반하는 언론·출판은 국가보안법(제7조) 위반의 책임을 진다. 결국 표현의 자유에 대한 제한은 기본권제한입법의 한계조항(제37조 제2항[28])의 범위 내에서만 가능하다고 할 수 있다(남경국, 2004).

이는 인터넷 공간에서의 표현과 논객들의 표현에서도 예외가 아니다. 표현의 자유라는 측면에서 인터넷 공간은 이용자들이 쌍방향 커뮤니케이션을 이용하여 자신들이 원하는 표현을 효과적으로 전달할 수 있다는 긍정적 효과를 창출해 낼 수 있는 반면, 이용자들이 수용하기 힘들거나 원하지 않는 정보에 노출될 수 있는 부정적 결과도 동시에 창출해 낼 수 있는 특성을 지니기 때문이다. 따라서

27 민법 제751조 제1항은 "타인의 신체, 자유 또는 명예를 해하거나 기타 정신상 고통을 가한 자는 재산 이외의 손해에 대하여도 배상할 책임이 있다"고 규정하고 있다.

28 헌법 제37조 제2항은 "국민의 모든 자유와 권리는 국가안전보장, 질서유지 또는 공공복리를 위하여 필요한 경우에 한하여 법률로써 제한할 수 있으며, 제한하는 경우에도 자유와 권리의 본질적인 내용을 침해할 수 없다"고 명시되어 있다. 즉 이 조항은 기본권에 대한 제한과, 자유와 권리에 대한 본질적 침해의 금지를 동시에 다루고 있다.

인터넷 공간은 기존의 미디어에서 불가능한 상당한 정도의 표현의 자유와 인격권 침해 또는 공익의 훼손과 같은 모순적 결과를 창출하게 된다(이재진, 2003).

구체적으로 미네르바 사건에서 확인할 수 있듯 인터넷 논객의 표현이 공익을 저해하는 경우 소송으로 비화될 가능성이 있다. 국가체제를 부정하는 표현 등은 국가안전보장을 이유로 규제될 수도 있다. 이는 조선인포뱅크,[29] 우리민족끼리 등과 같은 북한 인터넷 홈페이지가 국가안전보장을 이유로 접근이 제한되는 것과 같은 맥락에서 설명될 수 있다. 그러나 성낙인(2009)은 인터넷 공간에서의 표현 중 국가안보나 공익보다 심각한 분야가 개인의 인격적 법익과 관련되는 명예훼손과 사생활 침해 등이라고 주장한다. 직설적이며, 인터넷의 자유로운 표현양식으로 인해 다양하고 광범위하게 인격권 침해가 전개되고 있는 상황에서 이제는 개인에 의한 표현의 자유 남용이 문제가 되고 있는 실정에 이르렀다는 것이다.

2010년 대표적 진보 논객 진중권 씨와 보수 논객 변희재 씨 사이의 이른바 '듣보잡' 소송에서 문제가 된 부분은 허위사실 유포와 인격권 침해와 관련된 부분이었다.

명예훼손은 사실이나 허위의 사실을 적시하여 명예주체에 대한 사회적 평가를 저하시키는 일체의 행위라고 정의된다(대법 1999. 10. 8. 선고 98다40077 판결 참조). 명예는 사람의 품성, 덕행, 명성, 신용 등 세상으로부터 받는 객관적인 평가를 말한다(87다카1459 판결). 우리 헌법

29 조선인포뱅크(www.dprkorea.com): 1999년 10월 북한이 개설한 첫 공식 인터넷 사이트. 범태평양 조선민족 경제개발 촉진협회 명의로 중국 베이징에서 개설되어 북한의 경제, 의학, 법제, 언론매체 보도 등 북한 관련 소식을 전하고 있다(한겨레, 2001. 5. 29).

재판소는 표현의 자유를 보장하는 동시에 그것이 인간의 존엄성에서 유래하는 명예권 등을 희생, 강요할 수 없음을 밝히고 있다. 또한 표현의 자유와 명예권의 충돌 시 헌법을 규범조화적으로 해석하여, 상충적 가치를 합리적으로 조화시키기 위한 노력이 있어야 한다고 보고 있다(헌재 1991. 9. 16. 선고 89헌마165 결정).

한편, 형법 제310조는 진실성과 공익성이라는 명예훼손법 상의 위법성 조각사유를 규정하고 있다. 즉 우리나라의 명예훼손적 표현행위는 내용이 진실하고, 공익적 성격을 가질 때 면책이 가능한 구조를 가지고 있다. 그러나 표현행위로 인한 피해자가 공인(public figure)인지의 여부에 따라 공공의 이익 여부를 차별적으로 판단하고 있지는 않고 있는 실정이다(김상호, 2008).

인터넷을 통한 표현물의 숫자가 증가하면서 인터넷에서 이루어지는 명예훼손 행위도 증가하고 있는 상황이다. 이러한 현상은 외국에 비해 인터넷과 인터넷 문화가 발달한 우리나라에서 더욱 빈번하게 발생하고 있다(권영준, 2006).

한편 '모욕죄'[30]는 사회적인 평판을 깎아 내리는 가치판단을 타인을 지목해서 함으로써 성립되는 범죄이다(김성천 · 김형준, 2001). 모욕은 농담, 무례, 불친절, 건방진 표현과 구분된다. 특정 표현이 모욕인가 아니면 농담, 무례, 불친절한 표현인가 하는 것은 표현이 진행

30 형법 제311조는 "공공연히 사람을 모욕한 자는 1년 이하의 징역이나 금고 또는 200만 원 이하의 벌금에 처한다"라고 규정하고 있다. 모욕죄는 형법 제20조 상의 정당행위(법령에 의한 행위 또는 업무로 인한 행위 기타 사회상규에 위배되지 아니하는 행위는 벌하지 아니한다)(신평, 2004) 또는 경미한 모욕의 경우 사회상규에 위배되지 않으므로 위법성이 조각될 수 있다(오영근, 2006). 한편, 정치, 학문, 예술 등의 분야에서 행해지는 비판 내지 논평에는 어느 정도 무가치 판단의 표시를 피할 수 없다. 이 경우 그와 같은 무가치 판단에도 불구, 비판과 논평이 공익성을 띤다면 형법 제310조를 적용해야 한다는 소수설도 존재하고 있다(이재상, 2000).

된 사회의 사회통념(상규)에 따라 결정된다. 농담, 무례, 불친절한 표현 등은 사회적으로 수인될 수 있는 반면, 모욕적 표현은 형법 상 범죄로 구성된다(오영근, 2006). 모욕죄가 성립하는 표현이 사회적 상규에 저촉되는지의 기준을 도출하기는 매우 어려운 일이며, 표현의 수인이 어느 정도인가에 대한 것은 사법부의 판단이 결정적인 역할을 하게 된다(이재진, 2007).

2000년 이후 인터넷에서 모욕죄가 적용된 8건의 판례에 대한 분석을 수행한 이재진(2007)에 따르면, 인터넷 모욕죄의 구성요건은 일반적 모욕죄 적용의 구성요건과 유사하거나 인터넷의 매체적 특성으로 인해 구성요건이 불분명한 측면이 있었다. 그리고 인터넷에서의 모욕죄 적용은 명예훼손의 경우보다 위법성 조각사유가 불분명하여 대개 유죄판결을 받아 벌금형이 선고되었다.[31] 문제되는 표현의 배경이나 사실적 근거가 명확하지 않은 경우 모욕죄가 쉽게 성립되는 경향을 보였다. 이 때문에 일시적인 오판이나 가벼운 모욕적 표현 등도 사회상규에 어긋나는 것으로 인식되어 부적절한 비교형량이 이루어질 수 있었다. 또한 인터넷 모욕죄의 판단은 일반적 모욕죄와 달리 인터넷 익명성으로 인한 무책임성이나 매체의 위력

31 이재진(2007)에 따르면 명예훼손이 모욕과 다른 점은 다음과 같다. 첫째, 명예훼손과 모욕죄는 모두 타인의 가치에 대한 사회적 평가를 보호법익으로 하고 있다는 점에서 동일하지만 명예훼손은 사회적 평가를 깎아내릴 만한 구체적 사실의 적시가 있는 경우 성립하고, 구체적인 사실의 적시가 아닌 추상적인 판단이나 경멸적 감정의 표현으로써 사회적 평가를 저하시키는 행위에는 모욕죄가 성립한다. 명예훼손의 경우 내적명예의 훼손만으로 성립되는 것이 아니라 외적명예의 손상이 구성요건이다. 단순히 기분이 상한 것만으로는 명예훼손으로 인한 책임을 물을 수 없고 대부분 모욕죄가 성립한다. 둘째, 일반적 모욕죄의 경우 형법 제310조 위법성 조각사유의 적용을 부정하고 있다. 이는 명예훼손의 경우 진실성과 공익성 요건이 충족될 경우 면책되는 것과 다른 것이다. 모욕죄는 형법 제20조 상의 정당행위가 위법성 조각사유가 될 수 있다. 셋째, 모욕죄는 살아 있는 사람에게 국한되어 사자에 대한 모욕은 성립되지 않는다. 넷째, 모욕죄는 친고죄인 반면, 명예훼손죄(사자에 대한 명예훼손 조항 제외)는 반의사불벌죄이다.

을 고려하고 있었다. 즉 일반적인 모욕의 경우 불특정다수에게 전파될 가능성을 고려하지 않아도 되나 인터넷은 모욕이 광범위하게 전파될 수 있다는 점에서 일반적 모욕죄보다 처벌 수위가 높을 수 있는 것이다(이재진, 2007).

인터넷 공간에서 모욕죄가 증가하는 것은 인터넷 사이트를 통해 악플, 댓글을 작성할 기회가 많아지고, 안티카페가 늘어난 점, 녹취, 녹음 기술의 발달로 모욕적 언사의 채증이 쉽다는 점 등이 거론되고 있다(박형상, 2007. 7. 15). 한편, 비록 인터넷 논객의 표현행위를 직접적으로 다룬 연구가 도출되지는 않았지만 인터넷 공간에서의 모욕죄와 명예훼손 관련 선행연구들은 인터넷 논객들의 표현 역시 공익(국가안보) 등에 의해 제한될 수 있음을 유추할 수 있게 한다. 선행연구들은 인터넷 공간에서의 인격권 침해가 증가하고 있는 현실을 인터넷 게시글이 불특정 다수에게 쉽게 전파될 수 있다는 점, 기술의 발달로 오프라인 공간보다 댓글 등의 작성이 용이해졌다는 점 등을 통해 설명하고 있다. 인터넷이 가진 매체적 특성을 인격권 침해의 원인으로 고려하고 있는 것이다(이재진, 2007; 박형상, 2007. 7. 15).

본 장은 이러한 선행연구의 발견에 기초하여 인터넷 논객의 표현 역시 인격권 또는 공익 등의 가치와 충돌할 수 있다고 판단하였다. 다만, 인터넷 공간에서 발생하는 인터넷 논객의 표현과 인격권, 공익 등이 충돌하는 사건에 대한 비교형량에 인터넷의 매체적 특성과 인터넷 논객의 사회문화적 특성이 고려될 것이라고 판단하였다. 이를 규명하기 위해 관련 판례 분석을 통해 어떠한 법익에 의해 논객의 표현이 제한되고 있는지 살펴보고자 하였다.

한편, 여론형성 능력을 가진 인터넷 논객의 표현은 온·오프라인 공간에 빈번히 인용되어 보도되곤 한다. 미네르바 사건과 듣보잡 소송 역시 온라인의 이슈가 다른 논객, 온·오프라인 매체에까지 확장됨으로써 사회적으로 확장된 사건이라 할 수 있다. 본 장에서는 인터넷 논객의 표현이 온·오프라인 매체나 타 논객에 인용되어 보도되고, 소송으로 비화될 가능성이 있다고 판단하였다. 따라서 이와 관련된 판례분석을 통해 인터넷 논객의 표현과 제한 법리를 보다 구체적으로 설명해 내고자 하였다. 인터넷 논객의 표현과 제한 법리에 관한 탐색적인 형태의 분석은 우리 법원이 인식하는 인터넷 공간에서의 표현의 자유 수준을 가늠할 수 있는 척도가 될 것이다.

이를 위해 본 장에서는 다음 네 가지 조건이 충족되는 누리꾼을 인터넷 논객으로 정의한 후 분석을 시도하였다. 첫째, 신문과 방송 등 전통적 매체가 아닌 인터넷 게시판, 논객사이트, 개인 홈페이지(블로그)에 정치적, 사회적 현황에 대한 분석, 주장, 해석, 견해를 시의성있게 게재하는 사람, 둘째, 전업적 글쓰기를 하지 않는 사람, 따라서 언제든 글쓰기를 중단해도 생업에 전혀 지장이 없는 사람, 셋째, 주장을 뒷받침하는 최소한의 논리적 근거를 가지고 있는 사람, 넷째, 견해를 표현한 글이 다수의 누리꾼들에게 댓글 등을 통해 관심(찬성 또는 반대)을 받거나 온·오프라인 매체의 관심을 받는(온·오프라인 언론에 인용) 사람, 즉 논쟁적 글쓰기를 통해 온·오프라인 공간에서 일정한 여론형성이 가능한 사람으로 정의하였다.

판례분석은 인터넷 논객이 등장한 1990년대 말 이후 2011년 11월 15일까지 검색된 19건에 한정되었다. 분석대상이 된 '인터넷 논객'의 선정은 우선 전술한 네 가지 인터넷 논객의 전제조건을 충족하는 사람에 한정되었다. 또한 기존 연구에서 인터넷 논객으로 실명 지칭된 진 모씨, 변 모씨, 지 모씨 등의 인물(이기형, 2003; 민경배, 2004; 2007. 9. 1), '오마이뉴스', '서프라이즈', '대자보', '프레시안', '진보누리', '딴지일보', '독립신문', '시스템 클럽' 등과 같은 논객 사이트에서 활동했거나 활동 중인 인물(이기형, 2003), 미네르바와 같이 블로그, 토론방, 각종 게시판에서의 표현이 소송으로 비화된 인물 중 언론보도를 통해 '인터넷 논객'으로 지칭된 인물들이 관련된 판례에 한정되었다. 관련 판례들은 법률 포털 사이트 로앤비(www.lawnb.com)를 중심으로 대법원 인터넷 사이트(www.scourt.go.kr), 한국언론진흥재단의 카인즈(www.kinds.or.kr)에 나타난 법조기사(판례집에 나오지 않은 경우), 대법원 법원도서관 판결정보 특별열람실 방문 검색을 통해 수집되었다. 중복되지 않는 판례와 재심 사건이라도 판결이 다른 경우를 포함하는 과정 등을 거쳐 총 19건의 판례를 최종 분석의 대상으로 삼았다.

3. 인터넷 논객 관련 판례분석

1) 인터넷 논객의 표현과 인격권이 충돌하는 경우

인터넷 논객의 표현과 인격권이 충돌하는 판례는 총 9건이었다. 이 중 인터넷 논객이 패소한 사건은 3건, 인터넷 논객이 승소한 사건은 5건, 승패를 알 수 없는 사건은 1건(화해권고)으로 나타났다.

인터넷 논객이 패소한 사건 중 2007년 10월 8일 선고된 2007고합1005 사건은 인터넷 논객이 자신의 홈페이지에 특정 정치인의 출생에 대한 의혹을 제시하고, 거짓 병력으로 병역이 면제되었다는 등의 허위사실을 게재한 것이 발단이 되었다. 피고인은 인터넷에 올린 글이 해당 정치인의 정치적 이념에 대한 비판과 논쟁의 필요성에 의한 것이라고 주장하였으나, 재판부는 의혹이 허위임을 인식하고도 자신의 홈페이지에 의혹을 제시했다는 점, 현대 사회에서 인터넷이 가지는 파급력을 고려할 때 피고인의 행위가 유권자들의 합리적 판단을 방해할 우려가 큰 점 등을 고려하여 실형(징역 8월)을 선고하였다.

2010년 2월 5일의 서울중앙지방법원의 판결은 특정 정당에 가입되어 있는 인터넷 논객 진 씨가 소속 정당 홈페이지에 원고 변 씨에 대해 "듣보잡"(듣도 보도 못한 잡놈)이라고 지칭한 것, "가가멜", "개집에 숨었나"라고 표현한 것에 대해 모욕행위가 인정된다고 판결한 사건을 말한다. 재판부는 "행동대장에 불과하다"는 내용 등에서 간접적이고 우회적인 표현으로 허위사실을 적시하였고, 변 씨에 대한 개인적·사회적 비리의혹에 대한 감정적 표현을 담은 것일 뿐, 공공의 이익을 위해 쓴 것으로 보기 힘들다며 벌금 300만 원을 선고하였다. 이 사건은 서울중앙지방법원의 2010년 7월 16일 항소심에서도 벌금 300만 원의 원고패소 판결이 내려졌다.

한편, 인터넷 논객이 승소한 사건 7건 중 2009년 4월 1일 선고된 서울중앙지방법원의 2008가합78922 사건은 진 씨가 인터넷 언론에 게재한 '북파공작수행자회의 개그쇼'라는 칼럼을 통해 행사 주최측의 적격성에 대한 의문을 제기한 것에 대해 북파공작수행자회 측에서 손해배상을 청구한 소송이다. 서울중앙지방법원은 "칼럼이 수행자회 구성에 의문을 표시하고 촛불집회를 방해할 목적으로 개최됐다는 취지를 은연중 나타내 명예를 훼손했지만, 이는 공공의 이해에 대한 단순 의견표명이거나 그 전제가 된 사실이 진실이라고 믿을만한 상당한 이유가 있다"고 판시하였다. 행사에 대해 비판적 평가나 의견을 제시한 진 씨의 칼럼이 공론을 형성·뒷받침하기 위해 작성되었다는 점에서 공공성이 있다고 판단한 것이다. 그러나 이 사건의 항소심에서 서울고등법원(2008가합78922)은 피고들에게 북파공작수행자회측에 "유감의 뜻을 표명하라"며 화해권고 결정을 내렸다.

2009년 10월 8일 서울중앙지방법원의 2009가단2383은 지 씨가 자신의 홈페이지에 배우 문 모씨의 기부와 관련된 내용의 글을 게시한 것이 발단이 되었다. 이 글을 본 인터넷 논객 진 씨가 XX정당 당원게시판에 지 씨에 대한 비판 글을 게재하였고, 이에 지 씨가 진 씨를 명예훼손으로 소송을 제기한 것이다. 진 씨는 "지 씨의 상상력이 날이 갈수록 빛을 발합니다. 점점 앙증맞아지시는 것 같다. 낫살 먹었으면 나이 값 좀 하시와요. 메롱 ^^" 등의 글을 게재하였다. 이에 대해 재판부는 "피고 발언들은 원고의 글에 대한 주관적 의견을 표명한 것에 불과하여 허위사실을 적시하였다고 보기 어렵다"고 판시하였다. 재판부는 일부 표현에 원고가 주관적 인격모독을 느낄 수 있는 가능성이 있다고 하더라도, 이를 단편적으로 판단해서는 안 되고 경위, 내용, 표현의 정도 등을 전체적으로 살펴보고 판단해야 한다고 보았다. 피고의 글이 원고에 대한 경멸적 감정을 쏟아낸 것이라기보다 풍자와 해학의 측면에서 원고의 부적절한 주장을 질타하는 표현이라는 것이다. 이 사건의 항소심인 서울중앙지법의 2010년 6월 1일 판결과 최종심인 대법원의 2010년 11월 12일 판결에서 역시 원심과 같은 이유로 원고 패소 판결이 내려졌다.

한편, 2010년 2월 11일 서울행정법원은 한국양회공업협회가 시멘트의 유해성을 고발한 최 모씨의 블로그 게시글 4건에 대해 "발암시멘트" 등의 표현이 명예를 훼손하였다며 방송통신심의위원회에 심의를 요청한 사건이 발단이 되었다. 최 모씨는 포털회사가 한국양회공업협회의 요청으로 해당 블로그 게시글을 삭제한 조치에 대해 행정처분 취소소송을 제기하였고, 재판부는 인터넷 게시물 삭제조치를 취소하라고 결정하였다. 재판부는 "비방 목적이 아닌 공공의 이익을 위해 올린 글 … 불법정보로 보고 삭제를 요구한 위원회의 시정요구는 위법"이라고 판시하였다.

〈표 3-1〉은 인터넷 논객의 표현(표현의 자유)과 인격권의 가치가 비교형량된다는 사실을 증명하고 있다. 무엇보다 법원은 진실하지 않은 표현의 경우 그것이 특정 사건이나 인물에 대한 의혹을 제시한 인터넷 상의 글이라고 하더라도 인격권 침해가 성립할 수 있다고 판단하고 있었다(2007고합1005). 또한, "행동대장에 불과하다"는 등 사실 관계가 입증되지 않는 감정적 표현을 공익을 위한 글이라고 볼 수 없다고 판단하고 있었다. "듣보잡", "가가멜", "개집에 숨었나", "망하기를 반복"과 같은 표현 역시 모욕죄에 해당하는 표현으로 인식하고 있었다(서울중앙지법 2010. 2. 5; 2010. 7. 16).

그러나 단순한 의견 표명이거나 그 전제가 된 사실이 진실이라고 믿을만한 상당한 이유가 있을 경우에는 공공성이 있다고 인식하거나(2008가합78922; 서울중앙지법 2008. 4. 9; 서울고법 2010. 1. 6), "앙증맞아 지시는 것 같다, 낫살 먹었으면 나이 값 좀 하시와요. 메롱~~ ^^" 등 모욕적으로 인식될 가능성이 있는 표현이 적시되었다고 하더라도 주관적 의견 표명인 경우 허위사실을 적시하였다고 보기 어렵다고 인식하고 있기도 하였다(2009가단2383; 서울중앙지법 2010. 6. 1; 대법 2010. 11.

〈표 3-1〉 인터넷 논객의 표현과 인격권의 충돌

번호	판결일자 및 법원	원고 / 피고	매체	판결요지	결과
1	서울중앙지법 2007. 10. 8. 선고. 2007고합878. 2007고합1005.	인터넷 논객 지 모씨 외	인터넷 홈페이지	피고는 자신의 인터넷 홈페이지에 올린 글은 XX 계열의 정치적 이념에 대한 비판과 논쟁을 위한 것으로 이는 공익을 위한 것으로 위법성이 조각된다고 주장. 그러나 특정인의 정치적 이념에 대한 비판과 논쟁의 필요성을 감안해도 피고의 글은 논리적 비약이 있고, 사실을 진실로 믿을만한 상당한 이유가 있다고 보기 어려움. 인터넷 게시 행위에 대한 위법성이 조각된다고 할 수 없음. 피고인은 인터넷에 제기된 이 모씨에 대한 의혹이 허위임을 인식하고도 자신의 홈페이지에 의혹을 제시했고, 허위사실 공포와 명예훼손 혐의로 검찰에 조사를 받는 중에도 계속적으로 허위사실을 말했고, 현대 사회에서 인터넷이 가지는 파급력을 고려할 때 피고인의 행위는 유권자들의 합리적 판단을 방해할 우려가 큼.	징역 8월
2	서울중앙지법 2009. 4. 1. 선고. 2008가합78922.	대한민국 XXXX 수행자회 / 인터넷 논객 진 모씨 및 C언론사	인터넷 신문 칼럼	대한민국XXXX수행자회 회원 200명은 2008년 6월 5~6일 서울시청 앞 광장에서 특수임무수행자 영령에 대한 추모행사를 개최, 이에 촛불집회 장소가 다른 곳으로 변경됨. 진 씨는 XX 인터넷 뉴스에 게재한 '북파공작수행자회의 개그쇼'라는 칼럼에서 행사 주최 적격성에 의문 제기. 이에 회원들은 칼럼 때문에 명예가 훼손됐다며 소송 제기. 재판부는 "칼럼이 수행자회 구성에 의문을 표시하고 촛불집회를 방해할 목적으로 개최됐다는 취지를 나타내 명예를 훼손했지만 이는 공공의 이해에 대한 단순 의견표명이거나 그 전제가 된 사실이 진실이라고 믿을만한 상당한 이유가 있다"고 밝힘. 재판부는 "행사에 대해 비판적 평가나 의견을 제시한 진 씨의 칼럼은 공론을 형성·뒷받침하기 위해 작성된 점에서 공공성이 있다"고 판단.	원고 패소
3	서울중앙지법 2009. 10. 8. 선고. 2009가단2383.	인터넷 논객 지 모씨 / 인터넷 논객 진 모씨	정당 인터넷 게시판	진 씨가 소속 정당 게시판에 지 씨에 대한 비판 글을 게재. 지 씨는 "명예를 훼손한데 따른 정신적 손해에 대해 3,000만 원을 배상하라"며 진XX을 상대로 손해배상 소송. 원고 패소 판결. 진XX은 XX정당 당원게시판에 글을 게재하고 "지 씨의 상상력이 날이 갈수록 빛을 발합니다. 점점 앙증맞아지시는 것 같다. 낫살 먹었으면 나이값 좀 하시와요. 메롱~~ ^^" 등의 글을 게재.	원고 패소

				피고 발언들은 원고의 글에 대한 주관적 의견을 표명한 것에 불과, 허위사실을 적시하였다고 보기 어려움. 일부 표현에 원고가 주관적 인격모독을 느낄 수 있는 가능성이 있다해도 이를 단편적으로 판단해서는 안 되고 경위, 내용, 표현의 정도 등을 전체적으로 살펴보아야 함. 경멸적 감정의 표현이라기보다 풍자와 해학의 측면에서 부적절한 주장을 질타하는 표현이라 보임.	
4	서울고법 2009. 11. 16. (출처: 머디투데이, 2010.11.16)	대한민국 XXXX 수행자회 인터넷 논객 진 모씨 및 C언론사	인터넷 신문, 칼럼	2008가합78922의 항소심, 법원은 진 씨와 인터넷 언론 노XXX에 대해 "유감의 뜻을 표명하라"며 화해권고 결정을 내림.	화해 권고 (항소심)
5	서울중앙지법 2010. 2. 5. (출처: 프레시안, 2010. 2. 5)	인터넷 논객 변 모씨 인터넷 논객 진 모씨	정당 인터넷 게시판, 블로그	2009년 1월 모정당 인터넷 당원 게시판에 '가엾은 조선일보'라는 글을 올려 변 씨를 듣보잡으로 지칭, 같은 해 6월 자신의 블로그에 변 씨를 우회적으로 지칭한 비욘 드보르잡이라는 제목의 글을 올림. 듣보잡이나 함량미달 등 변 대표를 경멸하는 문구가 담겨져 있으며, 개집에 숨었나, 가가멜 등의 내용은 피해자를 조롱하는 표현으로 모욕 혐의가 인정됨. 변 씨가 매체를 창간했다 망하기를 반복하고 있다, 행동대장에 불과하다는 내용은 간접적이고 우회적인 표현으로 허위사실을 적시한 것으로 봐야 함. 비방할 목적없이 공공의 이익을 위해 글을 쓴 것으로 보기 어려움. 의혹을 제기할 때는 수긍할 만한 자료를 제공해야 하는데 진 씨는 이를 제시하지 못해 허위사실 유포에 해당함. 변 씨에 대한 개인적, 사회적 비리의혹에 대한 감정적 표현을 담은 것임. 검찰 공소 사실 전부유죄, 표현의 정도, 글 게시 성격 등을 고려 300만 원 선고.	원고 승소 벌금 300 만원
6	서울행정법원 2010. 2. 11. (출처: MBC, 2010. 2. 13)	인터넷 논객 최 모씨 포털회사 및 한국양회 공업협회	블로그	2009년 4월 시멘트 유해성을 고발한 최 목사의 블로그 글 4건에 대해 한국양회공업협회가 발암시멘트 등의 표현이 명예를 훼손했다며 방통심의위가 심의요청한 것에 대해 포털회사가 이를 삭제조치, 법원은 방통심의위의 행정처분 취소소송에서 인터넷 게시물 삭제조치를 취소하라고 판결.	원고 승소

<table>
<tr><td rowspan="2">7</td><td rowspan="2">서울중앙지법 2010. 6. 1. (출처: 프레시안 2010. 6. 1)</td><td>인터넷 논객 지 모씨</td><td rowspan="2">정당 인터넷 게시판</td><td rowspan="2">서울중앙지법. 2009. 10. 8. 선고. 2009가단 2383에 대한 항소심, 원고패소.</td><td rowspan="2">원고 패소</td></tr>
<tr><td>인터넷 논객 진 모씨</td></tr>
<tr><td rowspan="2">8</td><td rowspan="2">서울중앙지법 2010. 7. 16. (출처: 머니투데이 2010. 7. 16)</td><td>인터넷 논객 변 모씨</td><td rowspan="2">정당 인터넷 게시판, 블로그</td><td rowspan="2">서울중앙지법. 2010.2.5 판결의 항소심. 재판부는 "진 씨가 사용한 '듣보잡', '함량미달', '개집' 등의 표현은 변 씨를 비하해 경멸적 감정을 표현한 것이어서 모욕적인 언사라 봐야한다"고 1심과 같은 벌금 300만 원을 선고함.</td><td rowspan="2">원고 승소 벌금 300 만원</td></tr>
<tr><td>인터넷 논객 진 모씨</td></tr>
<tr><td rowspan="2">9</td><td rowspan="2">대법원 2010. 11. 12. (출처: 뉴시스 2010. 11. 12</td><td>인터넷 논객 지 모씨</td><td rowspan="2">정당 인터넷 게시판</td><td rowspan="2">대법원은 지 씨가 "인격모독성 글로 정신적 피해를 입었다"며 진 씨를 상대로 낸 손해배상청구소송에서 원고 패소 판결한 원심(1, 2심)을 확정함.
* 1심: 서울중앙지법 2008가합78922 판결.
항소심: 서울중앙지법 2010.6.1 판결.</td><td rowspan="2">원고 패소</td></tr>
<tr><td>인터넷 논객 진 모씨</td></tr>
</table>

12). 즉 우리 법원은 인격모독적 표현은 표현에 이르게 된 경위, 표현의 내용, 표현 수위를 전체적으로 고려해 비교형량해야 한다고 인식하고 있었다. 또한 단순한 풍자 또는 해학과 모욕적 표현은 구분될 필요가 있다고 인식하고 있었다(서울행법 2010. 2. 11).

주목할 만한 결과는 인터넷 논객 진 씨와 변 씨의 이른바 '듣보잡 소송'에 대한 판례(서울중앙지법 2010. 2. 5; 2010. 7. 16)와 인터넷 논객 진 씨와 지 씨의 판례(2009가단2383; 서울중앙지법 2010. 6. 1; 대법 2010. 11. 12)의 결과가 상이하게 도출되었다는 것이다. 두 사건에서 피고는 인터넷 논객 진 씨로 동일인물이고, 표현이 이루어진 공간 역시 모 정당 인터넷 게시판으로 동일하였다. 그러나 듣보잡 판결이 진 씨의 표현을 의견의 제시가 아닌 허위사실로 판단하고 있는 반면, 2009가단2383 판례 등에서는 진 씨의 표현을 주관적 의견의 표명(경멸적, 감정적 표현)으로 보고 있었다. 이는 주관적 의견의 표명의 범위와 풍자와 해학의 경계에 대한 명확한 기준이 확립되어 있지 않은 구조적 측면, 글을 게시한 공간이 게시자의 소속 정당 게시판이었음에도 이러한 상황적 특성을 고려하지 못하였다는 측면에서 생각해 볼 수 있다. 즉 인터넷 논객 진 씨의 판례에서 인터넷이 가진 매체적 특성과 인터넷 논객의 표현이 가진 사회문화적 특성은 대체로 고려되지 못하고 있는 것이다.

한편, 우리 법원은 인터넷 논객의 표현과 인격권이 충돌하는 경우 '진실성'과 '공익성'이라는 오프라인 상에서의 위법성 조각사유를 적용하여 비교형량하고 있음을 확인할 수 있다. 또한 9건의 판례에 있어 인터넷의 매체적 특성이 고려된 경우는 '2007고합1005' 판례, 즉 인터넷 매체가 가진 부정적 의미의 파급력을 다룬 1건에 불과하였다. 이는 우리 법원이 인터넷의 매체적 특성을 부정적으로 인식하고 있거나, 인터넷이 가진 매체적 특성을 판결에서 대체로 고려하지 않고 있다는 사실을 증명하는 것이다. 아울러 우리 법원은 인터넷 논객이 가진 사회문화적 특성이나 인터넷 논객의 글이 게시되는 공간이나 독자들의 특성 등을 전혀 고려하고 있지 않았다.

2) 인터넷 논객의 표현과 공익(국가법익)이 충돌하는 경우

인터넷 논객의 표현과 공익(국가법익)이 충돌하는 판례는 2건으로 나타났다. 2009년 4월 20일 서울중앙지방법원의 2009고단304 판결은 한 포털사이트의 인터넷 경제 토론방에 허위사실을 유포한 혐의(전기통신기본법 제47조 1항[32] 위반)로 구속기소된 인터넷 경제 논객 미네

32 전기통신기본법 제47조 1항: "공익을 해할 목적으로 허위통신을 할 경우 5년 이하의 징역에 처한다"

르바 박대성씨(이하 미네르바)에 대한 사건을 다루고 있다. 재판부는 인터넷 논객 미네르바에 대해 무죄를 선고하였다. 피고인이 허위사실을 인식했다고 보기 어렵고, 허위사실을 인식했더라도 사회통념에 비추어 볼 때, 공익을 해할 목적이 없었다는 점을 고려한 것이다. 재판부는 인터넷 경제 토론방은 누구나 접속해 글을 게시하거나 토론할 수 있는 공간인 점, 단문 보도문 형식과 글이 내용의 긴박성이나 신뢰성이 높다고 볼 수 없는 점 등의 측면에서 인터넷 공간이 가진 매체적 특성을 고려하였다.

2009년 8월 26일 창원지방법원의 2009고합147 판결은 개인의 블로그 및 정치웹진에 북한의 정치체제와 혁명이론 등을 찬양하는 내용의 문건 700여 건을 포함한 2,000여 건의 문건을 작성하거나 올린 혐의(국가보안법 위반)로 구속기소 된 인터넷 논객 양 모씨에게 징역 1년 6개월, 자격정지 1년 6개월의 유죄를 선고한 판례이다(강경국, 2009. 8. 26). 재판부는 인터넷에서의 이 같은 표현이 국가의 존립을 위태롭게 하고, 자유민주주의의 근간을 뒤흔드는 왜곡된 시각을 확산시킬 우려가 있어 표현의 자유의 한계를 벗어난 것으로 보았다. 아울러 재판부는 피고인이 글쓰기를 위해 북한 발간 서적 등을 보관한 점에서 호기심이나 학문 연구의 범위를 벗어났다고 판단하였다.

〈표 3-2〉는 인터넷 논객의 표현행위와 공익(국가경제, 국가안보)의 가치가 충돌할 경우 우리 법원의 비교형량 기준을 유추할 수 있게 한다. 우리 법원이 인터넷 논객의 표현과 공익의 충돌 관련 판례에서 중요하게 고려하고 있는 것은 '표현의 내용이 사회통념 상 공익을 해할 목적이 있었는가'의 여부였다. 물론 공익을 판단의 기준으로 삼고 있는 것은 검찰의 기소이유가 전기통신기본법 제47조 제1항이

〈표 3-2〉 인터넷 논객의 표현과 공익의 충돌

번호	판결일자 및 법원	원고 / 피고	매체	판결요지	결과
10	서울중앙지법 2009. 4. 20. 선고. 2009고단304.	인터넷 논객 미네르바	인터넷 게시판	전기통신기본법 위반으로 구속기소 된 박씨에게 "허위사실을 인식하거나 공익을 해할 목적이 있었다고 보기 어렵다"고 판시, 인터넷 경제 토론방은 누구나 접속해 글을 게시, 토론할 수 있는 공간, 피고인이 글을 게시함에 있어 취한 단문의 보도문 형식으로 내용의 긴박성이나 신뢰성이 높아진다고 볼 수 없는 점, 피고인에게 공익을 해할 목적이 있었다고 볼 수 없고, 피고인이 개인들의 환차손 피해를 방지하고자 글을 게시한 것이라고 주장한 점 등 고려할 때, 공익을 해할 목적이 없다 판단.	무죄
11	창원지법 2009. 8. 26. 선고. 2009고합147.	인터넷 논객 양 모씨	블로그 인터넷 게시판	블로그 및 정치포털 사이트 등 인터넷 게시판에 북한의 정치체제 등을 찬양한 글을 올린 혐의(국가보안법 위반)로 구속기소된 양 모(46)씨에게 재판부는 "피고인은 인터넷에 글을 올려 북한의 핵 보유와 미사일 발사 등을 포함한 정치체제를 찬양하고 국가의 존립을 위태롭게 하고 자유민주주의의 근간을 뒤흔드는 왜곡된 시각을 확산시킬 우려가 있어 표현의 자유의 한계를 벗어난 것으로 판단된다"고 밝힘.	징역 1년6월 자격정지 1년6월

었다는 점에서도 설명이 가능할 것이다.

우리 법원은 인터넷이 누구나 글을 게시하고 토론할 수 있는 공간이라는 측면에서 긍정적으로 판단하고 있었지만(2009고단304), 왜곡된 시각을 확산시킬 우려가 있는 부정적 공간으로도 판단하고 있었다(2009고합147). 인터넷 공간을 긍정적으로 판단한 재판부가 인터넷 논객의 표현의 자유를 중시하는 판단을, 인터넷 공간을 부정적으로 판단한 재판부가 국가안보와 공익을 더욱 중시하는 판단을 하고 있다는 측면에서, 우리 법원이 인터넷 공간에 대해 어떠한 시각을 견지하는가의 여부에 따라 판결 결과가 상이하게 도출될 수 있다는 사실을 알 수 있다.

한편, 인터넷 논객의 표현행위에 따른 경제적 효과와 같이 영향력 검증이 어려운 사건에 대해서는 무죄판결이, 국가안보, 친북적 표현과 같이 우리나라의 사법부가 전통적으로 부정적 인식을 견지해온 정치적 문제에 대해서는 유죄판결이 도출되었다. 이는 우리 법원이 온라인 공간에서의 정치적 표현행위를 경제적 표현행위에 비해 규제 가능성이 큰 표현으로 인식하고 있음을 보여준다.

3) 인터넷 논객의 인격권과 언론 보도의 자유가 충돌하는 경우

대표적 보수논객 사이트라고 할 수 있는 '시스템 클럽'의 논객 지 모씨는 자신의 홈페이지에 탤런트 문 씨의 기부행위에 대한 글을 게재하였고, 표현의 적절성에 대한 온·오프라인 언론, 타 논객의 비판에 직면한다. 이에 지 씨는 자신의 표현이 언론에 의해 왜곡되어 보도됨으로써 자신의 인격권이 침해당했다며 손해배상을 청구하였다. 이와 관련하여 총 8건의 소송이 발생하였다.

구체적으로 지 씨 관련 8건의 판례는 탤런트 문 씨가 사회복지공동모금회에 6년 간 8억 5,000만 원을 익명으로 기부한 것과 관련하여 본인의 홈페이지(시스템 클럽)에 "북한의 공작과 XXX 케이스", "XXX은 빨치산 선전용"이라는 제목의 글을 게재한 것이 발단이 되었다. 이 8건의 판례는 인터넷 논객 지 씨가 문 씨의 기부라는 사회적 이슈에 대해 자신의 홈페이지에 의견을 표명한 후 이 글에 대해 전통 언론(신문, 방송, 잡지)과 인터넷 언론은 물론, 다른 인터넷 논객, 일반 누리꾼에 이르기까지 지 씨의 발언을 인용하여 즉각적인 대응이 이루어졌다는 측면에서 인터넷 논객의 특성과 작동 동학, 타 매체와 비교할 때 인터넷 논객의 표현 수준, 언론의 표현의 자유와 인터넷 논객의 인격권 충돌에 대한 법원의 비교형량 기준을 파악할 수 있는 시사점을 제공하고 있다.

〈표 3-3〉에서 알 수 있듯 8건의 지 씨 관련 소송 중 지 씨가 승

〈표 3-3〉 인터넷 논객의 인격권과 언론 보도의 자유가 충돌하는 경우

번호	판결일자 및 법원	원고 / 피고	매체	판결요지	결과
12	서울남부지법 2009. 4. 14. 선고. 2009가합151.	인터넷 논객 지 모씨 / S모 방송국	방송 보도	지 씨가 자신의 홈페이지에 쓴 글(문XX가 갑자기 기부천사로 등장한 이유는 소위 좌익들이 문XX을 기부천사로 띄운 뒤 빨치산의 손녀라는 것을 밝힘으로써 빨치산을 천사같은 사람으로 이미지화하려는 심리전이고.... 등의 표현)을 왜곡 보도했다며 S방송사(원고가 문씨의 기부에 색깔론을 들고 나왔다, 원고가 문씨의 선행은 빨치산을 선전하기 위한 것이고 이는 빨치산과 호남에 대한 호의적인 정서를 이끌어내려는 심리전이라고 비방했다고 보도)를 상대로 낸 소송에서 원고패소 판결. 사회의 이념적인 문제와 관련된 공적인 의견을 표시한 것이라 하더라도 원고의 글이 극단적이고 자극적인 내용을 담고 있는 점에 비추어보아 피고의 보도는 원고가 스스로 수인해야 할 범위 내의 것이라 할 것임.	원고 패소
13	서울중앙지법 2009. 7. 30. 선고. 2009가단2437.	인터넷 논객 지 모씨 / C신문사 XX 닷컴	신문 보도	지 씨의 글에 대해 C사 인터넷 매체 XX닷컴이 관련 기사('문 씨 기부는 빨치산 선전용' 글에 네티즌 와글와글) 게재, 지 씨는 자신의 글은 문 씨의 가족사를 연결시켜 빨치산을 미화하려는 인터넷 뉴스 등 언론매체를 비판한 것이라 주장. 이에 왜곡 보도했다며 C일보를 상대로 4,000만 원의 손해배상 청구. 법원은 피고의 각 기사나 사설의 내용이 허위라거나 글의 의도를 왜곡하였다거나 원고를 모욕하였다고 보기 어렵고, 그밖에 달리 이를 인정할 증거가 없다고 원고 패소 판결을 내림.	원고 패소

14	서울중앙지법 2009. 10. 14. 선고. 2009가단2431.	인터넷 논객 지 모씨 인터넷 매체 기자들	인터넷 신문 보도	지 씨가 인터넷 언론 매체 기자들을 상대로 제기한 손해배상 청구소송에서 원고 일부 승소 판결. 지XX는 김XX 등이 이와 관련해 '천사살인(날 법한) 미수 모욕 사건', '국민여동생에게 씌운 연좌제 굴레, '빨치산 논쟁 XXX 글' 등의 기사를 싣자 소송 제기. 재판부는 "김 씨 등은 지 씨를 시스템 늙은이, 똘아이, 동물적 존재 등으로 지칭, 지 씨가 출연료만 챙기기 위해 P사에 방송출연을 했다는 취지의 기사를 게재했고" 이는 지 씨에 대한 사회적 평가를 저해하는 행위로 봄, 모욕죄 인정. 단, 기사의 내용이 허위거나 원고의 글을 의도적으로 왜곡했다고 볼 수는 없음.	모욕죄 인정. 200만 원 배상
15	서울중앙지법 2009. 10. 29. 선고. 2009고단2679.	인터넷 논객 지모 씨 임 모씨	블로그 게시	탤런트 문 씨에 대한 논쟁 과정에서 지 씨를 비방하는 글(자신의 인터넷 블로그에 "지XX, 지는 만 원이나 냈나?" 등)을 인터넷에 게시한 혐의로 기소된 임 모씨에게 벌금 30만 원 선고. 재판부는 "이름, 나이 등을 이용해 피해자를 조롱하거나 우스꽝스러운 행동을 하는 사람으로 취급하는 등 경멸적인 표현으로 피해자의 사회적 평가를 저하해 모욕죄에 해당한다"고 판단. 재판부는 지 씨의 글에 대해 "제목만 떼어놓고 보면 문 씨에 대한 명예훼손으로 볼 여지가 있지만, 제목과 본문을 포함한 전체 글의 취지로 보면 명예훼손으로 볼 수 없다"고 판단. 임 씨는 지 씨의 글이 문 씨 개인의 명예를 훼손했다고 볼 수 없음에도 고의 혹은 부주의로 파악하지 않고 비판함.	모욕죄 인정, 벌금 30만 원
16	서울중앙지법 2009. 11. 5. 선고. 2009가단2390.	인터넷 논객 지 모씨 인터넷 신문 논설위원 및 발행인	인터넷 신문 보도	지 씨가 자신의 홈페이지에 문 씨의 기부행위와 관련해 게시한 글에 대해 피고 박 씨는 '지XX식 색깔론 이젠 퇴출시켜야 한다'라는 제목의 칼럼 게재. 재판부는 이 글이 주관적 의견을 표명한 것에 불과해 허위사실을 적시했다고 보기 어렵고, 피고가 사회통념 상 수인할 정도를 초과하여 원고를 모욕, 비방했다고 인정할만한 내용이 존재하지 않고, 원고 스스로 비난을 자초한 것 등에 비추어 보면, 칼럼 내용이 허위거나 글을 의도적으로 왜곡했거나 원고를 모략, 비방했다고 보기 어려움.	원고 패소

17	서울중앙지법 2009. 11. 5. 선고. 2009가단2406.	인터넷 논객 지 모씨 주식회사 XX일보사	인터넷 게시판, 신문 칼럼	문 씨 사건에 대한 개인 홈페이지의 표현에 대해 피고 김XX는 XX일보 편집국 부국장으로 '누가 자신을 악플러라 하는가'라는 제목의 칼럼 게재. 문 씨의 가족사 언급은 명예훼손이라고 주장. 재판부는 기사가 사실 그대로를 서술한 점, 여론조사를 근거로 하고 있다는 점, 원고 스스로 비난을 자초한 점에 비추어 기사가 허위거나 원고의 글을 의도적으로 왜곡하거나 원고를 모욕, 비방했다고 보기 어렵다고 판결.	원고 패소
18	서울중앙지법 2009. 11. 5. 선고. 2009가단2420.	인터넷 논객 지 모씨 주간지 기자 김 모씨 박 모씨	주간지 보도	배우 문 씨의 기부와 관련 지 씨가 그의 인터넷 게시판에 쓴 글에 대해 피고 김XX는 주간지 기자로 표지에 원고, 이XX의 사진과 함께 이XX vs. 지XX 2라운드 우파공방, 소설가 이XX: 지XX는 정신적으로 돈 사람 등의 내용의 기사를 게재. 재판부는 기사가 사실 그대로를 서술한 점, 여론조사를 근거로 하고 있다는 점, 원고 스스로 비난을 자초한 것이어서 원고가 스스로 감수해야 할 정도의 수준이라고 판단되는 점에 비추어 기사내용이 허위라거나 원고의 글을 의도적으로 왜곡하거나 원고를 모욕, 비방했다고 보기 어렵고, 이를 인정할만한 증거가 없음.	원고 패소
19	대법원 2011. 3. 24. 선고. (출처: 서울신문 2011.3.25)	인터넷 논객 지 모씨 블로거 임 모씨	블로그 게시	재판부는 "임 씨가 쓴 '망언' '헛소리' '양심에 털 난 행동' '진짜 압권 개그맨' 등의 표현은 지 씨를 비하해 사회적 평가를 저하하는 모욕적인 언사에 해당한다."고 판단. 또 "지씨의 글을 전체적으로 파악하면 문 씨의 선행 자체를 비판하거나 폄하하는 것으로 보기 어렵다."면서 "임 씨가 지 씨에 대해 비판할 사항이 있다 하더라도 모멸적인 표현으로 인신공격을 가하는 경우에는 정당행위가 성립될 수 없다."고 유죄 선고. 원심(15번 판례(2009고단2679))의 확정.	모욕죄 인정, 벌금 30만 원 확정

소한 경우는 인터넷 언론매체로 손해배상을 제기한 2009가단2431 판례와, 블로거를 상대로 손해배상을 제시한 2009고단2679 판례, 이에 대한 2011년 3월 24일의 대법원 판례 3건에 불과했다. 전통매체(방송사, 신문사, 주간지) 대상 소송 4건 및 인터넷 매체를 대상으로

제시한 1건의 판례에서는 원고인 지 씨가 패소하였다. 원고인 인터넷 논객 지 씨가 승소한 3건의 사유는 모욕죄였다.

2009가단2431 판례의 경우 인터넷 언론에서 "천사살인 미수 모욕 사건", "국민 여동생에게 씌운 연좌제 굴레" 등의 글을 통해 지 씨를 "시스템 늙은이", "똘아이", "동물적 존재" 등으로 지칭한 기사에 대한 판례이다. 재판부는 해당 표현이 사회통념 상 지 씨에 대한 사회적 평가를 저해하는 모욕행위라며 벌금 200만 원 배상을 결정하였다. 다만, 재판부는 지 씨에 대한 인터넷 언론의 기사가 허위거나 원고의 글을 의도적으로 왜곡하고 있다고 보지는 않았다.

2009고단2679 및 2011년 3월 24일의 대법원 판례는 한 블로거가 지 씨의 글에 대해 "지XX, 지는 만 원이나 냈나?"와 같은 표현을 한 사건을 다루고 있다. 재판부는 이름과 나이 등을 이용해 피해자를 조롱하는 등의 경멸적인 표현을 블로그에 게시한 블로거의 표현이 피해자의 사회적 평가를 저해하는 모욕죄에 해당한다고 판시하였고, 30만 원의 벌금을 결정하였다. 재판부는 "공적인 존재나 관심사에 대한 문제제기는 허용되어야 하나 지 씨의 글이 문 씨의 명예를 훼손했다고 볼 수 없음에도 고의 혹은 부주의 때문에 이를 제대로 파악하지 않고 비판했다"고 보았다.

반면, 원고인 인터넷 논객 지 씨가 패소한 판례는 5건이다. 5건의 판례 중 4건은 전통 매체(신문사, 방송사, 잡지사)의 보도에 의한 것이었고, 1건은 인터넷 언론의 보도에 의한 것이었다. 2009가합151 판례는 원고인 지 씨가 S방송국이 자신이 인터넷 게시판에 게시한 글의 표현을 왜곡하여 보도했다며 제기한 소송을 다루고 있다. 재판부는 사회의 이념적인 문제와 관련된 공적 의견을 표시한 것이라

해도 원고의 글이 극단적이고 자극적인 내용을 담고 있다는 점에 비추어 볼 때, 피고 S방송국의 보도 내용은 원고가 수인해야 할 범위에 있다고 판결하였다. C신문사 XX닷컴 판례(2009가단2437) 역시 2009가합151 판례와 대동소이한 결과를 도출하고 있다.

2009가단2390 판례는 "지XX식 색깔론 이젠 퇴출시켜야 한다"는 제목의 인터넷 신문 칼럼에 대해 지 씨가 명예훼손 소송을 제기한 사건을 다루고 있다. 재판부는 해당 칼럼은 원고의 글에 대한 주관적 의견을 표명한 것에 불과해 허위사실을 적시했다고 보기 어렵고, 사회통념상 수인할 정도를 초과하여 원고를 모욕하거나 비방하였다고 인정할 만한 내용이 없다고 판시하였다. 원고 스스로 비난을 자초한 측면이 있다고 인정한 것이다.

같은 맥락에서 2009가단2406 판례는 XX일보의 보도가 명예훼손이라는 지 씨의 소송에 대해 기사내용이 허위라거나 원고의 글을 의도적으로 왜곡하여 원고를 모욕, 비방했다고 보기 어렵다고 판결하였다. 기사는 원고의 글의 내용을 사실 그대로 서술하였고, 여론조사를 근거로 하여 해당 기사를 작성하였으며, 기사의 내용을 살펴볼 때 사회통념상 수인할 수 있을 정도를 초과하여 원고를 모욕하거나 비방하였다고 인정할 만한 내용이 존재하지 않는다는 것이다.

2009가단2420 판례는, '소설가 이XX: "지 씨는 정신적으로 돈사람" 등의 내용의 기사를 게재한 것에 대해 원고가 주간지 기자를 대상으로 소송을 제기한 사건이다. 재판부는 각 기사가 사실 그대로 서술한 점, 여론조사를 근거로 하였다는 점, 원고 스스로 비난을 자초한 것이어서 원고가 스스로 감수해야 할 정도의 수준이라는 점 등을 고려, 기사 내용이 허위이거나 원고의 글을 의도적으로 왜곡하거나 원고를 비방하였다고 보기 어렵다고 판시하였다.

주목할 만한 사실은, 인터넷 논객의 표현을 인터넷 언론이나 블로거가 인용하여 비판할 경우 인터넷 논객의 인격권을 더욱 상위의 가치로 고려하고 있으나 전통 매체가 인용 비판했을 경우 언론 보도의 자유를 더욱 상위의 가치로 고려하고 있다는 것이다. 예컨대 원고가 승소한 블로거 관련 판례(2009고단2679)에서 재판부는 지 씨의 글은 문 씨의 명예를 훼손했다고 볼 수 없음에도 피고인 블로거가 고의 혹은 부주의로 이를 제대로 파악하지 못했음을 지적하였다. 또한 원고가 승소한 또 다른 판례인 인터넷 언론 관련 판례(2009가단2431)는 인터넷 언론의 보도 내용이 허위이거나 원고의 글을 의도적으로 왜곡하였다고 볼 수 없다고 하더라도 모욕죄가 성립할 수 있음을 증명하고 있다. 반면, 원고가 패소한 전통 매체(방송, 신문, 주간지) 관련 판례에서는 원고 스스로 비난을 자초할 만한 표현을 했기에, 피고의 보도내용이 허위이거나 원고의 글을 의도적으로 왜곡하지 않았을 경우 원고가 이를 스스로 감수해야 한다고 판결하고 있었다. 이는 의도적 왜곡이나 허위가 아닌 표현이 이루어졌다하더라도 이를 표현한 매체가 인터넷(블로그)인가 전통 매체인가에 따라 판결 결과가 상이하게 도출될 가능성이 있음을 증명하는 결과이다.

한편, 동일한 이슈에 대한 블로거와 인터넷 논객, 인터넷 언론과 전통 매체(신문, 방송, 잡지)의 반응을 통해서는 인터넷 공간의 표현 상 특성을 짐작할 수 있다. 블로거 임 씨는 "지는 만 원이나 냈나"라고 이름과 나이를 이용해 지 씨를 비난하는 글을 블로그에 게재하였다(2009고단2679). 인터넷 논객 진 씨는 "지 씨의 상상력이 날이 갈수록 빛을 발합니다. 점점 앙증맞아지시는 것 같다. 낫살 먹었으면 나이값 좀 하시와요. 메롱~~ ^^"이라고 소속정당 게시판에 글을 게재했다(2009가단2383). 인터넷 언론은 지 씨를 '시스템 늙은이', '똘아이', '동물적 존재'라고 표현하였다(2009가단2431). 이에 비해 전통 매체는 사실 그대로의 내용을 객관적으로 보도하거나 명예훼손적 표현의 경우 간결한 문장, 간접인용, 여론조사를 근거로 표현을 하였다.

이상의 결과는 전통 매체의 표현이 비교적 객관적, 선형적, 이성적인 문자문화적 특성을 보이는 반면, 온라인 공간에서의 표현은 비교적 감정이입적, 주관적, 편향적, 유희적인 구술문화적 특성을 보인다는 사실을 확인할 수 있게 한다. 이와 같은 특성은 다양한 연구에서 온라인 공간의 구조적 특성으로 도출되어 온 개념이다(명승은, 2008; 이정기 · 정대철, 2010; Ong, 1982). 그러나 우리 법원은 오프라인 공간과 차별화되는 이와 같은 인터넷 공간의 표현 특성을 고려하기보다 단지 경멸적 감정표현으로만 치부하는 경향이 높았다. 이러한 경향에 의해 온라인 공간에서 발생한 표현물에 대한 모욕죄 적용의 빈도가 오프라인 공간에서 발생한 표현물의 모욕죄 적용 빈도에 비해 상대적으로 높게 도출된 것으로 볼 수 있다.

또한, 탤런트 문 씨가 거액을 기부한 사건에 대해 지 씨가 자신의 인터넷 홈페이지에 사회적 쟁점을 유발할 수 있을 만한 의견을 신속히 표명한 점, 인터넷 홈페이지에서 논객의 표현이 타 인터넷 논객, 블로거의 반응을 이끌어 냄은 물론, 인터넷 언론, 신문, 방송, 잡지 등 전통 매체에까지 인용되어 사회 쟁점화 되었다는 점은 인터넷 논객의 표현의 특성과 파급력을 짐작할 수 있게 하는 부분이다.

4) 인터넷 논객 관련 판례의 유형화

인터넷 논객 관련 판례를 '인터넷 논객 승소와 패소', '인터넷 매체의 특성(인터넷 논객) 고려와 비고려'로 나누어 유형화하면 〈그림 1〉과 같다. 우선 인터넷 논객이 승소한 9건의 판례 중 인터넷 공간의 매체적 특성이 고려되지 않은 판례는 8건으로 전체의 88.89%로 나타났고, 인터넷 논객이 승소한 판례 중 매체적 특성이 고려된 판례는 1건으로 전체의 11.11%로 나타났다. 인터넷 논객이 패소한 9건의 판례 중 매체적 특성이 고려되지 않은 경우는 7건으로 77.78%로 나타났고, 인터넷 논객이 패소한 경우 중 인터넷 공간의 매체적 특성이 고려된 경우는 2건으로 22.22%로 나타났다.

〈그림 1〉 인터넷 논객 관련 판례의 유형화

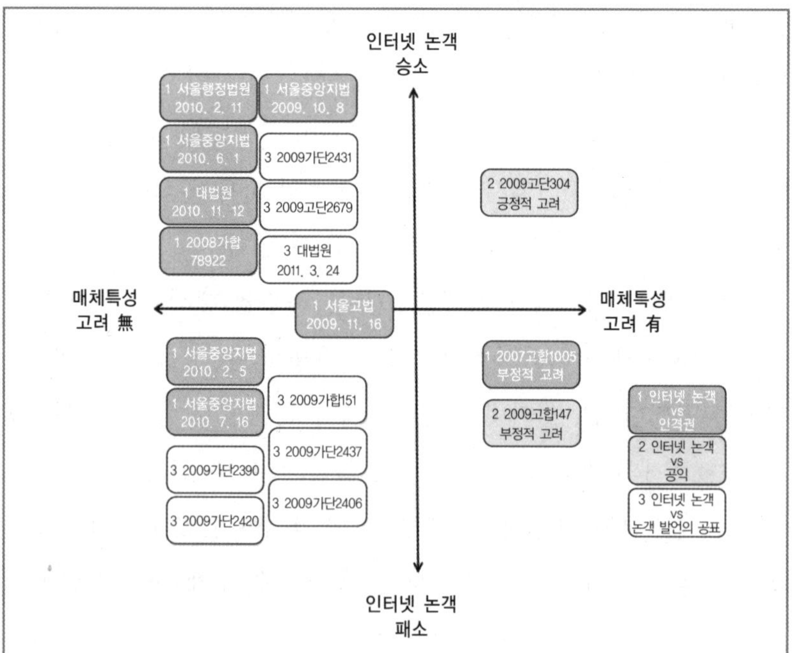

인터넷 논객이 승소한 경우는 전체 19건 중 9건(47.37%), 인터넷 공간의 매체적 특성이 고려된 판례는 전체 19건 중 3건(15.79%)에 불과하였다. 한편, 인터넷 논객과 인격권의 충돌만을 볼 경우 총 9건 중 인터넷 논객이 승소한 경우는 5건으로 패소보다 많았고, 1건에서만 인터넷 공간의 매체적 특성이 고려되었다. 인터넷 논객과 공익의 충돌의 경우 승·패소, 매체특성의 긍정적 고려와 부정적 고려가 각 1건씩 도출되었다. 인터넷 논객의 인격권과 논객 발언의 공표의 경우 총 8건 중 인터넷 논객의 인격권이 우위의 가치로 비교형량된 경우는 3건에 불과하였다. 이 중 인터넷 공간의 매체적 특성이 고려된 판례는 도출되지 않았다.[33]

4. 인터넷 논객의 표현의 자유 신장을 위한 제언

본 장에서는 인터넷 논객과 관련된 판례분석을 통해 우리 법원의 판결 경향을 비판적으로 검토하고자 하였다. 이를 통해 인터넷 공간에서 논객들의 표현이 명예훼손죄, 모욕죄 등의 문제로 비화되는 것과 같은 법적 분쟁을 줄이고, 건전한 인터넷 토론문화 조성을 위한 적절한 비교형량 기준 정립에 기여하고자 하였다.

분석 결과 우리 법원은 인터넷 논객의 표현과 인격권이 충돌하는 경우 진실성과 공익성이라는 기존 위법성 조각사유를 온라인 공

33 한편, 인터넷 논객의 사회문화적 특성을 고려한 판례 역시 전혀 도출되고 있지 않았다. 이는 우리 법원의 인터넷 논객에 대한 인식 부족에서 기인하는 결과이다. 따라서 인터넷 논객의 승소와 패소를 법원의 인터넷 논객에 대한 인식에 따른 결과라고 판단하기에는 무리가 따른다.

간에서도 중요한 비교형량의 기준으로 삼고 있다는 사실을 확인하였다. 인터넷 논객의 표현과 인격권이 충돌한 사건을 다룬 판례 중 인터넷의 매체적 특성을 고려한 판례는 인터넷 논객이 패소한 1건(2007고합1005)에 불과하였다. 한편, 우리 법원은 인터넷 논객의 표현의 전제가 된 사실이 진실이라고 믿을만한 상당한 이유가 있을 경우 공공성이 있다고 인식하거나(2008가합78922; 서울중앙지법 2008. 4. 9; 서울고법 2010. 1. 6), 인터넷 논객의 주관적 의견 표명은 허위사실이라고 보기 어렵다고 인식하고 있었다(2009가단2383; 서울중앙지법 2010. 6. 1; 대법 2010. 11. 12). 다만, 인터넷 논객이 주관적 의견표명을 한 경우 표현의 경위, 내용, 표현정도를 고려하여 허위사실 및 인격권 침해 여부, 경멸적 표현인지 풍자와 해학인지를 판단하여야 한다고 판시하기도 하였다.

인터넷 논객의 표현과 공익성이 충돌하는 경우(특히 모욕적인 표현)에 우리 법원은 논객의 표현이 사회통념 상 공익을 해할 목적이 있었는가의 여부를 중요한 비교형량의 기준으로 삼고 있었다. 우리 법원은 인터넷 공간이 누구나 글을 게시하고 토론할 수 있는 긍정적 공간으로 보고 있었지만(2009고단304), 왜곡된 시각을 확산시킬 우려가 있는 부정적 공간(2009고합147)으로도 보고 있었는데 어떠한 시각을 견지하는가에 따라 판결 결과가 상이하게 도출되는 경향이 있었다.

한편, 인터넷 논객의 표현을 공표한 매체(인물)와 인터넷 논객의 인격권이 충돌한 7건의 판례 중 5건의 판례에서 인터넷 논객이 패소하였다. 법원은 인터넷 논객의 글이 사회의 이념적인 문제와 관련된 공적 의견을 표시한 것이라도 '색깔론' 등 원고 스스로 비난을 자초할 만한 극단적이고 자극적인 내용을 담고 있을 경우 이에 대한 전통 매체의 정당한 비판은 원고가 수인해야 할 범위에 있다고 판단하고 있었다. 주목할 만한 사실은 인터넷 논객의 표현을 인터넷 언론이나 블로거가 인용하여 비판했을 경우 인터넷 논객의 인격권을 더욱 상위의 가치로 고려하고 있었으나, 전통 매체가 이를 인용하여 비판했을 경우 언론의 보도의 자유를 더욱 상위의 가치로 고려하는 경향이 있다는 것이다. 특히 인터넷 논객의 표현을 인터넷 언론이나 블로거가 인용하여 비판할 경우 인터넷의 매체적 특성이 고려되기보다 표현이 모욕죄에 해당하는지에 근거하여 대부분의 판결이 내려지고 있다는 사실을 확인할 수 있었다.

본 장에서 검토한 18건의 인터넷 논객 관련 판례를 '인터넷 논객 승소와 패소', '인터넷 매체의 특성(인터넷 논객) 고려와 미고려'로 나누어 유형화하였을 때, 인터넷 논객이 승소한 경우는 전체 18건 중 8건(44.55%), 인터넷 공간의 매체적 특성이 고려된 판례는 전체 18건 중 3건(16.67%)에 불과하였다. 우리 법원의 경우 인터넷 논객과 관련된 판례에서 인터넷 논객의 표현의 자유보다 다른 가치(인격권, 언론보도의 자유, 공익 등)를 비교적 중시하고 있었다. 다만, 인터넷 논객 지 씨의 표현이 타 매체(온 · 오프라인 언론, 블로거, 논객)에 인용 보도됨으로써 발생한 8건의 판례, 즉 인터넷 논객 지 씨의 인격권과 언론의 표현의 자유가 충돌한 판례의 경우 판례의 특수성과 편중성을 고려할 때, 일반화된 해석에 주의가 필요하다.

한편, 인터넷 공간의 매체적 특성이 고려된 판례는 전체 19건 중 3건(15.79%)에 불과하였고, 인터넷 논객의 사회문화적 특성이 고려된 판례는 전무한 것으로 나타났다. 인터넷 공간에서 발생한 사건이라 하더라도 대부분 오프라인과 같은 수준에서 처벌되고 있었다. 더구나 인터넷 공간의 매체적 특성이 반영된 3건의 판례 중 2건의 판례(2007고합1005, 2009고합147)는 인터넷이 가진 부정적 성격으로서 메시지의 광범위한 전파 상의 문제를 다루고 있었다. 소통 촉진적 매체로서의 인터넷 공간(99헌마480), 토론의 상승작용 공간으로서의 인터넷 매체의 특성(최영묵, 2008), 놀이와 유희적 정치참여 공간으로서의 인터넷의 매체적 특성(이정기 · 정대철, 2010)과 같은 인터넷의 긍정적인 매체적 특성을 고려한 판례는 1건에 불과하였다. 이와 같은 결과는 인터넷 공간에서 발생하는 모욕행위의 경우 모욕이 광범위하게 전파될 수 있다는 측면에서 일반적 모욕행위에 비해 처벌 수위를 높이는 결과가 초래되고 있다는 선행연구(이재진, 2007)의 연장선에서 설명될 수 있을 것이다.

본 장에서는 이상과 같은 연구결과를 바탕으로 인권이자 헌법적 기본권인 인터넷 논객의 표현의 자유를 최대한 보장하면서 불필요한 소송을 막기 위해 몇 가지 제언을 하고자 한다.

첫째, 인터넷 논객의 표현행위와 다른 가치가 충돌할 경우 인터넷 공간의 매체적 특성, 인터넷 논객의 사회문화적 특성을 고려할 필요가 있다. 우리 대법원은 인터넷을 소통촉진적 매체라고 규정하고 있다(99헌마480). 그러나 인터넷 논객과 관련한 판례의 대부분에서 인터넷 공간이 가진 매체적 특성은 고려되지 않고 있다. 인터넷이 가진 매체적 특성이 고려된 소수의 판례에서조차 인터넷의 부정적 성격만이 부각되고 있는 상황이다. 이는 많은 학자들이 인터넷 공간이 오프라인 공간과는 다른 매체적 특성을 띤다는 연구결과를 도출한 것(이재진, 2007; 최영욱, 2008; 이정기 · 정대철, 2010)과는 달리 우리 법원은 이와 같은 인터넷 공간의 매체적 특성을 실제 판결에 거의 고려하고 있지 않고 있다는 사실을 방증한다. 분석결과 인터넷 공간에서의 표현은 오프라인 공간의 표현에 비해 감정이입적, 주관적, 편향적, 유희적인 구술문화적 특성을 보인다는 사실을 확인하였다. 그러나 우리 법원은 오프라인 공간과 차별화되는 이와 같은 인터넷 공간의 표현의 특성을 단지 경멸적 감정표현으로만 치부하여 모욕죄로 적용하는 빈도가 높았다. 인터넷 공간의 매체적 특성, 인터넷 공간에서의 표현 특성을 고려한 보다 현실적인 판결기준의 정립이 요구된다.

아울러 우리 법원은 인터넷 논객사이트 혹은 인터넷 논객의 사회문화적 특성을 전혀 고려하고 있지 않았다. 인터넷 논객이 공인인지의 여부는 차치하더라도, 인터넷 논객사이트와 인터넷 논객의 특성을 전혀 고려하고 있지 않다는 사실은 인터넷 논객의 표현을 오프라인 공간에서 개인의 표현이나 일반 언론에서의 칼럼 등과 같은 수준으로 비교형량하는 문제를 초래할 수 있다고 판단된다. 인터넷 논객들은 객관적인 저널리즘의 잣대보다 본인이 중요하다고 생각하는 주제와 대상에 관해 정파적이고 편향된 의견을 표현하는 경우가 많다. 또한 관심을 같이하는 사람들을 대상으로 이야기를 할 경우 사용하는 언어가 조금 더 과격해진다는 점도 고려될 필요가 있다. 그럼에도 불구하고 인터넷 논객의 표현을 단순히 특정인의 인격권을 훼손하기 위한 감정적 표현으로 인식하거나 현실적 악의(actual malice)에 의해 쓰여진 글로서만 인식할 경우 온라인 공간에서 논객의 표현이 가진 사회문화적 함의는 상당 부분 상실될 수 있다(권귀순, 2010. 3. 2).

인터넷 논객의 표현이 경멸적 표현인지 풍자와 해학인지를 판단하는 구체적 비교형량의 기준에는 이러한 논객의 사회문화적 특성이 고려되어야 한다. 특히 소속 정당 게시판이나 특정 정치성향이 분명한 논객사이트 등에서 관심을 공유하는 사람들을 대상으로 의견을 표명한 경우 표현이 편향적이고 다소 과격하더라도 진실하거나 진실하다고 믿을만한 개연성이 있다면, 그것을 인터넷 논객의 사회문화적 특성으로 고려하여 표현의 자유를 극대화하는 방향으로 비교형량할 필요가 있다고 판단된다.

둘째, 인터넷 논객의 표현과 인격권이 충돌할 경우 위법성 조각사유 역시 불분명하다. 진실성과 공익성이라는 명예훼손 상 위법성 조각사유와 정당행위라는 모욕죄 상 위법성 조각사유가 존재하지만, 사건에 따라 표현이 진실하다고 믿을만하다고 판단된다면 정당한 표현으로 인정받기도 한다. 동일한 수준의 표현이라 하더라도 어떤 표현은 패러디나 풍자가 될 수 있는 반면, 어떤 표현은 사회적 상규 상 어긋나는 모욕적 표현이 되기도 한다. 따라서 인터넷 논객의 표현이 위법한지의 여부를 법적으로 예측하기가 어려운 상황이다. 이는 인터넷 공간에서 명예훼손 및 모욕죄가 충분히 처벌받고 있고(이재진 · 이정기, 2009), 모욕죄 적용의 경우 명예훼손의 경우보다 위법성 조각사유가 불분명하다는 기존 연구(이재진, 2007)와 일맥상통한다. 이재진(2007)은 이러한 이유로 말미암아 일시적인 오판이나 가벼운 모욕적 표현도 사회상규 상 어긋나는 것으로 인식되어 적절한 비교형량을 어렵게 한다고 주장한 바 있다. 따라서 인터넷 공간에서 발생한 모욕적 표현의 위법성 조각사유(사회상규 및 정당행위)의 범위에 대한 구체적 적시가 필요하다.

한편, 명예훼손 및 모욕죄 상의 위법성 조각사유는 인격권 침해 당사자의 공·사인 여부에 따라 차별적으로 적용될 필요가 있다. 예컨대 인터넷 논객의 표현이 매체접근력, 반론권이 상당부분 제한된 개인 혹은 사회적 약자를 향한 것이라고 한다면, 그 표현은 사인 혹은 사회적 약자의 인격권을 심각하게 침해할 가능성이 있으므로 신중해야 한다. 그러나 같은 수준의 표현이 매체접근력, 반론권, 억울함을 증명할 최소한의 자본을 가지고 있는 공인 혹은 국가를 향한 것이라면 그 표현이 진실한 것이라는 조건 하에 설령 인터넷 논객이 공익성을 입증하지 못했다고 하더라도 위법성을 조각하여 인터넷 공간이 가진 대안적 공론장으로서의 특성을 충분히 보장할 필요가 있다(이재진 · 이정기, 2009).

또한 공인이나 단체에 대한 패러디나 풍자의 수위를 오프라인 공간에서보다 폭넓게 보장할 필요가 있다고 판단된다. 정치인 등 공인은 명예훼손, 모욕적 표현 등에 대해 참고 견뎌야 할 범위가 사인에 비해 훨씬 넓기 때문이다(김옥조, 2007).

셋째, 인터넷 논객의 모든 표현행위가 보장될 수 있는 것은 아니다. 그러나 사실에 기반을 둔 사건에 대한 감정적인 표현, 비판의 정도, 패러디와 풍자 정도의 수위는 인터넷 매체가 가진 유희성, 인터넷 매체의 소통 촉진성 등을 고려하여 오프라인에 비해 폭넓게 보장될 필요가 있다. 다만 모든 사람이 최소한의 검증 절차를 통해 인터넷 논객이 될 가능성이 있고, 사이버 공간의 규제보다 인식의 개선이 사이버 언어폭력 의도에 더욱 큰 영향을 미친다는 실증연구 결과(이정기 · 우형진, 2010)가 도출된 만큼 인터넷에서의 표현행위에 대한 윤리 교육 역시 강화될 필요가 있다.

인터넷 논객의 표현을 공표한 매체(인물)와 인터넷 논객의 인격권이 충돌하는데 있어 인터넷 논객이 패소한 이유의 대부분은 표현 내용이 사회의 이념적인 문제와 관련된 공적 의견에 관한 것이라 해도 원고 스스로 비난을 자초할 만한 극단적이고 자극적인 내용을 담고 있을 경우 이에 대한 정당한 비판은 수인해야 할 범위에 있다는 것이었다. 이러한 문제가 재발되지 않기 위해서는 비교적 학습효과가 큰 학생시절부터 인터넷에서의 글쓰기 윤리(네티켓) 등을 정규 국어(글쓰기 과목) 혹은 교양 정보통신교육 시간 등에 편성하여 타인의 권익을 침해하지 않는 수준의 글쓰기의 중요성과 방법을 체득시킬 필요가 있다.

넷째, 인터넷 논객의 표현에 대해 법원은 인격권 이외에 헌법 제37조 제2항을 판결의 기준으로 고려하고 있다는 사실을 확인할 수 있다. 헌법 제37조 제2항은 표현의 자유는 국가안전보장, 질서유지 또는 공공복리를 위하여 필요한 경우 법률로 제한할 수 있다고 규정하고 있다. 그러나 헌법 제37조 제2항은 표현의 자유에 대한 제한 법리인 동시에, 표현의 자유라는 기본권이 제한될 경우라도 자유와 권리의 본질적인 내용을 침해할 수 없다는 제한유보의 원칙을 제시하고 있기도 하다. 우리 법원은 인터넷 논객의 표현과 국가안전보장, 질서유지, 공공복리 등의 가치가 충돌하는 상황에서 표현의 자유를 제한할 경우의 보다 명확한 비교형량의 기준을 제시하여 궁극적으로 표현의 자유와 권리의 본질적 내용이 침해되지 않는 판결을 이끌어 낼 필요가 있다.

다섯째, 미네르바 사례 등에서 확인할 수 있듯 인터넷 논객의 표현 행위에 대한 과도한 규제는 필연적으로 인터넷 공간의 위축효과를 가져올 가능성이 높다. 그것이 미네르바 판례와 같이 법의 집행 후 무죄로 판결(2009고단304)된 사건이라면 그 위험성이 더욱 높을 것이다. 잘못된 법 집행에 의해 위축된 인터넷 공간의 표현을 원상태로 되돌리기는 어렵기 때문이다. 따라서 인터넷 논객의 표현행위 규제는 과학적이고 실증적인 데이터에 근거하되 최소화될 필요가 있다. 예컨대 인터넷 논객의 표현이 오프라인에서의 논객(기자, 칼럼니스트)만큼의 여론형성력, 의제파급력을 지니는지, 인터넷 논객의 표현 제한에 따른 인터넷 위축 효과는 어느 정도인지와 같은 문제가 실증적으로 규명될 필요가 있다. 이러한 데이터가 구축될 때에야 우리 법원은 인터넷 논객의 표현과 타 기본권의 충돌 문제에 대한 비교형량에 있어 다변적 현실상황을 반영하는 가치중립적 판결을 이끌어 낼 수 있을 것이다.

표현, 언론 그리고 집회결사의 자유

C·H·A·P·T·E·R 04

1인 시위와 표현의 자유

이번 장에서는 1인 시위의 위법성에 대한 찬·반 시각과 판례분석, 1인 시위와 인격권이 충돌하는 경우에 대한 판례분석, 1인 시위의 표현 수위에 대한 판례분석을 통해 우리 법원의 1인 시위와 관련된 인식을 포괄적으로 규명하였다. 이를 통해 우리 법원의 1인 시위 인식과 판결의 문제점을 도출하고, 소수자의 표현수단으로서의 1인 시위의 가치를 최대한 보장하면서 타 기본권과의 충돌을 원만하게 해결할 수 있는 대안을 제시하였다.

1. 1인 시위 연구의 필요성

2008년 광우병 촛불집회 정국에서 국정 최고 책임자와 치안총수는 불법시위에 대한 단호한 대처를 주문하였다. 이에 총 1,288명이 집회 및 시위에 관한 법률(이하 집시법) 위반, 교통방해 혐의 등으로 입건되었고, 이 중 34명은 구속 기소, 14명은 불구속 기소되었다(박준형, 2008. 12. 18). 많은 집회 참가자가 집시법 위반으로 입건되는 현상에 직면하자 온라인 공간에서는 집시법을 피할 수 있는 방법으로서 1인 시위가 주목 받았다.

그러나 '릴레이 시위', '인간 띠 잇기 시위' 등 변형된 형태의 1인 시위가 광우병 촛불집회 정국에 등장한 이후 이것이 불법이냐 아니냐를 놓고 사회적인 논란이 발생하였다(이지선, 2008. 10. 16). 부산에서는 "시위는 혼자 했지만 동료가 사진촬영을 하는 등 사실상 2인 이상이 시위에 참가했다"는 이유로 촛불탄압 반대 1인 시위를 진행한 대학생들을 경찰이 집시법 위반으로 연행한 사건이 논란이 되었다(김상현, 2008. 8. 4). 2009년 용산참사 정국에서는 국회 앞에서 1인 시위를 하려던 용산 세입자들에 대해 경찰측이 "집시법 위반을 피해 20m 이상 간격으로 늘어서서 여러 명이 1인 시위를 하는 것은 변형된 1인 시위"라며, 1인 시위 자체를 불허한 사건이 발생하였다(김주성, 2009. 2. 11).

2000년 12월, 참여연대에 의해 시도된 뒤 확산되어 이제는 소수자의 사회적, 정치적 의사를 표현하는 새로운 표현의 방식으로 일반화된 1인 시위는 2인 이상의 모임을 집회로 규정하는 집회 및 시위에 관한 법률(이하 집시법) 상의 규제를 받지 않는 효과적인 의견표출의 방법으로 이용되고 있다. 그러나 서울시장 공관 앞에서 철거민들이 교대로 수행하는 방식의 1인 시위에 명예훼손, 사생활 침해 등의 요소가 있다는 이유로 1인 시위 금지가처분 신청이 받아들여지는 것과 같이 불특정 다수 혹은 특정인을 대상으로 하는 1인 시위는 개인 혹은 특정 단체의 사생활 침해, 명예훼손 등 인격권의 문제와 충돌하는 경우가 지속적으로 발생하고 있는 상황이다(데일리 서프라이즈, 2008. 6. 12).

1인 시위가 우리 사회에서 발생한 지 10여 년이 지난 현재 1인 시위와 관련된 쟁점은 대체로 두 가지로 요약할 수 있다. 첫째, 변형된 형태의 1인 시위를 집시법 위반의 행위로 볼 것이냐 아니면 정당한 표현의 자유의 수단으로 볼 것이냐 하는 문제이다. 둘째, 표현의 자유라는 인간의 기본권으로서의 1인 시위와 이것으로 인한 타 기본권의 침해를 어떻게 비교형량할 것인가의 문제이다. 상복을 입거나 미라 복장, 조선시대 사관 복장을 하고 수행하는 1인 시위 등 어느 정도의 상징적 표현행위를 정당한 1인 시위로 인정할 것인가 하는 점도 지속적인 문제점으로 제기되고 있다.

이처럼 1인 시위는 개인이 자신의 주장을 표현하는 수단으로, 근본적으로 커뮤니케이션의 문제이다. 하지만 저널리즘 측면에서 1인 시위를 분석한 연구는 거의 없었다. 그러다보니 2008년 광우병 촛불집회 정국, 2009년 용산참사 정국에서 1인 시위를 둘러싸고 진행된 논쟁은 2001년 1인 시위 발생 초창기의 논쟁에서 크게 진전되지 못한 측면이 있다고 판단된다.

1인 시위는 집시법 상의 규정을 피하면서 개인이 자신의 의견을 표현할 수 있는 효과적인 수단으로 확산되어 왔다. 오늘날 1인 시위 현장에서 표현자인 1인 시위자와 규제자인 경찰 사이에 1인 시위 자체의 합법성 여부를 놓고 실랑이를 벌이는 모습은 낯설지 않다. 이는 2001년 5월 24일 정광섭 당시 종로경찰서장이 '준법과 포용이 요구되는 시대'를 통해 '변질된 형태의 1인 시위는 집회목적, 집회장소, 집회형태 면에서 집회와 시위의 요건을 충족하고 있으므로 집시법의 적용을 받아야 한다'고 주장한 이후 반복되어 온 현상이다(이종호, 2001, 5. 30, 재인용). 그러나 1인 시위를 관장하는 법이 없기에 법원과 경찰은 집시법 상의 규정 등 기존의 법을 통해 1인 시위의 합법성 여부를 판단해왔고, 1인 시위의 합법성 여부는 1인 시위 등장 이후 줄곧 논란이 되어왔다.

본 장은 이미 사회적으로 확산된 표현의 수단이지만 학술적 연구의 대상이 되지 못하여 반복적인 논쟁의 대상이 되어온 1인 시위의 법적 쟁점을 분석하고자 하였다. 이를 위하여 1인 시위와 관련한 법원의 판례를 살펴보고, 1인 시위와 관련하여 쟁점이 되고 있는 문제가 무엇인지, 한국의 법원은 1인 시위를 어떻게 인식하고 있는지 등을 탐색적으로 규명하고자 하였다. 이와 함께 1인 시위와 관련한 두 가지 쟁점 외에 어느 정도의 1인 시위가 합법적 표현행위로서 인정받을 수 있는지에 대한 표현수위의 문제에 대해서도 한국 법원의 인식을 통해 규명하고자 하였다. 이러한 분석을 통해 법원의 1인 시위 인식과 판결에 문제점은 없는지, 있다면 어떻게 개선해 나가야 할지를 비판적으로 검토하여 소수자의 표현행위의 수단으로서의 1인 시위를 최대한 보장하면서 타 기본권과의 충돌을 원만하게 해결할 수 있는 대안을 제시하고자 하였다.

2. 표현 수단으로서의 1인 시위와 법적 한계

1) 1인 시위에 관한 개념적 논의

(1) 집회 및 시위의 인적 구성 요건

집시법은 시위를 "여러 사람이 공동의 목적을 가지고 도로, 광장, 공원 등 일반인이 자유로이 통행할 수 있는 장소를 행진하거나 위력 또는 기세를 보여, 불특정한 여러 사람의 의견에 영향을 주거나 제압을 가하는 행위"로 정의하고 있다[집회 및 시위에 관한 법률(법률 제8733호)].

그러나 집시법에는 집회 및 시위를 구성하는 여러 사람의 개념이 제대로 정립되어 있지는 않고 있다. 1인 시위의 보장과 규제에 있어 핵심적인 역할을 하는 것이 집시법이라고 할 때, 집시법 상 집회 및 시위를 구성하는 인원에 대한 이해는 1인 시위의 이해에 도움을 줄 수 있을 것이다.

집회 및 시위를 구성하는 인원에 대해서는 2인설과 3인설이 대립하고 있다(이승선, 2010). 독일의 경우 3인설과 2인설이 대립하고 있으나 3인설이 다수설이다(허영, 2005, p.563). 권영성(2008), 성낙인(2008), 박용상(2003) 역시 집회가 성립하기 위해서는 최소 3인 이상이 필요하다고 보는 것이 지배적 학설이라고 규정하고 있다(이승선, 2010, p.396, 재인용).

구체적으로 2인설을 주장하는 사람들은 국가에 의해 개인이 고립되는 것을 보호하고 타인과의 접촉을 통하여 상호 간의 의견교환과 자유로운 인격발현에 기여하는 자유로서 집회의 자유를 이해할 경우 '다수인'을 2인 이상으로 봐야 한다고 주장한다(이승선, 2010). 예컨대 국가인권위원회는 현행 집시법 상 집회와 시위의 성립요건은 2인 이상의 다수이며, 이에 따라 1인 시위는 집시법 상의 시위에 해당하지 않는다고 결정하였다(국가인권위원회 결정 07진인1760). 또한 집회가 결사와 본질적인 관련을 가지고 있지 않다는 측면도 2인설의 근거라고 보았다(김경제, 2004; 이희훈, 2006; 한수웅, 2004; 임규철, 2004). 이승선(2010) 역시 집회 및 시위의 자유를 보장하는 헌법적 가치와 이들 자유가 민주주의 사회에서 수행하는 역할을 고려할 때 시위를 구성하는 인적 요건을 2인 이상으로 규정하였다.

한편, 3인설은 독일 민법 제56조와 제73조의 단체등록 요건을 고려한 것으로 예측된다(이승선, 2010). 독일 민법 제56조는 '단체는 구성원 7인으로 등록된다'고 규정하고 있으며, 민법 제73조는 '단체는 구성원이 2인 이하인 경우 법인의 권리능력을 박탈한다'고 규정하고 있다. 그러나 집회가 항상 단체에 의해 개최되는 것도 아니고 집회가 단체개념에 직접적으로 연결되지도 않기 때문에 3인설을 주장하는 것은 설득력이 없다는 비판을 받기도 한다(김경제, 2004; 이희훈, 2006; 김양선, 2002; 이문한, 2009).

(2) 1인 시위의 개념 및 유형

1인 시위란 자신의 의견을 타인이나 사회에 알리거나 여론이나 대의 의사과정에 영향을 끼치기 위해 홀로 자신의 의사를 표현하는 행위를 말한다(이희훈, 2006). 1인 시위는 1999년 전국연합의 국가보안법 폐지를 위한 국회 앞 1인 시위 이후 간간히 시도되어 왔으나(유윤종, 2003), 2000년 12월 18일 참여연대에서 삼성그룹 이재용씨의 변칙상속에 항의하며, 상속세를 추징할 것을 국세청 앞에서 요구한 것이 계기가 되어 확산되기 시작하였다. 이 1인 시위는 79일 동안 108명이 참가하며 세상에 알려지게 되었다.

1인 시위는 외국 대사관 등 주요시설이 입주해 있는 건물 주변에서 시위를 할 수 없다는 집시법의 조항을 피해 규정 상 2인 이상의 모임이라야 시위로 간주된다는 것을 역으로 이용한 것이었다(이장규, 2001). 1인 시위는 2인 이상이 일정한 장소에 모여야 한다는 시위의 개념 상 인적 요건을 충족시키지 못하므로 시위의 개념에 속할 수 없다. 따라서 1인 시위는 집회의 자유가 아니라 표현의 자유에 의해 보호된다(한수웅, 2004; 이문한, 2009). 이에 1인 시위는 시위를 행하기 전에 집시법 상 관할 경찰서장에게 사전신고를 해야 하는 등 집시법의 적용을 받지 않고 자유롭게 행할 수 있다는 장점을 가진다(이희훈, 2006).

1인 시위는 그 성격과 목적에 비추어 보면 형식적인 측면에서는 개인적 표현의 형태로서 언론·출판의 자유를, 내용적인 측면에서는 집단적 표현의 형태로서 집회·결사의 자유를 각각 내포하는 기본권 실현의 한 방법으로 볼 수 있고, 이는 우리 헌법 제21조와 시민적, 정치적 권리에 관한 국제규약 제19조에 의해 보장된다(국가인권위원회 결정 07진인1760).

일반적으로 1인 시위는 개인 또는 특정 단체의 대표자로서 공동목적이건 서로 다른 목적이건 타인과 연대하지 않고, 피켓이나 플래카드, 어깨띠 등을 두르고 혼자서 하는 시위를 말한다. 집시법 상의 시위에는 해당하지 않으나 사회적으로 1인 시위는 소수자의 사회적·정치적 의사를 표현하는 새로운 권리행사의 방식으로 일반화되고 있다(국가인권위원회, 2007).

1인 시위는 폭력성이 없어 일반인의 거부감이 적은데다 여럿이 번갈아 시위하면서 효과도 만만찮게 거둘 수 있다는 측면에서(박용상, 2002), 그리고 가장 평화적이고 사회적 비용을 거의 들이지 않는, 그러면서도 자신의 의사를 표현하는 시위방식으로 평가되면서 향후 더욱 발전시켜야 할 시위양식 중의 하나로 제안되고 있기도 하다(안진걸, 2007).

그러나 1999년 등장 이후, 1인 시위가 진화하면서 점차 변형된 형태의 1인 시위가 나타나기 시작하였고, 이것을 1인 시위로 규정할 것인가 혹은 집시법 상의 집회로 규정해야 할 것인가에 대한 논란이 지속되어 왔다.

변형된 1인 시위에는 '릴레이 시위', '인간띠 잇기 시위', 그리고 '혼합 1인 시위' 등이 있다. 릴레이 시위는 같은 시위대가 공동의 목적을 가지고 특정장소에 집결하여 교대로 1명씩 시위를 하는 경우를 지칭한다. 주최측은 시위를 하는 사람은 한 사람이므로 이것은 1인 시위로서 집시법으로 다룰 수 없다고 주장하지만, 1인 시위자와 대기자 간의 지리적 거리, 인적 결합 정도 및 시위용품의 공동사용 등을 고려하여 타인의 의사결정에 영향을 끼칠 정도라고 판단되는 경우 집시법을 적용해야 한다는 의견도 있다(김양선, 2002; 유윤종, 2003).

인간띠 잇기 시위는 일정한 장소에서 다수인이 일정한 간격으로 도열하여 시위를 하는 형태를 말한다. 일부에서는 통상적으로 도열한 옆 사람과 정상대화를 할 수 없을 정도인 20m 간격을 유지하면 각기 다른 개인으로 봐서 집회, 시위에 해당되지 않는다고 주장한다. 그러나 집시법이나 판례에서 20m 간격에 관한 사항은 존재하지 않는다(유윤종, 2003). 다수인이 공동목적을 가지고 일정한 장소에 모여 불특정 다수에게 영향을 미치는 인간 띠 시위에 대하여는 떨어져 있는 간격 및 상호 연락 가능성 등을 고려하여 판단해야 한다는 의견도 있다.

혼합 1인 시위는 소속이 다른 별개의 단체에서 같은 장소에서 수행하는 1인 시위를 말하는데, 공동목적이 있다는 것을 증명할 수 없어 집시법 적용이 곤란하다는 주장이 있으나 각기 다른 단체 간 의사소통에 의해 우연을 가장, 공동의 목적으로 시위를 벌이는 경우에도 상호 간 모의가 있다면 동일목적으로 판단하여 집시법의 적용을 고려해야 한다는 의견이 엇갈리고 있다(유윤종, 2003).

(3) 1인 시위와 충돌하는 법리

표현의 자유의 수단으로서의 집회 및 시위는 '집시법'[34] 및 헌법 제37조 제2항에 의해 제한될 수 있다. 마찬가지로 1인 시위 역시 1인 시위의 1인 개념을 어떻게 보느냐에 따라 집시법에 의해 규제가 가능하고, 일반 집회 및 시위의 규제에 준하는 법률 상 근거에 의해 규제가 가능하다.[35] 헌법 제37조 제2항은 국민의 모든 권리와 자

34 집회 및 시위에 관한 법률[(타)일부개정 2007.12.21 법률 제8733호]의 제5조(집회 및 시위의 금지) 제1항은 헌법재판소의 결정에 따라 해산된 정당의 목적을 달성하기 위한 집회 또는 시위, 제2항은 집단적인 폭행, 협박, 손괴, 방화 등으로 공공의 안녕 질서에 직접적인 위협을 끼칠 것이 명백한 집회 또는 시위 등을 금지하고 있다. 구체적인 내용은 부록을 참고 할 것.

35 표현의 자유의 한계로서의 '명예의 권리'는 우리 헌법이 보장하고 있는 인간의 존엄과 가치 및 그를 바탕으로 하는 인격권(제10조)과 사생활의 비밀보호(제17조)와의 상호관계 하에서 이해해야 한다. 언론, 출판이 헌법적 한계를 이탈했을 경우 언론, 출판의 자유로서 보호될 수 없고, 그 일탈행위가 헌법 상의 다른 가치를 실현하고 보호하기 위해서 제정된 실정법질서에 저촉되는 경우 오히려 법적 책임을 부담하게 된다. 예컨대, 언론, 출판이 타인의 인격권이나 사생활의 비밀을 침해하는 경우에는 민법 상의 손해배상(제751조), 형법 상의 명예훼손

유는 국가안전보장, 질서유지 또는 공공복리를 위하여 필요한 경우에 한하여 제한할 수 있다고 규정하고 있고, 헌법 제21조 제4항은 언론·출판은 타인의 명예를 침해하여서는 아니된다고 규정하고 있다. 통상적으로 집회, 시위 및 언론 매체 등의 표현행위가 그러하듯 1인 시위 역시 명예훼손의 민형사 상 책임의 문제나(인격권 침해), 업무방해죄, 건조물침입죄, 경범죄 등의 문제와 충돌할 수 있다.

일반적으로 인격권이라 함은 권리주체와 분리될 수 없는 인격적 이익, 즉 생명, 신체, 건강, 명예, 정조, 성명, 초상, 사생활의 비밀과 자유 등의 향유를 내용으로 하는 권리를 말한다(권영성, 2008). 현행 헌법 상 인격권은 제10조의 인간의 존엄성 존중조항, 제17조의 사생활의 비밀과 자유조항, 제37조 제1항의 헌법에 열거되지 아니한 자유와 권리의 존중조항 등을 근거로 하여 보장된다고 할 수 있다. 인격권은 개인의 명예, 프라이버시 등을 포괄하는 법개념으로서, 언론·출판의 자유와 상충할 여지가 많다. 이러한 이유로 언론에 의한 인격권의 침해 문제를 결정하는데 언론의 자유와 인격권 또는 프라이버시와의 충돌을 조정하는 것이 매우 중요한 문제로 대두된다(김재형, 2005).

그 가운데 명예훼손은 가장 빈번하게 문제가 되는 인격권 침해 유형 중 하나이다. 일반적으로 명예는 사람의 품성, 덕행, 명성, 신용 등 세상으로부터 받는 객관적인 평가를 의미하는 것(대법 87다카 1459 판결)이고, 명예훼손은 사실적시를 통해 명예주체에 대한 사회

(제309조, 제310조), 주거침입(제319조) 등의 책임을 진다. 또한 반문화적인 언론, 출판은 형법 상의 음란물성에 관한 책임(제243조)과 발행정지, 등록취소 등의 행정법 상의 책임(정간물법 제12조)을 진다. 국가의 정체성에 반하는 언론, 출판은 국가보안법(제7조)위반의 책임을 진다. 표현의 자유에 대한 제한은 기본권제한입법의 한계조항(제37조 제2항)의 범위 내에서만 가능하다(남경국, 2004).

적 평가를 저하시키는 일체의 행위를 의미한다(대법 96다38032 판결; 대법 98다40077 판결).

한편, 1인 시위는 인격권 이외에도 업무방해죄와 경범죄 등과 충돌할 수 있다. 그 중 형법 제314조 업무방해죄는 허위사실을 유포하거나 위계(僞計) 또는 위력을 사용하여 사람의 업무를 방해하는 경우에 해당하는 범죄이다. “허위사실의 유포”란 객관적 사실과 다른 내용을 다른 사람에게 알리는 것이고, “위계”란 사람을 기망하여 착각에 빠뜨리는 것이다. 그리고 “위력”이란 사람의 의사를 제압하기 위한 폭력, 협박 등을 의미한다.

2) 표현의 자유와 타 기본권이 충돌하는 경우의 해결방안

전술한 바와 같이 1인 시위는 소수자가 개인이나 집단을 대상으로 자신의 의견을 표현하는 행위로, 표현의 자유 영역에서 보호되는 기본권에 해당한다. 그러나 1인 시위는 일반적인 언론과 마찬가지로 개인의 인격권, 업무방해, 경범죄 등의 문제와 충돌할 수 있다.

물론 1인 시위의 표현 내용 및 영향력은 기성 언론의 표현 내용 및 영향력과 동일선 상에 놓고 판단할 수 있는 문제가 아니다. 일반적으로 1인 시위는 소수자인 개인이 상대적으로 강자인 다른 개인 혹은 단체를 상대로 수행되는 표현행위라고 할 수 있기 때문이다. 하지만 현재 집시법 상의 조항이나 헌법의 어떤 조항에도 1인 시위와 관련된 부분이 없는 상황이다. 또한 관련 학설이 없기에 1인 시위와 인격권의 충돌은 일반적 표현의 자유와 타 기본권의 충돌 법리의 연장선 상에서 살펴보는 것이 타당하다. 따라서 표현의 자유와 타 기본권과의 충돌을 다룬 문헌과 판례, 해외 사례를 검토

〈표 4-1〉 1인 시위에 대한 규제론과 옹호론, 갈등법익 요약

구분	내용
등장배경 및 변형시위	• 2000. 12. 18. 참여연대가 서울 종로 국세청 앞에서 79일간 1인 시위 • 장소의 제한을 받지 않음(집시법 제11조 장소규정제한 회피) • 사전신고할 필요 없음(집시법 상의 집회 개념이 다수인인 점을 고려) • 다양한 형태의 변형된 1인 시위 나타남 • 대중 민원을 해소할 제도적 장치 부재의 산물 주장
법적근거 공방	• 헌법 제21조의 보호대상 • 집회의 자유가 아니라 표현의 자유로 보장 • 시민적·정치적 권리에 관한 국제규약19조에 의한 보호(국가인권위원회 해석) • 집시법 상 규율대상 아님(2인 이상을 '다수'로 간주하기 때문) • 공공안녕질서를 해하지 않아 헌법정신에 부합 주장 • 집회의 자유의 확장에 기여 주장
옹호론	• 시간적·장소적 제한이 없이 언제 어디서든 가능 • 다수시위의 익명성이 실명제로 전환됨 • 신고·시간제약이 없기 때문에 지속적 시위효과 발생 • 목적, 참여 연령층, 시위방법 등의 다양성 • 개인의 주체적인 참여를 중시함 • 대규모 집회가 1회에 그치는 점과 대규모 집회가 어려운 점을 극복함 • 1인 시위와 인터넷의 연계가 효과적 • 평화적인 방법을 활용하므로 대중에게 새롭고 신선한 방식으로 평가됨 • 공공안녕과 질서와 마찰 일으키는 정도가 작음 • 시위자·경찰·시민 모두에게 이익 • 교통체증 등 타인에게 주는 피해가 줄어듬
규제론	• 탈규제의 수단으로 악용되는 경우가 많음 • 업무방해, 교통방해, 건조물침입, 경범죄행위 등 가능성 높음 • 타인의 명예 등 인격권을 침해함 • 시위자와 주변 인간 의사소통으로 집시법위반가능성 • 집시법과 불분명한 경계선을 형성함 • 언제든 집단시위할 가능성 있음 • 변형 1인 시위는 공동목적을 띠는 다수인의 집회임 • 집시법 상 적용대상으로 위법임 • 거리보다는 동일목적 여부로 판단해야 함 • 한국 헌법과 집시법 기본정신에 부합하지 않음
갈등법익	• 업무방해(소리를 지르거나 상복을 입고 돌아다니며 하는 1인 시위) • 교통방해(도로교통법 68조, 집시법 12조, 형법 185조[36]) • 공연음란(온몸에 붕대를 감은 미이라 분장, 해골 마스크 착용한 1인 시위) • 군복 및 군용장구 규정위반(군복 착용한 1인 시위) • 명예훼손 • 건조물침입

※ 출처: 이승선(2010), pp.400~401, 재인용

함으로써 기본권으로서 1인 시위와 다른 기본권이 충돌하는 상황에 대해 논의하는 것이 필요하다.

기본권의 충돌이란 "복수의 기본권 주체가 서로 충돌하는 권익을 실현하기 위하여 국가에 대해 각기 대립되는 기본권의 적용을 주장하는 경우"를 말한다(권영성, 2008, p.35). 즉 기본권의 충돌은 한 기본권이 그의 효력을 주장함에 있어 다른 기본권의 효력을 희생시키는 것에 의해 발생하게 된다(홍성방, 1999). 기본권이 충돌할 때 그 해결방법으로 전통적으로 독일의 학설을 따르고 있는데, 4종류의 이론적 형태로 구분된다(장영수, 2002; 권영성, 2008).

첫째, 입법의 자유영역이론(입법적 역할론)으로, 헌법에 불충분하게 규정되어 있으면 입법에 의하여 해결되어야 한다는 견해이다. 즉 기본권 충돌의 문제를 해결할 역할은 자유로운 입법형성을 그 과제로 하는 입법자의 임무라는 것이 입법의 자유영역이론의 요체이다. 둘째, 기본권적 서열이론(기본권 등급론)으로, 기본권 간 서열을 정한 다음 그 기본권에 의해 보호되는 보호법익을 형량하여 보다 우위에 있는 것으로 판단되는 기본권을 우선하는 이론이다. 셋째, 이익(법익) 형량의 이론[37]은 규범의 충돌시 하나의 규범에 전적으로 우위를 인정하는 것이 아니라, 약한 법익이 희생되지 않도록 의미를 발견하는데 치중한다. 넷째, 실제적 조화의 이론(형평성 중시론)은 헌법의 통

36 형법 제185조(일반교통방해): 육로, 수로 또는 교량을 손괴 또는 불통하게 하거나 기타 방법으로 교통을 방해한자는 10년 이하의 징역 또는 1천 500만 원 이하의 벌금에 처한다. 〈개정 1995.12.29〉

37 뤼트판결(BVerfGE 7, 198ff.(210f)은 "...따라서 법익을 형량하는 것은 필요하다. 만일 보호받을 가치 있는 더 높은 서열에 있는 다른 이익이 의사의 자유를 행사함으로써 침해된다면 의견발표권은 후퇴되어야 한다. 그러나 타인의 우세한 이익이 존재하는가 여부는 사건의 모든 경우를 고려하여 탐구되어야 한다"고 밝히고 있다.

일성과 관련하여 요청되고 있는 것으로서 헌법 상 보호되는 법익들은 헌법규범의 해석을 통하여 각 법익이 모두 실현될 수 있도록 상호 조정되어야 한다는 이론이다.[38] 기본권의 충돌이 발생하는 경우에 실질적인 비중을 차지하는 것은 '실제적 조화'와 '이익(법익)형량' 이론이다(장영수, 2002; 권영성, 2008).

독일의 경우 표현의 자유와 인격권(명예)이 충돌할 경우 해결법리의 근거가 되는 형법 제193조(정당한 이익옹호)의 해석과 관련하여 이익형량이론에 근거한 판단이 이루어지고 있다.[39] 즉 모욕자가 추구하는 표현자유의 이익이 피모욕자의 명예보호 이익보다 더 큰지 혹은 동등한지를 평가하여 행위의 정당성을 결정하는 것이다. 그러나 연방헌법재판소는 표현(의견발표)의 자유를 개인의 명예권보다 우위에 두는 경향을 보인다(김상호, 2008). 표현의 자유나 언론자유는 자유민주적 국가질서의 본질이며, 자유롭고 다양한 사상시장 공개를 보장하기 때문이다.[40]

한편, 연방헌법재판소는 1958년의 소위 'Lüth 결정'에서 상호작용이론(Wechselwirkungstheorie)을 발전시켰다.[41] 이 이론의 핵심은 일반

---

38 실제적 조화의 원칙에 대해서는 2001년 발간된 헷세(계희일 역)의 『통일독일헌법원론』, 40면 이하를 참조할 것. 예컨대 언론의 자유와 명예권이 충돌한 경우 법익형량을 통해 어느 한 쪽이 일방적으로 우월한 기본권이라고 판단하지 않고, 명예를 침해하는 내용의 언론이 사실에 부합되는 경우에는 언론의 자유를 우선시키되 그렇지 않은 경우에는 명예권을 우선시키는 방법으로 두 기본권을 동시에 최대한 보장할 수 있는 조화점을 찾는 것.

39 BGH 18, 182.

40 BVerfGE 12, 125.

41 BVerfGE 7, 198, 209f. (15. 01. 1958) (소위 Lüth 사건), 독일의 Lüth 사건은 1950년 함부르크 기자협회 회장이었던 Lüth가 유대인 박해를 옹호하는 영화의 불매운동을 호소하면서 시작되었다. 이에 영화제작사와 배급사가 민법 제826조(선량한 풍속에 반하는 방법으로 고의로 타인에게 손해를 가한 자는 타인에 대해 손해를 배상할 책임이 있다)에 근거해 불매운동 중지를 구하는 소송을 제기했다. 함부르크 지방법원은 표현행위(불매운동)가 선량한 풍속에 반하는 행위라

법률에서 보호되는 법익의 가치는 결과적으로 매 개별사례에서 독일 기본법 제5조 제1항(표현의 자유)으로부터 발생하는 기본권의 의미와 형량 되어야 한다는 것이다. 즉 의견 발표의 자유는 인간 인격의 가장 직접적인 표현으로서 가장 고귀한 인권의 하나로 천명한 것이다(손원선, 2003).

또한 독일 판례에 의하면 명예를 훼손한 '가치 평가적' 표현은 개인의 명예권과의 충돌 사례에서 발전시킨 '상호작용이론'과 그와 연결된 '추정형식'을 통해 판단하게 된다.[42] 독일법 체계에서 표현과 인격권이 이익형량 될 경우 의견의 표현은 여타의 인격권에 비해 한결같이 우선권이 인정된다. 또한 명예를 훼손하는 사실(적)의 주장에 대한 허용경계를 정함에 있어서 내용의 진실성이 가장 중요한 척도가 된다. 즉 독일에서는 진실이라고 증명할 수 있는 사실의 주장 또는 전파는 이미 명예훼손이 아니므로 원칙적으로 허용되는 것으로 볼 수 있다. 이는 내용의 진실성과 함께 공익성이 이익형량의 결정적인 기준이 되는 국내 판결의 경향과는 차이가 있는 것이라고 할 수 있다(손원선, 2003).

미국의 표현의 자유와 인격권의 충돌의 해결 법리를 살펴보면, 수정헌법 제1조의 영향으로 표현의 자유 또는 언론의 자유가 여타 다른 개인적 기본권에 비해 우월적인 지위를 누리고 있다는 것을

고 인정하면서 원고의 청구를 받아들였으나 Lüth는 연방헌법재판소에 기본법상의 표현의 자유를 침해했다며 헌법소원을 제기했다. 이 사건은 표현의 자유를 과도하게 제한하는 사법 규정과 법원의 해석이 개입되어 있는 사안으로, 이러한 정부행위에 대해 Lüth는 자신의 기본권인 표현의 자유를 주장했고, 연방헌법재판소는 이를 받아들였다(이인호, 2005).

42 BVerfGE 7, 198, 208(15. 01. 1958). 추정형식에 의하면 자유민주주의 국가질서에 있어서 '의견의 자유'의 기본적인 의미를 고려할 경우 자유언론의 허용정도에 대한 추정이 존재한다.

알 수 있다. 미국에서 표현의 자유와 명예보호에 관한 법제의 기본적 출발점은 공인(public figure)과 사인(private person)의 구분이다.[43] 원고가 공인 또는 사인인가에 따라 피고에게 인정되어야 하는 책임의 형태가 달라지는 것이다. 연방대법원의 판례에 의하면 순수한 의견표명은 거의 절대적인 보호를 받으므로, 명예훼손적 표현이 사실주장(fact)인가 의견(opinion)인가의 구분[44]도 중요한 판단근거가 된다(한수

43 미국의 표현의 자유와 인격권의 충돌과 비교형량에 있어 가장 중요한 것이 '공인이론'이다. 이는 미국판례법에서 발전된 이론으로 공인 자신과 관련된 표현에 대하여 허위사실의 주장으로 인한 손해를 배상받기 위해서는 그 표현이 현실적 악의(actual malice)에 기해 행해졌음을 공인 스스로 입증해야 한다는 원칙이다. 공인은 알권리의 대상이 될 뿐만 아니라, 언론매체에 접근이 쉽고, 해명 기회도 많기 때문에 공인에 대한 표현은 공인의 명예나 권리를 침해하지 않는 것으로 볼 가능성이 높다. 공인은 자신의 인격권 침해를 수인해야 하는 정도가 높은 것이다. 공인이론에 관한 최초의 판결인 1964년 뉴욕타임즈 대 설리반 판결(New York Times v. Sullivan, 376 U.S. 254(1964))은 현실적 악의를 입증해야 하는 공인을 공직자로 한정시켰다. 그 판결에서 연방대법원은 공인과 일반인을 구별하여 공인에게는 '현실적 악의'와 명백하고 설득력 있는 증거(clear and convincing evidence)에 의해 실질적인 손해를 입증했을 경우에만 손해배상을 받을 수 있도록 했다. 이러한 공인이론과 현실적 악의는 1974년 거츠 대 웰치 판결(Gertz. v. Robert Welch, Inc, 418 U.S. 323(1974)) 등을 거치면서 현실적 악의를 요구하는 공인의 범위가 확대되었다(김태수, 2007).

44 사실주장(fact)의 경우 미연방대법원은 공적 인물과 사인을 구분하여 타인을 비방하는 발언을 달리 판단하였다. 공적 인물의 경우 그의 직무와 관련되어 명예훼손적인 허위사실이 주장된다면, 언론이 현실적 악의를 가지고 허위사실을 주장하는 경우에 한하여 손해배상청구가 가능하다. 명예를 훼손당한 공적 인물이 이를 입증해야 하며, 현실적 악의가 인정된다면 징벌적 손해배상이 가능하다. 반면, 사인의 경우 언론이 과실로 허위사실을 주장했다는 것을 입증할 수 있다면 손해배상 청구가 가능하다. 따라서 언론의 표현행위에 대한 소송의 승소여부는 원고가 공적 인물에 해당하는가의 여부에 달려 있으며, 공적 인물의 경우 승소가능성이 희박하다. 60년대 중반에서 70년대 중반까지는 행위에 대해 공적 관심(public interest)이 존재하는 모든 사람을 공적 인물로 간주했으나 (Resenbloom v. Metromedia 403 U.S. 29 (1971)), 이후 연방대법원은 언론의 표현행위에 광범위한 책임면제를 제한하는 방향으로 발전하여, 자신을 방어하기 위해 언론에 대한 접근가능성을 가지고 있고, 스스로 일반대중의 주목을 받도록 한 사람만을 공적 인물로 판단하였다(Gertz. v. Robert Welch, Inc, 418 U.S. 323 (1974)). 평가적 의견표명(opinion)의 경우 일반적으로 명예의 보호를 거의 기대할 수 없다. 공적 인물의 경우, 개인의 평가적 의견표명은 상대방을 어느 정도 비하하고 어떠한 손해를 입히는가와 관계없이 항상 이를 수인해야 한다. 연방대법원의 판례에 의하면 공적 인물의 경우 '비방 그 자체를 목적으로 하는 비

웅, 2005).

독일과 유사하게 미국의 경우도 수정헌법 제1조의 영향으로 표현의 자유가 명예보호 등 여타 다른 개인적 기본권에 비해 우월적인 지위를 누리고 있다. 그에 비해 우리나라의 경우 표현의 자유와 인격권은 우열을 가릴 수 있는 것이 아니며, 어떤 것에 조금 더 무게를 두느냐 하는 것은 헌법 제37조에서 규정하는 바와 같이 과잉금지원칙(최소수단의 원칙)이나 비례의 원칙(이익형량의 원칙) 등에 입각하여 규범조화적 해석에 따르고 있다(성낙인, 1999). 이와 관련하여 우리 헌법재판소는 "언론·출판(표현)의 자유를 보장하는 동시에 그것이 인간의 존엄성에서 유래하는 개인의 일반적 인격권이나 명예권 등의 희생을 강요할 수는 없음을 분명히 밝히고 있으므로, 언론의 자유와 인격권(명예권)의 충돌 문제에 있어서는 헌법을 규범조화적으로 해석하여, 이들을 합리적으로 조화시키기 위한 노력이 있어야 한다"고 보고 있다(헌재 1991. 9. 16. 선고 89헌마165 결정). 또한 "개인의 명예권만 보호하면서 방송(표현)의 자유를 부당하게 희생시킨 것이라면 기본권들 간에 규범조화적 해석을 한 것이라 볼 수 없다"고 보고 있기도 하다.

한편, 헌법재판소는 언론의 명예훼손적 표현에 관한 문제에 있어 "피해자가 '공적 인물'인지 아니면 '사적 인물'인지, 표현이 공적인 관심 사안에 관한 것인지 사적인 관심 사안에 관한 것인지의 여부에 따라 헌법적 심사에 차이가 있을 수 있다"라고 보고 있다(헌재 1999. 6. 24. 선고 97헌마265 결정). 즉 언론이 자유롭게 숨 쉴 공간이 필요

판'에 대해서도 보호를 받지 못한다(Hustler Magazine v. Falwell, 485 U.S. 46). 한편, 사인의 경우 'intentional infliction of emotional distress'의 경우에는 손해배상을 청구할 수 있다(한수웅, 2005, 재인용).

하지만 이러한 권리는 기본권과 균형을 이루어야 한다는 점에서 판결의 기본원칙으로 인식하고 있다(대법 1998. 9. 4. 선고 96다11327 판결).[45]

우리나라의 표현의 자유 수준은 표현의 자유가 명예보호 등 여타 개인적 기본권에 비해 우월적인 지위를 누리는 미국과는 다르다. 따라서 1인 시위에 의해 인격권을 침해당했다고 주장하는 사람들이 스스로 1인 시위자의 현실적 악의를 증명할 필요가 없다. 또한 일반적으로 우리나라의 위법성 조각사유는 진실성과 함께 공익성이 충족되어야 하므로, 집시법의 규정을 피할 수 있는 합법적 시위(표현)의 수단이라고 하는 1인 시위의 표현 내용에도 진실성과 함께 공익성이 담보되어야 한다.

한편, 우리 법원은 방송이나 신문 등 언론기관의 명예훼손적 표현에 관한 문제에 있어서는 그 피해자가 '공적 인물'인지 아니면 '사적 인물'인지, 그 표현이 공적인 영역에 속하는 것인지, 사적인 영역에 속하는 것인지의 여부에 따라 헌법적 심사에 차이가 있을 수 있다고 하여, 미국의 공인이론을 일부 수용하고 있는 것으로 보인다. 공인이론은 표현행위를 다른 기본권에 비해 우위의 가치로 보장하기 위한 것이며, 명예훼손 등의 소송에 있어 매체 접근력과

---

45 이러한 측면은 미국과 한국에 있어서의 명예훼손법 상의 간극을 잘 보여준다. 특히 우리나라의 대법원은 여러 차례에 걸쳐서 미국의 현실적 악의 원칙의 수용을 거부(대법 2000. 12. 27. 선고 2000가합16898 판결)한 바 있다(이재진, 2003). 우리나라의 경우 명예보호와 표현의 자유의 조화를 위해 현행법에서는 원칙적으로 명예훼손죄와 관련하여 위법성 조각사유로서 형법 제310조의 규정이 있다(김상호, 2008). 대법원은 제310조의 공익성의 판단과 관련하여 적시사실의 내용과 성질, 당해 사실의 공표가 이루어진 상대의 범위, 표현의 방법 등 표현 자체에 관한 제반사정을 감안함과 동시에 그 표현에 의하여 훼손되거나 훼손될 수 있는 명예침해의 정도 등을 고려하여 결정하여야 한다고 판시하였다(대판 2004도3912, 대판 2001도1803 등 참고). 다만 우리 판례는 피해자가 공인인지 여부에 따라 공공의 이익 여부를 달리 판단하고 있지 않은 실정으로 미국의 공인이론이나 독일의 연방헌법재판소의 입장과는 상당한 거리를 두고 있다(김상호, 2008).

의견 공포력을 지닌 공인과 사인을 불공평하게 적용하여 표현의 자유를 보장하고자 한 것이다. 하지만, 1인 시위와 관련한 다양한 쟁점, 즉 변형된 형태의 1인 시위, 1인 시위와 타 기본권의 충돌, 1인 시위의 표현 수위에 있어서도 공인이론이 성립하는지에 대한 문제에 대해서는 법리적 혹은 학술적으로 규명된 바 없다.

또한 1인 시위 행위자가 사인, 더 나아가 스스로의 의견을 표명할 채널이나 자본을 갖지 못한 사인일 경우에도 자본이나 매체접근력을 가진 공인과 같은 맥락에서 비교형량해야 하는가에 대한 분석도 진행된 바 없다. 따라서 1인 시위에 대한 탐색적인 형태의 판례분석[46]은 1인 시위와 다른 기본권의 충돌에 있어서의 법리적 판단 근거를 규명하기 위한 기초 작업이 될 수 있을 것이다.

3. 변형된 1인 시위에 대한 찬·반 논의와 법원의 시각

2008년 8월 4일 촛불정국에서는 부산 남부경찰서 등의 경찰서 앞에서 1명의 시위자가 요구사항을 적은 피켓을 들고 1인 시위를 벌였다. 그러나 1인 시위자와 함께 온 다른 1명이 1인 시위자의 모

46 본 장에서 분석 대상이 된 판례는 1999년 1인 시위 발생 이후 2011년 11월 15일까지 검색된 20건이다. 관련 판례들은 법률 포털 사이트 로앤비(www.lawnb.com)를 중심으로 대법원 인터넷 사이트(www.scourt.go.kr), 한국언론진흥재단의 카인즈(www.kinds.or.kr)에 나타난 법조기사(판례집에 나오지 않은 경우)를 중심으로 수집되었다. 로앤비와 대법원 사이트에 접속하여 먼저 주제어 검색을 통해 1인 시위와 관련된 판례들을 찾았으며, 이러한 방식을 통해 총 11건의 판례를 수집하였다. 또한 카인즈 법조기사 검색을 통해 판례집에 나오지 않은 7건의 판례를 수집하였고, 나머지 2건은 이승선(2010)의 연구에서 활용된 판례를 활용하였다. 문헌분석의 경우 집회 및 시위, 집시법과 관련된 연구물과 한국언론진흥재단의 카인즈 키워드 검색을 통해 1인 시위를 다루고 있는 각종 신문기사들을 도출하여 1인 시위와 관련된 쟁점사항 등을 살펴보았다.

습을 사진으로 촬영하였는데, 이들 참가자 전원이 연행되어 사회적 논란이 되었다. 경찰 관계자는 "시위 참가자들은 1인 시위를 벌였다고 하지만 사진촬영 등을 통해 사실상 여러 명이 시위에 참가하는 효과를 내고 있다"며 "1인 시위라도 변형된 형태로 진행될 경우 엄격한 법적용을 할 수 밖에 없다"고 말하였다(김상현, 2008. 8. 4).

반면, 시민단체는 경찰이 법적으로 문제가 없는 1인 시위를 자의적으로 해석하여 즉결심판에 처하는 것은 문제가 있다고 주장하였다. 2009년 용산참사 정국에서 '인간 띠 시위'가 사전 신고가 필요한 집회에 해당한다며 경찰이 불허한 사건에서의 논란의 양측 논거도 2008년의 경우와 대동소이 하였다.

2008년 광우병 촛불집회 사건, 2009년 용산참사 사건에서 논란이 된 변형된 1인 시위 즉 '릴레이 시위'나 '인간띠 잇기 시위' 등에 대한 문제는 이미 2001년 5월 24일 정광섭 종로경찰서장이 '준법과 포용이 요구되는 시대'라는 제목의 보도자료를 통해 변질된 1인 시위가 위법이라는 견해를 밝히면서 논란이 된 바 있다. 또한 2004년 10월 26일 정부종합청사 앞에서 '미 파월 장관 방한 반대 1인 시위'를 벌이던 '평화통일을 여는 사람들'의 한 회원이 파월 장관이 탄 승용차에 계란을 던진 일이 발생한 이후 경찰이 변형된 1인 시위를 엄중단속하기로 하면서 논란이 되기도 하였다.

1) 변형된 1인 시위를 집시법으로 규정해야 한다는 시각

먼저, 정광섭 당시 종로경찰서장은 2001년 5월 24일 기고글 '준법과 포용이 요구되는 시대'를 통해 "변질된 1인 시위는 참가인원 면에서 시위 중인 1인뿐만 아니라 다수인이 집회 개최라는 공동목적을 가지고, 의사연락이 용이한 시간에 지리적으로 인접한 장소에서 릴레이식 또는 띠를 두르는 방식으로 행하는 2인 이상의 집회가 분명한 것이다"라고 주장하였다. "변질된 형태의 1인 시위는 집회 목적, 집회장소, 집회형태 면에서 집회와 시위의 요건을 충족하고 있으므로 집시법의 적용을 받아야 한다"는 것이다(이종호, 2001. 5. 30, 재인용).

같은 관점에서 형사정책연구소 선의기는 "변형된 1인 시위는 외형상 집시법 상 요건을 충족하지 못하고 있지만 자세히 보면 이들 행위는 다수인이 공동의 목적을 가지고 공중이 자유로이 통행할 수 있는 장소에서 불특정 다수인의 의견에 영향을 주는 행위로 집시법 상의 적용대상에 포함되기에 사전신고가 필요하다"고 언급하였다(김양성, 2002, 재인용).

2004년 10월 26일 미국 파월장관 계란사건 이후인 11월 1일, 경찰청이 1인 시위의 현장 대응을 강화할 것을 전국 경찰서에 지시한 공문에는 "인간 띠 잇기 시위는 단체와 목적이 동일하다는 점에서 신고가 필요하며, 다수가 특정 장소에서 시위를 하는 릴레이 시위도 시위내용과 시위용품이 같고, 시위자와 대기자 사이의 거리를 따져 1인 시위로 간주할 수 없다면 처벌해야 한다"고 명시하고 있다. 또한 경찰청은 각기 다른 단체의 회원이 일정한 장소에서 각자 1인 시위를 하는 '혼합형 1인 시위'도 유사한 목적일 때는 집회로 규정하겠다고 밝혔다.

종합적으로, 변형된 1인 시위를 규제해야 한다는 측의 주장은 릴레이 시위나 인간띠 잇기 시위 등 변형된 1인 시위는 외형상 1인이 행하는 것처럼 보이지만, 사실은 다수인이 공동의 목적을 가지고 공중이 자유로이 통행할 수 있는 장소에서 불특정 다수인에게 영향을 주는 행위이고, 시위 보조자 등의 도움을 통해 진행되는 등 명백히 집회에 해당하므로 규제해야 한다는 것으로 요약할 수 있다. 즉 특정 장소에서 발생하는 시위가 1인에 의해 수행된다고 하더라도 교대 대기자와 언어 또는 신호에 의하여 의사소통을 할 경우 또는 교대하는 시점에서 순간적으로나마 인계자와 인수자 두 사람의 집합이 이루지기 때문에 이를 집회라고 볼 수 있다는 것이다(이승선, 2010, p.403).

2) 변형된 1인 시위를 집시법으로 규정할 수 없다는 시각

정광섭 종로경찰서장의 2001년 5월 기고글에 대해 참여연대 장유식 변호사는 "현행 집시법을 유추 해석해 1인 시위에 적용하는 것은 위험한 발상"이라고 지적하였다(안수찬, 2001. 5. 24). 또한 민주노총도 2001년 5월 23일 성명서를 통해 시위란 다수의 규합이므로 다수인의 집합행동이 공공의 질서를 침해하는 경우가 아닌 1인 시위는 집시법 상 제한이 될 수 없다고 주장하였다.

2004년 11월 26일 미국 파월장관 계란 투척 사건 이후 경찰청이 변형된 1인 시위에 대한 현장대응을 강화할 것을 지시하는 공문을 전국경찰서 하달한 것에 대하여 오창익 인권실천시민연대 사무국장은 "한국에서 1인 시위는 어디서도 호소할 곳이 없었던 안권피해자들에게 숨통 같은 기능을 해왔다"며 "경찰청이 법적 근거 없이 1인 시위를 규제하겠다고 나서는 것은 정당한 공권력의 직무집행 범위를 넘어선 것"이라고 밝혔다(국민일보, 2004. 11. 11).

변형된 1인 시위를 집시법으로 규정할 수 없다는 시각의 요점은 첫째, 릴레이 시위의 경우, 법률상 시위는 2인 이상이 구성되어야

성립하므로 경찰이 1인 시위의 인원구성을 자의적으로 유추 해석하여 시위로 규제하는 것은 행정 편의주의적 발상이라는 점, 둘째, 통상적으로 20m 이상 떨어져 진행되는 시위에 대해 동일 시위로 인정하지 않으므로, 20m 이상 떨어져 진행되는 1인 시위는 집시법으로 규제할 수 없다는 점, 셋째, 변형된 1인 시위가 공공의 안녕질서를 침해하는 행위가 아니기에 경찰이 집시법을 유추 해석하여 규제하는 것은 월권이라는 점이다.

3) 변형된 1인 시위에 대한 판례분석

우리 법원에서 변형된 1인 시위를 직접적인 판결의 대상으로 삼은 것은 2006년 제주지법의 판례(2005고정234)와 2008년 울산지법의 판례(2008고정204), 2003년 서울지법의 판례(2002나60701) 등이 있다.

2005고정234 판례는 릴레이 1인 시위에 대한 사건을 다루고 있다. 이 판결에서 법원은 공무원들이 릴레이 시위대를 편성하여 정해진 시간대에 1명씩 피켓을 들고 시청부근에 서 있었을 뿐, 2명 이상이 동시에 모여 위와 같은 행위를 하지 않았으므로 집시법 상 시위에 해당하지 않는다고 판단하였다.

2008고정204 판례는 고용보장을 요구하는 취지의 피켓을 들고 1인 시위를 한 노동자에 대한 사건을 다루고 있다. 검찰은 1인 시위 당시 피고인 중 1명이 피켓을 들고 나머지 피고인들이 그 옆에서 있던 점을 들어 이를 사전공모에 의한 미신고 옥외집회로 보았다. 검찰이 노동자들을 공모공동정범(共謀共同正犯)[47]으로 기소한 것이다.

---

47 공모공동정범이론: 2인 이상이 범죄를 공모하고(주관적 요건), 그 가운데 어떤 사람이 범죄를 실행했을 때(객관적 요건) 그 실행을 분담하지 아니한 공모자도 공동정범이 된다고 하는 판례상의 이론(네이버 백과사전-법률용어, 2011년 11월

이에 대해 법원은 공모공동정범이론을 적용하여 미신고 옥외집회나 시위에 참가한 사람들 모두를 정범으로 보는 것은 죄형법정주의에 반하는 해석이라고 판시하였다.

이러한 판결은 2002나60701 판례에서도 유사하게 나타났다. 이 판결에서 재판부는 1인 시위를 행한 원고의 주위에 참여연대 소속 A가 있었던 것은 인정되나 당시에 1인 시위를 행한 사람은 사관복장을 하고 있었고, 이후의 시위에서도 일관적으로 사관복장을 한 사람만이 1인 시위를 하였기 때문에 이 사건시위는 원고만이 행한 1인 시위라고 판시하였다.

변형된 1인 시위와 관련한 이상 3건의 판례를 종합해 보면, 2005고정234 판례와 2008고정204 판례에서 우리나라 법원은 같은 피켓을 교대로 사용하는 릴레이 시위 등 변형된 형태의 1인 시위를 집시법 상 집회로 인식하고 있지 않음을 알 수 있다. 이는 변형된 1인 시위를 집시법으로 규정해야 한다는 측의 주장, 즉 변형된 1인 시위는 1인이 행하는 것처럼 보이지만, 사실은 다수인이 공동의 목적을 가지고 행하는 행위여서 집회로 규정해야 한다는 2001년, 2004년, 2008년의 논란 당시 경찰(청)의 시각과는 차이가 있는 것이

15일 검색). 대법원은 2인 이상이 공모하여 범죄에 공동가공하는 공범관계에 있어서 공모는 법률 상 어떤 정형을 요구하는 것이 아니고 범죄를 실현하려는 의사의 결합만 있으면 되는 것으로 ① 비록 전체의 모의과정이 없었다 하더라도 수인 사이에 순차적으로 또는 암묵적으로 상통하여 그 의사의 결합이 이루어지면 공모관계가 성립한다고 할 것이고, ② 공모가 이루어진 이상 실행행위에 관여하지 아니한 자라 할지라도 다른 공모자의 행위에 대하여 공동정범으로서의 죄책을 진다(대법원 1994. 3. 8. 선고 93도3154 판결)라고 규정하고 있다. 공모의 개념을 구체적으로 확정함이 없이 단순히 공모의 절차와 방식만을 적시하여 공모의 범위를 매우 폭넓게 인정하고 있고, 또 공모가 이루어진 일시나 장소 등에 대하여 특별히 밝힐 필요가 없고, 단지 의사의 합치가 있으면 공모가 있었다고 인정할 수 있도록 해석하고 있어 공모의 추상성을 확대하고 있다(박주민, 2007. 2. 21).

라고 하겠다. 다만, 릴레이 1인 시위와 함께 변형된 1인 시위의 두 축이라고 할 수 있는 인간띠 잇기 시위의 경우 1인 시위의 간격에 대해 확립된 학설이나 판례의 근거가 없는 것으로 나타났다. 그러나 경찰은 통상적으로 20m 이상 떨어져 진행되는 시위에 대해 동일 시위로 인정하고 있지 않았고, 관련 판례나 학설이 없기에 이런 경우 경찰이 자의적으로 판단해 법을 집행하는 식으로 규제가 이루어지고 있다는 것을 확인할 수 있었다.

전술했듯 우리 법원은 변형된 1인 시위에 대해 집시법 상 집회의 구성 요건인 2인 이상이 현장에 있지 않는 경우 1인 시위자의 공·사인 여부와 상관없이 이를 집회로 볼 수 없다고 판단하고 있었다. 집회의 구성에 있어 이른바 '동일 장소의 원칙'과 '인원 구성의 원칙'을 핵심적인 판단 기준으로 고려하고 있는 것이다. 인원구성의 원칙은 1인 당사자만을 지칭하는 것이고, 동 장소에 있는 시위 보조자 등까지를 포함하는 개념은 아니라고 할 수 있다.

인원구성의 원칙은 2002나60701, 2005고정234, 2008고정204 판례 등 다양한 판례에서 확인할 수 있으나 2008고정204 판례, 2008노420 판례의 최종심인 2009도2921 판례의 경우 피켓을 직접 든 1인 이외에 그 주변에 있는 사람들이 별도로 구호를 외치거나 전단을 배포하는 등의 행위를 하지 않았다는 형식 상 이유로 집시법 상 신고대상이 되지 않는다는 판결에 법리오해의 잘못이 있다는 판결을 내리기도 하였다는 측면에서 조심스럽게 해석될 필요가 있다.

또한 청주지방법원의 2005구합1263 판례는 직접적으로 변형된 형태의 1인 시위를 다루고 있지는 않지만 변형된 형태의 1인 시위와 관련하여 기존의 판례와는 다른 함의를 제공한다. 이 판례는 1

〈표 4-2〉 변형된 1인 시위와 관련된 판례

판결번호	판결일자 및 법원	판시 사항	판결요지
1	서울지방법원 2003. 5. 21. 선고. 2002나60701.[48]	원고 주위에 공동목적을 가진 사람이 있을 경우 이를 1인 시위로 볼 수 있을 것인가의 여부.	원고는 사관복장에 피켓을 들고 하는 1인 시위는 표현의 자유수단이라고 주장, 피고는 참여연대 소속 A와 함께 공동목적을 가지고 일정시간, 장소에서 시위행위의 기능적 역할분담이 이루어졌기 때문에 1인 시위가 아닌 2인 이상이 시위이고, 미신고위법 시위라고 주장. 재판부는 A가 원고의 현장주위에 있었음은 인정되나 사관복장에 피켓을 든 시위자는 원고이고, 이후 참여연대의 같은 방식의 시위에서도 사관복장과 피켓을 든 1인만이 시위를 하였으므로 이 사건시위는 원고만이 시도한 1인 시위임.
2	제주지방법원 2006. 4. 13. 선고. 2005고정234.	이른바 릴레이 시위가 집회 및 시위에 관한 법률에서 정한 시위에 해당하는지 여부.	전공노가 주장하는 노동3권의 정당성에 대하여 기자회견을 자청한 건으로 서귀포시장으로부터 주의를 받게 되자 항의로 신고 없이 릴레이 시위를 하게 된 것. 이 사건에서는 피고인을 포함한 공무원들이 릴레이 시위대를 편성하여 시간대별로 1명씩 피켓을 들고 시청부근에 서 있었을 뿐, 2명 이상이 동시에 모여 같은 행위를 하지 않았고 시위에 해당하지 않기에 무죄 선고.
3	울산지방법원 2008. 6. 10. 선고. 2008고정204.	• 고용보장을 위해 회사 앞에서 벌인 소위 '1인 시위'가 집시법 상 '시위'에 해당하는지 여부. • 집회 및 시위에 공모공동정범이론을 적용하여 미신고 옥외집회나 시위의 참가자 모두를 집회 또는 시위의 주최자로 볼 수 있는지 여부.	• 회사 소속 근로자들 중 1인이 고용보장이라는 목적 달성을 위하여 회사 앞에서 한 '1인 시위'는 '시위'에 해당하지 않음. • 집회 또는 시위는 그 개념 상 당연히 2인 이상 다수인의 결합을 전제로 하는 것이므로, 공모공동정범이론을 그대로 적용하여 미신고 옥외집회나 시위에 참가한 사람들 모두를 정범 즉 집회나 시위의 주최자로 보는 것은 죄형법정주의에 반하는 무리한 해석.
4	청주지방법원 2006. 4. 20. 선고. 2005구합1263.[49]	근무시간이 아닌 시간에 노동조합원이 수행한 1인 시위가 단체행동에 해당하는지의 여부.	원고는 근무시간이 아닌 오전 8시경부터 8시50분까지 1인 시위를 한 것으로 1인 시위는 헌법 상 보장된 기본권의 행사라고 주장. 재판부는 원고는 피켓을 들고 출근시간에 1인 시위를 하였으나 이 출근시간 1인 시위는 단체교섭 성실이행 촉구 및 노동조합활동 보장을 위한 투쟁계획의 일환으로 군지부 차원에서 조직적으로 이루어진 사실을 인정할 수 있어서 이 1인 시위는 공익에 반하는 목적을 위하여 직무전념의무를 해태하는 등의 영향을 가져오는 집단행동임.

5	대법원 2011. 9. 29. 선고 2009도2921.	피고인들 등 10인이 갑 주식회사 정문 앞 등에서, 1인은 고용보장 등의 주장내용이 담긴 피켓을 들고, 다른 2-4인은 그 옆에서 있는 방법으로 수 회에 걸쳐 미신고 옥외시위를 공모했다는 취지로 기소된 사안	각 행위는 다수인이 공동목적을 가지고 한 곳에 모여 사전 계획한 역할 분담에 따라 다수의 위력 또는 기세를 보여 피켓에 기재된 주장 내용을 甲회사 및 협력업체 임직원을 비롯한 불특정 다수인에게 전달함으로써 그들의 의견에 영향을 미치는 행위로서 구 집회 및 시위에 관한 법률(2007.5.11.법률 제8424호로 전부 개정되기 전의 것,이하 '집시법'이라 한다)의 신고대상인 옥외시위에 해당한다고 보기에 충분함. 피켓을 직접 든 1인 외에 그 주변에 있는 사람들이 별도로 구호를 외치거나 전단을 배포하는 등의 행위를 하지 않았다는 형식적 이유만으로 신고대상이 되지 아니하는 이른바 '1인 시위'에 해당한다고 볼 수 없음. 위 각 행위에 대한 공동가공의 의사와 공동의사에 기한 기능적 행위지배가 인정되는 피고인들에게는 구체적 실행행위에 직접 관여하였는지와 관계없이 공모공동정범에 의한 주최자로서 책임을 물을 수 있는데도, 이와 달리 위 각 행위가 집시법에 규정된 시위 및 그 주최행위에 해당하지 않는다고 보아 전부 무죄로 인정한 원심판결에 법리오해 또는 심리미진의 잘못이 있다고 한 사례. *원심(울산지방법원 2009. 3. 20. 선고 2008노420 판결)

인 시위를 수행하였다고 해도 노동조합활동 보장을 위해 군지부 차원에서 조직적으로 1인 시위를 기획하였다면 1인 시위는 공익에 반하는 목적을 위하여 직무전념의무를 해태하는 등의 영향을 가져온다는 측면에서 집단행위로 인정하고 있다. 즉 2005구합1263 판례, 2009도2921 판례는 서울지방법원의 2002나60701 판례, 제주지방법원의 2005고정234 판례, 울산지방법원의 2008고정204 판례에서 변형된 형태의 1인 시위, 예컨대 릴레이 1인 시위 등을 집단행위로 간주하지 않았던 판결과는 다소 차이가 있는 판결이라 하겠다.

48 이승선(2010), p.411, 재인용.

49 이승선(2010), p.411, 재인용.

4. 1인 시위로 인한 법익갈등에 대한 법원의 조정법리

우리 법원에서 표현의 자유의 수단으로서의 1인 시위와 여타 기본권의 충돌을 다룬 판례는 11건이다. 법원은 1인 시위 자체는 인간의 기본권으로서 위법하지 않았다고 인식하고 있다. 다만, 1인 시위의 표현에 타인의 명예를 훼손하는 표현이 있거나, 1인 시위의 표현이나 행위가 사생활을 침해, 업무를 방해하는 등 타 기본권과 충돌하는 내용이 포함되어 있다면 메시지 수용자의 기본권 등과의 균형을 고려해 제한된 범위 내에서만 보장되어야 한다고 판단하는 것으로 나타났다.

1인 시위와 개인의 인격권 침해에 대한 법원의 11건의 판례는 각각 명예훼손 문제가 6건, 명예훼손 및 사생활 침해 문제가 2건, 명예훼손 및 업무방해의 문제가 3건으로 세분화 된다. 주목할 점은 1인 시위와 타 기본권 침해에 대한 판결(명예훼손 소송 6건: 판결 1, 3, 5, 7, 9, 11; 명예훼손 및 사생활 침해 2건: 판결 2, 10; 명예훼손 및 업무방해 3건: 판결 4, 6[50], 8)의 경우 모두 개인의 인격권 등 타 기본권에 무게중심을 두는 판결이 내려졌다는 사실이다. 승·패소의 성격을 명확히 규정할 수 없는 단 1건을 제외한 10건의 판례에 있어 1인 시위자는 명예훼손, 사생활 침해, 업무방해 등을 이유로 패소하였다. 이는 법원이 1인 시위의 표현이나 행위에 여타의 기본권과 충돌하는 내용이 포함되

50 단, 1인 시위가 명예훼손 및 업무방해를 침해했다고 판결된 3건의 판례 중 "판결 6", 즉 2006년 1월 26일 판결의 경우 1인 시위의 내용이 구체성을 가지지 않아 명예훼손죄에 해당하지 않는다고 판결하고 있다. 그러나 명예훼손과 업무방해 등 혐의로 불구속 기소된 사건에서 1인 시위의 다른 부분, 즉 학교 앞에서 천막을 치고 농성을 벌인 것과 신고 없이 불법시위를 한 점이 유죄로 인정되었기에 복합적으로 판단해야 한다.

어 있다면 비교형량해야 한다고 판시하고 있지만, 실질적으로는 명예권 등을 표현의 자유로서의 1인 시위보다 더 우월한 가치로 인식하고 있음을 보여주고 있는 단적인 결과라 하겠다.

11건의 판례를 표현의 내용적 측면에서 살펴보면, 〈표 4-3〉의 "판결 1"은 노점상인의 1인 시위의 표현에 있어 욕설이나 모욕적인 말이나 내용의 표현, 장례복, 영정사진 등 상징적 표현행위 등이 있을 경우 명예훼손이 인정됨을 밝히고 있다. "판결 4"는 1인 시위 이외의 다른 법률적 구제 방안이 존재함에도 1인 시위를 행한 경우 법적 문제가 될 수 있다고 판단하고 있으며, 병원의 업무 상 과실치사죄를 주장하는 개인이 병원에서 주장하는 바를 상징하기 위해 상복을 입고 떠드는 등의 행위가 명예훼손 및 업무방해에 해당한다고 보았다.

한편 "판결 8"은 계열사 직원이 사건과 직접적인 관련이 없는 본사 앞에서 수당인상이라는 금전적 이해를 목적으로 노동자가 1인 시위를 한 것은 사회적 상당성을 결여한 것으로 회사의 명예 및 신용을 훼손하고 업무를 방해한 행위로 보았다. "판결 10"은 철거민들이 서울시장 공관에서 상징적인 표현으로서 신청인이 사망한 것처럼 곡을 하는 등의 1인 시위를 한 것은 신청인의 평온한 사생활을 침해하고 명예를 훼손하는 위법행위로 판단하였다.

판례의 내용적 측면을 종합해보면 법원은 1인 시위에 있어 사인(노점상인, 철거민, 노동자)의 표현에 욕설이 있을 경우 명예훼손죄로, 업무공간에서의 표현행위, 상징적 표현행위(상복, 영정사진, 생자를 사자로 상징하는 표현)의 경우 업무방해 및 명예훼손죄로, 수당인상 등 금전적인 이익을 위한 1인 시위의 경우 사회적 상당성을 결여한 위법행위로 판단하고 있음을 알 수 있다.

1인 시위와 명예훼손의 충돌에 있어 법원의 위법성 조각사유 관련 판단 근거를 살펴보면, “판결 2”는 표현이 진실이라 하더라도 표현의 진실성을 떠나 공익성 없을 경우 명예훼손이 성립한다고 보고 있다. “판결 7”은 표현 내용에 진실성이 있고, 구호가 단문이어서 구체적 사실의 적시가 없다고 볼 여지가 있으나, 제반 사정에 비추어 사회적 평가를 저하시키기에 충분한 구체적 사실의 적시가 있을 경우 명예훼손이 성립한다고 보고 있다. “판결 9”의 경우 표현이 진실하지 않고, 공익성이 없기에 명예훼손이 성립한다고 보고 있다. “판결 11”의 경우 표현이 진실하다고 하더라도 공익보다 사익을 위해 1인 시위를 한 경우 명예훼손이 성립한다고 보고 있다. “판결 3”은 표현내용이 진실하다 해도 공익을 위한다는 목적이나 동기만으로는 공익성 증명이 불가하다고 보고 있다. 1인 시위 표현의 진실성은 물론이거니와 공익성을 증명할 책임을 1인 시위자에

〈표 4-3〉 1인 시위와 개인의 인격권 침해에 대한 법원의 판결

판결번호	판결일자 및 법원	판시 사항	판결요지
1	서울지방법원 2002. 12. 19. (출처: 한겨레 2002.12.19)	서울 중구청이 서울지역노점상연합회 등을 상대로 낸 확성기 사용 등 금지 가처분 신청을 받아들인 예.	1인 시위의 표현행위도 타인의 명예나 권리를 침해하지 않는 범위 안에서 이뤄져야 함. 구청장에 대한 욕설 또는 모욕적인 말을 하거나 이런 내용이 담긴 현수막을 게시하는 행위, 구청장 주택 앞에서 장례복장을 하고 영정사진을 드는 방법의 1인 시위는 위법.
2	서울고등법원 2003. 3. 28. (출처: 한국경제 2003. 2. 28)	“1인 시위 제한 가처분결정이 표현의 자유를 침해했다”며 D항공과 회장을 상대로 낸 가처분이의청구소송이 기각된 판례.	이씨는 1인 시위가 진실을 알리기 위한 것이므로 표현의 자유에 속한다고 주장하나 표현의 자유는 당사자의 명예, 사생활 등 다른 법익과의 균형을 고려해 제한된 범위에서 보장되어야 함. 1인 시위 의 내용 자체의 진실여부를 떠나 행위가 공익을 위한 것이 아님.

3	서울지방법원 2003. 8. 7. 선고. 2003고단643.	피해자에 대한 유죄판결문을 피고인과 피해자가 근무하는 회사 부근 노상에서 게시하는 행위가 공연히 사실을 적시하여 피해자의 명예를 훼손하는 경우에 해당한다고 판시.	피해자에 대한 유죄판결문을 임의로 피고인과 피해자가 함께 근무하는 회사 부근 노상에서 게시하여 1인 시위를 하는 행위는 공연히 사실을 적시하여 피해자의 명예를 훼손하는 경우에 해당. 공공의 이익을 위한 것이라는 목적이나 동기만으로는 위 판결문 게시행위가 오로지 공공의 이익에 관한 것이라고 볼 수 없음.
4	대법원 2004. 11. 25. 선고. 2004도6408.	1인 시위 등이 명예훼손 및 업무방해에 해당한다고 본 예.	적법한 구제절차가 있음에도 피해자가 운영하는 병원을 돌아다니며 소리를 지르고, 상복(喪服)을 입은 채 위 병원 앞 인도 위에서 베니어판을 목에 걸고 1인 시위를 벌이는 행위를 한 것은 표현의 자유의 한계를 넘어선 것. 수단이나 방법이 상당하지 않음.
5	헌법재판소 2005. 9. 29. 선고. 2004헌마85.	1인 시위로 인한 명예훼손 입건에 대한 헌법소원심판이 기각된 예.	청구인들은 피켓을 들고 1인 시위를 하고, 지역 주민들에게 '학교 측에서 학생을 부당하게 퇴학시켰다'는 취지의 유인물을 배포, 이에 대한 학교 측의 고소와 진정으로 명예훼손 혐의로 입건됨. 피청구인은 헌법소원심판을 청구. 하지만 이 사건에 대한 헌법의 해석에 있어 기소유예처분 결정에 영향을 미친 중대한 잘못 없음.
6	서울남부법원 2006. 1. 26. (출처: 노컷뉴스 2006. 1. 26)	조씨 등 3명이 재단비리를 1인 시위와 천막농성, 언론사 보도자료 배포, 거리행진 등을 통해 폭로함. 이에 명예훼손과 업무방해 등 혐의로 불구속 기소.	피고인들이 언론사에 보도자료를 보내고 방송인터뷰에 응해 동창회비나 급식비, 장학금 등의 비리를 폭로했지만 이는 공익을 위한 행위로 명예훼손에 해당하지 않음. 이들이 1인 시위를 벌인 것도 구호나 피켓의 문구가 구체성을 띠지 않았기 때문에 명예훼손에 해당하지 않지만, 학교 앞에서 천막을 치고 농성을 벌인 것과 신고 없이 불법시위를 한 점은 유죄로 인정됨.
7	서울남부지법 2006. 8. 25. 선고. 2006노227.	근로조건의 결정에 관한 주장의 관철을 목적으로 하지 아니하는 교원노동조합 조합원들의 단체행동이 교원노조법상의 쟁의행위에 해당하는지 여부.	학교 정문 앞에서 학교 비리를 폭로하는 내용의 피켓을 들고 1인 시위를 함으로써 교육업무를 저해, 공연한 사실을 적시하여 교장의 명예훼손, 피켓에 적힌 글귀나 피고인들의 구호가 단문이어서 타인의 사회적 가치나 평가를 저하시키기에 충분한 사실의 적시가 없다고 볼 여지 있으나, 제반 사정에 비추어 볼 때 ○○학원 등의 사회적 가치를 저하시키기에 충분한 구체적 사실의 적시가 있었음.
8	서울중앙지법 2007. 3. 21. (출처: 교통신문 2007. 3. 28)	정비요금 인상 등을 요구하며 1인 시위를 벌인 정비사업 조합장 등을 상대로 제기한 업무방해금지 등 가처분 신청사건에 대해 "동 빌딩 반경 100m	피신청인들이 설치한 시위판에는 신청인에 대한 사회적 평가나 신용을 저해할 목적으로만 작성된 것으로 보이는 내용 일부 포함. "시위가담자들은 정비수당 인상을 목적으로 1인 시위를 한 것, 이와 직접적인 관련이 없는 S 전자 본사 빌딩 앞에서도 1인 시위를 한 것은 이 회사의 명예 및 신용

		이내에서 현수막, 유인물을 게시, 배포하는 행위 등을 해서는 아니된다"고 결정.	을 훼손하고 업무를 방해한 행위로서 피신청인들의 의사를 표현하는 정당한 권리행사의 범위를 넘어 그 방법과 표현에 있어서 사회적 상당성을 결여한 것이다"라고 판시.
9	서울중앙지법 2008. 4. 24. 선고. 2007고단3122.	현직검사를 비방하는 현수막을 들고 6년째 1인 시위 벌이던 50대 명예훼손 실형. 1인 시위 자체는 위법하지 않으나 타인의 명예를 훼손하는 내용이 포함되어 있다면 명예훼손죄에 해당한다고 판시.	2004. 12. 27.경부터 2006. 10. 19.경까지 공휴일을 제외하고 월요일부터 금요일까지 서울 서초구 서초동 소재 서울중앙지방검찰청 서문 앞에서, 현수막 1개를 양손에 들고 서 있고, 소형 현수막을 가로수에 기대어 세워 놓는 방법으로 서울중앙지방검찰청 서문 앞을 지나가는 불특정 다수의 사람에게 보여줌으로써 공연히 허위의 사실을 적시하여 피해자의 명예를 훼손하였음.
10	서울중앙지법 2008. 6. 9. 선고. 2008카합1651.	서울시장이 공관 주변 반경 100m 이내에서 시위를 하거나 공관출입 및 차량진행을 방해하는 행위를 막아달라며 공관 주위와 집 주위에서 매일 1인 시위를 한 9명을 상대로 낸 접근금지 및 방해금지 가처분신청사건.	시장 공관 인근에서 피켓을 지참하고 1인 시위를 하고 있는 사실, 피신청인들은 위와 같은 1인 시위를 함에 있어, 큰 소리로 신청인에 대한 비방이나 욕설을 하고, 신청인이 사망한 것처럼 곡을 하며, 이러한 행동을 제지하는 경찰 등 공무원들에게 소리를 지르거나 욕설을 함. 위와 같은 행동은 표현의 자유를 넘어, 사생활을 방해하고 명예를 훼손하는 위법한 행위임.
11	대법원 2008. 6. 12. 선고. 2008도2621.	김명호 전 성균관대 교수 석궁테러 사건과 1인 시위에 대한 명예훼손에 대한 서울동부지방법원 (2007노1060) 판결의 확정.	피해자들이 근무하는 법원 출입구 앞에서 실명을 기재하고 법관이 직무를 유기한다는 내용의 1인 시위를 한 점 등이 공익보다는 개인적 이익을 위해 범행에 나아간 것으로 보임, 이에 원심이 피고인을 유죄로 인정한 제1심판결을 유지한 판단은 옳고, 위법성 조각사유에 관한 법리오해 등의 위법이 있다고 볼 수 없음.

게 두고 있는 것이다. 이 경우 위법성 조각사유의 공익성은 개인이나 특정 단체의 이익이 아닌 사회 구성원들이 합의하는 수준의 공익성이어야 한다. 또한 실질적 증거 없이 공익을 위한다는 주장이나 동기만으로는 공익성이 성립되지 않았다.

5. 1인 시위의 표현 수위의 한계에 대한 법원의 인식

표현 수단으로서 1인 시위의 한계를 판단하기 위해 1인 시위 관련 판례 중 비교적 특수한 판례라고 판단되는 3건의 판례를 분석하였다. 2001년 1월 18일 서울지방법원 판결은 1인 시위 행위자체가 타인에게 혐오감이나 불안감을 준다고 판단될 경우 설령 그것이 주장을 표현하기 위한 상징적 행위(노동자의 인권수준을 상징하기 위한 미라 복장 등)라 해도 경범죄처벌법 등으로 처벌될 수 있음을 보여준다. 다만, 2002년 11월 7일 서울지방법원은 조선시대의 사관 복장과 같이 혐오감을 동반하지 않는 상징적 수단의 경우 정당한 1인 시위로서 인정하고 있었다.

2002년 11월 7일 서울지방법원의 판결은 1인 시위 장소가 공관

〈표 4-4〉 1인 시위의 한계에 관한 특수 사례

판결 번호	판결일자 및 법원	판시 사항	판결요지
1	서울지방법원 2001. 8. 18. (출처: 한국일보 2010. 8. 19)	집시법 적용 대상이 아닌 1인 시위도 시위방식에 따라 경범죄처벌법(불안감조성)을 적용하여 처벌이 가능하다는 점을 인정.	서울 종로 도심에서 노동자의 인권이 죽었다는 상직적 표현을 위해 미라 분장으로 1인 시위를 벌이다 경범죄처벌법 위반으로 즉심에 회부되자 정식재판을 청구한 레미콘노동자 김모씨(40)에 대해 벌금 3만 원을 선고.
2	서울지방법원 2002. 11. 7. (출처: 오마이뉴스 2003. 4. 1)	청와대 앞 분수대에서 수행한 1인 시위에 도로교통법 등을 근거로 경찰이 강제연행을 하였고 이에 손해배상청구소송.	조선 사관 복장을 하고 "국무회의 속기록 작성, 정보공개" 등을 요구하는 1인 시위를 청와대 앞 분수대에서 실시한 것에 대해 도로교통법 등을 근거로 경찰이 강제연행, 이는 표현의 자유를 침해하는 행위로 국가는 원고에게 위자료 5백만 원을 지급해야함. 원고 일부승소판결.
3	서울고등법원 2005. 10. 12. (출처: 연합뉴스 2005. 10. 12)	광화문에서 김정일을 찬양하는 1인 시위를 한 것이 국가보안법을 위반한 것인지에 대한 판례.	피고인이 공소내용과 같은 문구의 피켓을 들고 1인 시위를 한 것만으로는 국가의 존립·안전이나 자유민주주의 질서에 실질적 해악을 줄만한 명백한 위험성이 없어 국가보안법 위반 여지없음.

(청와대) 앞이라고 해도 도로교통 상 문제가 없고, 현존하는 위험 요소가 없으며 공익적인 성격을 가지고 있는 것이라면 이는 정당한 1인 시위로 보장되어야 한다고 보고 있다. 또한 2005년 10월 12일 서울고등법원의 판결에 따르면 조직적이지 않고 현존하는 위험성이 없으며 일반인의 통행에 방해가 되지 않는다고 판단되는 1인이 행하는 정치적 표현행위는 설령 그것이 자유민주주의 체제를 부정하는 표현이라 해도 이를 처벌하지 않는다는 것을 알 수 있다.

6. 1인 시위 관련 판례의 유형화

본 장에서는 1인 시위와 관련하여 '변형된 1인 시위' 6건, '1인 시위와 타 기본권과의 충돌' 11건 그리고 '1인 시위의 표현 수위' 3건을 포함하여 총 20건의 판례분석을 실시하였다. 분석된 판례는 1인 시위가 가진 표현의 자유라는 가치를 타 기본권의 가치와 비교형량하였을 때, 법원이 어떠한 가치를 적극적인 가치로 규정하고 있느냐에 따라 '표현의 자유 적극'과 '인격권 적극'으로 구분하여 제시하였다. 표현의 자유 적극은 1인 시위자가 승소한 경우, 인격권 적극은 1인 시위자가 패소한 경우로 정의하였다.

이러한 구분을 통해 각 판례를 유형화한 결과 우리 법원은 '변형된 1인 시위'와 관련된 4건의 판례(2002나60701; 2005고정234; 2008고정204; 2008노420)에서 1인 시위자의 공·사인 여부에 상관없이 '동일 장소의 원칙'과 '인원 구성의 원칙'을 중요한 판단의 근거로 삼고 있었다. 다만, 2건의 판례(2005구합1263; 2009도2921)에서는 조직적 차원에서 수행된 1인 시위의 경우 공모공동정범 등의 근거에 의해 1인 시위가 아니라고 보고 있었다. 한편, 1인 시위의 표현 수위에 관한 3건의 판례 중 표현의 자유를 적극적인 가치로 규정한 판례는 2건이었다. 법원은 조직적이지 않고 현존하는 위험성이 없으며 일반인의 통행에 방해가 되지 않는다고 판단되는 정치적 표현행위(1인 시위)에 대해서는 그것이 설령 국가체제를 부정하는 것이라 해도 정당한 표현행위로 인정하고 있었다.

또한 1인 시위가 개인의 인격권 등 타 기본권과 충돌하는 사례를 다룬 11건의 판례 모두 1인 시위자의 표현의 자유라는 기본권보다 인격권이라는 기본권을 상위의 가치로 판단하고 있음을 확인할 수 있었다. 해당 판례에서 법원은 1인 시위 자체는 위법하지 않으나, 1인 시위의 표현에 타인의 명예를 훼손하거나 사생활을 침해하고, 업무를 방해하는 내용이 포함되어 있다는 측면에서 위법이라고 판시하였다. 해당 판례에서 묘사하고 있는 1인 시위의 표현에 있어서도 표현의 내용이 사실이라고 하더라도 공익성이 입증되지 않거나 공익을 위한다는 동기만으로는 위법성이 조각될 수 없다고 판단하고 있었다.

1인 시위의 표현 수위에 관한 3건의 판례 중 인격권 및 기타 기본권을 적극적인 가치로 규정하고 있는 판례는 1건이었다. 이는 1인 시위가 타인에게 혐오감이나 불안감을 준다고 판단할 경우 그것이 1인 시위자의 주장을 표현하기 위한 상징적인 행위라 해도 경범죄처벌법 등으로 처벌될 수 있음을 나타낸다.

전체적으로 총 20건의 판례 중 6건의 판례만이 1인 시위자의 표현의 자유로서의 가치를 적극적인 가치로 비교형량한 것으로 나타

〈표 4-5〉 1인 시위와 관련된 판례의 유형화

분류	판례	주요 판결내용(근거)	건수(%)
표현의 자유 적극: 1인 시위자 승소	• 변형된 1인 시위 2002나60701 2005고정234 2008고정204 2008노420 • 1인 시위의 표현수위 서울지법, 2002. 11. 7. 서울고법, 2005. 10. 12.	• 1인 시위는 '동일 장소의 원칙'과 '인원 구성의 원칙'을 충족해야함. • 공적 공간에서 1인 시위는 교통상 문제가 없고, 현존하는 위험이 없으며 공적 성격을 가지고 있다면 이는 정당한 1인 시위로 보장됨.	6(30%)
인격권 등 기타 기본권 적극: 1인 시위자 패소	• 변형된 1인 시위 2005구합1263 2009도2921 • 타 기본권과 충돌하는 판례 11건 • 1인 시위의 표현수위 서울지법, 2001. 8. 18.	• 조직적 차원에서 수행된 1인 시위는 집단행위로 보아야 함(공모공동정범). • 1인 시위 속 표현은 시위 대상자나 단체의 기본권 등과의 균형을 고려하여 보장되어야 함. 〈표 4-3〉 판결 참조. • 1인 시위가 타인에게 혐오감/불안감을 줄 경우 그것이 자신의 주장을 표현하기 위한 상징적 행위라 하더라도 처벌됨.	14(70%)

〈그림 2〉 1인 시위와 관련된 판례의 유형화

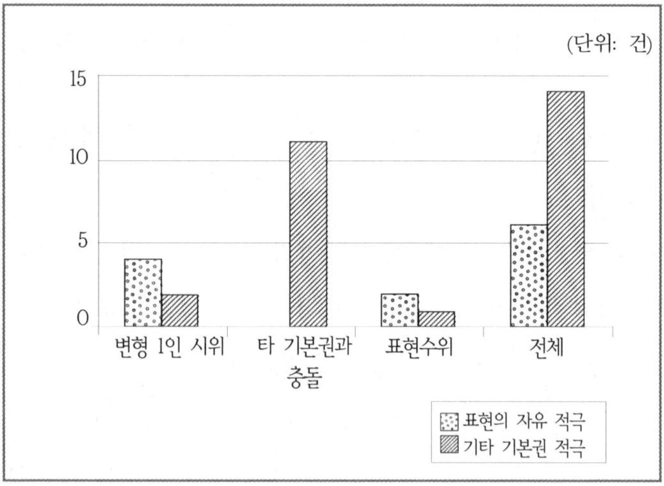

났다. 조사대상으로 선정한 총 20건의 판례 중 14건은 1인 시위에 있어 시위자의 표현의 자유라는 기본권보다 개인의 인격권이나 일반인의 교통권, 업무권 등의 기본권을 더욱 중요한 비교형량의 기준으로 적용하고 있다는 사실을 확인할 수 있다.

7. 1인 시위의 안정적 보장을 위한 제언

본 장은 1인 시위 등장 이후 10여 년 동안 지속적 쟁점이 되고 있는 변형된 1인 시위, 1인 시위와 타 기본권의 충돌문제에 주목하였다. 이에 1인 시위와 관련된 판례분석과 문헌분석을 통해 1인 시위와 관련하여 반복적으로 발생하고 있는 쟁점을 해결하는데 도움을 제공하고자 하였다. 또한 우리 법원의 1인 시위에 대한 인식과 판결에 문제점은 없는지, 있다면 어떻게 개선해 나가야 할지 비판적으로 검토함으로써 표현의 수단으로서의 1인 시위를 최대한 보장하면서 타 기본권과의 충돌을 원만하게 해결하기 위한 방안을 모색하고자 하였다.

분석결과 우리 법원은 대체로 변형된 1인 시위의 판단에 있어 '동일 장소의 원칙'과 '인원 구성의 원칙'을 중요한 판단 기준으로 삼고 있었다. 1인 시위와 개인의 인격권을 비교형량한 11건의 판례에서는 개인의 인격권을 1인 시위(표현의 자유)보다 우월한 가치로 인식하고 있었다. 또한 현존하는 위험이 없고 평화적으로 진행된 1인 시위의 경우 자유민주주의 체제에 반하는 내용의 것이라 하더라도 인정하고 있다는 것을 확인하였다.

그러나 평화적으로 진행된 1인 시위의 경우라 하더라도 타인에게 불안감, 혐오감 등을 유발한다고 판단된 경우 경범죄 처벌법 등에 의해 처벌될 수 있으며, 1인 시위 이외의 다른 법률적 구제 방안이 존재함에도 1인 시위를 행한 경우 법적 문제의 소지가 있음을 확인하였다. 한편, 1인 시위의 위법성 조각사유에 있어서 공익성 증명의 책임은 1인 시위자에게 있고, 실질적인 증거 없이 공공의 이익을 위한다는 주장이나 동기만으로 공익성은 성립하지 않았다.

본 장에서 검토한 판례 20건을 표현의 자유 적극(1인 시위자 승소), 인격권 등 기타 기본권 적극(1인 시위자 패소)으로 놓고 유형화 하였을 때, 20건의 판례 중 14건의 판례에서 1인 시위자가 패소하고 있음을 확인할 수 있다. 즉 우리 법원은 1인 시위가 가진 표현의 자유라는 가치보다 그러한 표현행위가 침해할 수 있는 인격권 등의 기본권을 더욱 중요한 가치로 판단하고 있었다. 이는 1인 시위가 소수자들이 집시법 상의 조항을 피하면서 본인의 의견을 주장할 수 있는 유용한 수단으로 이용되고 있지만, 법적 소송(인격권 등 타 기본권과의 충돌)으로 비화될 경우 승소할 확률이 희박하다는 것을 의미한다.

이상의 연구결과를 바탕으로 1인 시위와 관련되어 반복적으로 발생하고 있는 쟁점, 법원의 인식과 규제 등과 관련하여 몇 가지 제언이 필요할 것으로 판단된다.

첫째, '1인 시위에 관한 가이드라인 구축'이 필요하다. 1인 시위에 대한 법률적 근거가 존재하지 않고, 관련 판례 및 연구물 등 최소한의 가이드라인이 부재하다보니 집시법 상의 근거를 두고 시위측과 경찰측이 서로 다르게 유추 해석하여 행동하게 되는 경우가 빈번하였다. 그 때문에 단순한 1인 시위가 공무집행 방해죄, 상해죄로까지 비화되는 경우가 종종 발생하였다. 아울러 변형된 1인 시위의 규제여부를 놓고서는 논란이 계속되어 왔다. 이처럼 반복되는 논란을 종식시키고, 평화적 1인 시위를 이끌어 내기 위해서는 인간띠 잇기 시위에서 시위자 간의 거리측정에 있어 어느 정도의 수준을 1인 시위로 인정할 것인가에 대한 문제, 그리고 1인 시위의 구성요건에 있어 사인에 비해 엄격한 적용을 받고 있는 공인의 1인 시위 참여 등의 문제와 관련하여 명문화된 가이드라인이 필요하다. 다만, 가이드라인은 1인 시위에 대한 불필요한 유추 해석을 막기 위한 것으로 1인 시위의 주체와 시민사회단체, 경찰실무자, 법학계, 언론학계의 의견을 폭넓게 수렴하여 표현의 자유 침해를 최소화하는 방향으로 제시되어야 할 것이다.

둘째, 미국 판결에서 자주 인용되는 "One man's vulgarity is another's lyric"이란 표현과 같이 인간의 다양한 행위나 표현방식은 그것을 접하는 사람에게 다양한 의미로 전달될 수 있다. 따라서 표현행위의 처벌은 상대적인 관점을 최대한 보장하여야 한다. 미라 복장, 상복 복장 등을 통한 1인 시위가 타인에게 혐오감을 준다며 경범죄로 처벌하는 등 개인의 혐오감정까지 법원이 판단하는 것은 표현의 자유를 지나치게 좁게 해석하는 것일 수 있다. 특히 최근 광우병 촛불집회에서 표출된 것처럼 현재의 시위 형태는 구체적인 내용보다 상징성에 주목한 것이 많다(이정기 · 정대철, 2010). 시대변화와 시위유형의 변화에 따라 상징적인 1인 시위와 관련된 판결에 있어 법관들의 유연한 인식전환이 요구된다.

셋째, 1인 시위가 타 기본권과 충돌할 경우 1인 시위자와 명예훼손 당사자 양측의 '공·사인 여부', '매체 접근력의 고려', 비교형량에 있어서의 '실제적 조화의 원칙'을 참고할 필요가 있다. 1인 시위와 타 기본권 충돌이 문제가 된 11건의 판례는 대부분 사회적 약자나 소수자인 사인(私人)이 비교적 강자인 개인이나 단체 또는 공인(公人)을 상대로 1인 시위를 한 것이 소송으로 비화된 것이었다. 1인 시위자의 대부분은 자신의 주장하는 바가 진실성이나 상당성을 가지고 있다고 판단하고 있었고, 자신의 억울함을 공표하는 행위가 공익에도 도움이 될 것이라는 막연한 동기를 가지고 1인 시위를 수행하고 있었다. 이와 같은 표현행위는 자신의 주장을 대변해 줄 매체 접근이 용이하지 않고 해명기회가 적은 사람들, 또한 자신의 억울함을 증명할 최소한의 자본을 소유하고 있지 못하거나 부족한 사인에 의해 진행된 것이었다. 억울함을 가지고 있는 일반시민들이 그들의 시위의 공익성을 입증하여 1인 시위를 진행하기에는 어려움이 있다. 이에 사인의 1인 시위에까지 공익성 입증의 책임을 1인 시위자에게 두는 것은 1인 시위 자체의 진입장벽을 높이는 것일 수 있다. 따라서 미국과 같은 정도는 아닐지라도 공인과 사인을 구분해서 법 적용을 유연하게 할 필요가 있을 것이다. 예컨대, 매체접근력이 없는 사인에 의해 수행된 1인 시위의 경우 1인 시위 발생의 맥락적 원인을 고려하여 진실성이 충족되고 공익성의 목적이 인정된다면 위법성을 조각하는 방향으로 가는 것이 바람직할 것이라고 판단된다.

C·H·A·P·T·E·R 05

언론에 나타난 집회결사의 자유

이번 장에서는 집시법 상의 야간옥외집회 관련 조항에 대한 신문들의 보도 논조에는 어떠한 차이가 있는지, 보도 논조의 차이가 어떠한 방식의 보도를 이끌어 내고 있는지, 보도 내용에 나타난 프레임이 있다면 어떠한 것인지에 대해 설명하고자 하였다. 구체적으로 보수적인 성향을 가진 신문들은 야간옥외집회 금지에 대해서 찬성하는 논조를 보일 것이고, 진보적인 성향의 신문들은 그와 다소 반대로 갈 것이라고 예상을 하였다. 또한 내용분석을 통해 그렇게 판단하고 보도하는 근거나 논리가 무엇인지에 대해 살펴봄으로써 표현의 자유, 집회결사의 자유라는 것이 국내 언론환경에서 어떠한 의미를 지니는지에 대한 함의를 도출하고자 하였다.

1. 집시법 상 야간옥외집회 관련 조항에 대한 언론 보도의 문제

우리 저널리즘이 당면하고 있는 하나의 딜레마는 논쟁적 사안 또는 사회적 갈등에 대한 언론의 보도가 특정한 방향성을 띠기 쉽다는 것이다. 즉 객관적인 보도가 어려우며, 일정한 가치관에 입각한 편향된 보도가 이루어지기 쉽다는 것이다. 이러한 경향은 2009년 9월 24일 헌법불합치 결정이 난 집회 및 시위에 관한 법률(이하 집시법) 중 야간옥외집회 금지조항에 대한 보도에 있어서도 예외는 아닐 것이다. 우리 언론들이 집시법에 대해 얼마나 정확한 보도를 했는가에 대해서는 직접적인 분석이 없어 명확하지 않지만 갈등적 이슈에 대한 프레임 연구와 같은 선행연구들에 비추어 볼 때, 집시법 관련 언론보도 역시 보도의 주체에 따라서 편향적으로 이루어졌을 것으로 예상할 수 있다.

이에 본 장에서 신문보도의 경향과 프레임 분석 대상으로 다루고자 한 것은 2009년 헌법재판소의 야간옥외집회 헌법불합치 결정과 관련된 사회적 쟁점이다. 2009년 9월 24일 헌법재판소는 야간에 옥외에서의 집회를 금지한 집시법 제10조와 벌칙을 규정한 제23조 제1호에 대해 재판관 5(위헌)대 2(헌법불합치)대 2(합헌) 의견으로 '헌법불합치' 결정을 내렸다.[51] 이때 헌법불합치의 의견으로는 "해가 진 이후부터 해뜨기 전까지 집회 허가를 받도록 규정한 조항이 제한하

---

51 헌법재판소는 특정 법률의 위헌 여부에 대한 신청을 받으면 합헌과 위헌 결정 이외에 한정합헌, 한정위헌, 일부위헌, 헌법불합치, 입법촉구의 5가지 변형결정을 내리게 된다. 헌법불합치는 해당 법률이 사실상 위헌이기는 하지만 즉각적인 무효화에 따르는 법의 공백과 사회적 혼란을 피하기 위해 법을 개정할 때까지 한시적으로 그 법을 존속시키는 결정이다(네이버 백과사전-법률용어: 2011. 11. 15. 검색). 구체적인 집시법 조항은 부록을 참고할 것.

는 시간대가 너무 광범위해 집회의 자유를 침해한다"는 것이었다. 다만, 결정을 내리면서 국회가 법을 개정하기 이전인 2010년 6월 30일까지만 한정적으로 현행법을 적용하기로 하였다. 즉 6월 30일까지 법개정이 이루어지지 않으면 문제되는 조항은 자연적으로 폐지되는 것이다.

이에 대체로 야간옥외집회 금지에 대해 찬성 하는 것으로 알려진 한나라당은 2010년 2월 16일에 집시법 개정안을 상정하였다. 개정안은 야간집회와 시위를 오후 10시부터 다음날 오전 6시까지 전면금지하는 것을 요체로 하고 있다. 이에 대해 진보성향의 야당 및 시민단체, 사회단체들은 시간을 정하고 있는 개정안이 헌재의 '헌법불합치' 결정 취지에 어긋나며, 헌법이 보장한 국민의 기본권을 과도하게 제한한다고 반발하였다. 이에 한나라당이 개정안에 대한 일부 수정안(오전 0시~오전 5시 금지안)을 제시하였으나, 궁극적으로 이를 6월 임시국회 기간 중 강제로 통과시키지 않기로 결정한 바 있다. 결국 2010년 7월 1일부터 문제 조항은 사라졌고, 관련 법이 제정되지 않는다면 야간집회는 전면적으로 허용되는 수순을 밟게 되었다.

야간옥외집회가 전면 허용되는 결정적인 계기는 지난 2008년 미국산 쇠고기 수입반대로 발생한 촛불 시위였다. 당시 촛불 시위에 참여하면서 야간집회금지 규정 위반으로 재판을 받게 된 사람들이 크게 늘어나자(약 900명 이상) 이 규정이 헌법 제21조 제2항(사전검열 금지)[52]에 위배하는지에 대해 헌법 소원을 제기한 것이다. 사실 집시법에 대한 논란은 어제 오늘의 일은 아니다. 집시법 자체가 위헌이라

52 헌법 제21조 제2항은 "언론·출판에 대한 허가나 검열과 집회·결사에 대한 허가는 인정되지 아니한다"고 규정하고 있다.

는 주장에서부터 야간집회의 허용시간이 모호하다는 주장은 이미 오래전부터 다양한 형태로 표출되어 왔다.

아울러 야간집회에 대한 전면 허용이 질서유지 등의 이유로 문제를 가지고 있다는 주장과 헌법의 정신에 어긋나는 집시법을 폐지하는 것은 당연하며 질서유지 등의 문제는 기우에 불과하다는 주장이 맞서왔다. 이러한 주장은 헌법재판소의 야간집회 헌법불합치 판결이 이뤄진 이후에도 지속되었다. 예컨대 보수단체인 라이트코리아는 헌재 판결 직후 "헌재 결정은 과거 10년 동안 좌파 정권이 사법부 깊숙한 곳까지 파고들어 좌편향 인사를 심어놓은 결과"라며 "사법부 내 인적쇄신이 필요하며 이명박 정부가 법치 확립과 국가 정체성 바로잡기에 더 많은 힘을 기울여야 한다"고 주장하였다. 또 다른 보수단체인 자유주의진보연합은 "헌재 판단이 왜 그렇게 나왔는지 모르겠지만 한국적 상황에서 이번 헌법불합치 판결이 나온 것에 유감스럽다"며 "이번 판결의 파장이 어떤 사회적 혼란을 야기시킬지에 대한 충분한 고려 없는 섣부른 판단이 아니었다 싶다"고 우려를 표명하였다. 즉 보수단체들은 대체로 헌재의 결정에 유감을 표명하였다. 반면, 참여연대는 "허가제보다 더 나쁜 야간옥외집회 '금지'조항에 대해 위헌 결정이 내려져 매우 기쁘다"면서 "그간 자신의 의사를 자유롭게 표현하면서 불명예스러운 일을 당했던 시민들이 명예를 회복하게 돼 다행"이라고 말하였다. 즉 진보단체는 대체로 헌재의 결정에 대한 찬성의 입장을 표명하였다(박준형 · 서유정, 2009. 9. 24).

앞으로 어떠한 방향으로 집시법 야간옥외집회와 관련된 논란이 진행될지에 대해서는 불분명하지만 2010년 7월 1일 이후 현재까지 검찰의 기소나 재판에 있어서 상당한 차질이 불가피해진 것은 사실이다. 예컨대 검찰은 관련 법이 사라진 상황이라는 판단 아래 더 이상 이 조항으로 관련자들을 기소하지 않았다. 그렇지만 법원은 "위헌이라면 재판 받던 사람은 무죄가 나고, 이전에 유죄가 확정된 사람도 재심을 청구할 수 있지만, 법이 그냥 사라진 것이라면 재판 받던 사람은 '면소'가 되고 확정판결에 대한 재심 청구는 불가능하게 되었다"며 혼란스러워 하기도 하였다(이범준, 2011. 6. 24).[53]

이처럼 사회적 갈등 이슈를 가진 쟁점들은 법원의 판결 이전과 이후에도 다양한 사회적 논란의 중심에 있다고 하겠다. 이러한 이해에 근거하여 본 장에서는 2008년 쇠고기 수입 반대 집회와 헌법소원에서부터 관련 규정 적용의 마지막 날인 2010년 6월 30일까지 집시법에 대해서 신문들이 과연 어떻게 보도하고 있는가를 살펴보고자 한다. 이를 위하여 신문들은 보도의 논조에 있어 어떠한 차이를 보이는지, 논조의 차이가 어떠한 방식의 보도를 하고 있는지, 또는 보도 내용에서 나타난 보도의 프레임(frame)이 있다면 어떠한 것인지를 분석하고자 한다. 이와 함께 보수적인 성향을 가진 신문들은 야간옥외집회 금지에 대해서 찬성하는 논조를 보일 것이고 진보적인 성향의 신문들은 그와 다소 반대로 갈 것이라는 예상이 가능한 가운데, 과연 그렇게 판단하고 보도하는 근거나 논리는 명확히 무엇인가를 살펴보고자 한다.

---

53 대법원 전원합의체는 2011년 6월 23일에 이르러서야 "헌법불합치 결정은 단순위헌에 불과하므로 선고 즉시 효력을 상실한다"고 밝혔다. 따라서 집시법 10조로 유죄 확정 판결을 받은 사람도 재심을 청구할 수 있게 되었다(이범준, 2011. 6. 24).

2. 사회적 갈등 이슈에 대한 언론의 보도 경향과 프레임

복잡다단해진 현대사회에서 언론은 세상을 비추는 창(窓)으로서 기능한다. 특히 뉴스는 세상이 어떻게 돌아가고 있는가에 대한 정보를 전달해 줄 뿐만 아니라 이를 어떻게 해석하고 이해해야 할 것인가를 알려주기도 한다. 뉴스는 국민들이 꼭 알아야 한다고 생각하는 바를 전달하는 기능을 한다. 이러한 언론을 통해 사람들은 정치가 어떻게 돌아가고 있으며, 다른 사람들이 어떻게 생각하고 살고 있는지를 알게 된다. 뉴스를 통해서 정치지도자나 입법부와 행정부, 사법부가 특정 사회적 안건에 대해서 어떠한 태도를 보이는가를 알 수 있고 한편으로 이에 대한 여론이 어떠한가를 이해할 수도 있다.

그런데 이러한 이해는 뉴스를 전달하는 언론의 특정한 창이 되는 틀(frame)에 의해 이루어진다. 다시 말하자면 뉴스가 전달되는 창은 세계의 윤곽이 어떠한가를 보여주는 하나의 틀을 제공한다. 문제는 이러한 창의 성격이 어떠한가 하는 점이다. 얼마나 많은 창을 통해 정보가 전달되는가, 창의 크기는 어떠한가, 창이 얼마나 흐리고 맑은가, 창이 어느 방향을 향해 놓여있는가 등의 많은 요인들이 사람들이 세상을 이해하는 정도를 결정하게 되는 것이다(Tuchman, 1978). 분명한 것은 사람들은 언론이라는 창을 통해서 세상에 대한 개념을 공유하게 된다는 것이다.

그런데 특정의 창을 통해 전달되는 언론은 세상을 단순하게 반영하기보다는 현실의 일부를 선별적으로 판단하고 이를 가공하여 보여주게 된다. 그래서 언론에서 보여지는 모습은 있는 그대로의 전체가 아니라 "표현 가능한 여러 현실 중 가공된 일부"라고 할 수 있다(Tuchman, 1978). 그런데 이러한 틀을 통해 사회적 갈등을 보도할 때 문제가 발생하게 된다. 왜냐하면 어떠한 틀을 통해 보도하는가에 따라서 갈등의 본질적 특성이나 원인에 대해 서로 다른 이해를 할 수 있기 때문이다.

사회적 갈등이란 서로 양립이 불가능한 목표를 가진 집단들의 관계에서 발생하게 된다(김명희, 2000). 따라서 이에 대해 객관적이고 공정한 보도를 한다는 것은 대단히 어려운 일이다. 일반적으로 사회란 여러 다양하고 복잡한 갈등이 엮여 역동적인 변화를 밟아가게 된다. 이 경우 갈등을 일으키는 문제나 갈등의 주체를 어떻게 이해하고 인식하는가 하는 점이 그 사회를 이해하고 나아가 사회운영의 방향을 어떻게 잡을 것인가에 대해 큰 영향을 발휘하게 된다(강명구, 1994).

사회적 갈등이란 현대 사회에 널리 만연해 있는 현상이라고 할 수 있는데, 각 사회가 변화하거나 유지하는데 있어 대단히 중요한 기능을 수행하기도 한다. 이러한 사회적 갈등이란 보도를 통해서 환경을 감시하는 기능을 하는 언론에 있어서는 가장 핵심적인 보도의 대상이 된다. 문제는 언론의 사회적 갈등 보도가 여기에 관련된 당사자들의 성패를 결정짓는 중요한 관리기능을 담당하게 된다는 것이다(김동규, 2000). 이러한 이유로 인하여 사회적 갈등에 대한 보도가 어떻게 행해져야 하는가에 대한 점검이 다음과 같이 항상 실시되어야 한다는 논의가 있어 왔다.

먼저, 일반인들이나 공중들이 현실을 이해하기 위해서는 언론의 보도에 의존할 수밖에 없다. 따라서 언론이 전달하는 이미지나 담론은 일반인들의 현실이해에 대단히 중요할 수 있다. 보도의 대상이 되는 사회적 갈등의 당사자들이 어떤 형태로 인식되는가에 따라서 이들에 대한 이해는 극명하게 차이를 보이게 된다. 관련 당사자들을 어떻게 보도하는가에 따라 이해가 달라질 수 있기 때문에 이것이 제대로 된 언론의 역할을 하는가를 결정하게 된다.

다음으로 과거의 사회적 갈등이 계급관계에 밀접한 관련을 가지고 있었다면 최근의 갈등은 대단히 다양한 사회관계 형태로 전개된다는 것이다. 따라서 당사자들의 갈등의 동기나 쟁점 등에서 과거와는 사뭇 다른 양상을 나타낸다. 결국 언론의 사회적 갈등에 대한 제대로 된 보도를 위하여 사회적 갈등을 바라보는 방식, 즉 프레임에 대한 새로운 탐구가 이루어져 한다는 지적이 있다(양정혜, 2001).

저널리즘의 원칙적 측면에서 사회적 갈등을 보도하는 경우 정치적 중립성을 지켜야 한다고 알려져 있다. 그럼에도 불구하고 정치적 중립이라는 것이 명확히 무엇인가에 대해서는 여전히 논란이 있다. 사실에 대한 객관적 보도가 정치적 중립을 지키는 것이라고 할 수 있으나 이를 어떻게 보도하는 것이 올바른 것인지에 대해서는 언론사별로 입장이 다를 수 있다. 신문의 사설을 통하여 자사의 입장을 밝히는 것이 올바른 것인가에 대해서는 명확한 해답이 없다. 사회적 갈등에 대해서 찬성과 반대의 입장을 드러내는 것이 옳은 것인가에 대해서도 명확하지 않다. 정치적 중립성을 지키는 것이 동기와 의도의 문제냐 아니냐에 따라서 그 평가가 달라지기도 한다.

1) 프레이밍 이론과 뉴스 프레임

프레이밍 이론의 포인트는 해석의 스키마타(schemata of interpretation)

에 관한 것으로 미디어는 뉴스를 제공할 때 일정한 틀을 도입함으로써 수용자들이 어떠한 메시지를 유목화해서 해석하고 평가하도록 작용하는 역할을 한다는 것이다(Eko, 1999). 일련의 프레이밍 연구는 미디어 메시지가 일정한 틀에 따라 정의되고 유목화 되어 수용자의 뇌리에 일정한 틀을 만들도록 하여 그 이해를 돕거나(Dunegan, 1993), 뉴스이벤트에 대한 해석을 달리하도록 영향을 미친다는 것(Edelman, 1993; Hornig, 1992)을 전제한다. 여론 변화에 대한 프레이밍 이론은 여론의 변화를 추동하는 주요한 원인이 언론의 프레임과 수용자의 해석적 프레임이라고 보고 언론의 보도 방식을 통해서 구성되는 수용자의 해석적 프레임의 구성에 주목하고 이 해석적 프레임이 개인이나 집단의 의견에 미치는 영향을 연구한다.

리프만(Lippman, 1922)에 의해 제기된 언론에 의한 가(假)환경은 이제 우리에게는 진(眞)환경처럼 인식되고 있다. 언론이 제공하는 것은 현실 그대로의 모습과는 다르며, 특정한 측면으로 부각시키거나 확대 또는 축소시킴으로써 수용자들에게 중개된 현실을 제공하게 된다. 고프만(Goffman, 1974)은 현실구성을 "미디어가 표출하는 현실 또는 상징과 사회 간의 사회적 상호작용"으로, 터크만(Tuchman, 1978)은 뉴스를 "수용자들이 세상을 이해하게끔 하는 특정한 틀"로 정의하였다. 따라서 뉴스는 단순한 현실의 반영이라기보다는 사회적 현실을 구성하는 하나의 틀로서 파악된다. 이러한 선택과 배제와 관련된 것이 바로 프레임(또는 프레이밍)이다. 갬슨과 라쉬(Gamson & Lash, 1989)는 프레임을 "이슈와 관계있는 사건들을 이해하는 하나의 중심적인 구성 아이디어를 제시하는 것"이라고 정의 내렸다. 그리고 그 과정은 "시간에 걸친 점유와 미디어 사용의 조수의 간만"이라고 말하였다. 엔트만(Entman, 1993)에 의하면 프레이밍은 지각된 현실의 특정한 측면을 선택하고 그것을 텍스트 안에서 부각시키게(salient)된다. 실제로, 그는 프레이밍은 선택과 중요성으로 추출될 수 있다고 언급하였다.

프레이밍 하는 것은 인지하고 있는 사실의 몇 가지 관점을 선택하는 것이며, 그런 관점들을 커뮤니케이션 텍스트 안에서 특정한 문제에 대한 정의, 일반적인 해석, 도덕적 평가, 묘사된 이슈의 해결방안 제시, 그리고 권고를 발전시키는 하나의 방법으로 더 중요하게 묘사하는 것이다(Entman, 1993, p.56).

간햄(Ghanem,1997)에 의하면 프레임 이론은 특정한 사회적 이슈와 관련되어 있다. 또한 엔트만(1991)은 뉴스기사의 면(editorial section), 스타일, 그리고 기사초점 유형 등은 시간에 따라 변화하게 된다고 간파한다. 프레이밍은 저널리스트들이 현실의 특정한 측면을 선택하고, 강조하고 이를 수용자에게 제공하는 뉴스매체 활동이라고 정의된다. 박선희(2001)는 이러한 뉴스 프레임이 사회적 이슈가 어떤 의미를 지니는지를 둘러싼 현실구성 과정을 보여주며, 이슈를 인지하고 해석하는 준거틀을 사회구성원들에게 제공한다고 지적하였다. 이는 뉴스 프레임이 특정한 현실에 대한 선택과 강조뿐만 아니라, 문제를 규정하고, 원인을 규명하는 것은 물론 도덕적인 판단을 한다는 것을 의미한다. 여기에 더해 뉴스 프레임은 문제에 대한 해결방안마저 제시하게 되는 것이다. 엔트만(1993)에 의하면 텍스트 수준에서의 프레임은 특정한 키워드, 흔해빠진 문구(stock phrase), 정형화된 이미지, 정보원, 그리고 문장 등으로 인해 사실과 판단을 하도록 강요하게 된다. 또한 프레임은 프레이밍 요소들과 긍정적이거나 부정적인 톤(tone)을 결합함으로써 맥락적 단서(contextual cue)를 창출하게 된다. 이러한 맥락적 단서는 전반적인 기사의 톤과 뉴스기사의 방향을 이끌게 된다. 이러한 프레임에 의한 단서들은 특정 이슈나 추세에 대한 공중의 지각과 평가에 매우 중요한 요소로 작용하게 된다. 특정한 이슈나 대상에 대한 기사의 톤과 방향은 사회적 환경이나 움직임에 기반하여 시간에 따라 변화하게 된다는 것이다.

한편 기틀린(Gitlin, 1980)은 뉴스미디어가 사건보도에 특정한 상징(symbol)과 주제를 가지고 있다고 보았다. 이는 뉴스 생산자의 소유형태, 생산텍스트, 수용자, 그리고 사회의 전체적인 문화의 형태에 따라 특정한 주제와 의미를 생산한다는 것을 의미한다. 그리고 터크만은 뉴스 프레임을 "세상을 향하여 나 있는 창"으로 비유하면서 뉴스미디어는 어떤 뉴스는 반복, 확대, 강조하고 어떤 뉴스는 축소 또는 생략하면서 특정한 주제를 만들어내고 있다고 말한다. 따라서 뉴스미디어가 하나의 이슈나 현상을 단계별로 보도할 때 미디어 프레임은 "뉴스 내러티브에 있어서 키워드(keyword), 은유(metaphors), 개념(concept), 상징(symbol), 톤(tone) 그리고 시각적 이미지 강조"를 가진다(Entman, 1991, p.6). 결국 프레임은 일관성 있는 패턴으로서, 사회에 대한 이슈와 관계를 상징화 한 것이라고 정리할 수 있다.

뉴스 프레임은 주요한 이슈가 무엇이고, 어떻게 그 이슈가 인식되며, 그 이슈의 어떤 면들이 가장 중요한지, 그리고 그것이 어떻게 나타나는지를 규정한다. '프레임작업'은 미디어를 통해서 새롭게 나타나는 현실을 보여준다. 이는 궁극적으로 사회 현실 구성에 도움을 준다. 프레임화 된 사회 현실은 단순히 보이는 것이 아니라, 지배적인 문화적 신념과 가치들로 공명(resonate)한다(Reese, 1997, p.486). 따라서 "규격화된 객관성(routinized objectivity)"을 보도하는 것이 뉴스 이슈나 기술을 프레이밍 하는 하나의 방법이다.

2) 언론과 갈등적 프레임

집단 간 사회적 갈등에 있어 언론의 사회적 역할은 매우 중요하다. 미디어 정치가 발달하면서 언론은 갈등의 정치화와 사회화의 통로가 되었고, 그런 언론이 다양화되고 있는 사회적 갈등을 어떻게 보도하는지에 따라 갈등 당사자들의 이해관계뿐만 아니라, 전체 사회의 안정과 유지라는 측면에서 중요한 함의를 지니기 때문이다(양정혜, 2001). 또한 공중은 직접적인 경험의 한계를 넘어서는 현실의 이해를 위해서 언론이 제공하는 이미지나 담론에 의존할 수밖에 없으며, 이익집단들은 자신의 쟁점을 공중에게 알릴 수 있는 통로로서 매체접근(access to media)이 중요하다. 매체로부터의 우호적 관심은 공중으로부터의 신뢰획득과 불가분의 관계에 있기도 하다(양정혜, 2001).

언론의 중요한 역할 중 하나는 사회의 갈등과 이견을 조정하는 책무이다. 그러나 때로 언론은 사회적 이슈나 문제의 핵심과 본질을 보도하기보다는 집단 간의 갈등적 측면을 많이 보도하는 경향이 있다. 갈등보도는 독자들의 관심과 시선을 사로잡는데 좋은 소재이기 때문(Neuman et.al, 1992)에 언론보도에서 차지하는 비중이 매우 높다. 이런 사회적 갈등보도에 대하여 언론은 보편적으로 체제 중심적(이데올로기 구조), 사건 중심적, 흥미적 특성을 가지고 있다. 또한 해결방안을 제시하지 않는다는 측면에서 일관성을 보인다. 한편, 각 언론사에 따라서는 정치적 지향성, 신문사의 소유구조, 그리고 기자 개인의 문제에 의해 언론보도에 있어 각기 다른 차이를 보이게 된다(Shoemaker & Reese, 1996). 이러한 보도형태는 뉴스 프레임 효과로 나타난다.

언론보도에 관한 기존의 연구들을 검토해보면 뉴스 프레임의 유형은 대체로 사건 중심적 프레임과 이슈 중심적 프레임 형태로 구별된다. 여기서 사건이란 진행과정과 그 결과를 묘사하는 방식으로 전개되고, 이슈는 사건의 전후 맥락과 역사를 설명한다(Sheufele, 1999). 즉 사건인 행위 자체에 중점을 둔 뉴스 프레임 형식이 있으며, 또한 과도하게 이슈의 배경에 초점을 맞춘 프레임 형식이 있다는 것이다. 예를들어 1960년대 미국 대학생들의 베트남 전쟁에 대한 반전시위에 대한 보도 연구(Gitlin, 1980)와 원자력 발전에 대한 미국 여론의 변화과정에 대한 연구(Gamson & Modigliani, 1989)에서 미국 언론이 집단 항의 행위에 대해 서술한 내용은 그러한 행위를 일으킨 배경, 즉 이슈보다 시위에 나타난 표면적 행위(사건)에 초점을 맞추어 보도한 것으로 조사되었다.

언론의 사회적 역할 가운데 집단이나 조직 간의 마찰과 갈등을 최소화하고 균형 있는 사회발전을 구현하는 역할은 그 무엇보다 중요하다. 그러나 때로 언론은 사회적 이슈나 핵심과 본질을 보도하기보다는 집단 간의 갈등적 측면을 부각하여 보도하는 경향이 있다. 특히 갈등에 대한 설명제시에서 언론보도는 갈등을 단절적인 사건의 집합체나 입장의 차이가 극명한 두 집단 간의 대립으로 단순화하는 경향을 보인다(양정혜, 2001).

갈등집단의 입장에서 본다면, 언론매체는 갈등집단이 정통성을 확보하는데 있어 핵심적인 역할을 한다. 언론의 관심 없이는 자신들의 문제가 공중의 담론영역에 진입하거나 정치적 의제로 채택되는 것이 불가능하며 결국 공중으로부터 지지를 받지 못할 수도 있기 때문이다(양정혜, 2001). 따라서 사회적 갈등 문제에 대한 언론의 프레임은 매우 중요한 의미를 갖는다. 즉 언론의 특정 사회적 문제에 대한 프레임은 사회 구성원들이 현실을 해석할 때 결부시킬 수 있는 준거틀을 제공하여 사회적 갈등문제의 쟁점에 대해 일정한 유형의 판단이나 의견을 유발시키기 때문이다. 따라서 야간옥외집회 허용과 같은 사회적 갈등보도에서 특정 뉴스 프레임의 사용은 한 집단의 정당성 획득을 촉진할 수도 있고 장애물로 작용할 수도 있다.

특히 갈등보도 프레임 연구들에 의하면 언론은 이미 확립되어 있는 소수의 뉴스 프레임에 의존해 사회적 갈등을 의미화 한다. 일반적으로 하나의 갈등은 여러 단계를 거쳐 전개되는데 뉴스는 갈등이 명확하게 공중의 시야에 드러나는 단계, 즉 파업이나 시위, 소송 등과 같은 가시적인 사건에만 주된 관심을 할애하고 갈등이 빚어지게 된 원인이나 반대세력의 동기에 대한 설명 혹은 점차적으로 전개되는 과정으로서의 갈등에 대한 설명은 최소화 한다(Gersh, 1992; Schmidt, 1993). 따라서 사회적 갈등에 대한 보도 프레임은 갈등에 참여하고 있는 이익집단의 성격과 갈등의 이슈의 특성에 따라 다양한 형태로 나타난다. 사회적 갈등에 대한 전형적인 보도 프레임은 책임귀인 프레임(양정혜, 2001; 박경숙, 2002; 김선남, 2002; 강내원, 2002; 나미수, 2004; 김원용 · 이동훈, 2005a; 김원용 · 이동훈, 2005b), 권위주의 프레임(박경숙, 2002), 대항 프레임(Price et, al., 1997; Valkenburg et. al., 1999; Pan & Kosicki, 1993; Valkenburg et. al., 1999; Semetko & Valkenburg, 2000) 등을 예로 들 수 있다.

한편 언론의 사회적 갈등보도는 법과 질서프레임에 의존함으로써 대체로 기존질서와 체계를 옹호하는 양상을 나타낸다는 특징을 가진다(장용호, 1987). 많은 갈등보도 연구들은 뉴스가 권력집단을 체계적으로 옹호하는 관행을 보인다고 지적하는데, 예를 들면 노동자들보다는 고용주를, 시위대보다는 경찰을, 새로운 사고보다는 이미 보편화된 가치관을 선호한다는 것이다(양정혜, 2001). 따라서 갈등에 개입된 집단들은 언론의 관심과 공중으로부터 정통성을 확보하기 위해 자신들의 주장을 정당한 것으로 정착시키려고 노력한다. 법과 질서 프레임은 이러한 노력을 전개함에 있어서 사회적 규범이나 법의 준수가 우선적이고 필수적인 것으로 강조하는 뉴스 프레임의 틀이다(강혜주, 2006).

이렇듯 언론은 갈등 프레임을 통해 사회적 구성에 참여한다. 베스트(Best, 1995)는 언론이 갈등을 다루는 데 있어 높은 도덕성이나 물리적 나약함에 집중하여 갈등 개입자를 호의적으로 조명할 수도 있고, 반면에 다른 측면을 강조하여 '주변화' 시킬 수도 있다고 주장하였다. 이에 따라 정보원으로 언론을 가장 많이 의존하고 있는 일반 사회 구성원들은 언론을 통해 보도된 사회적 갈등을 현실로 받아들이는 경향이 강하다. 이렇게 인식된 현실은 새로운 현실 구성에도 큰 영향을 미치기도 한다(장석재, 2002).

본 장을 통해서는 2008년 광우병 촛불집회(미국산 쇠고기 수입 반대 집회)와 헌법 소원에서부터 관련 규정 적용의 마지막 날인 2010년 6월 30일까지 집시법에 대한 신문들의 보도 논조가 어떠한 차이를 보이는지, 논조의 차이가 어떠한 방식의 보도를 하고 있는지, 또는 보도 내용에서 나타난 보도의 프레임(frame)이 있다면 어떠한 것인지를 분석하고자 하였다. 구체적으로 집시법에 대한 신문별 보도(기사종류, 게재면, 야간옥외집회 금지에 대한 입장, 기사종류)에 대한 차이, 야간옥외집회 금지조항과 관련된 기사의 신문별 프레임의 차이, 야간옥외집회 금지조항과 기사의 시기별 프레임의 차이, 신문의 보도경향에 대한 분석과 프레임분석을 통해 본 야간옥외집회 금지에 대한 관련 기사의 전체적인 경향을 파악하고자 하였다.

3. 분석방법

1) 분석대상 및 자료수집

분석에 필요한 기사를 수집하기 위해서 기본적으로 한국언론진흥재단의 데이터베이스(www.kinds.or.kr)를 이용하였다. 먼저 넓은 범주의 키워드라고 판단되는 '야간집회'를 통해 검색한 기사 중 야간옥외집회 금지조항을 직접적인 주제로 다룬 기사만을 분석대상으로 선정하였다. 이때 중복기사나 비관련 기사는 제외하였다. 기사의 분석대상 기간은 광우병 촛불집회(미국산 쇠고기 수입 반대 집회)가 본격화되기 시작한 2008년 5월부터 2010년 7월 20일까지로 정하였다. 그런데 한국언론진흥재단 데이터베이스에는 〈조선일보〉와 〈중앙일보〉가 포함되어 있지 않으므로 이들의 경우 각 회사에서 운영하는 웹사이트에 실린 기사를 대상으로 하였다. 수집된 기사들 중 야간옥외집회 관련 규정을 다룬 기사들만을 선정하였으며 기사의 게재 면수를 알 수 없는 경우는 이를 배제하였다.

〈표 5-1〉 신문별 기사수집방법 및 총 기사 건수, 선정 건수

신문명	수집방법	총 기사 건수 및 선정 건수
동아일보, 한겨레, 경향신문	한국언론진흥재단 기사검색사이트 KINDS(http://www.kinds.or.kr/)에서 각각 검색 *조선일보, 중앙일보는 KINDS에서 검색 불가 *KINDS 검색결과는 조선일보, 중앙일보 웹사이트 검색결과보다 비관련기사가 많았음	동아일보 106건 중 27건 한겨레 193건 중 40건 경향신문 241건 중 28건 (중복기사 특히 다수-같은 날짜의 다른 판 기사가 많이 섞여 있음)
조선일보	조선일보 웹사이트 (http://www.chosun.com/)	조선일보 35건 중 18건
중앙일보	중앙일보 웹사이트 (http://www.joins.com/)	중앙일보 88건 중 25건
		총 138건

기사의 코딩은 두 명의 연구자가 절반씩 나누어 진행하였으며, 코딩이 끝난 후 전체 기사의 10%를 무작위로 추출하여 코더 간 신뢰도를 홀스티(Holsti, 1969)의 신뢰도 계수(coefficient of reliability)[54]를 이용해 측정한 결과 프레임 분석에 대한 일치도는 .85(기사유형: .87, 프레임유형: .83)로 나타났다.

2) 프레임 틀 구축

야간옥외집회 금지조항 관련보도를 구성하는 뉴스 프레임은 형식적인 측면과 내용적인 측면으로 구분하여 진행하였다. 이는 사회갈등보도에 대한 뉴스 구성의 특성 상 뉴스 프레임의 내용과 마찬가지로 형식도 뉴스 텍스트가 의미를 형성하는 방식에 영향력을 행사한다는 전제에 근거한 것이다(양정혜, 2001). 이에 따라 형식적인 측

---

54 신뢰도 계수(CR) = $\frac{2M}{N1+N2}$
(M = 2명 분석자간의 일치한 코딩 수, N1 = 분석자 1이 코딩한 수, N2 = 분석자 2가 코딩한 수)

면에서의 프레임 분석을 위해 뉴스보도를 사건중심 프레임과 주제중심 프레임으로 구분하였다.

먼저 사건중심 프레임은 구체적인 사례가 특정사건을 중심으로 공적 이슈를 틀 짓는 방식이다. 사건중심 프레임은 무엇이 일어났는가에 중점을 두어 사건현장의 인터뷰를 통해 극적인 요소나 시각적인 요소 등 사건발생의 묘사를 강조한다. 반면에 주제중심 프레임은 사건발생에 대한 사회구조, 역사적 배경 등 추상적인 상황에 이슈를 위치 지우는 보도의 틀로서 그러한 사건이 왜 일어났는가에 중점을 두어 보도하는 방식이다(김호순, 1998; 양정혜, 2001; 김선남, 2002). 다시 말해, 뉴스의 보도 형식이 다양한 사회구조적 맥락 속에서 쟁점의 심층적인 원인진단 및 대안제공이 포함된 뉴스기사의 경우가 여기에 속한다.

내용적 측면에서의 프레임 판별기준은 보도뉴스에 대한 핵심주제어를 그 텍스트의 프레임으로 분석하는 방법을 사용하였다. 핵심주제는 텍스트에서 가장 두드러진 아이디어로서 어떤 사건이나 상황에 대한 전체적인 의미를 규정하는 데 중심적인 역할을 하기 때문이다(양정혜, 2001). 따라서 본 장은 뉴스내용의 프레임 요소를 미리 선택하여 유형화한 후에 내용을 분석한 것이 아니라, 뉴스 텍스트에서 가장 중요한 개념으로서 선택성과 현저성이 강조된 의미를 중심으로 유사한 형태로 반복되는 핵심주제어를 포함시켜 프레임 유형을 추출하였다.

〈표 5-2〉 뉴스 프레임 장치의 측정 변인

프레임 장치	항목	측정변인
프레임 요소	키워드(keyword)	야간집회, 야간옥외집회 금지
	기사주제	야간옥외집회 관련 판결, 여야입법안, 위헌심판, 야간집회허용, 공개변론, 시간대 제한 등
	편집자(기사작성주체)	기자, 논설위원, 데스크, 외부기고가, 독자, 기타
	게재면(section)	종합면, 정치면, 사회면, 오피니언면, 문화면, 특집면, 기타
	구성요소(기사종류)	스트레이트, 사설, 칼럼/기고/독자투고
프레임 방법	뉴스시각(tone)	옹호, 중립, 비판
	방향성(orientation)	옹호적 논조(있다~없다), 비판적 논조(있다~없다)
	빈도(frequency)	기사 게재건수

4. 분석결과

1) 보도경향분석

(1) 전체적인 경향

전체적인 측면에서 볼 때, 〈조선일보〉, 〈중앙일보〉, 〈동아일보〉의 경우 야간옥외집회를 직접적으로 비판하거나 옹호하는 기사를 게재하기 보다는 간접적으로 야간옥외집회의 폭력성 등을 강조하려는 기사를 개진하는 경향이 큰 것으로 드러났다. 흥미로운 점은 〈조선일보〉, 〈중앙일보〉, 〈동아일보〉 등 보수적인 성향을 가진 신문사가 〈한겨레〉나 〈경향신문〉 등 진보적인 성향을 가진 신문사에 비해 기사의 수가 상대적으로 적었다는 것이다. 이러한 측면 역시 보수적인 성향을 가진 신문사가 야간옥외집회에 대해 직접적으로 접근하기보다는 간접적으로 접근하려는 경향을 보이는 것과 일맥상통하는 것으로 판단할 수 있다.

한편, 〈한겨레〉와 〈경향신문〉의 경우에는 〈조선일보〉, 〈중앙일보〉, 〈동아일보〉 등의 세 신문과 비교할 때 보이는 이념적·성향적 차이를 차치하더라도 보도 방식에 있어서 큰 차이를 보이고 있다. 이들 신문들은 야간옥외집회의 당위성을 강조하는 직접적인 근거를 제시하며 기사를 지속적으로 개진하는 경향을 보였다. 또한 기사의 내용 중에 강하고 직설적인 표현이 많은 것도 특징적이라고 할 수 있다.

(2) 신문사별 게재면 분석

신문사별 야간옥외집회 관련 보도기사의 게재면 건수를 살펴보았다. 전체적으로 볼 때 〈경향신문〉을 제외한 〈조선일보〉, 〈동아일보〉, 〈중앙일보〉, 〈한겨레〉는 야간옥외집회 관련 보도를 종합면에 게재한 기사 건수가 상대적으로 많은 것으로 나타났다.

〈표 5-3〉 신문사별 게재면

(단위: 건수/%)

	게재면					전체
	종합	사회	오피니언	정치	문화	
조선일보	8 (44.4%)	5 (27.8%)	5 (27.8%)	0 (0.0%)	0 (0.0%)	18 (100.0%)
동아일보	11 (40.7%)	6 (22.2%)	10 (37.0%)	0 (0.0%)	0 (0.0%)	27 (100.0%)
중앙일보	12 (48.0%)	6 (24.0%)	4 (16.0%)	3 (12.0%)	0 (0.0%)	25 (100.0%)
한겨레	18 (45.0%)	11 (27.5%)	9 (22.5%)	2 (5.0%)	0 (0.0%)	40 (100.0%)
경향신문	10 (35.7%)	11 (39.3%)	4 (14.3%)	2 (7.1%)	1 (3.6%)	28 (100.0%)
전체	59 (42.8%)	39 (28.3%)	32 (23.2%)	7 (5.1%)	1 (0.7%)	138 (100.0%)

조금 더 구체적으로 살펴보면 〈조선일보〉의 경우, 종합면(8건, 44.4%)의 게재건수가 가장 많았으며, 그 다음으로 사회면(5건, 27.8%), 오피니언(5건, 27.8%) 순으로 나타났다. 정치면과 문화면의 기사는 나타나지 않았다.

〈동아일보〉의 경우도 종합면(11건, 40.7%)에 가장 많이 게재하였다. 한편, 〈동아일보〉는 오피니언(10건, 37.0%) 게재 기사가 다른 신문사에 비해 높다는 점이 특이하다. 그 외에도 〈동아일보〉는 사회면에서 6건(22.2%)의 게재 기사가 나타났다. 정치면과 문화면에서의 게재 기사는 나타나지 않았다.

〈중앙일보〉의 경우도 종합면(12건, 48.0%) 게재 기사건수가 가장 많았으며, 다음으로 사회면(6건, 24.0%), 오피니언(4건, 16.0%), 정치면(3건, 12.0%)순으로 나타났다. 문화면의 기사는 나타나지 않았다.

〈한겨레〉의 경우도 종합면(18건, 45.%) 게재 기사 건수가 가장 많았으며, 다음으로 사회면(11건, 27.5%), 오피니언(9건, 22.5%), 정치면(2건, 5.0%)순으로 많았다. 문화면 기사는 나타나지 않았다.

〈경향신문〉의 경우 다른 신문사와는 달리 사회면(10건, 35.75%) 게재 기사건수가 가장 많았으며, 다음으로 종합면(10건, 35.7%), 오피니언(4건, 14.3%), 정치면(2건, 7.1%), 문화면(1건, 3.6%) 순으로 나타났다.

(3) 신문사별 세부 게재면에 따른 입장 분석

신문사별로 각 게재면에 보도된 '야간옥외집회'(이하 '야간집회')에 대한 기사의 입장을 살펴보기 위해 각 게재면별로 분석해 보았다.

먼저, 신문사별로 '종합면'에 보도된 야간집회 기사의 입장을 살펴보았다. 〈표 5-4〉에서 알 수 있듯 '종합면'의 특성상 신문사 전체

〈표 5-4〉 종합면에서의 신문별 입장

(단위: 건수/%)

	야간집회에 대한 입장			전체
	옹호	중립	비판	
조선일보	0 (0.0%)	6 (75.0%)	2 (25.0%)	8 (100.0%)
동아일보	0 (0.0%)	9 (81.8%)	2 (18.2%)	11 (100.0%)
중앙일보	0 (0.0%)	12 (100.0%)	0 (0.0%)	12 (100.0%)
한겨레	5 (27.8%)	13 (72.2%)	0 (0.0%)	18 (100.0%)
경향신문	0 (0.0%)	10 (100.0%)	0 (0.0%)	10 (100.0%)
전체	5 (8.5%)	50 (84.7%)	4 (6.8%)	59 (100.0%)

적으로 중립입장(50건, 84.7%)이 가장 많았고, 옹호입장은 5건(8.5%), 비판입장은 4건(6.8%)이었다. 여기서 '종합면'에 야간집회에 대해 옹호입장으로 보도한 신문사는 〈한겨레〉(5건, 27.8%)였으며, 비판입장으로 보도한 신문사는 〈조선일보〉(2건, 25.0%)와 〈동아일보〉(2건, 18.2%)였다. 한편, 종합면에서 야간집회에 대해 중립입장으로만 보도한 신문사는 〈중앙일보〉(12건)와 〈경향신문〉(10건)이었다. 이처럼 중립입장을 제외하면 '종합면'에 야간집회에 대해 비판입장으로 보도한 신문사와 긍정입장으로 보도한 신문사 간의 입장 차이를 보이고 있음을 알 수 있다.

다음으로, 신문사별로 '사회면'에 보도된 야간집회 기사의 입장을 살펴보았다. 〈표 5-5〉와 같이 '사회면'에는 신문사 전체적으로 중립입장(34건, 87.2%)이 가장 많았고, 옹호입장은 3건(7.7%), 비판입장

<표 5-5> 사회면에서의 신문별 입장

(단위: 건수/%)

	야간집회에 대한 입장			전체
	옹호	중립	비판	
조선일보	0 (0.0%)	5 (100.0%)	0 (0.0%)	5 (100.0%)
동아일보	0 (0.0%)	5 (83.3%)	1 (16.7%)	6 (100.0%)
중앙일보	0 (0.0%)	5 (83.3%)	1 (16.7%)	6 (100.0%)
한겨레	3 (27.3%)	8 (72.7%)	0 (0.0%)	11 (100.0%)
경향신문	0 (0.0%)	11 (100.0%)	0 (0.0%)	11 (100.0%)
전체	3 (7.7%)	34 (87.2%)	2 (5.1%)	39 (100.0%)

은 2건(5.1%)으로 나타났다. 여기서 사회면에 옹호 입장으로 보도한 신문사는 <한겨레>(3건, 27.2%)였으며, 비판입장으로 보도한 신문사는 <동아일보>(1건, 16.7%)와 <중앙일보>(1건, 16.7%)였다.

다음으로 신문사별로 '오피니언면'에 보도된 야간집회 기사의 입장을 살펴보았다.

<표 5-6>에서 볼 수 있듯 오피니언면의 특성상 각 신문사별로 야간집회에 대한 입장차이가 분명히 드러났다. 오피니언면에 야간집회에 대해 비판입장으로 보도한 신문사는 <조선일보>(2건, 40.0%)와 <동아일보>(10건, 100%), <중앙일보>(4건, 100%)였다. 반면 오피니언면에 야간집회에 대해 옹호입장으로 보도한 신문사는 <한겨레>(9건, 100%), <경향신문>(4건, 100%)이었다. 이처럼 신문사별로 '오피니언면'에 보도된 야간집회에 대한 입장은 보수신문인 <조선일보>, <동아

〈표 5-6〉 오피니언면에서의 신문별 입장

(단위: 건수/%)

	야간집회에 대한 입장			전체
	옹호	중립	비판	
조선일보	0 (0.0%)	3 (60.0%)	2 (40.0%)	5 (100.0%)
동아일보	0 (0.0%)	0 (0.0%)	10 (100.0%)	10 (100.0%)
중앙일보	0 (0.0%)	0 (0.0%)	4 (100.0%)	4 (100.0%)
한겨레	9 (100.0%)	0 (0.0%)	0 (0.0%)	9 (100.0%)
경향신문	4 (100.0%)	0 (0.0%)	0 (0.0%)	4 (100.0%)
전체	13 (40.6%)	3 (9.4%)	16 (50.0%)	32 (100.0%)

일보〉, 〈중앙일보〉와 진보신문인 〈한겨레〉, 〈경향신문〉 간에 분명한 입장 차이를 보였다. 단지, 〈조선일보〉의 경우 〈동아일보〉나 〈중앙일보〉와 같이 100% 비판적인 입장을 보이기보다는 중립적인 입장을 더 많이 보이는 것으로 나타났다. 이는 보도에 있어 조금 더 신중한 자세를 취하는 것으로 보인다.

흥미롭게도 정치면에서는 모든 신문들이 야간집회에 대해 중립적 입장을 취하고 있는 것으로 나타났다. 〈표 5-7〉과 같이 전체적으로 각 신문사들은 '정치면'에서 야간집회에 대해 중립입장으로 보도한 것으로 나타났다. 즉 정치면에 〈중앙일보〉는 3건, 〈한겨레〉는 2건, 〈경향신문〉은 2건 등 총 7건의 기사는 야간집회에 대해 중립입장으로 보도하였다.

한편, 신문사별로 '문화면'에 보도된 야간집회에 대한 입장의 빈

〈표 5-7〉 정치면에서의 신문별 입장

(단위: 건수/%)

	야간집회에 대한 입장	전체
	중립	
중앙일보	3 (100.0%)	3 (100.0%)
한겨레	2 (100.0%)	2 (100.0%)
경향신문	2 (100.0%)	2 (100.0%)
전체	7 (100.0%)	7 (100.0%)

도를 살펴보았더니, '문화면'에서 야간집회에 대해 보도한 신문사는 〈경향신문〉 1건(옹호입장)으로 나타났다. 이는 촛불시위 등 야간집회의 쟁점을 문화적인 측면에서 바라보기보다는 정치적 쟁점으로 바라보려는 경향이 강하기 때문인 것으로 보인다.

(4) 신문사별 기사종류 분석

신문사별 야간집회 보도의 기사종류별 빈도를 살펴본 결과, 〈표 5-8〉과 같이 나타났다. 전체적으로 모든 신문사들이 스트레이트 기사형태로 야간집회 기사를 많이 보도한 점이 특징적으로 나타났다. 그 다음은 칼럼/기고/독자투고(12.3%)가 사설(10.9%) 보다 조금 많은 것으로 나타났다. 사설이 신문사의 입장을 대표하는 전달방식이라는 점에서 볼 때 보도에 있어 조금 더 신중한 모습을 보이려고 한다는 위의 결과(〈표 5-4〉, 〈표 5-5〉 등)와 일맥상통하는 결과라고 볼 수 있다.

〈표 5-8〉에서 볼 수 있듯 각 신문사별로 살펴보면 〈조선일보〉의

〈표 5-8〉 신문사별 기사종류

(단위: 건수/%)

	기사종류			전체
	스트레이트	사설	칼럼/기고/독자투고	
조선일보	13 (72.2%)	2 (11.1%)	3 (16.7%)	18 (100.0%)
동아일보	17 (63.0%)	5 (18.5%)	5 (18.5%)	27 (100.0%)
중앙일보	21 (84.0%)	3 (12.0%)	1 (4.0%)	25 (100.0%)
한겨레	31 (77.5%)	4 (10.0%)	5 (12.5%)	40 (100.0%)
경향신문	24 (85.7%)	1 (3.6%)	3 (10.7%)	28 (100.0%)
전체	106 (76.8%)	15 (10.9%)	17 (12.3%)	138 (100.0%)

경우 스트레이트 기사 13건(72.2%), 사설이 2건(11.1%), 칼럼/기고/독자투고 3건(6.7%)순으로 나타났다. 〈동아일보〉도 스트레이트 기사가 17건(63.0%)으로 가장 많았으며, 사설과 칼럼/기고/독자투고는 각각 5건(18.5%)이었다. 〈중앙일보〉도 스트레이트 기사가 21건(84.0%)으로 가장 많았으며 사설 3건(12.0%), 칼럼/기고/독자투고 1건(4.0%)이었다. 〈한겨레〉의 경우도 스트레이트 기사가 31건(77.5%)로 가장 많았고, 칼럼/기고/독자투고 5건(12.5%), 사설이 4건(10.0%)이었다. 〈경향신문〉도 스트레이트 기사가 24건(85.7%)으로 가장 많았고, 칼럼/기고/독자투고 3건(10.7%), 사설 1건(3.6%)이었다.

이러한 기사 종류에 따라서 어떤 입장을 취하는지를 신문사별로 살펴보았는데 먼저 스트레이트 뉴스의 경우 〈표 5-9〉와 같은 결과를 보였다.

구체적으로 살펴보면 스트레이트 기사의 특성 상 신문사 전체적

〈표 5-9〉 스트레이트

(단위: 건수/%)

	야간집회에 대한 입장			전체
	옹호	중립	비판	
조선일보	0 (0.0%)	11 (84.6%)	2 (15.4%)	13 (100.0%)
동아일보	0 (0.0%)	14 (82.4%)	3 (17.6%)	17 (100.0%)
중앙일보	0 (0.0%)	20 (95.2%)	1 (4.8%)	21 (100.0%)
한겨레	8 (25.8%)	23 (74.2%)	0 (0.0%)	31 (100.0%)
경향신문	1 (4.2%)	23 (95.8%)	0 (0.0%)	24 (100.0%)
전체	9 (8.5%)	91 (85.8%)	6 (5.7%)	106 (100.0%)

으로 중립입장(91건, 85.8%)의 빈도가 가장 많았으며, 옹호입장은 9건(8.5%), 비판입장은 6건(5.7%)으로 나타났다. 다만 중립입장을 제외하고 옹호입장과 비판입장으로 보도한 기사 건수를 각 신문사별로 살펴보면 야간집회에 대한 신문사 간의 입장차이가 드러났다. 즉 스트레이트 기사형태로 야간집회에 대해 비판입장으로 보도한 신문사는 〈조선일보〉(2건)와 〈동아일보〉(3건), 〈중앙일보〉(1건)인 반면, 옹호입장으로 보도한 신문사는 〈한겨레〉(8건), 〈경향신문〉(1건)으로 나타났다.

사설면에 있어서는 스트레이트면과는 다른 결과를 드러냈다. 즉 '사설'에서 야간집회에 대한 입장 차이를 명확히 드러냈는데 이는 〈표 5-10〉과 같다.

구체적으로 사설기사 형태로 야간집회에 대해 비판입장으로 보도한 신문사는 〈조선일보〉(1건, 50%), 〈동아일보〉(5건, 100%), 〈중앙일보〉

〈표 5-10〉 사설

(단위: 건수/%)

	야간집회에 대한 입장			전체
	옹호	중립	비판	
조선일보	0 (0.0%)	1 (50.0%)	1 (50.0%)	2 (100.0%)
동아일보	0 (0.0%)	0 (0.0%)	5 (100.0%)	5 (100.0%)
중앙일보	0 (0.0%)	0 (0.0%)	3 (100.0%)	3 (100.0%)
한겨레	4 (100.0%)	0 (0.0%)	0 (0.0%)	4 (100.0%)
경향신문	1 (100.0%)	0 (0.0%)	0 (0.0%)	1 (100.0%)
전체	5 (33.3%)	1 (6.7%)	9 (60.0%)	15 (100.0%)

(3건, 100%)이었다. 반면 사설기사 형태로 야간집회에 대해 옹호입장으로 보도한 신문사는 〈한겨레〉(1건, 100%), 〈경향신문〉(1건, 100%)이었다. 이처럼 사설기사 형태에서 야간집회에 대한 입장은 소위 보수신문으로 일컬어지는 〈조선일보〉, 〈동아일보〉, 〈중앙일보〉와 진보신문으로 일컬어지는 〈한겨레〉, 〈경향신문〉 간에 분명한 차이를 보인다.

이와 유사하게 칼럼/기고/독자투고에 나타난 신문사별 입장차이도 뚜렷한 것으로 나타났다. 즉 〈표 5-11〉에서와 같이 '칼럼/기고/독자투고' 기사의 특성 상 신문사별로 야간집회에 대한 입장 차이가 분명히 드러남을 알 수 있다.

칼럼/기고/독자투고기사 형태로 야간집회에 대해 비판입장으로 보도한 신문사는 〈조선일보〉(1건, 33.3%), 〈동아일보〉(5건, 100%), 〈중앙일보〉(1건, 100%)이었다. 반면 사설기사 형태로 야간집회에 대해 옹호

〈표 5-11〉 칼럼/기고/독자투고

(단위: 건수/%)

	야간집회에 대한 입장			전체
	옹호	중립	비판	
조선일보	0 (0.0%)	2 (66.7%)	1 (33.3%)	3 (100.0%)
동아일보	0 (0.0%)	0 (0.0%)	5 (100.0%)	5 (100.0%)
중앙일보	0 (0.0%)	0 (0.0%)	1 (100.0%)	1 (100.0%)
한겨레	5 (100.0%)	0 (0.0%)	0 (0.0%)	5 (100.0%)
경향신문	3 (100.0%)	0 (0.0%)	0 (0.0%)	3 (100.0%)
전체	8 (47.1%)	2 (11.8%)	7 (41.2%)	17 (100.0%)

입장으로 보도한 신문사는 〈한겨레〉(5건, 100%), 〈경향신문〉(3건, 100%)이었다. 이처럼 칼럼/기고/독자투고기사 형태에서 야간집회에 대한 입장은 보수신문으로 일컬어지는 〈조선일보〉, 〈동아일보〉, 〈중앙일보〉와 진보신문으로 일컬어지는 〈한겨레〉, 〈경향신문〉 간에 분명한 차이를 보인다.

(5) 신문사별 칼럼/기고/독자투고 집필자

다음으로, 야간집회에 대한 언론보도에 있어 사설보다 많은 빈도수를 차지하고 있는 칼럼/기고/독자투고의 집필자가 어떤 사람인가를 살펴보았다. 신문들이 대개 자사의 입장을 강하게 투영하지 않으면서 비슷한 효과를 얻는 방식이 바로 외부인들의 글을 칼럼 등의 형식을 빌어 싣는 것이다. 이를 통해서 관련 전문가들이 생각하고 있는 바를 전달하기도 한다. 언론에서는 이런 이유로 글을 적절히 쓸 수 있는 필자들을 섭외하는데 노력을 기울이기도 한다. 야간집회에 대한 외부인들의 글을 실은 결과는 〈표 5-12〉와 같다.

〈표 5-12〉 신문사별 칼럼/기고/독자투고 집필자 유형

	칼럼/기고/독자투고 대상자 유형				전체
	신문사 내부인 (기자, 논설위원)	법관련 교수/변호사	시민단체	공공기관 소속 (경찰청 등)	
조선일보	1 33.3%	0 0.0%	0 0.0%	2 66.7%	3 100.0%
동아일보	3 60.0%	0 0.0%	0 0.0%	2 40.0%	5 100.0%
중앙일보	0 0.0%	0 0.0%	0 0.0%	1 100.0%	1 100.0%
한겨레	0 0.0%	2 40.0%	3 60.0%	0 0.0%	5 100.0%
경향신문	0 0.0%	2 66.7%	1 33.3%	0 0.0%	3 100.0%
전체	4 23.5%	4 23.5%	4 23.5%	5 29.4%	17 100.0%

구체적으로 신문사별로 살펴보면 〈조선일보〉의 경우, 경찰서 등 공공기관 소속 필자는 2건(66.7%), 기자 등의 신문사 내부인은 1건(33.3%)이었으며, 〈동아일보〉는 논설위원 등 신문사 내부인은 3건(60.0%), 자유기업원 등 공공기관 소속 필자는 2건(40.0%)이었다. 〈중앙일보〉의 경우 경찰청 등의 공공기관 소속 필자는 1건(100%)이었다. 〈한겨레〉의 경우 참여연대 등 진보성향 시민단체 소속 필자가 3건(60.0%), 헌법학 교수 및 변호사가 2건(40.0%)이었으며, 〈경향신문〉은 헌법학 교수 및 변호사가 2건(66.7%), 인권운동사랑방 등 진보성향 시민단체 소속 필자가 1건(33.3%)으로 나타났다.

결과적으로 신문사별로 '칼럼/기고/독자투고'란에 기고한 대상

자 유형별로 차이가 드러나는데, 〈조선일보〉와 〈동아일보〉, 〈중앙일보〉는 신문사 내부인(기자, 논설위원 등)과 공공기관 소속(경찰서, 경찰청 등) 필자가 주로 기고한 반면, 〈한겨레〉와 〈경향신문〉의 경우에는 법 관련 교수 및 변호사와 진보성향 시민단체 소속 필자의 기고 건수가 상대적으로 많은 것이 특징적이다. 이러한 점은 전술한 바와 같이 신문사별로 야간집회에 대한 자신들의 입장을 더 확고히 하기 위한 수단으로 '칼럼/기고/독자투고'란의 기고 필자들을 이용할 수 있다는 점을 시사한다고 볼 수 있다.

(6) 신문사별 야간집회에 대한 입장 분석

전체적인 보도 경향을 보기 위한 일환으로 신문사별 야간집회에 대한 입장을 살펴보았다. 그 결과는 〈표 5-13〉에 나타나 있다.

결과적으로 신문사 전체적으로 중립입장(94건, 68.1%)이 가장 많았으며, 옹호입장과 비판입장은 각각 22건(15.9%)이었다. 야간집회에 대한 중립입장을 제외하고 옹호입장와 비판입장을 신문사별로 살펴보면 분명한 차이가 드러난다. 즉 야간집회에 대해 비판입장으로 보도한 신문사는 〈조선일보〉(4건, 22.2%), 〈동아일보〉(13건, 48.1%), 〈중앙일보〉(5건, 20.0%)이었다. 반면 야간집회에 대해 옹호입장으로 보도한 신문사는 〈한겨레〉(17건, 42.5%), 〈경향신문〉 5건(17.9%)이었다. 이처럼 신문사별 야간집회에 대한 입장(중립입장은 제외)은 소위 보수신문으로 일컬어지는 〈조선일보〉, 〈동아일보〉, 〈중앙일보〉의 경우 반대입장으로 보도한 반면, 소위 진보신문이라 일컬어지는 〈한겨레〉와 〈경향신문〉은 옹호입장으로 보도하여 이들 신문사 간 분명한 입장 차이가 드러났다.

〈표 5-13〉 신문사별 야간집회에 대한 입장

(단위: 건수/%)

	야간집회에 대한 입장			전체
	옹호	중립	비판	
조선일보	0 (0.0%)	14 (77.8%)	4 (22.2%)	18 (100.0%)
동아일보	0 (0.0%)	14 (51.9%)	13 (48.1%)	27 (100.0%)
중앙일보	0 (0.0%)	20 (80.0%)	5 (20.0%)	25 (100.0%)
한겨레	17 (42.5%)	23 (57.5%)	0 (0.0%)	40 (100.0%)
경향신문	5 (17.9%)	23 (82.1%)	0 (0.0%)	28 (100.0%)
전체	22 (15.9%)	94 (68.1%)	22 (15.9%)	138 (100.0%)

2) 프레임 분석

(1) 프레임 유형

본 장은 야간집회에 대한 신문보도에 대해 심층적으로 살펴보기 위해 질적분석 방법을 이용한 프레임 분석을 실시하였다. 연구방법에서 상술한 사건중심 프레임과 주제중심 프레임 이외에 다음과 같은 8개의 프레임 유형을 발견하고 이에 대해 분석하였다. 해당 프레임의 기준에 대한 설명은 다음과 같다.

① 단순(기타) 프레임

단순(기타) 프레임은 헌재의 결정에 대한 내용이나, “헌재 결정 뒤의 야간집회 첫 무죄판결”, “야간집회 국회통과 어려울 듯”, “한나라당과 민주당의 당론 채택” 등과 같이 특별한 경향 없이 비교적 단순하게 사건이나 사안을 중심으로 보도한 프레임을 말한다. 또한 단순(기타) 프레임은 다른 프레임에 비해 상대적으로 초점이나 기사 경향에 있어 특정한 톤을 발견하기 미약한 경우에 해당하는 것으로 판정하였다.

② 대항 프레임

대항 프레임은 경찰의 과잉대응을 비판하거나 성난 민심, 조속 개선촉구, 기본권 보장, 반발과 저항, 합리적 개선 필요, 현 집시법의 부당성 등을 포함하며 야간집회 금지에 대해 저항할 것을 촉구하는 톤을 가진 프레임을 말한다. 또한 "국민의 기본권은 흥정대상이 아니다", "적극적인 사회적 합의가 필요하다"거나 "한나라당 개선안은 현행법보다 오히려 후퇴한 것과 같다" 등과 같이 적극적인 개선을 요구하는 톤을 가진 프레임을 말한다.

③ 폭력성우려 프레임

폭력성우려 프레임은 주로 촛불시위와 집시법의 문제를 거론한 경우가 많았고, 검찰의 공소취소 번복을 비판하거나 야간집회허용에 대한 헌재 결정 이후 치안공백, 국가이미지 실추, 미성년자의 가담 위험성 등을 거론하거나, "야간옥외집회를 허용하면 난장판이 될 것이다"와 같은 톤을 가진 프레임을 말한다.

④ 양립성 프레임

양립성 프레임은 집시법 개정안에 대한 여야의 시각을 비교적 균형 있게 다루거나 경찰과 시민단체의 의견을 비슷한 양과 톤으로 다룬 경우를 말한다.

⑤ 적용혼란 프레임

적용혼란 프레임은 집시법의 야간집회 허가제에 대한 위헌판결 이후 개정안을 만들기 전까지 주로 있었던 프레임으로 일선 법원에서 선고를 잠정유예하거나 적용 중지해야 한다거나, 저녁 7시 이후의 집회에 대해 허용을 해야 옳은지 아닌지 등의 혼란한 상황에 대한 묘사를 포함한 프레임을 말한다.

⑥ 대체보완요구 프레임

대체보완요구 프레임은 야간집회에 대한 헌법불합치 판결 이후 추가로 독소조항에 대해서도 개선을 요구하거나 야간집회에 대한 개정안이 무효로 된 이후 시위와 집회의 기준을 엄밀히 해야 한다거나 유령집회신고의 문제, 합리적 운영 촉구 등 미래지향적인 차원에서 추가보완이 필요하다는 톤을 가진 프레임을 말한다.

⑦ 금지조항 위헌성 강조 프레임

금지조항 위헌성 강조 프레임은 야간옥외집회 금지조항의 위헌 여부 문제에 대해서만 집중적으로 보도한 프레임을 말한다.

⑧ 책임귀인 프레임

책임귀인 프레임은 야간옥외집회 금지조항의 역사를 설명하며, 20년 전 누구에 의해 어떤 이유로 야간옥외집회를 금지하는 조항을 만들게 되었는가에 대해 거론하거나, 폭력성을 우려하면서 최초 입법의 원인을 지적하거나, 야간옥외집회 개정안 지연의 문제를 게으른 국회에 있다고 책임을 귀인시킨 내용을 가진 프레임을 말한다.

(2) 특징

전체적인 프레임 분석결과 주제중심 프레임이 99건(71.8%)으로 사건중심 프레임 39건(28.2%)보다 훨씬 많은 것으로 나타났다. 이 같은 결과는 야간집회에 대해서 극적 요소나 시각적인 요소 등을 이용해 사건발생의 묘사에 치중하며 무엇이 일어났는가에 대해 다룬 기사보다는 사건에 대한 구조적 요인, 역사적 배경 등 추상적인 상황에 이슈를 위치시킨 이유나 원인에 치중한 보도가 많았음을 의미한다. 이는 또한 야간집회에 대한 이슈의 복잡성과 찬반대립 등 갈등성이 높았던 반면 헌재 판결이나 국회에서의 처리 상황 등 상대적으로 사건 중심의 보도는 적었던 데에서 나온 것으로 판단된다.

세부적인 프레임을 보면, 전체적으로 단순(기타) 프레임이 41건(29.7%)으로 가장 많았고, 대항 프레임이 28건(20.3%), 폭력성우려 프레임 22건(15.9%), 대체보완요구 프레임 15건(10.9%), 양립성 프레임 12건(8.7%), 적용혼란 프레임 10건(7.2%), 금지조항 위헌성 강조 프레임 3건(2.2%), 책임귀인 프레임 3건(2.2%)의 순서로 나타났다.

단순(기타) 프레임은 헌재의 결정을 보도한 내용이거나, 헌재 결정 뒤의 야간집회 첫 무죄판결, "야간집회 국회통과가 어려울 듯", "한나라당과 민주당의 당론 채택" 등과 같이 특별한 경향 없이 단순하게 사건이나 사안을 중심으로 보도한 프레임을 말한다. 단순(기타) 프레임이 가장 많았던 이유는 기사경향에 있어 특정한 톤이나 초점을 발견하기 어려운 경우 이에 해당하는 것으로 판정하였기 때문으로 판단된다.

이보다 중요한 것은 특정한 톤을 가진 프레임에 대한 것으로, 대항 프레임이 특정한 톤을 가진 프레임 중에서는 가장 높은 비중을 가진 것으로 나타났다. 이는 경찰의 과잉대응을 비판하거나 성난 민심, 조속개선촉구, 기본권 보장, 반발과 저항, 합리적 개선 필요, 현 집시법의 부당성 등을 포함하며 적극적으로 야간집회 금지에 대해 저항할 것을 촉구한 메시지가 강하게 나타난 경우로 특히 진보적 신문의 경우 이러한 직접적이고 강한 톤을 사용한 경우가 많았다. 그 다음으로 높았던 것은 폭력성우려 프레임으로 주로 촛불시위와 집시법의 문제를 거론한 경우가 많았고, 검찰의 공소취소 번복을 비판하거나 야간집회허용에 대한 헌재 결정 이후 치안공백, 국가이미지 실추가 우려된다거나, 미성년자의 가담위협이 있고, "야간집회를 허용하면 난장판이 될 것이다"와 같은 내용과 톤을 가진 경우를 말한다. 이 프레임의 경우는 특히 보수적 성향의 신문에서 지배적으로 나타났다.

다음으로 높은 것은 대체보완요구 프레임으로 주로 야간집회에 헌재의 결정이 나온 이후와 2010년 6월 30일 개정안 마련이 무효로 돌아간 이후 나온 것으로 시위와 집회의 기준을 엄밀히 해야 한다거나 유령집회신고의 문제, 합리적 운영 촉구 등 미래지향적인 차원에서 추가보완이 필요하다는 톤을 가진 프레임이었다. 그 다음으로 높은 것은 양립성 프레임으로 집시법 개정안에 대한 여야의 시각을 비교적 균형 있게 다루거나, 경찰과 시민단체의 의견을 비슷한 양과 톤으로 다룬 경우를 말한다. 다음으로 많았던 것은 적용혼란 프레임으로 집시법의 야간집회 허가제에 대한 위헌판결 이후 개정안을 만들기 전까지 주로 있었던 프레임으로 일선 법원에서 선고를 잠정유예하거나 적용 중지해야 한다거나, 저녁 7시 이후의 집회에 대해 허용을 해야 옳은지 아닌지 등의 혼란스러운 상황을 보도한 프레임이었다.

다음은 비중이 다소 낮은 금지조항 위헌성 강조 프레임과 책임귀인 프레임으로, 이 중 금지조항 위헌성 강조 프레임은 야간옥외집회 금지조항의 위헌여부 문제에 대해서만 집중적으로 보도한 경우를 말하고, 책임귀인 프레임은 야간옥외집회 금지조항의 역사와 최초 야간옥외집회를 금지하는 조항을 만들게 된 원인을 거론하거나, 폭력성을 우려하면서 최초 입법의 원인을 지적하거나, 야간옥외집회 개정안 지연의 문제를 게으른 국회에 있다고 책임을 귀인시킨 내용을 가진 프레임을 말한다. 금지조항 위헌성 강조 프레임은 〈경향신문〉에만 있었고, 책임귀인 프레임은 〈동아일보〉, 〈중앙일

〈표 5-14〉 전체적인 신문 기사유형 및 프레임

구분	유형	빈도	비중(%)
기사유형	사 건	39	28.2
	주 제	99	71.8
종 합		138	100
프 레 임	단순(기타)프레임	41	29.7
	대항 프레임	28	20.3
	폭력성우려 프레임	22	15.9
	양립성 프레임	12	8.7
	적용혼란 프레임	10	7.2
	대체보완요구 프레임	15	10.9
	금지조항 위헌성 강조 프레임	3	2.2
	책임귀인 프레임	3	2.2
총 계		138	100

보〉, 〈경향신문〉에 각 1건씩 있었다.

다음은 조금 더 구체적인 신문별 프레임 유형에 대한 분석이다. 이하의 부분은 단순(기타) 프레임을 제외하고 주로 특정한 톤을 가진 프레임을 중심으로 분석한 내용이다.

① 조선일보

조선일보의 경우 기사유형은 주제중심 프레임이 72.2%, 사건중심 프레임이 27.8%로 주제중심 프레임이 더 많았다. 단순(기타) 프레임을 제외한 특정한 톤을 가진 프레임만을 분석한 것 중에서는 폭력성우려 프레임과 양립성 프레임이 각각 가장 비중이 높은 35.7%, 적용혼란 프레임과 대체보완요구 프레임이 각각 14.3%의 순서로 높았다.

가장 지배적인 프레임인 폭력성우려 프레임과 양립성 프레임의 대표적인 기사를 보면 먼저 폭력성우려 프레임은 기자칼럼을 통해 집회에 대한 자유는 "공공성이 강한 만큼 위법 상황으로 발전할 위험성도 높은 기본권이라는 특징을 갖고 있다. 본질적인 부분이 침해받아서는 안 되는 기본적인 권리임에도 많은 나라가 '공공의 이익'을 내세워 일정부분 제한을 하는 이유이다… 이들 국가가 집회 시위의 자유를 부분적으로 제한한 것은 불법 폭력 시위로 인해 사회 전체가 몸살을 앓고 난 뒤이다"[55]와 같이 다른 나라의 사례를 인용하거나 "야간집회에 대한 명확한 제한이 입법에 포함되지 않는다면, 시내 중심부는 밤마다 지난해 여름과 같은 난장판이 될 수도 있다"[56]와 같이 경찰청 정보보안과장의 직설적 표현을 통해 폭

55 조선일보, A31 면, 2009. 9. 26.

〈표 5-15〉 조선일보 기사유형 및 프레임

구분	유형	빈도	비중(%)
기사유형	사 건	5	27.8
	주 제	13	72.2
총 계		18	100
특정 프레임	대항 프레임	0	0
	폭력성우려 프레임	5	35.7
	양립성 프레임	5	35.7
	적용혼란 프레임	2	14.3
	대체보완요구 프레임	2	14.3
	금지조항 위헌성 강조 프레임	0	0
	책임귀인 프레임	0	0
총 계		14	100

력성을 우려한 경우를 말한다.

이와 동시에 양립성 프레임도 동일한 비중이었는데 집시법 개정에 대한 여야의 시각을 다룬 경우와 사설을 통해 "집회의 자유는 기본권에 해당하는 만큼 여야가 집회 금지 시간대를 융통성 있게 조정해 가능한 한 보장하는 것이 옳다. 그와 병행해 무법·탈법 야간 시위로 시민들이 입는 막대한 피해를 감안해 소음 기준이나 폭력시위 처벌 규정도 지금보다 더 강화해야 한다"[57]와 같이 비교적 중립적인 내용의 기사를 포함한 경우이다. 반면 조선일보의 경우 대항 프레임은 한 건도 없었다.

56 조선일보, A29 면, 2009. 9. 29.

57 조선일보, A31 면, 2010. 6. 28.

② 동아일보

동아일보의 경우 기사유형은 주제중심 프레임이 77.8%, 사건중심 프레임이 22.2%로 주제중심 프레임이 더 많았다. 프레임 유형은 폭력성우려 프레임이 78.9%로 가장 많았고, 대체보완 프레임이 10.5%, 대항 프레임과 책임귀인 프레임이 각각 5.3%의 순서로 나타났다.

동아일보의 경우 지배적인 프레임인 폭력성우려 프레임은 사설을 통해 나타난 "언제까지 시위대에 몰매 맞을 건가"[58]에서 시작해서 논설위원 칼럼에 나타난 "진보나 좌파 단체들의 집회는 야간에 집중되고 있다. 오후 늦게 시작해 어두워지면 촛불을 드는 식이다. '문화행사'라고 우기지만 그런 목적이 아니라는 건 집회 참가자들이 더 잘 안다. 편법을 동원해서까지 야간집회를 고집하는 것은 밤의 익명성과 선동효과를 염두에 둔 것이 틀림없다. 촛불집회로 몇 차례 '흥행'에 성공했던 기억이 야간집회의 유혹을 키웠다고 할 것이다"[59]와 같은 기사 등으로 치안공백 등을 우려한 기사가 대표적인 예이다. 특히 "집회가 불법폭력집회로 변질된 비율은 야간집회가 훨씬 높았고 12년 동안 열린 주간집회 13만 256건에서 폭력집회로 변질된 경우는 593건으로 0.46%인데 반해 야간집회 9711건에서 폭력집회로 바뀐 경우는 603건으로 6.21%나 됐다"[60]는 구체적인 경찰청의 통계를 인용한 기사와 "시민과 함께하는 변호사들의 서경진 변호사가 최근 12년간 집회·시위를 분석한 바에 따르면 야간에 열리는 집회가 불법 폭력화하는 확률은 주간에 열리는 집회보다 29배나 높았

58 동아일보, 31면, 2009. 3. 9.

59 동아일보, 26면, 2009. 3. 14.

60 동아일보, 12면, 2010. 3. 24.

다고 한다"와 같은 통계를 제시하며 폭력성을 우려하고 있었다.

한편 대항 프레임은 1건에 불과하였다. 그리고 특이한 것은 책임귀인 프레임으로 민주화운동 세력이 주도적으로 마련한 개혁입법이 1989년 4월 28일 여소야대(與小野大) 국회에서 만장일치로 채택된 집회 및 시위에 관한 법률개정안이었다는 점을 강조하며 현행집시법이 폭력적 집회시위를 해온 단골 시위꾼들 때문에 꼭 필요하다는 내용을 다룬 기사이다.

〈표 5-16〉 동아일보 기사유형 및 프레임

구분	유형	빈도	비중(%)
기사유형	사 건	6	22.2
	주 제	21	77.8
총 계		27	100
특정 프레임	대항 프레임	1	5.3
	폭력성우려 프레임	15	78.9
	양립성 프레임	0	0
	적용혼란 프레임	0	0
	대체보완요구 프레임	2	10.5
	금지조항 위헌성 강조 프레임	0	0
	책임귀인 프레임	1	5.3
총 계		19	100

③ 중앙일보

중앙일보의 경우도 기사유형은 주제중심 프레임이 60.0%, 사건중심 프레임이 40.0%로 주제중심 프레임이 더 많았다. 특정 프레임 유형을 분석한 결과 양립성 프레임과 대체보완요구 프레임이 각각 30.7%, 적용혼란 프레임이 23.2%, 그리고 폭력성우려 프레임과 책임귀인 프레임이 각각 7.7%의 순서로 나타났다.

중앙일보의 경우는 양립성 프레임과 대체보완요구 프레임이 동일한 비중이었는데, 먼저 양립성 프레임의 예로 "야간옥외집회 장소·시간 완화해야", "지금도 폭력시위 잦아 … 제한 마땅"[61]이란 기사와 대체보완요구 프레임으로는 사설을 통해 "헌법 불합치 결정이 내려진 이상 집시법 손질은 불가피하게 됐다. 무엇보다 야간집회가 불법 폭력시위로 변질되는 것을 최대한 막을 수 있는 내용으로 법 개정이 이루어져야 한다. 정부는 헌재 결정의 취지를 잘 살피고 선진국의 입법례 등을 종합적으로 판단해 제대로 된 개정안을 만들길 바란다"[62]와 같이 보완된 입법이 나오길 바라는 기사를 예로 들 수 있다.

다음으로 적용혼란 프레임은 집시법 개정안 처리 무산 후유증으

〈표 5-17〉 중앙일보 기사유형 및 프레임

구분	유형	빈도	비중(%)
기사유형	사 건	10	40.0
	주 제	15	60.0
총 계		25	100
특정 프레임	대항 프레임	0	0
	폭력성우려 프레임	1	7.7
	양립성 프레임	4	30.7
	적용혼란 프레임	3	23.2
	대체보완요구 프레임	4	30.7
	금지조항 위헌성 강조 프레임	0	0
	책임귀인 프레임	1	7.7
총 계		13	100

61 중앙일보, 종합/14면, 2009. 3. 13.

62 중앙일보, 오피니언/46면, 2009. 9. 25.

로 야간집회에 대해 무더기 무죄판결이 나올 것으로 혼선이 우려된다는 내용[63]의 기사를 예로 들 수 있다. 마지막으로 책임귀인 프레임으로 사설을 통해 "야간집회 혼란은 게으른 국회 때문"[64]이라고 언급한 기사를 포함한다.

④ 한겨레신문

한겨레의 경우 기사유형은 주제중심 프레임이 67.5%, 사건중심 프레임이 32.5%로 역시 주제중심 프레임이 더 많았다. 프레임 유형은 대항 프레임이 67.9%로 가장 많았고, 양립성 프레임과 적용혼란 프레임이 각각 10.7%, 대체보완요구 프레임이 7.1%, 폭력성우려 프레임이 3.6%로 나타났다.

한겨레의 경우 대표적인 대항 프레임의 예로 "촛불집회와 관련시켜 야간집회를 막겠다는 조항은 한심하고 위험한 발상이며 국민의 입을 강제로 막을 경우 더 큰 반발과 저항만 불러일으킬 것이다"[65]라는 내용의 사설을 들 수 있다. 한겨레는 사설을 통해 야간집회허가에 대한 반대 입장을 분명히 하는 동시에 야간집회를 막는 법은 그 동안 성숙한 시민들의 의식과 민주화가 진행돼 온 변화를 따라가지 못하고 있는 대표적인 악법이므로 집시법 개정에 대항해야 한다는 입장을 보였다. 또한 독자투고란을 통해서도 "집회의 자유는 관할 경찰서장의 은전에 따라 누릴 수 있는 것이 아니고, 지금의 민주주의는 과거 군사독재 시대에 불법집회라는 누명을 쓴 민주화 운동과 6월 항쟁의 열매다"[66]라는 기사를 다루었다.

---

63 중앙일보, 사회/19면, 2010. 6. 30.

64 중앙일보, 오피니언/34면 2010. 7. 5.

65 한겨레신문, 35면, 2008. 5. 6.

다른 사설을 통해서도 "집시법에는 야간옥외집회 금지조항 말고도 집회의 자유를 원천적으로 부정하는 조항이 많다. 집회 신고를 관할 경찰서장에게 하도록 하고(제6조), 관할 경찰서장이 신고된 집회를 금지하거나 제한할 수 있도록 한 것(제8조)이 대표적이다. 신고제의 겉모습을 지녔지만, 경찰의 재량을 지나치게 인정하고 있으니 사실상의 허가제다. 집회 허가제를 금지한 헌법에 위반하는 것으로 봐야 한다. 주요 도로에 대한 집회 금지나 과도한 소음 규제, 도로교통법의 몇몇 조항 등도 집회를 사실상 봉쇄하고 처벌하는 구실이 돼왔다. 헌재 결정으로 내년 6월 말 이전에 국회가 새로 집시법을 고치는 과정에서 이들 조항도 허가제의 독소를 없애는 방향으로 함께 고쳐져야 한다"[67]와 같이 적극적인 개선을 촉구한 기사가 있었다.

이와 비슷하게 "헌재의 헌법불합치 결정으로 그동안 헌법이 보

〈표 5-18〉 한겨레 기사유형 및 프레임

구분	유형	빈도	비중(%)
기사유형	사 건	13	32.5
	주 제	27	67.5
총 계		40	100
특정 프레임	대항 프레임	19	67.9
	폭력성우려 프레임	1	3.6
	양립성 프레임	3	10.7
	적용혼란 프레임	3	10.7
	대체보완요구 프레임	2	7.1
	금지조항 위헌성 강조 프레임	0	0
	책임귀인 프레임	0	0
총 계		28	100

66 한겨레신문, 33면, 2008. 6. 17.

67 한겨레신문, 31면, 200. 9. 25.

장하는 집회의 자유를 원천봉쇄하거나 과잉 단속하여 어렵사리 쟁취한 민주주의를 후퇴시키고 헌정 위기를 초래한 이명박 정부의 왜곡된 법질서 강화 정책은 수정이 불가피하게 되었다… 국회는 최우선 과제로 이번에 불합치된 야간집회 규제 규정을 개정하여 법적 혼란을 최소화하여야 한다"[68]와 같은 기사도 적극적인 개선을 요구한 프레임으로 볼 수 있다. 반면에 폭력성우려 프레임은 1건의 기사밖에 없었다.

⑤ 경향신문

경향신문의 경우 기사유형은 주제중심 프레임이 82.2%, 사건중심 프레임이 17.8%로 역시 주제중심 프레임이 더 많았다. 프레임 유형은 대항 프레임이 52.2%로 가장 높았고, 대체보완요구 프레임이 21.7%, 금지조항 위헌성 강조 프레임이 13.1%, 적용혼란 프레임이 8.7%, 책임귀인 프레임이 4.3%의 순으로 나타났다.

경향신문의 경우 가장 많았던 대항 프레임은 야간집회에 대한 헌재의 위헌판결 전부터, 구체적으로 "촛불원천 봉쇄는 위헌"[69]이라는 시론 기사에서부터 나타났다. 그리고 야간집회 금지에 대한 위헌제청 이후 촛불관련 재판이 속속 중지되고 있다는 기사를 예로 들 수 있다. 2009년 9월 24일 헌법불합치 판결 이후에는 경찰이 법개정 때 야간집회의 '시간제한'을 추진키로 한 것에 대해 문제를 제기하고, "경찰도 헌재의 야간집회 보장 취지를 정확히 받아들여야 하고 집시법을 개정할 때 경찰의 불법·폭력적 개입 가능성도 없애

68 한겨레신문, 31면, 200. 9. 25.

69 경향신문, 35면, 2008. 7. 5.

야 한다"[70]며 시민단체들이 국내에서 집회·시위·표현의 자유가 제약되는 실태를 본격적으로 공론화할 예정이라는 내용을 다룬 기사를 포함한다. 이러한 대항 프레임은 2010년 7월 1일 야간집회가 허용되면서 경찰의 과잉대응을 비판[71]하거나 집시법의 모호함을 악용하여 공소취소를 번복한 검찰을 비판[72]한 기사로 이어진다.

한편 대체보완요구 프레임은 "집시법 등 국민의 기본권을 침해할 소지가 있는 법률들을 면밀히 살펴 애매모호하게 남아있는 독소조항을 대폭 손질해야 한다"와 같이 추가사항에 대해 문제를 제기하거나, 야간집회가 허용된 7월 이후 인권단체의 목소리를 포함한 기사로서 "인권단체연석회의는 이날 성명을 통해 앞으로 곳곳에 남아있는 집시법 독소 조항의 폐지·개정을 위해 노력할 것"이라며

〈표 5-19〉 경향신문 기사유형 및 프레임

구분	유형	빈도	비중(%)
기사유형	사 건	5	17.8
	주 제	23	82.2
총 계		28	100
특정 프레임	대항 프레임	12	52.2
	폭력성우려 프레임	0	0
	양립성 프레임	0	0
	적용혼란 프레임	2	8.7
	대체보완요구 프레임	5	21.7
	금지조항 위헌성 강조 프레임	3	13.1
	책임귀인 프레임	1	4.3
총 계		23	100

70 경향신문, 04면, 2009. 9. 25.

71 경향신문, 01면, 2010. 7. 1.

72 경향신문, 11면, 2010. 7. 5.

"야간집회에 대응하는 경찰의 움직임을 지켜보고, 헌법정신에 따라 집회시위의 자유가 충분히 보장될 수 있도록 힘쓸 것"[73]이라는 내용의 기사를 예로 들 수 있다. 반면 경향신문의 폭력성우려 프레임은 양립성 프레임과 함께 한 건도 없다는 점이 주목할 만하다.

3) 시기별 프레임 분석

하나의 의제나 갈등은 언론에 의해 여러 단계를 거치면서 전개되는 경향이 있다. 그 이유는 시간의 변화에 따른 정치적 상황의 변화, 이슈의 성격 변화가 언론의 보도 프레임에 영향을 줄 수 있기 때문이다. 이러한 시기별 야간옥외집회 금지 관련 조항에 대한 프레임 변화를 분석하기 위해 신문별 프레임 분석 이외에 본 장에서는 다음과 같이 네 개의 시기로 구분하여 프레임의 변화 추이를 살펴보았다.

첫째, 2008년 5월 광우병 촛불집회(미국산 쇠고기 수입 반대 집회) 시작에서부터 2009년 9월 헌재의 헌법불합치 판결 이전까지의 시기, 둘째, 2009년 9월 헌법불합치 판결 이후부터 2010년 2월 집시법 개정안이 상정되기 이전까지의 시기, 셋째, 2010년 2월 개정안 상정 시기부터 개정안 마련이 무효로 돌아가면서 실질적으로 현행 옥외집회조항이 폐지되는 시점인 2010년 6월 30일까지의 시기, 그리고 마지막으로 야간옥외집회가 전면 허용된 시기인 2010년 7월 한 달 동안의 시기이다.

먼저 시기 1에 해당하는 2008년 5월 광우병 촛불집회에서부터 2009년 9월 헌재의 헌법불합치 판결 이전까지의 기간에는 전체적

---

73 경향신문, 10면, 2010. 7. 2.

으로 대항 프레임이 55%로 가장 비중이 높았고, 금지조항 위헌성 강조 프레임 15%, 폭력성우려 프레임과 양립성 프레임이 동일하게 10%의 순서로 나타났다. 단순(기타) 프레임을 제외할 경우 이 시기에 언론은 전반적으로 야간옥외집회 금지조항에 대한 불합리성을 전달하거나 개선을 촉구하는 경향이 높았다. 그런데 이와 같은 경향은 상대적으로 진보성을 지닌 신문인 한겨레와 경향신문의 경우에 더욱 높았다. 즉 한겨레와 경향신문은 적극적인 대항 프레임을 사용했는데, 이는 촛불집회 이후 전반적인 여론의 분위기도 어느 정도 현행 집시법의 개선이 필요하다는 인식을 보였기 때문이라고 판단된다.

〈표 5-20〉 시기별 프레임 유형(시기 1)

구분	유형	빈도	비중(%)
시기 1 (2008년 쇠고기 수입 반대 집회~2009년 9월 헌재의 헌법불합치 판결이전)	대항 프레임	11	55.0
	폭력성우려 프레임	2	10.0
	양립성 프레임	2	10.0
	적용혼란 프레임	1	5.0
	대체보완요구 프레임	0	0
	금지조항 위헌성 강조 프레임	3	15.0
	책임귀인 프레임	1	5.0
총 계		20	100

시기 2에 해당하는 2009년 9월 헌법불합치 판결 이후부터 2010년 2월 집시법 개정안이 상정되기 이전까지의 시기를 보면, 대체보완 요구 프레임이 27.3%로 가장 높았고, 폭력성우려 프레임이 24.2%, 대항 프레임이 21.2%의 순서로 높았다. 이 시기는 헌법불합

치 결정이 나오면서 대부분의 신문이 현행 옥외집회 금지조항에 대해 보완해야 할 필요성에 대해 공감 및 공명하고자 했던 시기로 볼 수 있고, 이와 동시에 언론이 신문사별로 헌법불합치 결정에 대해 적극적으로 포지셔닝(positioning)을 시작하고자 했던 시기로 해석된다. 단순(기타) 프레임을 제외할 때 가장 많았던 프레임이 대체 보완 요구 프레임으로 나타난 것은, 판결 이후 독소조항에 대한 개선과 미래지향적인 추가보완 등을 요구하였고, 동시에 신문별로 보수성향의 신문은 폭력성우려 프레임을 그리고 진보성향의 신문은 대항 프레임을 비슷한 비중으로 사용했다는 사실에서 유추할 수 있다.

〈표 5-21〉 시기별 프레임 유형(시기 2)

구분	유형	빈도	비중(%)
시기 2 (2009년 9월 헌법불합치 판결~2010년 2월 집시법 개정안 상정 이전)	대항 프레임	7	21.2
	폭력성우려 프레임	8	24.2
	양립성 프레임	3	9.1
	적용혼란 프레임	5	15.2
	대체보완요구 프레임	9	27.3
	금지조항 위헌성 강조 프레임	0	0
	책임귀인 프레임	1	0
총 계		33	100

다음으로 시기 3에 해당되는 2010년 2월 개정안 상정 시기부터 개정안 마련이 무효로 돌아가면서 실질적으로 현행 옥외집회 조항이 폐지되는 시점인 2010년 6월 30일까지의 기간을 보면, 대항 프레임이 34.3%로 가장 비중이 높았고, 폭력성우려 프레임이 28.6%, 양립성 프레임이 20.0%, 적용혼란 프레임이 11.4%의 순서로 나타

났다. 즉 개정안 상정 이후부터는 보수언론과 진보언론 사이에 더욱 확실한 프레임 차이를 볼 수 있고, 신문별로 이 같은 경향을 더욱 확실히 나타낸 기간으로 볼 수 있겠다. 특히 기사건수를 볼 때 진보언론이 사법부의 결정에 편승하여 옥외집회 금지 조항의 불합리성에 대해 더욱 적극적으로 목소리를 전하고자 했던 특징이 두드러진다.

〈표 5-22〉 시기별 프레임 유형(시기 3)

구분	유형	빈도	비중(%)
시기 3 (2010년 2월 개정안 상정 ~ 2010년 6월 30일까지)	대항 프레임	12	34.3
	폭력성우려 프레임	10	28.6
	양립성 프레임	7	20.0
	적용혼란 프레임	4	11.4
	대체보완요구 프레임	2	5.7
	금지조항 위헌성 강조 프레임	0	0
	책임귀인 프레임	0	0
총 계		35	100

마지막 기간인 야간옥외집회가 전면 허용된 2010년 7월 한 달 동안의 시기를 살펴보면, 분석대상으로 삼은 기사건수가 제한적이었지만 대체보완요구 프레임이 44.5%로 가장 높았고, 대항 프레임과 폭력성우려 프레임이 동일하게 각각 22.2%로 나타났다. 이 시기는 전체적으로 언론이 야간옥외집회 전면 허용에 따른 독소조항에 대한 개선과 현실적으로 추가 및 보완해야 할 사항 등에 대한 우려와 의견을 표현하고자 하였고, 이와 동시에 여전히 보수 및 진보언론이 주관적인 의견표현을 지속하는 특징을 보였다.

전체적으로 시기별 프레임 추이를 분석한 결과, 언론은 옥외집

〈표 5-23〉 시기별 프레임 유형(시기 4)

구분	유형	빈도	비중(%)
시기 4 (2010년 7월)	대항 프레임	2	22.2
	폭력성우려 프레임	2	22.2
	양립성 프레임	0	0
	적용혼란 프레임	0	0
	대체보완요구 프레임	4	44.5
	금지조항 위헌성 강조 프레임	0	0
	책임귀인 프레임	1	11.1
총 계		9	100

회 금지 관련 기사에서 편향성을 보여주었고, 촛불집회 이후 점화되었던 옥외집회 관련 이슈는 초기단계에서 대항 프레임이 강하게 나타나다가 언론사별로 편향성이 점차 짙어지는 단계를 거쳐 대체보완요구에 대한 프레임 경향도 함께 증가하는 추세를 보였다고 파악할 수 있다. 그러나 정파성에 의해 프레임 경향이 양분되었고, 양립성 프레임이나 대체보완요구 프레임이 상대적으로 대항 프레임과 폭력성우려 프레임보다 적었던 것이 뚜렷한 특징으로 나타났다.

5. 신문사별 야간집회 관련 프레임과 함의

전체적으로 볼 때, 〈조선일보〉, 〈중앙일보〉, 〈동아일보〉의 경우 야간옥외집회를 직접적으로 비판하거나 옹호하는 기사를 게재하기보다는 간접적으로 야간집회의 폭력성 등을 강조하려는 기사를 게재한 경향이 큰 것으로 드러났다. 즉 신문사별 야간집회에 대한 입장은 소위 보수신문으로 일컬어지는 〈조선일보〉, 〈동아일보〉, 〈중앙일보〉의 경우 반대입장으로 보도한 반면, 소위 진보신문이라 일컬어지는 〈한겨레〉와 〈경향신문〉은 옹호입장으로 보도하여 이들 신문사 간 분명한 입장 차이가 드러났다.

흥미로운 점은 〈한겨레〉나 〈경향신문〉에 비해 다른 신문들은 기사의 수가 상대적으로 적었다는 사실인데 이 또한 보수신문이 야간옥외집회를 직접적으로 언급하기보다는 간접적으로 접근하려는 경향을 보이는 것과 일맥상통하는 것으로 판단할 수 있다. 한편 〈한겨레〉와 〈경향신문〉의 경우에는 야간옥외집회의 당위성을 강조하는 직접적인 근거를 제시하며 기사를 지속적으로 개진하는 경향을 보였다. 또한 기사의 내용 중 강하고 직설적인 표현이 많은 것도 특징적이라고 할 수 있다.

신문사별 야간집회 관련 보도기사의 게재면 건수를 보면 〈경향신문〉을 제외한 〈조선일보〉, 〈동아일보〉, 〈중앙일보〉, 〈한겨레〉는 야간집회 관련 보도를 종합면에 게재한 기사 건수가 상대적으로 많은 것으로 나타났다. 그리고 신문사별로 '사회면'에 보도된 야간집회 기사의 입장은 전체적으로 중립입장이 가장 많았던 것으로 나타났다.

반면 오피니언면에서는 각 신문사별로 야간집회에 대한 입장차이가 분명히 드러났다. 오피니언면에 야간집회에 대해 비판입장으로 보도한 신문사는 〈조선일보〉와 〈동아일보〉, 〈중앙일보〉로 나타났다. 반면 오피니언면에 야간집회에 대해 옹호입장으로 보도한 신문사는 〈한겨레〉와 〈경향신문〉이었다. 또 하나의 특징은 전체적으로 모든 신문사들이 스트레이트 기사형태로 야간집회 기사를 많이 보도했다는 점을 들 수 있고, 그 다음은 칼럼/기고/독자투고가 사설보다 조금 많은 것으로 나타났다. 이와 유사하게 칼럼/기고/독자투고에 나타난 신문사별 입장차이도 뚜렷한 것으로 나타났다. 이러한 점은 사설과 유사하게 신문사별로 야간집회에 대한 자신들의 입장을 더 확고히 하기 위한 수단으로 '칼럼/기고/독자투고'란의 기고 필자들을 이용했다는 측면을 시사한다.

전체적인 프레임 분석결과를 살펴보면 주제중심 프레임이 사건중심 프레임보다 훨씬 높은 것으로 나타났다. 이 같은 결과는 야간집회에 대해서 극적요소나 시각적인 요소 등을 이용해 사건발생의 묘사에 치중하며 무엇이 일어났는가에 대해 다룬 기사보다는 사건에 대한 구조적 요인, 역사적 배경 등 추상적인 상황에 이슈를 위치시키며 이유나 원인에 치중한 보도가 많았음을 의미한다. 이는 또한 야간집회에 대한 이슈가 복잡하고 찬반대립 등 갈등성이 높았던 반면 헌재 판결이나 국회에서의 처리 상황 등 상대적으로 사건중심의 보도는 적었던 점에서 그 원인을 찾을 수 있다.

세부적인 프레임을 보면, 전체적으로 단순(기타)프레임이 가장 많았지만 이를 제외한 특정 톤을 발견할 수 있는 프레임 중에서는 대항 프레임, 폭력성우려 프레임, 대체보완요구 프레임, 양립성 프레임, 적용혼란 프레임, 금지조항 위헌성 강조 프레임, 책임귀인 프레임이 있었다.

대항 프레임은 특정한 톤을 가진 프레임 중에서는 가장 높은 비중을 가진 것으로 나타났다. 이는 경찰의 과잉대응을 비판하거나 성난 민심, 조속개선촉구, 기본권 보장, 반발과 저항, 합리적 개선 필요, 현 집시법의 부당성 등의 내용을 포함하며 적극적으로 야간집회 금지에 대해 저항할 것을 촉구한 메시지가 강하게 나타난 경우로 특히 진보성향의 신문의 경우 이러한 직접적이고 강한 톤을 사용한 경우가 많았다. 그 다음으로 높았던 것은 폭력성우려 프레임으로 주로 촛불시위와 집시법의 문제를 거론한 경우가 많았고, 검찰의 공소취소 번복을 비판하거나 야간집회허용에 대한 헌재 결정 이후 치안공백, 국가이미지 실추가 우려된다거나, 미성년자의 가담위협이 있고, "야간집회를 허용하면 난장판이 될 것이다"와 같은 내용과 톤을 가진 경우를 말한다.

따라서 보수성향의 신문은 야간집회에 대해 주로 폭력성우려 프레임을 통해 야간집회에 대해 우려와 비판의 목소리를 전하고자 한 반면 진보적 성향의 신문의 경우는 대항 프레임을 통해 야간집회에 대해 옹호의 메시지를 전하고자 한 것으로 파악할 수 있다. 전체적인 프레임 개체수를 보면 대항 프레임이 폭력성우려 프레임보다 많은 것으로 나타나 진보성향의 신문이 더 적극적으로 야간집회를 보도한 것으로 판단된다. 반면 보수성향의 신문은 스트레이트 기사나 단순(기타) 프레임을 사용해 간접적으로 야간집회에 대해 의제설정하고자 했던 것으로 해석할 수 있다.

그 외에는 대체보완요구 프레임, 양립성 프레임, 적용혼란 프레임이 사용되었고, 다음은 비중이 다소 낮은 금지조항 위헌성 강조 프레임과 책임귀인 프레임으로 금지조항 위헌성 강조 프레임은 〈경향신문〉에만 있었고, 책임귀인 프레임은 〈동아일보〉, 〈중앙일보〉, 〈경향신문〉에 각 1건씩 있었다. 종합하면 질적인 프레임 분석을 통해서도 야간집회에 대한 보수성향의 신문과 진보성향의 신문의 차이는 존재했다고 정리할 수 있다.

저널리즘의 중립성이나 균형성은 조작적으로도 쉽게 정의하기 힘들고 객관화하는데 한계가 있는 다차원적인 개념이라 할 수 있다. 언론의 중요한 역할 중 하나는 사회의 갈등과 이견을 조정하는 책무이다. 그러나 상술했듯이 언론은 사회적 이슈나 문제의 핵심과 본질을 보도하기보다는 집단 간의 갈등적 측면을 많이 보도하는 경향이 있다. 특히 갈등보도는 독자들의 관심과 시선을 사로잡는데 좋은 소재이기 때문에 언론보도에서 차지하는 비중이 매우 높다. 기존연구는 이런 사회적 갈등보도에 대하여 언론은 보편적으로 체제 중심적 이데올로기 구조, 사건 중심적, 흥미성, 해결방안의 미제시 등의 특징을 보이는 경향이 강하고, 그 외에도 각 언론사에 따라서 정치적 지향성, 신문사의 소유구조, 그리고 기자 개인의 문제로 언론보도에 있어 각기 다른 차이를 보이고 있다(Shoemaker & Reese, 1996)고 지적하고 있다.

특히 갈등보도 프레임 연구들에 의하면 언론은 이미 확립되어 있는 소수의 뉴스 프레임에 의존해 사회적 갈등을 의미화하고, 하나의 갈등은 여러 단계를 거쳐 전개되는데 뉴스는 갈등이 명확하게 공중의 시야에 드러나는 단계에만 주된 관심을 할애하고 갈등이 빚어지게 된 원인이나 반대세력의 동기에 대한 설명 혹은 점차적으로 전개되는 과정으로서의 갈등에 대한 설명은 최소화 시키는 경향이 있다고 보고 있다. 본 장에서도 야간집회와 관련하여 신문사들은 몇 개의 프레임을 이용하고 있었지만 지배적인 프레임이 신문사에 따라 다르다는 점을 확인할 수 있다. 즉 사회적 갈등 보도에 대한 저널리즘의 특징인 신문의 정파성을 확인시켜 주고 있어 우리 언론이 이 같은 갈등관련 이슈를 보도함에 있어 의견표현의 자유와 함께 대체보완이나 양립성 프레임 등을 통해 객관성, 공정성, 사회적 이해관계의 다양성, 균형성을 지향하기 위한 노력이 필요함을 방증한다.

결론적으로 야간집회에 대해 신문사들은 양적, 질적으로 차이를 보이고 있고, 특히 사설이나 칼럼/기고/독자투고보다는 스트레이트 기사를 통해, 그리고 신문사별로 강조하고자 하는 프레임 선택을 통해 의견을 전달하고 있었다. 이는 사실과 의견을 분리해서 가치를 전달할 수 있는 언론의 자유가 있지만 일반 수용자의 측면에서는 선택한 신문의 기사내용을 통해 야간집회와 같은 이슈에 대해 편향된 시각을 배양할 수 있다는 측면에서 다시 한 번 우리나라 언론의 정파성에 대해 생각하게끔 한다.

C·H·A·P·T·E·R

06

초·중·고교 교원의

정치적 표현의 자유

이번 장에서는 초·중·고교 교원들의 정치적 표현행위를 반대하는 측과 찬성하는 측의 대립적 입장을 확인하고, 교원의 시국선언 관련 판례 분석을 통해 교원의 정치적 표현행위의 규제가 필수불가결한 것인가에 대한 함의를 도출하였다.

1. 초·중·고교 교원의 정치적 표현에 대한 논의의 필요성

헌법 제21조 제1항은 "모든 국민은 언론·출판의 자유와 집회·결사의 자유를 가진다"고 명시함으로써 국민의 기본권으로서 표현의 자유를 규정하고 있다. 또한 헌법재판소는 2001헌마710 결정을 통해서 정치적 자유가 "모든 국민이 차별 없이 자신의 의사를 국정에 반영할 수 있는 조건일 뿐만 아니라 민주적 사회질서를 위해서도 반드시 필요한 조건으로 다른 기본권에 비해 우월한 효력을 가진다"고 명시하고 있다. 이처럼 정치적 표현의 자유는 민주주의 사회에 없어서는 안 될 필수불가결한 요소로 여겨지고 있다.

그러나 국민의 기본권이자 민주주의 사회를 구성하는 핵심적 요소인 정치적 자유도 초·중·고교 교원에게 만큼은 제한되고 있다. 우리나라가 초·중·고교 교원의 정치적 표현을 제한하는 법규정을 가지고 있기 때문이다. 예컨대 공무원노조법 제65조 및 제66조, 지방공무원법 제57조[74] 및 제58조[75], 그리고 공직선거법 제86조[76] 등

---

74 지방공무원법 제57조(정치운동의 금지) ①항은 "공무원은 정당이나 그 밖의 정치단체의 결성에 관여하거나 가입할 수 없다"고 규정하고 있고, ②항은 "공무원은 선거에서 특정정당 또는 특정인을 지지하거나 반대하기 위해 다음 각 호의 어느 하나에 해당하는 행위를 하여서는 아니 된다"고 규정하고 있다. 각 호의 내용은 "1. 투표를 하거나 하지 아니하도록 권유하는 것, 2. 서명운동을 기획·주재하거나 권유하는 것, 3. 문서 또는 도화를 공공시설 등에 게시하거나 게시하게 하는 것, 4. 기부금품을 모집하거나 모집하게 하는 행위 또는 공공자금을 이용하거나 이용하게 하는 것, 5. 타인에게 정당이나 그 밖의 정치단체에 가입하게 하거나 가입하지 아니하도록 권유하는 것." 등으로 구성된다.

75 지방공무원법 제58조(집단행위의 금지) ①항은 "공무원은 노동운동이나 그 밖에 공무 외의 일을 위한 집단행위를 하여서는 아니된다. 다만, 사실상 노무에 종사하는 공무원은 예외로 한다"고 규정하고 있다.

76 공직선거법 제86조는 공무원 등의 선거에 영향을 미치는 해위금지 조항을 가지고 있다. 구체적인 내용은 국회법률지식정보시스템(http://likms.assembly.go.kr/law/jsp/main.jsp)에서 공직선거법공직선거법(일부개정 2010. 5. 17. 법률 제10303호)을 검색해 볼 것.

이 그것이다. 우리나라는 이러한 법규를 통해 공무원의 정치적 중립성을 강요하고 있다.[77] 이는 초·중·고교 교사들의 헌법적 기본권의 가치가 법과 충돌하는 지점이다. 이에 각종 교원단체와 진보개혁성향의 야당, 일부 학계를 중심으로 초·중·고교 교원의 정치적 표현 자유를 보장해야 한다는 의견이 지속으로 표출되고 있는 상황이다.

특히 기본권인 정치적 표현의 자유를 교원에게도 보장해야한다고 주장하는 측은 2004년과 2009년 전국교직원노동조합(이하 전교조)의 시국선언과 각종 후속 시국선언에서 확인할 수 있듯, 실정법을 어겨가면서까지 정치적 의견 표명 행위 보장의 필요성을 강조하고 있다. 이에 대해 교육과학기술부(이하 교과부)와 행정안전부는 실정법 위반행위로 강력한 대응을 천명하고 있음은 주지의 사실이다(연합뉴스, 2009. 6. 24; 황규인, 2009. 7. 18). 대체적으로 '초·중·고교 교원의 정치적 표현의 자유 관련 쟁점'은 진보적 교원단체인 전교조와 진보개

77 우리나라에서 국가공무원법 등 교원의 정치적 표현을 제한하는 다양한 실정법이 존재하는 것은 우리 법원이 교원을 공인(public figure)으로 규정하고 있는 상황적 조건, 우리 사회와 법원이 교원을 정신적으로 미성숙한 청소년에게 정치적 영향력을 행사할 수 있는 특수 직업군으로 판단함으로써 기본권보다 정치적 중립성을 더욱 강조하고 있는 맥락적 조건, 국가공무원법 제정 당시 미국과 일본식 입법례에 영향을 받아 공무원의 기본권과 정치적 중립성의 조화를 이루는 법규를 제정하지 못한 역사적 배경 때문이라고 판단된다. 예컨대 우리나라에서 공무원, 교원에 대한 획일적인 정치적 기본권 금지법제는 1940년 공무원의 정치적 자유를 포괄적으로 제한한 미국의 '햇치법(Hatch Act)'에 근거하고 있다. 미국의 햇치법은 미군정시대의 일본 공무원법 제정에 영향을 미쳤고, 이 법률은 다시 우리의 공무원법에 영향을 미쳤다. 예컨대 1949년 제정 국가공무원법은 정치운동의 참여 금지 조항만 있고, 형벌조항이 없었으나 1963년 4월 17일 개정된 국가공무원법은 현재와 같은 형사처벌 규정을 두고 있다(박주민, 2010, p.21). 그러나 1993년 미국은 '햇치법(Hatch Act)'을 개정하였다. 개정 햇치법은 선거에 개입할 목적, 선거결과에 영향을 미칠 목적으로 자신의 권한이나 영향력을 행사하는 것 등의 특수한 경우를 제외하고 공무원의 정치적 활동을 원칙적으로 보장하고 있다. 공무원, 교원이 공무원이기 이전에 정치적 권리의 주체로서 시민이라는 사실을 인정하고 있는 것이다(박주민, 2010, p.19). 반면, 우리나라의 경우 개정 햇치법을 반영한 국가공무원법의 개정이 이루어지지 않았다.

혁성향의 정당 및 시민사회단체 그리고 보수적 성향의 행정부와 정당, 보수적 시민사회단체와 언론 사이의 논쟁이 핵심이었다. 이는 2010년 10월 12일 보수성향의 한국교원단체총연합회(이하 한국교총) 안양옥 회장의 정치참여 발언 후 집권여당과 조선, 중앙, 동아 등 보수언론이 사설을 통해 이에 대한 반대 의견을 표출한 측면에서도 확인할 수 있다.

즉 우리나라에서 초·중·고교 교원의 정치적 표현의 문제는 정치적 자유와 정치적 중립성 간의 비교형량의 문제, 기본권 간의 충돌시 이익형량의 문제 등과 같은 생산적인 논의로 구체화되기 보다 진보와 보수, 여권과 야권이라는 정치적 이념 아래에서 소모적인 논쟁만을 반복해 온 측면이 강하다. 이는 2004년과 2009년 발생한 전교조의 시국선언과 관련된 논쟁이 유사한 패턴으로 진행되었다는 점에서도 확인할 수 있다.

교원의 정치적 표현행위를 규제해야 한다는 핵심적 이유인 '교원의 정치적 중립성'이 필요한 구체적 근거 역시 제시되지 못한 측면이 있다. 예컨대 교원의 정치적 참여가 학생의 학습권 침해로까지 이어지는지에 대한 실증적 연구 등 법원의 가치판단에 직접적 도움을 제공할 수 있는 자료가 충분히 제시되지 못하고 있는 실정이다. 물론 교원의 기본권으로서의 정치 표현의 자유와 관련해서는 이미 다양한 관련 연구가 도출되어 있다. 그렇지만 선행연구는 대체로 공무원의 정치적 중립성 보장 강화에 대한 논거를 제시하고자 한 유형(오석홍, 1992; 박응격, 1992), 각종 관련 법리 고찰을 통해 기본권으로서 공무원의 정치적 표현을 보장할 필요가 있다고 주장한 유형(서복경, 2010; 박주민, 2010; 정영태, 2010a; 이계수, 2005, 2009; 이종수, 2010), 해외의 상황을 소개하고 국내 공무원의 정치적 표현의 자유를 확보하기 위한 방안을 모색한 유형(정영태, 2009) 등에 머물러 왔다.

즉 교원의 정치적 표현행위에 대한 선행연구들은 교원들의 시국선언과 관련하여 다수의 판례를 보유하고 있는 국내의 특수한 상황에 주목하지 못한 측면이 있다. 그러다 보니 우리 법원이 과연 교원의 정치적 참여를 어떻게 인식하고 있는지에 대한 현상과 현상에 대한 문제점을 심층적으로 분석하여 대안을 제시하지 못한 측면이 있다고 판단된다. 예컨대, 교원의 정치적 표현과 다른 헌법적 가치가 충돌할 경우 우리 법원이 이를 어떻게 비교형량하고 있는지에 대한 분석을 통해 바람직한 비교형량 기준을 모색해 보고자 한 시도는 이루어지지 못하였다.

이에 본 장에서는 초·중·고교 교원의 시국선언에 대한 탐색적인 형태의 접근을 통해 교원의 정치적 표현의 자유와 타 가치가 충돌할 경우 표현의 자유를 극대화하면서 다른 헌법적 가치의 침해를 최소화하는 바람직한 비교형량의 기준을 만들기 위한 기초자료를 제시하고자 한다.

2. 초·중·고교 교원의 정치적 표현과 쟁점

1) 정치적 자유권의 개념과 공무원의 정치적 표현에 대한 인식

"정치적 자유권"은 국민의 기본권으로 보장되는 권리로서, 국가권력의 간섭이나 통제로부터의 자유 또는 자유롭게 정치적 의사를 형성하고 발표할 수 있는 자유를 의미한다. 정치적 자유권 또는 정치적 기본권은 국가의 주체인 국민의 입장에서 볼 때 주관적 공권으로서의 성질을 가지게 된다. 하지만 동시에 민주정치를 표방한 국가에 있어서는 국민의 정치적 의사를 국정에 반영하기 위한 객관적 질서로서의 의미를 가지게 된다(정영태, 2010b, p.6).

구체적으로 정치적 자유권은 '정치적 의사를 자유롭게 표현할 수 있는 권리(freedom of speech)', '자발적으로 정당에 가입하고 자유로운 활동을 할 수 있는 권리(right to association)', '자유롭게 선거를 할 수 있는 권리(right to vote)' 등의 세 가지 차원으로 구분된다(정재명 · 최승재, 2010, 재인용).

모든 국민이 누릴 수 있는 정치적 자유는 "모든 국민이 차별 없이 자신의 의사를 국정에 반영할 수 있는 조건일 뿐만 아니라 민주적 사회질서를 위해서도 반드시 필요한 조건으로 다른 기본권에 비해 우월한 효력을 가진다"(2001헌마710). '89헌가104'는 "자유민주주의 사회는 정부의 무류성(無謬性)을 맹신하지 않으며, 정부는 개인이나 일반대중과 개인과 마찬가지의 오류를 범할 가능성이 있다는 사실을 인정하고 있다. 또한 권력을 가진 자가 오류를 범할 경우의 영향력은 그렇지 않은 경우에 비해 크다는 역사적 경험을 가지고 있기 때문에, 이를 전제로 하여 정부는 국민의 비판을 수렴하는 과정을 통해 오류를 최소화해야한다는 인식을 보편적으로 수용해야 한다"고 주장하였다. 즉 표현의 자유가 다른 기본권에 우선하는 것은 그것이 단순히 개인의 자유라서가 아니라 통치권자를 비판함으로써 피치자가 스스로 지배기구에 참가한다고 하는 자치정체(自治政體)의 이념을 가지고 있기 때문이라는 것이다. 이러한 이유로 정치적 자유는 자유 민주주의 사회의 필수불가결한 요소로 정의되고 있다.

유엔(UN)의 시민적·정치적 자유권 권리에 대한 국제규약 등 각종 국제협약에서도 교원을 포함한 공무원의 정치적 자유권 보장을 명문화하고 있다(정영태, 2010b, p.6, 재인용).

그러나 우리나라의 경우 국가(지방)공무원법, 공직선거법, 공무원 노조법 등에 의거하여 공무원의 정치적 중립을 규정하고 있다. 따라서 공무원은 정당 및 기타 정치단체 결성에 관여하거나 가입하는 행위, 특정 정당을 지지하거나 반대하는 행위가 금지되어 있다. 이밖에 공무원의 선거 입후보 제한, 노조의 정치활동 및 선거운동 금지, 지위를 이용한 선거 운동 및 선거에 영향을 미치는 일체의 행위를 제한함으로써 공무원의 정치적 표현의 자유를 사실상 제한하고 있는 실정이다(정영태, 2009). 공무원의 정치참여 제한은 초·중·고교 교원의 정치적 표현 및 참여 제한 규정의 내용과 대동소이하다. 즉 초·중·고교 교원의 정치적 표현과 참여 역시 국가공무원법, 지방공무원법 등에 의해 제한되고 있다.

한편, 정재명과 최승재(2010)가 경상남도 지역 기초자치단체 공무원 649명을 대상으로 설문조사 한 결과에 따르면 공무원의 정치참여 제한 규정에 대해 49.1%가 불필요하다는 인식을 보이고 있었다. 또한 공무원 노조의 시국선언의 중립성 규정 위반에 대한 인식(부정 43%, 긍정 35.1%) 및 지지정당 가입에 대한 인식(찬성 46.7%, 반대 30.6%) 등에서는 공무원의 정치참여에 찬성하는 의견이 더 높았고, 선거에서 특정정당 지지에 대해서는 부정적 인식(51.2%)이 높았다. 정치 참여 제한 규정의 개정 필요성에 대해서는 61.7%가 개정이 필요하다는 인식을 가지고 있었다.

구체적으로 공무원들은 선거나 정책에 대한 단순한 의견개진 및 의사표시 허용정도와 공무원 집단행위를 근무시간 외에 허용해주는 규정의 개정에 대해 상당히 긍정적 인식을 드러내고 있었다(정재명 · 최승재, 2010). 이상의 실태조사는 국내 공무원의 정치적 표현의 자유가 제한되고 있고, 이에 대해 공무원 내부에서도 찬·반 의견이 첨예하게 대립하고 있다는 사실을 방증하고 있다.

2) 초·중·고교 교원의 정치적 표현의 자유에 대한 주요 국가의 인식

그러나 정영태(2009) 등에 의해 연구된 외국 공무원의 정치참여 규제 정도는 우리나라의 경우와 다소 차이가 있다. 미국의 경우 1939년 '햇치법(Hatch Act)'에 의해 금지된 정치활동을 하는 공무원을 면직시키는 조항을 두는 등 공무원의 정치적 중립 의무에 대한 강한 규제기준을 가지고 있었다. 그러나 1960년대부터 연방공무원에 대한 단체교섭이 인정되기 시작하면서 공무원의 정치적 중립성 의무가 수정헌법 제1조의 표현의 자유를 침해한다는 문제가 제기되기 시작하였다(정재명 · 최승재, 2010).

결국 1993년 클린턴 정부에 이르러 햇치법은 개정되었다. 개정 햇치법은 공무원은 신분상 공무원이기 이전에 정치권리의 주체인 시민이고, 따라서 정치적 권리를 가질 필요성이 있다고 인정하고 있다. 따라서 개정 햇치법은 공무원도 몇 가지 제한 가능한 상황(선거에 개입할 목적이나 선거결과에 영향을 미칠 목적으로 자신의 권한이나 영향력을 행사하는 것, 정치헌금을 권유 또는 수령하는 것, 정당을 대표하여 공직후보에 입후보하는 것 등)을 제외한다면(박주민, 2010, p.19), 정치의 운영이나 정치적 선전에 적극적으로 참여할 수 있다고 명시하였다. 햇치법은 공무원의 기본적 정치 표현의 권리를 제한하는 법규의 대부분을 개정하였고, 정치적 중립의 의무보다 정치적 기본권을 보장하는 형태로 변화된 법이라고 평가받고 있다(임재홍, 2006; Bowman & West, 2009).

미국의 경우 주정부 공무원은 연방선거운동법(Federal Act, 1974)에 의해 정치활동이 허용되었고, 연방공무원은 1993년 햇치법에 의해 정치활동이 허용되었으며, 교육공무원 즉 교원 역시 정당활동 등의 정치활동이 폭넓게 허용되고 있다. 특히 연방정부에서 교원은 일반공무원보다 정치적 자유의 허용 범위가 넓다(이종수, 2010).

영국의 경우 법적 규정보다 전통과 관습 또는 내각과 인사행정기관의 규칙 그리고 공무원의 개별적 판단 및 자제에 정치행위를 맡기는 방식을 취하고 있다(박응격, 1992). 공무원의 정치적 활동을 대체로 자유롭게 허용하는 경향을 가지고 있는 것이다(이정배, 2007). 영국은 공무원의 직무성격과 권한의 범위, 책임 정도에 따라 정치적 자유의 허용 정도가 차별화된다. 예컨대 행정계급, 집행계층 등 상급공무원은 정당가입과 투표권만 허용되나, 서기 및 보조서기계급 등 중급공무원은 국회의원 입후보를 제외한 모든 정치활동이 허용된다. 단, 이 경우 각 기관장의 허가가 필요한 것이 특징이다. 하급공무원은 모든 정치활동이 허용되나 출마시 사직이 필요하다. 교원의 경우 역시 정당 활동, 공직후보 출마, 선거운동 등 대부분의 정치활동이 허용된다(정영태, 2009; 정재명 · 최승재, 2010).

독일의 경우 독일연방공무원법 제53조는 공무원이 국민전체의 공복이지 정당의 봉사자가 아니라는 점과 직무수행의 공평성 유지, 정당 활동을 함에 있어 그의 직무업무를 고려하여 절제와 억제가 필요하다는 규정을 두고 있다. 따라서 정당 활동에 있어 자유민주적 기본질서를 준수할 것을 요구하고 있다(정재명 · 최승재, 2010). 그러나 원칙적으로 공무원의 정치적 중립의 문제는 당사자의 양심의 문제이다(박응격, 1992).

일본은 제2차 세계대전 후 미국점령 상황에서 미국 햇치법의 영향을 받아, 공무원에 대한 정치적 권리를 강력하게 제한하는 구조를 가지고 있었다. 그러나 공무원의 정치적 중립에 대한 학계와 다양한 분야의 문제제기가 있었고, 지방공무원법을 제정하면서 보다 완화된 규제안을 가지게 되었다. 중앙정부 공무원의 경우 정치활동이 제한되지만, 지방공무원의 경우 자신의 근무지가 아닌 지역에서는 선거운동, 정치자금 모금, 서명운동이 가능하다(정영태, 2009). 일본은 공무원의 정치적 활동을 제약하는 법적규정을 가지고 있지만 실제운영이나 판례에서는 정치적 자유에 대한 제약에서 허용으로 변화되는 추세에 있다(정재명 · 최승재, 2010).

호주는 공공서비스법(Public Service Act, 1999)에 의해 정부정책에 대한 평가가 포함된 정치적 의견 발표가 허용되며, 국회의원 출마시 휴직 또는 사퇴가 필요하지만, 지방의회 입후보의 경우 사퇴할 필요가 없다. 원칙적으로 선거운동, 정치자금 모금, 서명운동 등이 허용된다(정영태, 2009; 이종수, 2010).

뉴질랜드는 선거법(Electoral Act, 1993)에 의해 정치적 의견 발표가 허용된다. 캐나다의 경우 정치자금 모금 및 기부, 정치집회 참여, 정당활동 및 선거운동 등이 허용된다. 단, 업무수행에 지장을 주어서는 안 된다(정영태, 2009; 이종수, 2010).

프랑스의 경우 공무 중 또는 근무지를 제외한 모든 시간과 장소에서는 개인으로서 정부정책에 대한 의견의 표현을 제외한 모든 정치적 자유가 인정된다. 교원의 경우에도 정당가입과 정치활동이 폭넓게 보장되고 있다(정영태, 2009; 이종수, 2010).

이처럼 우리 법체계에 영향을 준 미국, 일본, 독일 등의 국가들과 다양한 국가의 법체계가 공무원과 교육공무원(교원)의 정치적 중립성을 인정하면서도 개인의 자율성과 기본권적 가치를 일정 부분 인정하는 경향이 있다는 사실을 확인할 수 있다.

3) 초·중·고교 교원의 정치적 표현의 제한에 관한 근거

앞서 살펴본 바와 같이 공무원과 교원의 정치적 자유를 어느 정도 보장해야 할 것인가에 대한 법적 판단에 대해서는 각 국가의 상황이나 특성에 따라 다소 차이가 존재한다. 그러나 교원의 정치적 표현의 자유를 상대적으로 보장하고 있는 국가라고 할지라도 그러한 표현의 자유가 무제한적일 수는 없다. 기본권으로서의 정치적 표현의 자유는 필연적으로 공익과 인격권 등 다른 기본권과 비교형량 될 수밖에 없기 때문이다.

헌법 제37조 제2항은 국민의 모든 권리와 자유는 국가안전보장, 질서유지 또는 공공복리를 위하여 필요한 경우에 제한할 수 있다고 명시하고 있고, 헌법 제21조 제4항은 언론, 출판은 타인의 명예를 침해하지 않는 범위에서 허용된다고 명시하고 있다(이재진 · 이정기, 2010). 국내는 물론 표현의 자유의 가치를 상대적으로 중시하는 국가에서도 정치적 표현이 국가의 안정보장이나 공익을 훼손하는 경우 제한될 수 있음을 규정하고 있고, 타인의 사생활이나 명예를 훼손하는 경우 제한 가능성이 있음을 명시하고 있다.

한편, 정치적 중립성을 핵심으로 하는 공무원과 교원의 정치참여 제한은 공직선거 및 선거부정방지법 등 선거관련 법리와 충돌할 수 있다. 예컨대 공직선거법 제60조 제1항은 국가공무원법 제2조에 규정된 국가공무원과 지방공무원법 제2조에 규정된 지방공무원의 경우 정당가입 및 활동이 금지되고 선거에서의 활동 역시 제한됨을 명시하고 있다(박주민, 2010). 최근 공무원과 교원의 정치참여와 제한과 관련하여 쟁점이 되고 있는 시국선언에 있어서는 그 허용 여부 등에 따라 '집회 및 시위에 관한 법률(이하 집시법)', '업무방해죄', '경범죄' 등의 문제와 충돌할 가능성이 있다(이재진 · 이정기, 2009).

특히 우리나라의 경우 공무원이나 교원 등 직업공무원의 정치적 자유권은 정치적 의사 표현, 정당가입 및 활동, 자유로운 선거운동 등 정치적 자유권의 세 가지 측면 모두에서 사인 등 다른 집단보다 더욱 엄격하게 제한되고 있다. 공무원은 직무의 특성상 사인이나 타 집단과 달리 '정치적 중립성'을 지켜야할 위치에 있다는 이유에서이다(정영태, 2010a).

국가공무원법 제65조 제1항은 공무원은 정당이나 그 밖의 정치단체의 결성에 관여하거나 이에 가입할 수 없다고 규정하고 있고, 제2항은 공무원은 선거에서 특정 정당 또는 특정인을 지지 또는 반대하기 위한 행위(투표 권유, 서명 운동, 문서나 도서의 공공시설 게시, 기부금 모집, 정당 가입 권유 등)를 해서는 안 된다고 규정하고 있다.

지방공무원법 제58조 역시 국가공무원법 제65조와 대동소이한 집단행위 금지를 규정하고 있다. 정당의 대표인 동시에 선거운동의 주체이기도 한 국회의원과 지방의회의원의 경우 정치적 중립의무가 없는 등 정치적 자유에 있어 공무원 중 가장 자유롭다. 또한 대통령이나 자치단체장의 경우 선거에서의 정치적 중립성의 의무가 부과되나 평상시의 정치적 의사표현과 정당활동 등이 용인된다. 그러나 기타 행정부, 사법부, 지자체의 공무원과 초·중·고등학교 교육공무원에게는 정치적 중립의 의무가 있고, 정치적 의사표현의 자유는 물론, 선거운동, 정당설립, 가입, 활동의 자유까지 제한되어 있다.

헌법재판소(91헌마67)는 공무원의 정치적 중립성 유지 필요성 또는 법리적 근거로서 '국민전체의 봉사자설', '정치와 행정의 분리설', '공무원의 이익보호설', '공적 중재자설' 등을 제시하고 있다. 국민전체의 봉사자설은 공무원은 특정 개인이나 특정 정파에 충성하는 것이 아니라 주권의 근원인 국민에게 충성해야 한다는 것이다(김선주, 2002). 정치와 행정의 분리설은 '엽관제(spoils system)'처럼 특정의 정치세력에 의한 행정의 조작화 또는 간섭을 예방하고자 하는 목적을 가지고 있다(정재명 · 최승재, 2010). 공무원의 이익보호설은 공무원의 정치적 중립성을 확보하여 정권 변동에도 신분적 안정을 보장함으로써 엽관제로 인한 공무원의 신분상 불안정성을 방지할 수 있다는 것이다(정영태, 2009). 공적 중재자설은 다원주의 국가론으로부터 심판관(umpire)으로서 국가의 역할을 공무원의 역할로 대체한 것을 의미한다(정재명 · 최승재, 2010).

이 밖에 공무원의 직무 특성상 공공성이 강하고, 이러한 직무의 정지가 국민에게 미치는 영향력을 고려할 때, 공무원의 정치적 중립이 요구되어야 한다는 '내재적 성질성' 등이 공무원의 정치적 중립과 정치적 표현의 자유 제한의 근거로서 제기되고 있다(김선주, 2002). 공무원의 정치적 중립성과 관련하여 오석홍(1992)은 현대행정국가에서 공무원은 모든 계층을 대표해서 공익을 추구해야 하므로 정치적 중립성의 원리가 침해돼서는 안 된다고 주장하였다. 박응격

(1992) 역시 공무원의 정치적 중립성은 특정 정치세력 개입을 방지하고 행정이 정치의 투입기능에 개입함으로써 유발될 수 있는 행정독재를 막는 역할을 하므로 바람직하다고 주장하였다.

그러나 공무원이나 교원은 공적 업무를 보는 노동자이기 이전에 국민이고 따라서 공무원도 타인의 자유와 권리를 침해하지 않는 범위에서 보통 국민이 누리는 정치적 자유와 권리를 누려야 한다는 의견도 표출되고 있다. 이는 공무원과 교원의 정치참여가 불법으로 규정된 상황에서 교원단체와 공무원단체 그리고 학계 일부를 중심으로 지속적으로 정치참여의 목소리와 관련된 판례가 도출되고 있다는 사실을 통해 확인할 수 있다(서복경, 2010; 박주민, 2010; 정영태, 2009, 2010a; 이계수, 2005, 2009; 이종수, 2010 등). 서복경(2010)은 정치적 표현 및 정치활동은 헌법이 보장하는 다양한 권리이고, 공익을 해치는 부분에 한해서만 제한적인 규제가 이루어져야 하는데, 포괄적인 규제논리 속에 허용 가능한 표현 및 활동의 유형을 선별적으로 솎아내는 접근이 일반화되어 있음을 지적하였다. 모든 문제가 정치적 문제로 비화될 수 있는 민주주의 사회에서 공무원의 정치활동을 규제하는 법적 제한들은 직무관련 권한 남용을 방치하고 이해관계 충돌을 회피하는 제한적인 목적에 부합하도록 재구성될 필요가 있고, 자의적 해석의 여지를 최소화시켜야 한다는 것이다(서복경, 2010).

이처럼 교원의 정치참여는 정치적 표현의 자유라는 헌법적 가치와 국가공무원법을 위시한 다양한 헌법적 가치가 상충하는 문제라 할 수 있다. 그러나 우리 법원이 과연 교원의 정치적 참여를 어떻게 인식하고 있는지에 대한 분석을 바탕으로 교원의 정치적 표현과 다른 헌법적 가치가 충돌할 경우 이를 어떻게 비교형량해야 하는지에 대한 분석은 진행된 바 없다. 초·중·고교 교원의 시국선언에 대한 탐색적인 형태의 분석을 다루고자 한 본 장은 초·중·고교 교원의 정치적 표현의 자유와 타 가치가 충돌할 경우 표현의 자유를 극대화하면서 다른 헌법적 가치의 침해를 최소화하는 비교형량의 기준을 만들기 위한 기초적 자료로 활용될 수 있을 것이다.

3. 초·중·고교 교원의 정치참여 허용에 대한 찬·반 시각

초·중·고교 교원의 정치참여가 우리 사회의 쟁점으로 등장한 것은 첫째, 2004년 17대 총선 정국에서 전교조가 민주노동당을 지지하는 시국선언을 발표한 시점, 둘째, 2009년 6월 18일 전교조의 '6월 교사 시국 선언문' 발표 이후 전국적으로 이루어진 시국선언을 발표한 시점, 셋째, 2010년 10월 12일 보수성향의 한국교원단체총연합회(한국교총) 안양옥 회장이 취임 100일 기자회견을 통해 교원 및 교원단체의 정치참여 보장 필요성을 제기한 시점이라고 볼 수 있다.

2004년 3월 27일 원영만 당시 전교조 위원장은 홈페이지에 "참세상 교육, 참세상을 위해 애쓰시는 조합원 동지 여러분께"라는 글을 올려, 총선에서 민주노동당에 대한 지지 방침을 밝혔다(김영화, 2004). 이에 당시 중앙선거관리위원회는 원 위원장의 인터넷 글에 대해 선거법 위반 결정을 내렸다. 또한 이에 대해 전교조가 비상식적인 결정이라고 반발하면서 전교조의 정치참여가 쟁점화 되었다(정석영, 2004). 전교조는 2004년 3월 23일 "탄핵무효와 부패정치 청산을 위한 광주 전남 교사 시국선언"을 통해 17대 총선이 보수정치의 판을 갈아엎을 소중한 기회라고 주장하였고(프로메테우스, 2006. 4. 11), 시국선언은 소송으로 비화되었다.

2009년 6월 18일 전교조는 "민생문제, 교육문제 등 현 정권의 민주주의 후퇴를 우려한다", "사교육비 절반, 학교만족 두 배의 약속은 지켜지지 않고 도리어 무한입시경쟁을 부추기는 교육정책이 강화되고 있다", "가진 자만을 위한 귀족학교 설립이 국가 교육정책으로 강행되고 있고, 학교장의 독단적 학교 운영이 강화되고 있다"는 취지의 '6월 교사 시국 선언문'을 발표하였다. 이후 교과부가 이에 대한 엄정 조치방안을 밝히고, 실제로 이후에 발생된 다수의 시국선언이 소송으로 비화되면서 교사의 시국선언 등 정치참여 문제가 사회적 쟁점으로 부각되었다.

2010년 10월 12일에는 보수 교원 단체인 한국교총의 안양옥 회장이 정치참여 보장 필요성을 제기하였다. 이에 대해 조선, 중앙, 동아일보 등 유력 일간지와 다른 보수 미디어들이 반대 의견을 표명하였고, 이에 대한 각종 토론회가 개최되는 등 한국교총의 정치참여 발언은 사회적 쟁점으로 부각되었다.

1) 초·중·고교 교원의 정치참여를 불허(처벌)해야 한다는 시각

2004년 3월 27일 원영만 당시 전교조 위원장의 민주노동당 지지 공지 사건 당시, 원 위원장을 구속한 경찰은 "원 위원장이 최근 탄핵무효 시국선언을 주도하고 조합원들에게 4.15 총선에서 민주노동당을 지지하도록 하는 내용의 공지사항을 인터넷에 띄운 것은 공직선거 및 선거부정방지법과 국가공무원법 위반"이라고 주장하였다(손효림, 2004). 한편, 2006년 1월 9일 국가인권위원회의 국가인권정책

기본계획 발표에 대해 조전혁 인천대 교수는 특정 개인·집단의 권리를 확대하는 것이 다른 개인·집단의 권리를 제한할 수 없다며, 학생의 학습권이 결부되어 있는 정치참여의 기본권은 생명, 보건, 거주이전과 같은 자유적 기본권과 차이가 있다고 주장하였다. 또한 교수의 정치참여에 대해 상대적 관용이 적용되는 이유는 교육대상이 정치적으로 독립적인 행위와 의사표시를 할 수 있는 성인인 대학생들이기 때문이라고 주장하였다(조전혁, 2006).

2009년 6월 18일 전교조의 '6월 교사 시국 선언문'에 대해 교과부는 일부 교원 및 교원노조의 시국선언 및 서명운동은 교원노조의 정당한 활동범위와 국가공무원인 교원으로서 본연의 자세에서 벗어나 공무원의 복무에 관한 질서를 훼손하고, 공무원이 준수해야 할 품위를 손상시키는 집단행위라고 판단하였다. 또한 이러한 행위가 국가공무원법 제56조 성실의무, 제57조 복종의 의무, 제63조 품위유지의 의무, 제66조 집단행위의 금지 등 복무관련 조항과 노동조합의 정치활동을 금지하고 있는 교원의 노동조합 설립 및 운영 등에 관한 법률 제3조(정치활동의 금지)에 위배된다고 주장하였다. 따라서 교과부는 교원이 시국선언 서명운동에 참여하는 행위를 자제할 것을 각 학교에 공문으로 전달하고, 교원의 서명운동 참여가 학생의 학습권 침해나 국가공무원으로서 의무에 위배되는 등 복무 관련 법령 위반 사례가 발생할 경우 엄정조치 방안을 강구하겠다고 밝힌 바 있다(강인해, 2009).

교과부는 교원의 시국선언의 내용과 취지가 근로조건과 상관 없는 정치 상황에 대한 것이라면 현행 법규를 위반하는 행위로서 규제되어야 한다는 인식을 표출하고 있다(김경식, 2010). 이주호 교육과

학기술부 장관은 우리 교육에서 그동안 교육문제가 너무 지나치게 이념화된 부분이 있고, 또 정치적 갈등이 많았기 때문에 교육에 있어 정치의 거품이 너무 많이 끼어 있다고 주장하였다. 교사의 정치활동은 헌법에서 금지되어 있는 것이기 때문에 엄격하게 금지할 필요가 있다는 것이다(전용혁, 2010).

전삼현 숭실대 법학과 교수는 "공무원과 교사에 대해 정치적 참여를 금지하는 이유는 특수한 신분이기 때문"이고, "특히 학생들을 가르치는 교사의 경우 정치적으로 편향된 교육을 하게 되면 국가의 운명을 좌우할 만큼 엄청난 악영향을 끼치게 되기 때문"이라고 주장하였다. 유사하게 홍진표 시대정신 이사는 민주노총과 민주노동당의 특수관계는 법적 문제가 없는 반면, 전교조 등의 민주노총 가입은 결국 법의 명백한 위법으로 이어질 상당한 필연성을 가지고 있기 때문에 전교조 등과 민노총의 관계 정리가 필요하다고 주장하였다(유영선, 2010).

2010년 10월 12일 한국교총의 정치참여 주장에 대해서는 보수적 언론사의 반대의견이 비교적 활발하게 표출되었다. 한국경제 2010년 10월 14일자 사설은 교원의 정치참여는 헌법 제31조 제4항의 교원의 정치적 중립성, 국가공무원법 제65조와 교원노조법 제3조에 의해 제한되는 위법행위이고, 교육적 차원에서도 교사는 감수성이 예민한 청소년들에게 직접적 영향을 미치는 특수 직업인이며, 교원의 자긍심과 교권회복은 교사로서의 경쟁력을 갖추고 올바른 교육을 통해 이루어지는 것이지 정치활동으로 가능한 일이 아니라고 주장하였다.

문화일보의 2010년 10월 13일자 사설 역시 교원의 정치활동 피해는 학생들에게 고스란히 돌아가게 되고, 국가 미래까지 그르칠 수 있다는 것은 전교조의 일탈을 통해서도 분명히 확인되어 왔다며, 교원의 정치참여 시도 자체가 교육에 전념하겠다는 의지가 없음을 보여주는 것이라고 주장하였다. 조선일보의 2010년 10월 14일자 사설은 교총이 정치활동을 벌이면 전교조 역시 내놓고 정파 활동, 이념 교육을 하게 될 것이라며 회원 18만명의 교총과 7만명의 전교조가 쟁점을 놓고 제각기 성명서를 발표하면서 부딪칠 경우 학교가 싸움판으로 변질될 우려가 있다고 주장하였다. 중앙일보의 2010년 10월 14일자 사설은 교원을 지킬 수 있는 마지막 도구가 정치참여라는 주장은 납득이 어렵다며 스스로 교직의 전문성을 높이는 노력부터 기울이는 게 순서라고 주장하였다. 이 밖에 동아일보와 한국일보 등의 신문 역시 사설을 통해 교총의 정치참여 요구를 비판하였다.

초·중·고교 교원의 정치참여를 반대(처벌)해야 한다는 의견은, 교원의 정치참여는 헌법 제31조에 명시된 교육의 정치적 중립성을 위반하는 것이고, 정치참여 과정에서 학생의 학습권이 침해될 수 있어 국가공원법 상 성실의 의무(제56조), 집단 행위 금지 규정(제66조) 위반의 소지가 있다는 것으로 요약할 수 있다(김경식, 2010). 교원의 시국선언은 정치활동 금지를 규정한 교원노조법 위반이자 공무원의 품위를 손상하게 하는 집단행위에 해당하며, 위법행위라는 것이다(곽상아, 2009; 김경식, 2010).

2) 초·중·고교 교원의 정치참여를 허용해야 한다는 시각

2004년 3월 27일 원영만 당시 전교조 위원장은 교사들이 공무원이기 때문에 세상이 어떻게 돌아가든 입도 뻥끗하지 말라는 발상은 반민주적인 것이라고 주장하였다. 잘못된 교육정책과 왜곡된 입시 구조, 비인간적 교육현실 속에서의 시국선언은 교사로서의 양심과 이 땅의 국민으로서 해야 할 최소한의 의사표현이라는 것이다(원영만, 2004). 한편, 2006년 1월 9일 국가인권위원회는 국가인권정책기본계획을 통해 공무원의 정치활동을 금지하는 법 조항을 개정하여 공무원과 초·중·고교 교사의 정치활동을 일정범위 확대할 것을 권고하였다. 인권위는 교사의 정치참여를 제한한 현행법률들이 교사의 기본권을 과잉으로 제한하고 있고, 국·공립 대학교수의 정치활동은 허용되는 반면, 초·중등 교사의 정치활동을 금지하는 것은 형평성에도 어긋난다는 의견을 표출하였다(조전혁, 2006).

2009년 6월 18일 시국선언 이후 이어진 교원의 정치참여 논란에 대해 박주민(2010)은 공무원은 공무원이기 이전에 기본권의 주체인 국민임을 강조하였다. 따라서 정치적 중립성이라는 필요성에도 불구하고 공무원의 기본권과 조화를 이루는 입법이 이루어져야 한다는 것이다. 그러나 현행 국가공무원법은 낡은 미국과 일본의 입법례에 영향을 받아 정치적 기본권을 포괄적이고 전면적으로 금지하고 있다고 비판하였다.

이종수 연세대 법학전문대학원 교수는 "공무원(교원)에게 비록 정치적 중립성이 요구된다 하더라도 표현의 자유 보장에 있어서 공무원이라고 예외일 수 없어 개인적으로 정치적 의사 표현의 자유를 가진다"며, "정당제 민주주의에서 여당과 밀접하게 연결되는 정부가 정책의 수립 및 집행에 있어서 정파적인 편견과 이해관계에 따라 법위반이나 오류를 범할 가능성이 상존하는 가운데 오류시정을 위해서는 주권자인 국민의 비판뿐 아니라 공직제도 내부에서 이에 관한 보다 전문적인 지식을 갖춘 공무원과 공무원단의 비판이 더욱 요청된다"고 주장하였다. 즉 공무원이 가지는 시민으로서의 기본권적 지위를 고려하지 않은 채 획일적으로 정치활동을 광범위하게 제한하는 것은 헌법적 요청과 조화되지 않는다는 것이다(김용욱, 2010). 민주주의를 지키기 위한 광주, 전남 시국선언 교수연대는 2009년 7월 8일 기자회견을 통해 "교사가 최소한의 전문성과 자율성을 보장받지 못한다면 교육의 미래는 없다"며 정부는 표현의 자유를 보장하고 공권력 남용을 자제해야 한다고 주장하였다(이석호, 2009).

2010년 10월 12일 한국교총 안양옥 회장은 교원의 정치참여를 허용해야 하는 이유를 두 가지로 요약한 바 있다. 첫째, 교원의 정치참여 보장을 통해 헌법에 규정된 교육의 자주성, 전문성, 정치적 중립성을 교육자 스스로 지켜나가자는 다짐과 제도를 마련할 수 있다는 것이다. 교총의 여론조사 결과 교원 10명 중 6명 이상이 정치권 등이 헌법에 규정된 교육의 자주성, 전문성, 정치적 중립성을 잘 안 지키고 있다고 응답하였고, 10명 중 9명 이상이 정치가 교육에 미치는 영향이 크다고 인식하고 있음에서 알 수 있듯이 이미 정치가 교육에 깊숙이 관여하고 있는 상황에서 교원 역시 정치적 목소리가 필요하다는 것이다.

둘째, 정치, 경제 등 전반적 국가발전에 따라 교원 개인의 기본권적 참정권 확대에 대한 한계와 범위에 대한 사회적 논의가 필요하다는 것이다. 즉 교원 및 교원단체의 정치참여 보장을 이미 많은 OECD국가에서 허용하고 있는 상황이고, 이를 학부모의 감시 시스템을 통해 제어하고 있는 상황에 비춰볼 때 우리나라의 교원 역시 자율적 규제 감시체제를 도입하여 교원의 참정권을 폭넓게 보장할 필요가 있다는 것이다. 또한 인터넷이나 방송과 같은 언론을 통해 정치 등 모든 분야에 스스로 판단하는 단계를 넘어 강한 정치적 목소리를 내고 있는 학생들의 정치수준에 교원들이 따라가지 못하는 시대가 되어가고 있으므로 이에 대한 교정이 필요하다는 것이다(안양옥, 2010).

이처럼 초·중·고교 교원의 정치참여를 허용해야 한다는 주장의 핵심은 "시국선언 등 정치참여 행위는 민주주의 사회에서 국민이 갖는 표현과 양심의 자유에 근거한 헌법이 보장한 기본권적 행위"라는 것으로 요약된다. 또한 교원의 정치참여 허용을 주장하는 측은 개인이나 단체가 시국에 대한 입장을 밝히는 행위를 처벌할 근거가 없으며, 국가보안법도 아닌 공무원법과 사립학교법 등으로 교사의 사상과 행동을 제약하려 하는 것은 터무니없는 일이라고 주장한다(김경식, 2010).

4. 초·중·고교 교원의 시국선언 관련 판례

1) 초·중·고교 교원이 승소한 경우

초·중·고교 교원의 시국선언 관련 판례 33건[78] 중 무죄 판결된

[78] 초·중·고교 교원의 시국선언 관련 판례는 2011년 11월 15일까지 검색된 판례에 한정하였다. 관련 판례는 법률전문 포털 사이트 로앤비(www.lawnb.com)와 대법원 인터넷 사이트(www.scourt.go.kr)의 키워드 검색을 중심으로 하여 수집되었다. 또한 한국언론진흥재단의 카인즈(www.kinds.or.kr) 키워드 검색을 통해 전문 법률 사이트에서 검색할 수 없는 교원의 시국선언 관련 판례를 추가적으로 수집하였다. 다만, 교원의 시국선언 행위와 관련된 직접적 판례가 아닌 판례, 예컨대 시국선언 관련 징계의 적법성 여부 관련 판례 등은 분석 대상에서 제외하였다.

판례는 7건으로 나타났다. 이 중 노무현 정부에서 무죄로 판결된 사건은 5건, 이명박 정부에서 무죄로 판결된 사건은 2건으로 노무현 정부에서의 무죄 판결이 이명박 정부에서의 무죄 판결에 비해 상대적으로 많이 나타났다. 또한 노무현 정부에서 무죄 판결된 사건 중 2건은 지방법원, 3건은 고등법원의 판례였고, 이명박 정부에서 무죄 판결된 사건은 2건 모두 지방법원 판례로 나타났다.

구체적으로 노무현 정부에서 발생한 5건의 사건은 2004년 발생한 시국선언 관련 쟁점을 다루고 있다. 서울중앙지법의 2004고합1005 사건에서 재판부는 피고인들이 시국선언문을 발표한 정황을 살펴볼 때, 시국선언의 동기와 목적은 대통령 탄핵소추안 의결에 반대하기 위한 것이었고, 이 사건 시국선언문에서 지지 대상 정당으로 직접 민주노동당을 지칭하지 않았다고 판시하였다. 즉 '진보'와 '보수'는 상대적인 개념으로서 실제 민주노동당 외에도 많은 정당들이 '진보'를 표방하고 있어 이 사건 시국선언문에서 말하는 '진보적인 세력'이 반드시 민주노동당을 지칭하는 것이라고 단정할 수는 없다는 점 등에서 볼 때 이 사건 시국선언문과 관련한 일련의 행위가 특수 정당 즉 민주노동당을 지지하기 위한 목적에서 이루어졌다고 보기는 어렵다고 판결하였다. 이 사건은 서울고등법원 2004노3101 항소심 판결에서도 무죄로 판결되었다.

광주고등법원 2005노54 사건에서 재판부는 전교조의 '민주노동당 지지 선언'은 선거법 위반 소지가 있으나 시국선언문에 '민주노동당'이란 용어를 전혀 사용하고 있지 않고, 그 주된 내용 또한 국회의 대통령 탄핵안 의결을 비판하는 내용으로 그 주도세력을 선거를 통해 심판해야 한다는 내용은 부수적인 사항이라는 점, 피고인들이 민주노동당 후보자들뿐만 아니라 한나라당, 열린우리당 등에도 깨끗한 정치인들이 있음을 인정하고 있는 점, 이 사건 시국선언을 결정한 전교조 중앙집행위원회 모임은 대통령 탄핵안 의결이라는 전 국민적 관심사에 대한 전교조의 입장을 밝히기 위해 급박하게 이루어진 것으로 보이는 점, '진보'와 '보수'는 상대적인 개념으로 많은 정당이 '진보'를 표방하고 있어 이 사건 시국선언문에 나타난 '진보적인 세력'을 '민주노동당'으로 단정할 수 없고, 선거에 관한 단순한 의견개진 및 의사표시는 허용된다는 점을 고려할 때 무죄를 판결한 원심(2004고합394, 395(병합) 판결)을 확정하였다.

대전고등법원의 2005노188 사건에서 재판부는 충남지역 교사들이 시국선언문을 발표한 주된 동기와 목적은 대통령 탄핵소추안에 대한 비판이지 집권여당이나 정부에 대한 비판은 부차적인 것이기 때문에 이 사건과 관련된 행위가 열린우리당을 반대하고 민주노동당을 지지하는 목적에서 발생하였다고 보기는 어렵다고 보았다.

한편, 이명박 정부에서 발생한 두 건의 판례는 2009년 6월 시국선언 정국에서 발생한 사건에 대한 판결결과를 다루고 있다. 전주지방법원의 2009고단1119 사건에서 재판부는 2009년 6월 교사들의 시국 선언을 주도했다는 이유로 검찰에 기소된 전교조 전북지부 간부 4명에 대해 무죄를 선고하였다. 재판부는 공익에 반하는 게 아닌 국민의 한 사람으로서 국가에 대한 비판을 한 것에 불과하고, 이는 헌법이 규정하는 표현의 자유에 해당한다고 판시하였다. 재판부는 판결문에서 "피고인들의 행동은 주권자인 국민이 정치적 중립을 지키면서 권력 담당자에게 권력 행사에 대한 자신들의 인식과 희망 사항을 밝힌 것에 불과하다"고 지적하였다.

대전지방법원의 2009고단2786 사건에서 재판부는 특정 정당의 지지나 반대를 하지 않은 전교조 교원들의 시국선언의 경우 공무원의 정치적 중립 의무를 위반한 것으로 볼 수 없다고 밝혔다.

교원이 승소한 판례의 핵심 주장을 요약하면, 특정 정당의 실명을 거론하여 지지하지 않았거나(2004고합1005; 2005노54; 2005노188; 2004노3101; 2009고단2786), 선거에 영향을 미치려는 행위가 아닌 의사표현(2009고단2786), 국민적 관심사에 대한 입장을 밝히기 위한 것, 공익에 반하는 것이 아닌 선거에 대한 단순한 의견개진 및 의사표시(2004고합394, 395), 권력담당자에 대한 자신들의 인식과 희망사항을 밝힌 것

〈표 6-1〉 초·중·고교 교원이 승소한 판례

번호	판결일자 및 법원(출처)	표현의 제한근거	판결요지	결과
1	서울중앙 지방법원 2004. 11. 11. 선고. 2004고합 1055.	국가공무원 법위반	피고인들이 시국선언문을 발표한 주된 동기와 목적은 대통령 탄핵소추안 의결에 반대하기 위함에 있었을 뿐 집권여당과 정부에 대한 비판은 부차적인 내용에 불과하고, 이 사건 시국선언문의 내용을 보더라도 직접 열린우리당을 반대한 것으로 보기는 어려운 점, 공식적으로 민주노동당 지지를 선언하는 것은 선거법 위반의 소지가 있다는 전교조 중앙집행위원회의 지적에 따라 이 사건 시국선언문에서 지지 대상 정당으로 직접 민주노동당을 지칭하지는 않았던 점, '진보'와 '보수'는 상대적인 개념으로서 실제 민주노동당 외에도 많은 정당들이 '진보'를 표방하고 있고, 피고인들도 '진보적 개혁정치'나 '보수정치'에 대하여 서로 다른 개념으로 이해하고 있는 것으로 보여 이 사건 시국선언문에서 말하는 '진보적인 세력'이 반드시 민주노동당을 지칭하는 것이라고 단정할 수는 없는 점 등에 비추어 보면, 이 사건 시국선언문과 관련한 일련의 행위가 민주노동당을 지지하기 위한 목적에서 이루어졌다고 보기는 어렵다는 이유로 위 공소사실에 대해 무죄 선고.	무죄

2-3	광주고등법원 2005. 3. 24. 선고. 2005노54.	공직선거및 부정선거방 지법위반, 국가공무원 법위반	피고인들이 민주노동당 후보자들뿐만 아니라 한나라당, 열린우리당 등에도 깨끗한 정치인들이 있음을 인정하고 있는 점, 이 사건 시국선언을 결정한 전교조 중앙집행위원회 모임은 대통령 탄핵안 의결이라는 전국민적 *심사에 대한 전교조의 입장을 밝히기 위해 급박하게 이루어진 것으로 보이는 점, '진보'와 '보수'는 상대적인 개념, 많은 정당이 '진보'를 표방하고 있어 이 사건 시국선언문에 나타난 '진보적인 세력'을 '민주노동당'으로 단정할 수 없고, 선거에 관한 단순한 의견개진 및 의사표시는 허용된다는 이유로 검사항소 기각. *원심(광주지방법원 2005. 1. 27. 선고 2004고합394, 395(병합) 판결)	원심 무죄, 항소 심 기각
4	대전고등법원 2005. 11. 4. 선고. 2005노188.	국가공무원 법위반	충남지역 교사들이 시국선언문을 발표한 주된 동기와 목적은 대통령 탄핵소추안 의결에 대한 비판에 있었을 뿐 집권여당과 정부에 대한 비판은 부차적인 내용에 불과. 이 사건 시국선언문의 내용을 보더라도 직접 열린우리당을 반대한 것으로 보기는 어려운 점, '진보'와 '보수'는 상대적인 개념으로서 실제 민주노동당 외에도 많은 정당들이 '진보'를 표방하고 있고, 이 사건 시국선언문에 나타난 '진보 개혁 세력'이 '민주노동당'을 지칭하는 것이라고 단정할 수 없는 점 등에 비추어, 이 사건과 관련된 행위가 열린우리당을 반대하고 민주노동당을 지지하는 목적에서 이루어졌다고 보기 어려움.	무죄
5	서울고등법원 2005. 6. 14. 선고. 2004노3101.	국가공무원 법위반	1심 판결 유지. *원심(무죄): 2004고합1055	항소심 무죄
6	전주지방법원 2010. 1. 19. 선고. 2009고단1119.	국가공무원 법위반	2009년 6월 교사들의 시국 선언을 주도했다는 이유로 검찰에 기소된 전교조 전북지부 간부 4명 무죄판결. "2009년 6월 민주 항쟁의 소중한 가치가 더 이상 짓밟혀서는 안 된다"라는 제목으로 시국 선언을 발표. 이에 대해 교과부는 이를 국가공무원법 위반이라고 주장하며 전교조 간부 전원을 파면·해임 등 중징계하고 이들을 고발. 재판부는 공익에 반하는 게 아닌 국민의 한 사람으로서 국가에 대한 비판을 한 것에 불과하고 이는 헌법이 규정하는 표현의 자유에 해당. 판결문에서 "이들의 행위는 공익의 목적에 반하는 게 아닌 국민의 한 사람으로서 국가에 대한 비판을 한 것에 불과하다"며 "이는 헌법이 규정하는 표현의 자유에 해당한다"고 판시.	무죄

7	대전지방법원 2010. 2. 25. 선고. 2009고단 2786.	국가공무원법위반, 집시법위반	2009년 6월 시국선언을 주도한 혐의로 검찰에 기소된 전교조 대전지부장 등 간부 3명에 대한 1심판결 결과 무죄판결. 특정 정당이나 개인을 지지 또는 반대하거나 선거에 영향을 미치려는 행위가 아니므로 공무원의 정치적 중립의무에 반하지 않음. 대전지방법원은, 이들이 특정 정당의 지지나 반대를 하지 않아, 공무원의 정치적 중립 의무를 위반한 것으로 볼 수 없다고 밝혔으나 사전신고 없이 밖에서 한 기자회견에 대해서는 일부 유죄를 인정해 벌금 50만 원을 선고.	무죄

으로 국가에 대한 공익에 반하지 않는 비판(2009고단1119)의 경우 정치적 중립 의무에 반하지 않는다는 것이다. 즉 교원 승소 판결을 내린 재판부는 교원의 시국선언 등의 정치적 표현행위에 "공익성"이 있고, "특정 개인이나 정당에 대한 지지를 통해 선거에 영향을 미치려는 행위"가 아닌 "단순한 의견개진 또는 의사표시"일 경우 시국선언의 대상이 권력 담당자일 경우라도 폭넓게 표현의 자유를 보장해야 한다는 인식을 표출하고 있음을 확인할 수 있다.

2) 초·중·고교 교원이 패소한 경우

정치적 표현 수단인 교원의 시국선언이 유죄 판결된 판례는 총 33건 중 26건으로 나타났다. 이 중 노무현 정부에서 유죄 판결된 판례는 5건, 이명박 정부에서 유죄 판결된 판례는 21건으로 나타났다. 또한 노무현 정부에서 유죄 판결된 판례 중 4건은 대법원, 1건은 고등법원의 판례로 모두 항소심을 다루고 있었다. 이명박 정부에서 유죄 판결된 판례 21건 중 19건은 지방법원의 판례, 2건은 고등법원의 판례로 나타났고, 지방법원 판례의 5건, 고등법원 판례의 2건이 항소심 관련 판례로 나타났다.

노무현 정부에서 발생한 5건의 판례는 2004년 발생한 시국선언 관련 쟁점을 다루고 있다. 먼저 대법원 2005도2209 사건에서 재판부는 전교조가 총선을 앞두고 기획·시행한 교사 서명운동 및 시국선언문이 비록 특정 정당을 직접 지칭하지는 않았다고 하더라도, 그 기획 과정, 추진 방법, 참가 범위, 구체적인 표현 등에 비추어 볼 때 기존 정치세력에 반대하고 대안 세력으로서의 특정 정당을 지지하려는 목적의사가 객관적으로 인정될 수 있는 능동적이고 계획적인 행위로서 공직선거 및 선거부정방지법에서 정한 '선거에 관한 단순한 의견개진 또는 의사표시'의 범위를 넘어선 것이라고 보았다. 이러한 이유로 재판부는 전교조 지부장들에 대한 공직선거 및 선거부정방지법 위반과 국가공무원법 위반의 공소사실에 대하여 무죄를 선고한 원심판결을 파기하였다(원심: 2005노188). 이상과 같은 법원의 인식은 대법원의 2005도4513의 판결에도 대동소이하게 표출되었다.

서울고등법원의 2006년 8월 11일 선고 판결은 대통령 탄핵반대 시국선언에 참여하고 특정 정당을 지지한 혐의(공직선거법 위반 등)로 기소된 장혜옥 위원장 등 전교조 소속 교사 5명에 대한 파기환송심에서 장 위원장에게 벌금 100만 원을, 원 전위원장에게는 벌금 300만 원을 선고하였다. 재판부는 "피고인들이 정치적 중립을 지켜야 할 공무원이자 학생들에게 준법의식을 가르쳐야 할 교사라는 점을 감안할 때 공익에 반하는 집단행위를 한 점은 비난 가능성이 크다"고 판결 사유를 밝혔다.

또한 대법원은 2006년 11월 9일 선고한 판례를 통해 "시국선언문과 관련한 피고인들의 행위가 열린우리당을 반대하고 그 대안세력으로서 민주노동당을 지지하려는 목적 의사가 객관적으로 인정될 수 있을 정도의 계획적인 행위에 해당한다고 판시한 원심은 정당하다"고 밝혔다.

이명박 정부에서 발생한 21건의 사건은 모두 2009년 발생한 시국선언 관련 쟁점을 다루고 있다. 인천지방법원 2010월 2월 4일 선고 판례에서 재판부는 "교사의 정치적 의사표현은 다른 일반 공무원보다 더 신중히 행사돼야 한다"고 판시하였다. 재판부는 "시국선언문이 정부의 국정쇄신과 국민의 신뢰회복을 촉구하는 형태를 취하고 있고, 표현의 자유가 중요하다는 점을 감안하더라도 교육과 관련 없는 시국상황과 국가정책에 대한 인식, 국정쇄신 요청은 정치적 의사표현에 해당한다"고 판시하였다. 즉 "시국선언이 국민 개인의 입장에서 자발적으로 국가에 바라는 사항을 표현했다기보다는 전교조가 주도한 정치적 의사 표명에 동조한 것으로 보이는 점 등을 종합하면 국가공무원법이 금지한 집단행위에 해당한다"고 판시하였다.

또한 2009고단606 사건은 "교사가 개인인 시민 자격으로 정치적 의사표현을 하는 것은 존중돼야 하나 고도의 공정성과 전문성을 요구받고 있는 특수신분인 교사가 사회적 영향력을 행사하기 위해 정치적 의사표현을 하는 것은 공공의 질서와 법적 평화를 훼손하고 사회적 혼란을 초래할 가능성이 있다"고 판시하였다.

2009고단4170 판결문에서 재판부는 "시국선언은 교사들의 이익 및 지위, 교육정책과는 관련 없는 사안으로 전교조가 법률을 어기고 정치에 영향을 미치려 한 것"이며, "교원 및 공무원의 중립성에 대한 국민적 신뢰를 실추한 것을 넘어 이를 둘러싸고 찬·반 세력 사이에 새로운 갈등마저 야기했다"고 판시하였다. 또한 "시국선언이 평화적으로 이뤄졌고, 시국선언의 내용이 헌법 정신에 위배되거나 반사회적인 내용을 담고 있었던 것은 아닌 점에 비추어 볼 때 피고인들에게 벌금형을 선택했다"고 판시하였다.

2010고합223에서 재판부는 "교원노조나 공무원노조의 활동 범위는 임금이나 근무조건, 후생복지 등 교원과 공무원의 사회경제적 지위 향상에 관한 것이고 시국 선언의 내용은 이를 벗어났기 때문에 일상적 조합 활동으로 볼 수 없다"고 판시하였다. 그러나 징역형이 아닌 벌금형을 선고한 것은 "선언 내용이 위헌적, 반사회적이지 않은 점, 과정이 평화적이었던 점을 고려했다"며 "학생의 학습권도 중요하다는 점을 인식하고 이들을 민주시민으로 육성하기 위해 노력해 달라"고 판결하였다.

같은 맥락에서 대구고등법원 2010년 9월 30일 선고 판례에서 재판부는 "비록 피고인들이 공익을 위한다는 신념으로 시국선언에 참여했지만, 이 시국선언은 일선학교의 교육환경 등과 관련된 것이 아니고 촛불집회와 노무현 전 대통령 서거, 4대강 사업, 미디어법 등 특정사안이나 정부정책에 반대하는 견해를 표출한 것은 공무원의 정치적 중립을 위반한 것으로 실정법 위반"이라고 판결하였다. 또한 "교사 신분의 임 지부장 등이 사회전반에 미치는 영향을 감안할 때 죄질이 가볍지는 않지만 집단행위를 하면서 폭력적인 행동을 하지 않았고 범행 동기나 범행 전후의 정황 등을 종합해 판결했다"고 판시하였다.

결국 교원이 패소한 판례의 핵심 주장을 요약하면, 우리 재판부는 특정 정당이나 개인을 직접 지칭하지 않았다 해도 정황상 선거에 영향을 미치려는 목적의사가 인정될 수 있는 능동적, 계획적,

객관적으로 조직화된 행위일 경우(2005도2209, 2005도4513; 대법 2006. 11. 9. 선고), 사회적 영향력을 행사하기 위한 행위일 경우(2009고단606; 2009고합223), 즉 임금과 근무조건 등 경제적, 사회적 지위향상을 위한 집단행동이 아닌 촛불시위, 용산화재, 미디어법 등 정치적 사안에 대한 의견을 제시함으로써 특정 정치세력과 연계해 정부정책 결정과정에 영향력을 행사하려는 경우, 공익에 반하는 집단 행위의 경우(서울고법 2006. 5. 12. 선고; 춘천지법 2011. 1. 11. 선고), 즉 시국선언의 목적과 내용상, 기존 정치세력을 반대하고 새로운 대안세력을 지지하려는 목적 자체가 반공익적 집단행위라고 판단될 경우, 정부정책에 반대하는 경우(대구고법 2010. 9. 30. 선고), 즉 교육환경 개선 등과 관련이 없는 촛불집회, 4대강 사업, 미디어법 등 정치적 이슈 중 정부정책에 반대하는 견해를 밝힘으로써 정치적 중립을 위반한 경우, 교원의 이익, 지위, 교육정책과 관련 없는 사안으로(2010고합223; 인천지법 2010. 2. 4. 선고), 교원의 정치참여에 대한 찬·반 세력 사이의 갈등을 야기(2009고단4170)하는 행위일 경우에 처벌이 가능하다고 판단하고 있는 것으로 나타났다. 다만, 교원 패소 판결의 핵심 논거라 할 수 있는 사회적(정치적) 영향력, 공익, 갈등유발 등의 개념이 판결문상에 명확하게 정의되어 있지는 않았다. 따라서 교원의 정치참여가 사회적 영향력, 공익, 갈등유발 등의 문제를 유발할 것이라는 판결의 근거는 법규와 함께 법관들의 보호주의적 관점에 의해 일정정도 영향을 받을 수 있다는 점을 예측케 한다.

한편, 법원은 교원의 경우 학생들에게 준법을 가르쳐야 할 신분(서울고법 2006. 5. 12. 선고), 고도의 공정성과 전문성을 요구받는 신분(2009고단606)임을 강조하며 판결의 논거로 삼기도 하였다. 즉 교원이라는 '신분상 특수성'에 의해 '정치적 중립성' 의무가 준수되어야 한다는 것이다. 학생의 학습권이 패소의 논거로 이용되기도 하였다 (2010고합223).

〈표 6-2〉 초·중·고교 교원이 패소한 판례

번호	판결일자 및 법원(출처)	표현의 제한근거	판결요지	결과
1	대법원 2006. 3. 24. 선고. 2005도 2209.	공직선거및부정선거방지법 위반, 국가공무원법 위반	전교조가 총선을 앞두고 기획·시행한 교사 서명운동 및 시국선언문이 비록 특정 정당을 직접 지칭하지는 않았다고 하더라도, 그 기획 과정, 추진 방법, 참가 범위, 구체적인 표현 등에 비추어, 기존 정치세력에 반대하고 대안세력으로서의 특정 정당을 지지하려는 목적의사가 객관적으로 인정될 수 있는 능동적이고 계획적인 행위로서 공직선거 및 선거부정방지법에서 정한 '선거에 관한 단순한 의견개진 또는 의사표시'의 범위를 넘어선 것이라는 이유로, 그 지부장들에 대한 공직선거 및 선거부정방지법 위반과 국가공무원법 위반의 공소사실에 대하여 무죄를 선고한 원심판결을 파기. *원심(무죄): 2005노188	항소심 유죄
2	대법원 2006. 4. 27. 선고. 2005도9199.	공직선거및부정방지법위반, 집시법위반	원심은 민주노동당을 지지하는 취지 이외에 한나라당 등을 반대하는 취지의 선거운동을 한 것에 대하여도 기소되었음을 전제하지 않고서는 가능하지 않은 판단으로 보임. 위 공소사실에서 민주노동당을 지지하는 취지의 선거운동에 대한 것임을 명시한 이상, 검사가 원심에서 제출한 '공소장에 대한 의견서'의 기재만으로는 이 부분 공소사실에 민주노동당을 지지하는 취지 이외에 한나라당 등을 반대하는 취지의 선거운동도 포함됐다고 보기 어려움. 원심판결 중 집시법 위반을 제외한 나머지 부분 파기. *원심(무죄): 2005노54	항소심 유죄
3	대법원 2006. 5. 12. 선고. 2005도4513.	공직선거및선거부정방지법 위반, 국가공무원법 위반, 집시법위반	전교조가 총선을 앞두고 기획·시행한 시국선언이 비록 특정 정당을 직접 지칭하지는 않았다고 하더라도, 그 기획 및 추진, 목적과 경위, 구체적 표현 내용 등에 비추어, 기존 정치세력에 반대하고 대안 세력으로서의 특정 정당을 지지하려는 목적의사가 객관적으로 인정될 수 있을 정도의 능동적이고 계획적인 행위로서 구 공직선거 및 선거부정방지법이나 국가공무원법에서 금지하고 있는 특정 정당 또는 후보자를 지지 혹은 반대하는 행위에 해당한다는 이유로 무죄를 선고한 원심판결을 파기.	항소심 유죄

4	서울고등법원 2006. 8. 11. (출처: 한국경제 2006. 8. 11)	공직선거및선거부정방지법 위반, 국가공무원법 위반, 집시법위반	대통령 탄핵반대 시국선언에 참여하고 특정 정당을 지지한 혐의로 기소된 장혜옥 위원장에게 벌금 100만 원, 원영만 전 위원장씨에게 벌금 300만 원 선고, 재판부는 "피고인들이 정치적 중립을 지켜야 할 공무원이자 학생들에게 준법의식을 가르쳐야 할 교사라는 점을 감안할 때 공익에 반하는 집단행위를 한 점은 비난 가능성이 크다"고 밝힘. *1심(무죄)	항소심 유죄
5	대법원 2006. 11. 9. (출처: 이데일리 2006. 11. 9)	공직선거및선거부정방지법 위반, 국가공무원법 위반, 집시법위반	17대 총선 당시 대통령 탄핵 반대 시국선언을 하고 특정 정당을 지지한 혐의(공선법 위반)로 기소된 장혜옥 전교조 위원장에 대해 벌금 100만 원을 선고한 원심을 확정. 재판부는 같은 혐의로 기소된 원영만 전 전교조 위원장과 조희주 전교조 부위원장에 대해서도 각각 벌금 400만 원, 100만 원을 선고한 원심을 확정. 교직상실, 재판부는 "시국선언문 관련 피고인들의 행위가 열린우리당을 반대하고 민주노동당을 지지하려는 목적 의사가 객관적으로 인정될 수 있을 정도의 계획적인 행위"라고 밝힘. *1심(무죄), 원심(유죄)	항소심 유죄
6	인천지방법원 2010. 2. 4. 선고(출처: 연합뉴스 2010. 7. 8)	국가공무원법 위반	벌금 100만 원 및 교육의 정치적 중립성을 고려할 때 벌금형 선고유예 선고. 교사의 정치적 의사표현은 다른 일반 공무원보다 더 신중히 행사돼야 함. 재판부는 "시국선언문이 정부의 국정쇄신과 국민의 신뢰회복을 촉구하는 형태를 취하고 있고, 표현의 자유가 중요하다는 점을 감안하더라도 교육과 관련 없는 시국상황과 국가정책에 대한 인식, 국정쇄신 요청은 정치적 의사표현에 해당한다"고 판시.	유죄
7	대전지방법원 2010. 2. 11. 선고. 2009고단606.	국가공무원법 위반	벌금 70만~100만 원 벌금형 및 집행유예 선고. 교사가 개인인 시민 자격으로 정치적 의사표현을 하는 것은 존중돼야 하나 고도의 공정성과 전문성을 요구받고 있는 특수신분인 교사가 사회적 영향력을 행사하기 위해 정치적 의사표현을 하는 것은 공공의 질서와 법적 평화를 훼손하고 사회적 혼란을 초래할 가능성이 있음.	유죄
8	청주지방법원 2010. 3. 9. (출처: 연합뉴스 2010. 7. 8)	국가공무원 위반	벌금 150만 원 선고. 개인 자격으로 의견을 표현하거나 사회적으로 용인되는 방법을 활용하지 않고 대규모로 정치적 견해를 밝힌 것은 다수의 힘을 빌려 정치적 영향을 미치기 위한 것으로 보이며 국민의 신뢰를 훼손하고 혼란을 가중할 우려가 있음.	유죄
9	제주지방법원 2010. 4. 16. (출처: 연합뉴스 2010. 7. 8)	국가공무원법 위반	2009년 6월과 7월 2차례에 걸쳐 시국선언을 주도한 혐의(국가공무원법 위반 등)로 기소된 전교조 제주지부장에게 벌금 100만 원을 선고. 전 제주지부 사무처장과 김명훈(38) 전 정책실장에게는 선고유예 판결. 재판부는 "시국선언의 주된 내용이 공권력 남용이나 미디어법 강행, 대운하 추진 등을 비판하는 것으로, 다중의 세력을 이용해 정치에 영향을 미치려는 행위로 판단된다"	유죄

			고 판시. "따라서 시국선언은 국가공무원법과 교원노조법에서 금지한 공무외의 집단행동과 정치활동에 해당 된다"고 설명.	
10	수원지방법원 2010. 4. 23. 선고. 2009고단4170.	국가공무원법 위반, 집시법위반	재판부는 판결문에서 "시국선언은 교사들의 이익 및 지위, 교육정책과는 관련 없는 사안으로 전교조가 법률을 어기고 정치에 영향을 미치려 한 것"이라고 판시. "교원 및 공무원의 중립성에 대한 국민적 신뢰를 실추한 것을 넘어 이를 둘러싸고 찬반 세력 사이에 새로운 갈등마저 야기했다"고 판시. 벌금(50~100만 원)형 선고유예 선고.	유죄
11	부산지방법원 2010. 5. 3. 선고. 2009고단4546.	국가공무원법 위반	벌금(50~100만 원) 특정 정치세력을 비판하고 반대하는 정치적 의사표현으로 교원의 정치적 중립성을 위반.	유죄
12	대전지방법원 2010. 5. 14. 선고. 2010노518.	국가공무원법 위반	벌금(70~200만 원) 선고. 국가공무원법을 위반한 행위로 공무원에게 금지되는 집단행위의 요건인 공익에 반하는 목적을 가졌을 것과 직무전념의무를 해태하는 행위일 것, 공무원으로서 직무의 기강을 저해하거나 기타 그 본분에 반하는 행위일 것을 모두 충족하고 있음. *1심(무죄): 2009고단2786.	항소심 유죄
13	대전지방법원 2010. 5. 14. 선고. 2010노618.	국가공무원법 위반, 집시법위반	충남전교조 간부들은 2010. 2. 11. 대전지법 홍성지원으로부터 벌금 70만~100만 원 등 유죄 판결을 받고 항소, 검찰도 형량이 너무 가볍다는 취지로 항소. 재판부는 대전전교조 간부 3명에 대해 내려졌던 1심 무죄 판결을 파기, 지부장에 대해 벌금 200만 원, 나머지 2명에 대해 벌금 70만 원을 선고. *1심(무죄): 2009고단606. 재판부는 "피고인들의 행위는 "공무원에게 금지되는 집단행위의 요건인 공익에 반하는 목적을 가졌을 것과 직무전념 의무를 해태하는 행위일 것, 공무원으로서 직무의 기강을 저해하거나 기타 그 본분에 반하는 행위일 것을 모두 충족하고 있다."라고 밝힘." 실정법을 위반하면서까지 자신들의 신념을 관철하려는 것은 법치주의를 배척하는 결과를 낳기 때문에 비난 가능성이 높다고 판시.	항소심 유죄
14	광주지방법원 2010. 5. 14. (출처: 연합뉴스 2010. 7. 8)	국가공무원법 위반	벌금(100만 원)형 및 집행유예 선고. 공무원 노조에 정치활동을 허용할 것인지에 대한 사회적 합의가 이뤄지지 않은 점 등에 비춰 시국선언에 동참한 것은 공익에 반함, 직무전념 의무전념 위반.	유죄
15	대구지방법원 2010. 6. 10. (출처: 전교조 2010. 6. 11. 보도자료)	국가공무원법 위반	시국선언 전교조 대구지부장 징역1년 구형. 수석지부장과 사무처장에 대해 벌금 300만 원 구형. 검찰은 대구지법 재정합의부 심리로 열린 결심공판에서 "시국선언은 정치, 집단적 의사표시로 특정 정당의 주장을 담고 있다."며 이같이 구형.	유죄

16	서울중앙지법. 2010. 7. 5. (출처: 국민일보, 2010. 7. 6)	국가공무원법 위반	서울중앙지검 공안2부는 시국선언을 주도한 혐의(국가공무원법 위반)로 기소한 전교조 소속 간부와 교사 22명에게 징역 6개월~1년을 구형. 검찰은 서울중앙지법 형사합의36부(부장판사 정한익) 심리로 열린 공판에서 "교육과 관계 없는 정부 정책에 반대만을 외친 시국선언 참가는 정치적 중립의무를 어긴 활동이며 공익에 어긋나는 집단행위에 해당한다"며 이 같이 구형.	유죄
17	대구지방법원. 2010. 7. 8. (출처: 연합뉴스, 2010. 7. 8)	국가공무원법 위반, 집시법위반	시국선언을 주도하고 불법집회를 연 혐의로 전교조 대구지부장에 대해 벌금 100만 원을 선고. 재판부는 또 국가공무원법 위반 혐의로 기소된 전교조 대구수석부지부장과 대구부지부장에게 벌금 50만 원 선고. 2009년 6월 시국선언에 참여한 혐의로 기소, 임 지부장은 징역 1년, 나머지 2명은 벌금 300만 원이 각각 구형됨. 재판부는 "헌법과 교원노조법 등에 전교조의 정치적 중립을 규정한 것은 공익보호를 위한 것이다. 시국선언은 교원이 집단적으로 정치적 의사를 표현해 공익에 반한 행위다."고 판시. *1심(유죄): 대구지방법원 2010. 6. 10 선고.	항소심 유죄
18	전주지방법원 2010. 7. 16. (출처: 동아일보, 2010. 7. 17)	국가공무원법 위반	전주지법 제1형사부(부장판사 김병수)는 16일 1심에서 무죄를 받은 노병섭 전교조 전북지부장(45) 등 간부 4명에 대해 원심을 깨고 각각 벌금 50만 원을 선고. 재판부는 판결문에서 "교직원 노동조합법이 금지하는 교원의 정치활동에는 정치적 의사 표현이 포함돼 있는 만큼 시국선언은 정치활동에 해당하는 위법"이라고 밝힘. *1심(무죄): 2009고단1119.	항소심 유죄
19	광주지방법원 2010. 7. 19. (출처: 뉴시스 2010. 7. 19)	국가공무원법 위반	광주지법 제11형사부(부장판사 김정숙)는 이날 시국선언을 주도하고 불법 집회를 연 혐의로 불구속 기소된 윤영조 전교조 광주지부장에 대한 1심 선고 공판에서 국가공무원법 및 집회시위법 위반죄를 적용, 벌금 100만 원을 선고. 같은 혐의로 불구속 기소된 정석 사무처장에 대해 벌금 50만 원을 선고하고, 김혜주 수석부지부장과 김정섭 정책실장 등 나머지 2명에 대해서는 선고를 유예함. 재판부는 판결문에서 "헌법과 교원노조법 등에서 교사의 정치적 중립을 규정한 것은 공익 보호를 위한 것"이라며 "시국선언은 교원들이 특정 사안에 대해 집단적, 조직적으로 정치적 의사를 표현해 공익에 반한 행위"라고 밝힘.	유죄
20	인천지방법원 2010. 8. 6. (출처: 파이낸셜뉴스 2010. 8. 6)	국가공무원법 위반	정부정책을 비판하는 시국선언(2009년 6월)을 주도한 혐의로 기소된 인천지역 전교조 간부들에게 항소심도 유죄(벌금 50~100만 원)를 선고. 재판부는 "현행 교원 노조법은 교원노조의 정치적 활동을 엄격히 제한하고 있으며 이번 시국선언은 전교조에서 조직적으로 정부정책에	항소심 유죄

			대한 반대의사를 표시한 것으로, 정치적 의사표현에 해당한다"고 밝힘. 다만 "비록 이들이 정치적 중립을 지키지는 못했으나 시국선언 내용이 위헌적이거나 반사회적 내용을 담고 있지 않은 점, 또 공익을 위한 신념에 따라 행동한 점 등을 양형에 참작했다"고 덧붙임. *1심(유죄): 인천지방법원 2010. 2. 4. 선고.	
21	대구지방법원 2010. 9. 3. (출처: 연합뉴스, 2010. 9. 3)	국가공무원법 위반	정부정책을 비판하는 시국선언을 주도한 혐의로 기소된 김일곤 전교조 경북지부장에 대해 벌금 100만 원 선고. 함께 기소된 전교조 경북지부 사무처장과 전 정책실장에게 벌금 70만 원, 전 참교육실장에게 벌금 50만 원의 형을 선고유예. 재판부는 판결문에서 "시국선언이 공익목적을 해치는 집단행위가 아니라고 주장하지만 교원의 정치적 중립을 훼손하는 등 공익에 반하는 행위로 국가공무원법을 위반했다고 볼 수 있다"고 밝힘.	유죄
22	서울중앙지법 2010. 9. 13. 선고. 2010고합223.	국가공무원법 위반	2009년 6월 이명박 정부의 정책 등을 비판하는 내용을 담은 '시국선언'을 주도한 혐의로 불구속 기소된 정진후 전교조 위원장 등 전교조 간부 24명에 대해 법원이 유죄 인정 벌금형(위원장 300만 원 등) 선고. 재판부는 판결문에서 "교원노조법은 교원노조의 활동범위를 임금과 근무조건 등 경제적, 사회적 지위향상 등으로 한정하면서 일체의 정치활동을 금지하고 있다"면서 피고인들이 '촛불시위', '용산화재사건', '미디어법 강행' 등을 언급하며 정부의 정책을 비판한 것은 특정 정치세력 등과 연계해 정부를 압박하면서 정부정책 결정과정에 영향력을 행사하기 위한 정치적 의사를 표현한 것, "집단적 정치활동"으로 판단.	유죄
23	대구고등법원 2010. 9. 30. (출처: 뉴시스, 2010. 9. 30)	국가공무원법 위반	대구고법 제1형사부는 시국선언을 주도하고 이와 관련 미신고 집회를 열어 국가공무원법 위반 등의 혐의로 기소돼 1심에서 벌금형을 받은 전교조대구지부장 등 전교조간부 3명이 낸 항소심을 기각. 재판부는 판결문에서 비록 피고인들이 공익을 위한다는 신념으로 시국선언에 참여했지만, 이 시국선언은 일선학교의 교육환경 등과 관련된 것이 아니고 촛불집회와 노무현 전 대통령 서거, 4대강 사업, 미디어법 개정 등 특정사안이나 정부정책에 반대하는 견해를 내며 정치적 의사를 표현한 것으로 공무원의 정치적 중립을 위반한 것.	항소심 유죄
24	광주고등법원 2010. 12. 2. (출처: 한겨레, 2010. 12. 3)	국가공무원법 위반	재판부는 윤영조 전교조 광주지부장의 항소심에서 원심대로 100만 원 선고, 불구속 기소된 정석 사무처장에게 원심대로 50만 원 선고, 김혜주 수석부지부장과 김정섭 정책실장 등 에게 선고 유예한 원심을 적용. 재판부는 판결문에서 "헌법과 교원노조법 등에서 교	항소심 유죄

			사의 정치적 중립을 규정한 것은 공익 보호가 목적"이라며 "시국선언은 교원들이 특정 사안에 대해 집단적, 조직적으로 정치적 의사를 표현해 공익에 반한 행위"라고 밝힘, 단, 이들의 시국선언이 특정 개인이나 단체를 위한 것이 아니고, 평화적으로 이뤄졌으며, 반사회적이지 않고 국가적 문제에 대한 수많은 의견 중 하나였다는 점 등을 고려해 검찰 구형량보다 낮은 벌금 50만~100만 원을 선고함. *1심(유죄): 광주지방법원 2010. 7. 19. 선고.	
25	춘천지방법원 2011. 1. 11. (출처: 강원도민일보, 2011. 1. 12)	국가공무원법 위반	2009년 7월 19일 서울역 광장에서 개최된 시국대회에서 시국선언을 주도한 혐의(국가공무원법 위반) 등으로 기소된 전교조 전 강원지부장 문 모씨에게 벌금 250만 원, 함께 기소된 전교조 강원도지부 전 사무처장 김 모씨, 전 정책실장 배 모씨에게 벌금 150만 원 선고. 재판부는 "피고인들의 시국선언은 교원 노동조합인 전교조가 법이 허용하는 테두리를 넘어 교원노조 법이 금지하는 정치활동(집단행위)에 해당한다"고 판시함.	유죄
26	울산지방법원 2011. 5. 12. (출처: 연합뉴스, 2011. 5. 12)	국가공무원법 위반	정부정책을 비판하는 집회에 참가하고 시국선언을 한 혐의로 불구속 기소된 전 전교조 울산지부장에게 벌금 150만 원, 나머지 간부 3명에게 벌금 100-70만 원을 선고함.	유죄

5. 초·중·고교 교원의 정치참여에 대한 법원의 인식

1) 정권에 따른 법원의 교원 정치참여에 대한 인식

정권에 따른 우리 법원의 교원 정치참여에 대한 인식은 교원이 승소한 경우를 정치적 표현의 자유 적극으로, 교원이 패소한 경우를 여타 기본권 적극으로 조작적으로 정의하여 살펴보았다. 노무현 정부에서 교원의 시국선언 관련 판례의 교원 승소율은 50%, 교원 패소율은 50%였다. 그러나 이명박 정부에서 교원의 시국선언 관련 판례의 승소율은 8.7%, 패소율은 91.3%로 나타났다. 이명박 정부에서 교원의 시국선언 관련 판례의 승소율이 낮은 것은 2008년 광우병 촛불집회 이후 인터넷 실명제, 미네르바 구속 등을 거치며 한국 사회의 표현의 자유가 위축되고 있다는 것, 시국선언 문제 등은 이명박 정부 출범 후 의사표현의 자유를 침해한 대표적 사례라고 지적한 UN 의사표현의 자유 특별 보고관의 주장의 연장선에서 설명될 수 있을 것이다(최지용, 2010. 5. 17). 즉 이명박 정부의 표현의 자유 인식 수준이 노무현 정부의 인식 수준에 비해 낮고, 이러한 맥락적 조건이 교원의 정치적 표현에 대한 법원의 판결에도 일정 부분 반영되고 있다는 것이다. 물론, 판례에서 확인할 수 있듯 2004년의 시국선언은 총선 등 선거를 앞둔 상황에서 특정 정당에 대한 지지의 성격이 강했고, 2009년의 시국선언은 2008년 광우병 촛불집회 이후 발생한 사회적 현안, 즉 '촛불시위', '용산사건', '미디어법' 등 정부가 가진 문제점에 대한 의견 표출의 성격이 강했다고 할 수 있다. 따라서 이에 대한 해석은 신중할 필요가 있다.

〈그림 3〉 정권별 법원의 교원 정치참여 인식

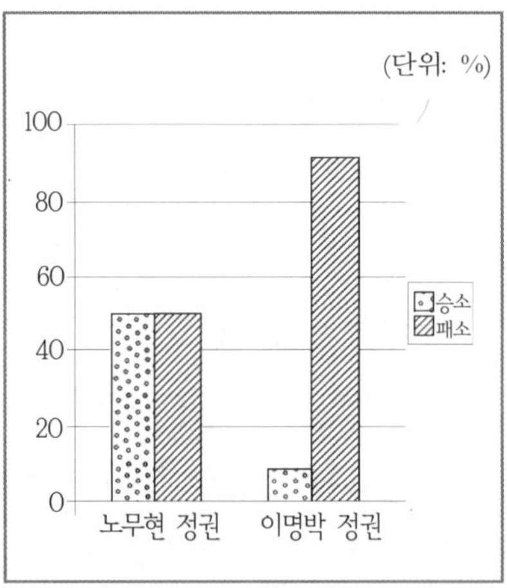

〈그림 4〉 법원급별 교원 정치참여 인식

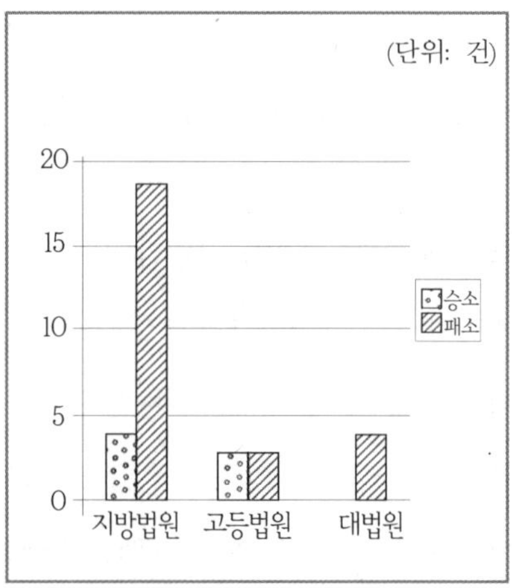

한편, 2004년과 2009년 두 차례의 초·중·고교 교원 시국선언과 관련한 판례 빈도수를 통해 유추해 볼 때, 2004년 시국선언이 10건, 2009년 시국선언이 23건으로 2009년 시국선언의 사회적 파장이 더욱 컸고, 이에 대한 정권과 교육계의 반응이 더욱 민감했다는 사실을 유추할 수 있다.

2) 법원급, 1심 및 항소심별 법원의 인식

노무현 정부에서 무죄 판결된 판례 총 5건 중 2건은 지방법원, 3건은 고등법원의 판례이고, 이명박 정부에서 무죄 판결된 2건의 판례 모두 지방법원 판례로 나타났다. 또한 노무현 정부에서 유죄 판결된 판례 중 4건은 대법원, 1건은 고등법원의 판례로 모두 항소심을 다루고 있었다. 이명박 정부에서 유죄 판결된 판례 21건 중 19건은 지방법원의 판례, 2건은 고등법원의 판례로 나타났고, 지방법원 판례의 5건, 고등법원 판례의 2건이 항소심 관련 판례로 나타났다(<그림 4>).

노무현 정부에서 발생한 시국선언의 경우 지방법원과 고등법원에서 5건, 즉 50%의 판례에서 교원들이 승소한 반면, 고등법원에서 1건, 대법원에서 4건의 판례에서 패소(5건, 50%)하였다는 사실을 확인할 수 있다. 이상의 결과는 비록 그 쟁점 사안이 다르기는 하지만 노무현 정부하의 법원의 50%가 교원의 정치적 표현의 자유를 적극적인 가치로 인식하고 있다는 사실을 증명한다. 이는 이명박 정부하의 법원의 8.7%가 정치적 표현의 자유를 중요한 가치로 인식하고 있는 것과는 차이가 있는 결과이다. 2009년 시국선언의 경우 고등법원과 대법원으로까지 이어진 판례가 적은 현재진행형의 사건이라는 측면에서 이러한 인식의 차이는 극대화 될 것으로 예측된다. 단, 노무현 정부하의 법원인식을 유추할 수 있게 하는 대법원과 고등법원의 패소 판결은 모두 원심에서 무죄가 선고된 사건의 항소심이었다는 측면에서 제한적으로 해석될 필요가 있다.

6. 초·중·고교 교원의 정치적 표현의 자유 신장을 위한 방안

본 장에서는 초·중·고교 교원의 정치적 표현의 적절성을 둘러싼 대립적인 견해를 살펴보고, 교원의 정치적 표현의 자유의 수단으로서의 시국선언이 국가공무원법, 집시법 등 다른 헌법적 가치와 충돌하는 경우의 쟁점이 무엇인지 규명하였다. 또한 초·중·고교 교원의 시국선언에 대한 우리 법원의 인식을 교원 승·패소 여부를 통해 탐색적으로 살펴보았다. 초·중·고교 교원의 정치참여와 이에 대한 적절성 논란은 2004년, 2009년, 2010년 특정 시기마다 되풀이되고 있는 상황이다. 그러나 우리 사회에는 이를 적절하게 해결할 비교형량의 근거가 부족하였다. 그러다 보니 교원의 정치참여와 관련된 문제는 표현의 자유의 문제, 기본권 간의 충돌의 문제로 접근되기보다 정치적, 이념적으로 접근되어 해결책 도출을 위한 생산적인 논의로 진행되지 못한 측면이 있다. 그러나 2011년 5월 2일 프리덤하우스에 의해 부분적 언론자유국(partly free)으로 강등된 우리나라의 표현의 자유를 신장시키고, 위축효과(chilling effect) 없는 공론장을 조성해 내기 위해서라도 교원의 정치적 표현과 관련하여 발생하고 있는 반복적, 소모적인 논쟁을 종식시키고, 표현의 자유와 기본권 간의 충돌 문제를 적절하게 조화시킬 수 있는 방안을 모색하는 일은 중요하다. 이에 초·중·고교 교원의 시국선언과 관련하여 발생하고 있는 쟁점, 법원의 인식과 규제 등과 관련하여 몇 가지 논의와 제언이 필요할 것으로 보인다.

첫째, 초·중·고교 교원이 패소한 판례 중 상당수(광주고법 2010. 12. 2. 2009고단4170 판례; 2010고합223 판례 등)의 판례에서 법원은 비록 평화적인 행위이기는 하나 시국선언 내용이 헌법 정신에 위배되거나 반사회적인 것으로 인정되는 경우에는 위법하다고 판단하고 있었다. 이러한 상황은 우리나라에서 초·중·고교 교원의 정치적 표현행위는 여타의 기본권과 비교형량의 대상으로 거의 고려되고 있지 않고 있다는 사실을 증명하고 있다. 이는 우리 법원이 초·중·고교 교원의 표현행위를 근본적으로 제약할 위험성이 있는 것으로 해석될 여지가 있다.

헌법 제21조 제1항은 국민 모두의 표현의 자유를 기본권으로서 명시하고 있고, 헌법재판소(2001헌마710)는 정치적 자유를 "모든 국민이 차별 없이 자신의 의사를 국정에 반영할 수 있는 조건일 뿐만 아니라 민주적 사회질서를 위해서도 반드시 필요한 조건으로, 다른 기본권에 비해 우월한 효력을 가진다"고 판단하고 있다. 그러나 헌법과 헌재의 정치적 표현의 자유에 대한 이러한 원칙은 초·중·고교 교원에게는 대체로 적용되지 않고 있었다.

물론 모든 표현의 자유는 헌법 제21조 제4항과 제37조 제2항은 물론 공직선거법, 집시법, 업무방해죄 등 하위 법률에 의해 제한이 가능하다(이재진·이정기, 2009). 교원 역시 이와 같은 규제 법체계에서 자유로울 수 없다. 그러나 교원은 언론에 보도에 대한 인격권 제한의 수인 수준이 사인에 비해 높은 공인(public figure)이다(윤성옥, 2007). 교원의 정치적 표현행위가 타인의 인격권과 충돌하거나 교육권 침해, 사회적 문제로 비화될 경우에 우리 법은 민형사상의 사후처벌이 충분히 가능하게 되어 있다. 이처럼 공인인 교원에 대한 비판과 처벌체계가 명확히 갖추어진 상황에서 내용과 절차에 있어 평화적으로 표출되는 정치적 표현행위까지 처벌할 수 있는 규제법규를 가지고 있고, 관련 판례에서 이를 지지하는 판결을 도출하고 있는 것은 '과잉금지의 원칙'[79]을 위반하고 있는 것일 수 있다. 따라서 우리 법원은 기본권간의 충돌에 의해 표현행위를 제한하는 경우에도 국민의 일원으로서 자유와 권리에 대한 본질적인 내용을 침해할 수 없다는 헌법 제37조 제2항의 취지에 입각하여 기본권간의 비교형량에 있어 평화적이며, 실정법을 준수하는 교원의 정치적 표현행위를 폭넓게 보장할 필요가 있다.

둘째, '명확성의 원칙'[80]에 의거하여 교원의 정치적 표현행위를

---

79 과잉금지의 원칙은 국가가 국민의 기본권을 제한하는 내용의 입법 활동을 함에 있어 준수해야 할 기본원칙 또는 입법활동의 한계를 의미한다. 즉 국민의 기본권을 제한하려는 입법의 목적이 헌법 및 법률의 체제상 그 정당성이 인정되어야 하고(목적의 정당성), 목적의 달성을 위한 방법이 효과적이고 적절해야 하며(방법의 적절성), 입법권자가 선택한 기본권 제한의 조치가 입법목적달성을 위해 설령 적절하다고 해도 보다 완화된 형태의 방법을 모색함으로써 기본권의 제한은 필요한 최소한도에 그치도록 해야 하며(피해의 최소성), 그 입법에 의해 보호하려는 공익과 침해되는 사익을 비교형량할 때 보호되는 공익이 더 커야 한다(법익의 균형성). 이중 어느 하나에도 저촉될 시 위헌이 된다는 헌법 상의 원칙이 과잉금지의 원칙이다(헌재 2000. 6. 1. 99헌마553; 최취주, 2006, p.192).

80 명확성 원칙은 법규범에 사용되는 언어적 표현의 명확성을 요구하는 것이다. 이는 헌법 제12조 죄형법정주의와 밀접한 관련이 있다(장호순, 2007). 민주주의 법치국가에서는 어떠한 행위가 법적으로 금지되어 있는가를 국민이 확실히 인식할 수 있을 정도로 법조문이 구체화되어야 한다는 것이 명확성 원칙의 요체이다(박상기, 2005; 임웅, 2004). 헌법재판소(헌재 89가113)는 "무엇이 금지되는 행위이고 무엇이 허용되는 행위인지를 수범자가 알 수 없다면 법적 안정성과 예측가능성은 확보될 수 없게 될 것이고, 법집행 당국에 의한 자의적 집행을 가능하게 할 것이기 때문"이라며 명확성 원칙의 적용 이유를 설명하기도 했다(장호순,

막는 논리적 근거인 '정치적 중립성'을 보다 명확히 정의할 필요가 있다. 우리 법원은 학습권 침해와 함께 '정치적 중립성'을 교원의 정치적 표현행위를 규제하는 논거로 삼고 있음에도 이에 대한 명확한 정의를 하지 못하고 있다. 또한 교원의 정치적 표현의 영향력을 거론하면서 과학적으로 교원의 정치참여가 누구에게 어떠한 영향력을 미치는가에 대한 구체적 설명을 하지 못하고 있는 상황이다. 이러한 맥락적 원인은 교원의 정치적 표현을 금지하는 법과 법원의 판례가 나오고 있음에도 이에 승복하지 못하고 실정법을 어기면서까지 정치적 표현을 고수하게끔 하는 결과를 초래하는 근본적 원인이 될 수 있다고 판단된다. 즉 교원의 정치적 표현을 막는 논거에 명확성이 결여되어 있다는 것이다.

따라서 우리 법원이 조금 더 명확하고 예측가능한 판결의 기준을 갖출 때에야 유사한 시국선언에 대해 정권의 정치적 성향에 따라 상이한 판결결과가 도출되거나 재판부에 따라 상이한 판결결과가 도출되는 등의 현상을 줄일 수 있을 것이다. 이를 위해 법관들뿐만 아니라 언론학자, 법학자, 정치학자 등 학계 전문가들과 교원, 학부모, 학생 등 이해관계자들은 토론과 공청회 등을 통해 교원의 '정치적 중립성'을 보다 명확하게 정의한 후 정치적 중립성 또는 정치적 참여 행위 등이 업무의 성과 또는 학생들에게 미치는 영향력을 구체적으로 규명할 필요가 있을 것이다. 예컨대, 교원의 정치적 참여 행위가 실제로 학생들의 학습권을 침해하고 있는지에 대한 실태조사, 교원의 정치참여가 교원의 업무효율이나 만족도에 미치는 영향, 학생들의 정파적 인식 유발에 미치는 영향 등을 규명할 필요

2007, p.80).

가 있다. 만약 학생들의 학습권을 침해하지 않는 교원의 정치참여가 학생들의 정파적 인식에 유의미한 영향을 미치지 않는 상황이라면 교원의 기본권을 제한하면서까지 교원의 기계적 정치 중립성을 요구할 이유가 없을 것이기 때문이다. 어떤 식의 결과가 도출되던지 이러한 실증연구 결과를 입법과정이나 판결과정에 반영해 나간다면, 교원의 정치적 표현행위에 있어 반복적인 쟁점을 방지할 수 있는 가이드라인으로 기능할 수 있을 것이고, 보다 일관성 있는 판결결과를 도출함으로써 사법부에 대한 국민의 신뢰도 높일 수 있을 것이라고 판단된다.

셋째, 교원의 불온한 정치적 표현행위를 처벌할 다양한 사후규제 법률이 존재하고 있는 상황에서 국가공무원법 제65조, 지방공무원법 제58조, 공직선거법 제60조 등이 교원의 정치적 표현과 참여를 원천적으로 규제하고 있는 것은 교원의 모든 정치적 표현행위가 정치적 중립성을 위반할 것이라는 점을 전제로 한 것이라고 할 수 있다. 이는 국민의 일원이기도 한 교원에 대한 이중적 규제 체제로 작용할 수 있다(정영태, 2010a). 특정 사회적 현상을 처벌할 근거가 충분한 상황에서 이를 규제하는 이중적 규제 체제를 가지는 것은 법을 통해 공익을 보호하려는 유비무환적 인식의 반영일 수 있으나 교원을 잠재적 범죄자로 규정하여 표현행위를 제약할 수도 있으며, 다양한 의견의 개진과 표현을 통한 사회의 발전이라는 민주주의의 근간을 위협하는 행위로 인식될 개연성도 있다(이정기, 2009). 따라서 국가공무원법과 지방공무원법, 공직선거법 등 민주주의 사회에서 공무원의 정치적 활동을 규제하는 법률은 학생들에 대한 학습권 침해 및 교직을 이용한 정치적 이익편취 등 직무관련 권한의 남용을 막고, 다양한 사회적 이해관계의 충돌을 조장할 수 있는 부분에 대해서만 규제하는 것 등으로 범위를 최소화 할 필요가 있다.

전술한 바와 같이 교원의 정치적 중립성의 원리만을 포괄적으로 규정하되, 실질적으로 교원의 정치 참여 자체를 금지하고 있는 방식인 우리나라의 규제체제(국가공무원법 등)는 2004년의 시국선언 이후 현재까지 교원의 시국선언과 관련한 다양한 판례가 도출되고 있는 국내현실에 비추어 볼 때 선진적인 민주주의 실현을 위해 적절한 개정이 필요하다고 판단된다. 개정될 법률은 선진국의 사례를 수용할 수 있을 것으로 판단되는데 공무원 및 교원의 급에 따라 정치참여 정도를 차별적으로 규정하고 있는 미국, 영국의 규제체계 또는 업무수행에 지장을 주지 않는 범위에서 정치참여를 허용하고 있는 뉴질랜드, 공무시간과 공무수행 장소가 아닌 시공간에서의 정치참여를 허용하고 있는 프랑스 등과 같이 구체적이고 현실적으로 교원의 정치적 표현과 공익성을 조화시킬 수 있도록 해야 한다. 예컨대, 교육활동 등 교내업무와 학생의 학습권에 실질적인 피해를 주지 않는 시간, 즉 일과시간 이후, 휴일, 주말 등에 합법적이고 평화적으로 이루어진 시국선언 등의 정치적 표현행위는 원칙적으로 보장하고, 정치적 표현행위, 또는 표현과정에서 발생할 수 있는 인격권 침해 등의 문제는 사후처벌을 하는 것이 바람직할 것이다.

한편, 교원의 정치적 표현의 범위는 학내문제와 교원복지의 문제, 지역, 환경, 먹거리 문제 등 개인의 생활과 밀접한 관련이 있는 생활 정치의 문제는 물론 사회적 쟁점 등 모든 정치활동의 영역이 포함되어야 할 것이다. 단, 교원 스스로가 선거에 직접적으로 개입하거나, 선거결과에 영향을 미치려는 목적으로 자신의 권한이나 영향력을 행사하는 등의 행위, 수업 시간 등 업무 중에 발생하는 정치적 표현행위, 정치헌금 및 정당가입의 권유 및 정치헌금 수령 등의 행위는 교내 징계 체제 또는 법규에 의해 제한될 필요가 있다고 판단된다. 한편, 교원 직급별 정치참여의 구체적 범위, 교원 정치참여 장소 설정의 문제 등 교원의 정치적 표현을 폭넓게 인정하는 국가에서 고민 중인 문제에 대해서는 교원, 학부모, 학생 등 이해관계자들의 의견과 법학자, 사회과학자 등의 연구성과를 종합하여 한국 현실에 부합하는 공무원법 개정 노력이 필요하리라고 판단된다.

C·H·A·P·T·E·R 07

인권으로서의 표현의 자유

이번 장에서는 집회 및 시위, 1인 시위, 국가보안법 등 표현의 자유와 관련한 다양한 사건들을 바라보는 국가인권위원회와 법원의 관점을 비교하였다. 이를 통해 표현의 자유와 기타 기본권이 충돌하는 경우의 바람직한 비교형량 기준을 제시하고자 하였다.

1. 국가인권위원회의 표현의 자유 인식, 법원의 표현의 자유 인식 비교의 필요성

국가인권위원회[81]의 활동은 커뮤니케이션, 저널리즘 영역의 활동과 밀접한 관련이 있다. 국가인권위원회의 주요 사업이 사회권과 자유권의 확립이고, 그 가운데 자유권(시민적 및 정치적 권리)은 국가나 타인의 간섭으로부터 개인을 보호하기 위한 것으로 의견(사상)·양심·언론 및 출판·집회 및 결사의 자유 등에 대한 권리보호를 목적으로 하고 있기 때문이다.

국가인권위원회는 집회 및 시위, 국가보안법, 인터넷 실명제, 통신비밀 보호법, 사이버 모욕죄 등 표현의 자유와 관련된 쟁점이 발생할 경우나 청소년, 장애인, 성적소수자, 이주민, 양심적 병역거부자 등 사회적 소수자들의 표현이나 권리가 제약받는 경우가 발생할 때 사건진정 및 의견표명 등의 활동을 통해 표현의 자유와 인권 보장의 목소리를 높여왔다. 인권의 영역에서 표현의 자유를 주요 보호 영역으로 다루어 온 것이다.

그러나 이와는 달리 저널리즘의 영역에서 인권으로서의 '표현'에

81 인권 보장의 요구를 제도적으로 수렴했다는 것에서 의의를 찾을 수 있는 국가인권위원회는 2001년 11월 25일 창립하였다. 2001년 4월 30일 국가인권위원회법이 국회를 통과할 당시 한나라당이 반대의견을 표명한 가운데, 3표차로 법안이 통과되었다. 국가인권위원회법 제19조에서 확인할 수 있는 국가인권위원회의 업무는 법령, 제도, 정책, 관행의 조사 및 연구 그리고 개선이 필요하다고 판단되는 전반적인 사항에 대한 권고, 의견표명, 인권침해 사항에 대한 조사와 구제, 차별행위에 대한 조사와 구제 등이다. 또한 인권상황에 대한 실태조사, 인권에 관한 교육 및 홍보, 인권침해의 유형과 판단기준 및 그 예방조치 등에 관한 지침의 제시 및 권고, 국제인권조약에의 가입 및 그 조약의 이행에 관한 연구와 권고, 의견 표명, 인권의 보장과 향상을 위해 필요하다고 판단되는 전반적인 사항이 업무의 범주에 있다. 즉 "인권위의 기능은 크게 진정을 통한 조사 및 구제기능, 정책기능, 교육 및 홍보기능이라고 할 수 있다."(임지봉, 2006).

대한 관심은 부족한 편이었다. 사회가 복잡해지면서 개인의 표현이 언론에 위임되어 표출되는 경향이 발생하게 되었고, 저널리즘 영역에서 수행된 표현의 자유에 대한 연구 역시 언론의 자유에 한정되어 온 측면이 많았기 때문이다. 이에 저널리즘 영역에서는 인권적 측면에서의 표현의 자유에 대한 연구가 활발히 진행되지 못하였다. 이는 법학, 교육학, 사회학, 사회복지학 등 다양한 학문영역에서 인권에 관심을 가지고 연구가 수행된 것과는 대조적인 결과이다(은우근, 2009; 이정은, 2008; 류지헌 · 허창영, 2008; 조재현, 2008; 서미경 · 김재훈 · 이진향, 2008; 손희권, 2007; 신수경, 2007; 임지봉, 2006). 그 어느 분야보다 사회의 다양한 목소리에 귀 기울여야할 커뮤니케이션, 저널리즘 영역에서 그 동안 인권으로서의 표현에 관심을 기울이지 못한 점은 반성이 필요한 부분이라 하겠다.

이에 본 장을 통해서는 국가인권위원회의 표현의 자유 관련 진정사례나 의견 표명문 등을 통해 인권으로서의 표현의 자유에 대한 입장을 확인하고자 하였다. 이는 그동안 저널리즘 영역 연구에서 부족하였던 소수자의 표현과 관련된 문제에 있어 인권적 해결의 하나의 근거를 제공할 수 있을 것이다. 구체적으로 본 장에서는 '표현의 자유'와 관련하여 국가인권위원회가 개입하는 사건의 유형이 무엇인지를 살펴보고, 국가인권위원회의 '표현의 자유'에 대한 인식을 도출한 후, 국가인권위원회의 '표현의 자유'에 대한 인식이 법원의 인식과 어떠한 차이가 있는지에 대해 규명하고자 하였다. 이를 바탕으로 한국 사회의 인권으로서의 표현의 자유의 범위를 살펴보고, 인권의 측면에서 한국 사회의 표현의 자유의 보장 현황과 문제점, 개선방안에 대한 논의와 제언을 하고자 하였다.

물론, 국가인권위원회는 독립법률에 따라 설립된 준 행정기관의 성격을 가진다. 행정부의 독립기관인 국가인권위원회의 권고는 인권에 한정하여 호소력이 있되 법적 효력은 없다. 따라서 국가인권위원회의 인식을 상위의 가치체계인 법원의 인식과 횡적으로 비교하는 것이 적절하지 않다는 비판이 있을 수 있다. 그러나 동일 사건 혹은 유사 사건에 대한 국가인권위원회와 법원의 인식을 비교하는 작업은 양 기관의 표현에 대한 인식 상의 차이를 극명하게 도출해내어 사회의 다양한 구성원들의 가치가 폭넓게 반영되어야 할 인권의 영역 그 가운데 표현의 자유 관련 영역에 대한 법원의 판단에 함의를 제공해 줄 수 있을 것이다.

2. 기본권과 인권

헌법 상 기본권은 자연권 사상에 바탕을 두고 있는 천부인권론에 기초하여 헌법에서 보장하고 있는 자유와 권리에 관한 규범적 이해의 체계로 정의된다(조재현, 2008). 기본권이라는 표현은 독일 바이마르공화국과 기본법에서 쓰이고 있는 용어가 우리나라에서 일반화된 개념이다. 우리 헌법에서는 기본적 인권, 국민의 자유와 권리라는 표현은 보이지만 기본권이라는 표현은 찾아볼 수 없다. 헌법재판소법 제68조 제1항은 헌법소원의 청구요건으로 "헌법 상 보장된 기본권의 침해"라는 표현이 있는데, 헌법 상 보장된 기본권의 의미와 관련해서 명확하게 일치되는 입장이 존재하는 것은 아니다(성낙인, 2007). 헌법재판소는 "헌법상 보장된 기본권이 구체적으로 무엇을 의미하는지 명확하지 않다며, 우리 헌법 제2장 국민의 권리와 의무(제10조 내지 제39조) 가운데 의무를 제외한 부분이 원칙적으로 기본권에 해당한다는 것은 인정할 수 있으나 그것에만 한정할지 헌법상의 위 규정 이외에서도 기본권성을 인정할 수 있는지, 또는 헌법상 명문화된 규정이 존재하지 않는다 하더라도 인정되는 기본권이 존재하는지, 존재한다면 구체적으로 어떠한 것인지에 대하여 반드시 명확하다고만은 할 수 없다"고 판시한 바 있다(헌재 2001. 3. 21. 선고 99헌마 139병합).

이처럼 인권이라는 개념과 헌법 상의 기본권은 개념적으로 차별화되고 있다. 인권이 인간의 본성 혹은 본능에서 창출되는 자연권임에 비해 기본권은 헌법이 보장하는 국민의 기본적인 권리이다. 인권이 헌법 속으로 편입되었을 때 이를 기본권이라 하는 헌법학계의 일반적인 견해도 두 개념을 구별하는 전제에 기초해 있다. 그러나 두 개념에 차이가 존재한다고 하더라도 이 차이는 무의미한 것으로 헌법 상 인권의 개념과 국가인권위원회법 상의 인권의 개념을 구분하여 판단할 이유는 없다(조재현, 2008, 재인용).

국가인권위원회법[82] 제2조는 "인권이라 함은 헌법 및 법률에서 보장하거나 대한민국이 가입, 비준한 국제인권조약 및 국제관습법에서 인정하는 인간으로서의 존엄과 가치 및 자유와 권리를 말한다"고 정의하고 있다. 그러나 이와 같은 정의를 바탕으로 헌법 상

82 국가인권위원회법 제1조에는 "국가인권위원회를 설립하여 모든 개인이 가지는 불가침의 기본적 인권을 보호하고 그 수준을 향상시킴으로써 인간으로서의 존엄과 가치를 구현하고 민주적 기본질서의 확립에 이바지함을 목적으로 한다"고 규정하고 있고, 국가인권위원회법 제30조에서는 "헌법 제10조 내지 제22조에 보장된 인권을 침해당한 경우에 국가인권위원회에 진정을 할 수 있음"을 규정하고 있다.

의 기본적 인권과 인권위원회법 상 기본적 인권의 개념을 서로 상이한 것으로 이해하는 것은 무리가 있다고 판단된다. 독일의 기본권의 개념과는 달리 우리나라의 헌법은 기본권의 목록에 대해 상당히 개방적인 태도를 보이고 있기에 국가인권위원회법에서 정의하는 인권의 상당수 혹은 전체가 헌법 상의 기본권에 포함될 여지가 있기 때문이다(조재현, 2008).

국가인권위원회는 사법부에 대해 인권과 관련한 정책 및 관행에 대한 권고나 의견개진을 할 수 있고(국가인권위원회법 제25조 1항), 인권의 보호와 향상에 중대한 영향을 미치는 재판이 계속 중인 경우나 위원회가 조사 또는 처리한 내용에 관한 재판이 계속 중인 경우 법원 또는 헌법재판소의 요청이 있거나 필요하다고 인정할 때에는 법원의 담당재판부 또는 헌법재판소에 법률 상의 사항에 대해 의견을 제출할 수 있다(국가인권위원회법 제28조). 그 밖에 사법부에 대한 진정의 경우에는 진정사건에 대한 구조조치의 권고도 할 수 있다(국가인권위원회법 제44조). 국가인권위원회가 사법부에 대해 이러한 법률적 권한이 있음에도 불구하고, 헌법재판소와 법원 판례의 경우 무조건적으로 추조함으로써 인권이라는 가치를 실정법의 체계 속으로 매몰시키는 등 사법부에 대한 자제주의로 일관하고 있다는 연구결과도 있다(김도현, 2007). 사법부에 대해 소극적인 태도로 일관할 수밖에 없었던 것은 사법부의 본질이 국민의 권리구제기능이므로 국가인권위원회로서도 그 한계를 가질 수밖에 없다는 것이다(조재현, 2008, 재인용).

3. 인권과 표현의 자유

1) 자유권으로서의 인권

1948년 세계 인권선언 발표와 그 이후에 전개된 인권 담론을 검토해 볼 때, 인권의 내용은 지속적으로 세분화되어 왔고, 다양성을 보여 왔음을 확인할 수 있다. 이에 인권을 하나의 규정된 실체로서 정의하는 것은 매우 어려운 일이다. 그러나 일반적으로 선행연구들은 인권을 '시민적 및 정치적 권리'와 '경제적 및 사회적·문화적 권리'의 두 가지 부분으로 나누어 구분하고 있음을 확인할 수 있다(정근식 · 서승 · 정용회 · 이정은, 2004; 국가인권위원회, 2004).

그 가운데 시민적 및 정치적 권리, 즉 자유권은 자유를 핵심이념으로 하고 있으며, 국가의 정치적 억압, 폭력, 권력의 횡포로부터 개인의 자유를 보호할 수 있는 내용이 주를 이루고 있다. 구체적으로 고문 또는 잔학하고 비인도적인, 품위를 손상시키는 대우나 형벌을 받지 않을 권리, 신체의 자유 및 안전에 대한 권리, 사생활·가정이 보호받을 권리, 자유로운 통신에 대한 권리, 사상, 양심 및 종교의 자유를 누릴 권리 등이 포함된다. 정치적 권리에는 "의견 및 표현의 자유, 집회 및 결사의 자유, 선거권 및 피선거권을 포함하는 공무 참가권" 등이 있다(인권운동사랑방, 1999).

세계인권선언의 내용 중 제18조~20조는 시민적 자유권을 명시하고 있는데, 이 조항에는 삶의 사적이거나 공적인 부분을 국가나 타인의 간섭으로부터 보호하기 위한 것으로 의견(사상)의 자유, 양심의 자유, 언론의 자유, 출판의 자유, 집회의 자유, 결사의 자유 등에 대한 권리를 명시하고 있다. 또한 세계 인권선언 제21조에서는 시민의 정치적 권리를 규정하고 있는데, 이는 사회 구성원들의 국가 업무에 대한 참여와 통제를 확보하기 위한 것이다(이삼열, 2002; 국가인권위원회, 2004).

2) 사회문화와 인권

경제적·사회적 및 문화적 권리에 관한 국제규약은 제19조는 "모든 사람은 간섭받지 아니하고 의견을 가질 권리를 가진다"(제1항), "모든 사람은 표현의 자유에 대한 권리를 가진다"(제2항)고 명시하고 있다. 국가인권위원회는 사회문화 부문의 인권을 언론, 학문, 예술, 집회 및 시위, 종교 등의 영역에서 침해당한 권리를 회복하려는 노력으로 파악하고 있다(국가인권위원회, 2004).

이 가운데 '언론'은 국민의 알권리와 약자의 권리를 보호하는 유력한 역할을 담당하고 있다. 그러나 국민의 알권리를 충족시킨다는 명분으로 활동하지만 언론의 활동 혹은 표현행위가 국민의 인권을 침해하는 경우도 적지 않다. 우리나라의 경우 언론에 의해 인권을 침해받는 국민은 일반적으로 언론중재위원회의 중재를 거쳐 합의, 중재결정, 중재 불성립 결정, 기각, 각하, 취하 등의 형식을 통해 침해당한 인권을 일정부분 시정하거나 혹은 구제받을 수 있다. 그러나 사회적으로 발언권이 약한 개인이나 단체는 언론에 의해 인권침해가 발생하더라도 인권 구제를 위한 호소 방법을 알지 못하는 경우가 빈번히 발생하고 있다(국가인권위위원회, 2004).

사회문화와 인권 중 집회·시위의 자유는 언론·출판, 청원의 자유와 함께 넓은 의미에서 표현의 자유에 속한다. 민주국가에서 집회와 시위의 자유는 헌법 상 보장된 표현의 자유를 실천하는 방법일 뿐만 아니라 국가에 대해 특정한 의사표시를 공개적으로 함으로써 참여민주주의를 실현시키는 유효적절한 수단이라고 할 수 있다. 집회의 자유는 국가공권력의 부당한 침해에 대한 방어를 가능하게 하는 자유권으로서 개인이 집회에 참가하는 것을 방해하거나 집회에 참가할 것을 강요하는 국가의 행위를 금지하는 기본권이다(울산지법 2008. 6. 10. 선고 2008고정204판결). 집회 및 시위는 언론의 감시기능이 약화되었을 때 이를 보완하는 역할을 수행하기도 한다. 따라서 집회 및 시위의 자유는 민주주의가 실현되기 위한 필수불가결한 기능을 수행하는 기본권이라고 할 수 있다(이희훈, 2004).

종교의 자유와 인권에 있어서는 헌법 제39조 제1항이 규정하고 있는 병역의무와 양심과 종교에 따른 병역거부권 실현의 쟁점, 양심적 병역 거부자 관련 쟁점이 대표적이다. 1987년 유엔(UN)인권위원회의 제46호 결의는 각 국가에 종교적, 윤리적, 도덕적 또는 이와 유사한 동기에 의해 발생하는 신념에 기초한 양심적 집총 거부권을 인정하라고 호소하고 있다. 유엔(UN) 인권위원회는 1989년, 1993년, 1995년, 1998년 등의 결의에서 양심적 집총 거부권을 세계 인권선언 제18조와 시민적 및 정치적 권리에 관한 국제규약 제18조에 명시하였다. 한편 2002년 4월 23일 제네바에서 열린 제58차 유엔(UN) 인권위원회는 양심적 병역 거부와 관련해 각국이 시행하고 있는 법과 관행을 재검토할 것을 촉구하는 결의안을 표결 없이 만장일치로 채택한 바 있다.

3) 정보사회와 인권

정보인권의 개념에 대해서는 "세계인권선언과 국제인권규약, 그리고 헌법에서 전통적으로 인권으로 보장해온 여러 권리 가운데 지식, 정보의 표현과 유통에 관한 권리가 이목을 모으고 있다"(한상희, 2003). 우리 헌법은 표현의 자유와 관련하여 양심의 자유(헌법 제19조), 종교의 자유(헌법 제20조), 언론·출판의 자유와 집회·결사의 자유(헌법 제21조), 학문과 예술의 자유(헌법 제21조)를 보장해 왔다. 세계인권선언과 자유권규약은 사상, 양심 및 종교의 자유를 누릴 권리(제18조)와 의견 및 표현의 자유를 누릴 권리(제19조)를 보호해 왔다. 한편, 인터넷의 발달로 개인의 표현물 창작이 증가하게 되었고, 이에 따라 개인의 표현의 자유와 공익 혹은 타인의 권리 보호 사이에 갈등이 증가하게 되었다.

사생활과 개인정보 보호 영역에서는 공공기관의 개인정보 보호와 교육행정 정보시스템(NEIS)의 정보인권침해문제, 주민등록제도의 정보인권침해문제, 수사기관의 개인정보 수집에 의한 인권침해문제, CCTV로 인한 정보인권침해문제, 작업장 내 노동자 감시문제, 의료 및 신용, 금융 정보의 보호문제 등이 쟁점 사항이다.

사이버공간과 표현의 자유와 관련해서는 불온통신, 불건전정보의 규제, 불법통신의 규제(국가보안법 위반, 명예훼손, 음란, 불법 선거운동), 셧다운(Shutdown) 제도[83]와 같은 청소년 유해 매체 및 콘텐츠에 대한 규제, 인터넷 실명제 문제 등이 대표적인 쟁점사항이다. 특히 표현의 자유와 관련하여 그간 우리 사회에서는 정부의 자의적인 기준에 따

83 신데렐라법이라 불리기도 하는 셧다운 제도는 온라인게임을 이용하면서 벌어지고 있는 인터넷 중독, 폭력성의 증가, 사회성의 결여 등과 같은 문제로부터 청소년을 보호하고, 청소년의 수면권과 학습권을 신장한다는 명분으로 자정부터 다음날 오전 6시까지 청소년의 온라인게임 접속을 차단하는 기술적인 규제조치를 의미한다. 2011년 4월 29일 국회 본회의에서 셧다운 제도 도입을 골자로 대상을 16세 미만으로 제한하는 청소년보호법 개정 법률안이 통과되었다. 게임 셧다운 제도는 2011년 11월 20일부터 시행되기 시작하였다.

라 억압적인 형태로 인터넷 표현물에 대한 통제가 이루어져왔다는 평가가 있다. 최근에는 국가보안법이나 공직선거 및 선거부정방지법 등의 법률적 기준에 대한 논란도 지속되고 있다.

또한 최근 지적자산에 대한 상품적 가치가 높아짐에 따라 국제적인 논란의 대상이 되고 있다. 지적자산에 대한 이용을 제한하려는 특허권자 혹은 저작권자들과 사적인 이용권을 주장하는 사람들 간의 갈등이 지속적으로 발생하고 있다(국가인권위원회, 2004).

4. 표현의 자유와 헌법 상의 제한

표현의 자유는 "의견이나 사상을 외부에 표현하는 자유로서, 개인적 표현의 자유로서의 언론·출판의 자유와 집단적 표현의 자유로서의 집회·결사의 자유를 총칭"하는 개념이다(권영성, 2008). 일반적으로 표현의 자유는 어떠한 사항에 대해 내면에서 생각하는 바를 외부에 공표할 수 있는 자유로 정의된다. 표현의 자유는 그것과 관련해서만 민주적 국가조직이 이루어질 수 있다는 점에서 민주국가의 조직원리와 직결된다고 할 수 있고, 민주국가일수록 폭 넓은 보장이 요구된다고 하겠다. 그러므로 표현의 자유는 권리조항에서 인정되는 전통적인 자유권이다(이재진, 2003b).

미국의 수정헌법 제1조(the First Amendment) 상의 표현의 자유는 언론·출판의 자유, 집회·결사의 자유, 종교의 자유를 포함하는 개념이다. 우리 헌법 제21조에서 보장하고 있는 표현의 자유는 전통적으로 사상 또는 의견의 자유로운 표명과 그것을 전파할 자유를 의미하고, 개인이 인간으로서 존엄과 가치를 유지하고 행복을 추구하며 국민주권을 실현하는데 필수불가결한 것으로 파악되고 있다(헌재 1992. 2. 25. 89헌가104; 헌재 2002. 4. 25. 헌가27).

인간의 존엄성, 동화적 통합, 민주적 통치 질서의 관점에서 우리 헌법 제21조가 보장하고 있는 언론, 출판의 자유는 매우 중요한 의의와 기능을 지닌다. 언론·출판의 자유는 사회 구성원 간의 원활한 의사접촉을 가능하게 하고 여론형성을 촉진시켜 사회공동체를 동화시키는 수단으로서의 의의와 기능을 가지고 있다(허영, 2003). 헌법재판소는 "언론의 자유는 현대 자유민주주의의 존립과 발전에 필수불가결한 기본권이며, 이를 최대한도로 보장하는 것이 헌법의 기본 원리"라고 보고 있다(헌법재판소, 1992. 6. 26, 헌가 23). 또한 "민주국가의 존립과 발전을 위한 기초가 되기 때문에 특히 우월적인 지위를 지니고 있는 것이 현대 헌법의 특징"이라고 함으로써, 언론의 자유를 인정하고 있다(헌법재판소, 1991. 9. 16, 89, 헌마 165).

미국의 경우 수정헌법 제1조의 영향으로 표현의 자유가 여타 다른 개인적 기본권에 비해 우월적인 지위를 누린다(이재진, 2003, 재인용). 에머슨(Emerson, 1966)은 표현의 자유의 중요성에 대해 다음과 같은 4가지 주장을 하였다. 첫째, 표현의 자유는 개인의 자기완성을 위한 필수적인 수단이다. 둘째, 표현의 자유는 진리발견을 위한 필수적인 과정이다. 셋째, 표현의 자유는 사회구성원 간의 공개적인 토론을 통하여 정책수립에 참여하는 기회를 제공해 준다. 넷째, 사회적 변화에 안정을 유지하는 수단이다. 이상의 주장은 표현의 자유가 여타의 기본권적 가치에 비해 중요한 이유를 단적으로 보여준다. 한편, 미국에서 표현의 자유와 여타 다른 기본권이 충돌할 경우 해결 법리의 출발점은 공인(public figure)과 사인(private person) 이론이다(한수웅, 2005). 미국에서 공인은 자신과 관련된 명예훼손적 표현행위에 대한 손해를 구제받기 위하여 그 표현이 현실적 악의(Actual Malice)에 의해 행해졌음을 스스로 입증해야만 한다(김태수, 2007).

우리나라의 경우 표현의 자유와 인격권은 우열을 가릴 수 있는 것이 아니다. 어떠한 가치에 좀 더 무게중심을 두느냐 하는 것은 헌법 제37조에서 규정하는 것처럼 과잉금지의 원칙이나 비례의 원칙에 입각하여 규범조화적 해석에 따르고 있다(성낙인, 1999). 우리 법원은 이러한 점에 대해 반복적으로 지적해 왔다. 즉 우리 법원은 비록 언론의 자유가 표출될 수 있는 공간이 필요하지만 이러한 권리는 기본권과의 균형을 이루어야 한다는 점을 기본 판결 원칙으로 삼고 있다(대법원 1998. 9. 4. 선고 96다11327 판결). 이러한 측면은 미국과 한국에 있어서의 표현의 자유와 타 인격권 침해에 대한 판결 상의 간극을 잘 보여준다. 한국의 대법원은 국내 환경의 특수성을 이유로 여러 차례에 걸쳐서 현실적 악의 원칙의 수용을 거부한 바 있다(이재진, 2003, 재인용).

또한 이재진과 이정기(2010)는 소수자[84]의 표현 수단으로 일반화

84 소수자란 성, 나이, 인종, 성적 취향 등 사회의 지배적 기준이나 가치를 달리한다는 이유로 차별의 대상이 되는 사람들을 통칭하는 개념이다(김상학, 2004). 미국 연방대법원은 소수인종과 관련된 판결에서 "다수로부터 분리되고 고립된 집단(discrete and insular)"으로 소수자를 개념화하였고(안경환, 1986; 조소영, 2009, 재인용), 유색인종, 여성, 소수종교의 신자, 경제적 약자, 도덕적 소수자 등을 소수자로 규정하였다(안경환, 1995). 소수자 관련 선행 연구는 소수자의 규정 기준을 식별가능성, 권력의 열세, 차별적 대우의 존재, 소수자 집단 성원으로서의 집단의식 등으로 들고 있다. 식별가능성은 신체적, 문화적 특징에 의해 타 집단과 구별되는 차이가 존재한다는 것, 권력의 열세란 경제적, 정치권력, 사회적 지위 등에서의 차이, 또는 자원동원 능력의 차이를 의미한다. 차별적 대우의 존재는 개인이 특정 집단의 성원이라는 이유로 차별의 대상이 되는 경우, 소수자의 성원으로서의 집단의식은 처음에는 몇 사람의 고유한 생각에 의해 시작되지만 차별적 관행의 반복을 통해서 전체적 연대의식으로 확장되는 집

되고 있는 1인 시위에 의한 타인의 인격권 침해에 있어 시위 주체자의 공·사인 여부를 고려하여 소수자의 표현의 자유를 보다 확대해야 한다고 주장하였다. 이상의 논의는 미국과 한국이 표현의 자유가 민주주의 사회에서 필수불가결한 요소라는 인식을 공유하고 있지만, 표현의 자유의 수준은 국가의 환경, 사회문화, 법관들의 인식 등에 따라 차별적으로 나타나고 있다는 사실을 증명하고 있다.

한편, 표현의 자유라는 기본권 역시 무제한적 보호를 받을 수는 없다. 헌법은 언론·출판 그리고 표현의 자유가 넘어설 수 없는 구체적인 한계로 '타인의 명예와 권리', '공중도덕', '사회윤리'의 침해 금지를 들고 있는데 이 가운데 '명예와 권리'의 침해에 대해서는 민사 상 손해배상책임과 형사 상의 명예훼손 책임을 인정하고 있다(헌재 1998. 4. 30. 선고 95헌가16 판결). 그중 언론·출판의 자유의 한계로서의 '명예의 권리'는 헌법이 보장하고 있는 인간의 존엄과 가치 및 그를 바탕으로 하는 인격권(제10조)과 사생활비밀보호(제17조)와의 상호관계 아래에서 이해되어야 한다. 즉 언론·출판이 헌법적 허용한계를 이탈하였을 경우 언론·출판의 자유로서 보호될 수 없는 것이고, 그 이탈행위가 헌법 상의 여타 기본적 가치를 실현, 보호하기 위해서 제정된 실정법 질서에 저촉되는 경우에는 법적 책임을 부담하게 된다. 예컨대 언론·출판이 타인의 인격권이나 사생활의 비밀을 침해하는 경우 민법 상의 손해배상(제751조), 형법 상의 명예훼손(제309조, 제310조), 주거침입(제319조) 등의 규정이 적용될 수 있다. 또한 반문화

단의식을 의미한다(윤인진, 2004). 한국법원의 소수자에 대한 판단도 대동소이하다. 한국 사회에서 소수자는 일반적으로 장애인, 성매매여성, 이주노동자, 동성애자, 비정규직 노동자, 양심적 병역 거부자, 결혼 이주자, 혼혈인, 미혼모, 노숙자 등을 포함하는 개념이다(전영평, 2007; 조소영, 2009).

적인 언론, 출판은 형법 상의 음란물성에 관한 책임(제243조)과 발행 정지, 등록취소 등의 행정법 상의 책임(정간물법 제12조)을, 반사회적인 언론, 출판은 국가보안법(제7조) 위반 등의 책임을 지게 된다(남경국, 2004; 이재진 · 이정기, 2010).

5. 국제인권법 상 표현의 자유와 제한

표현의 자유와 관련된 국제적 규약 중 유럽인권보호협약 제10조 2항의 경우 방송, 텔레비전, 영화산업에 대한 허가제를 제외한 모든 영역이 세계 인권선언 제19조의 내용과 유사하다. 자유권선언과 미주인권협약도 정도의 차이는 있지만 "모든 사람은 의견과 표현의 자유에 대한 권리를 가진다"는 대동소이한 내용을 포함하고 있다(박배근, 2003).

그러나 이러한 국제인권법 상 표현의 자유와 관련한 인권의 보호도 다른 법익이나 기본권과 충돌상황에 직면할 경우 제한이 가능한 상황이다. 세계인권선언과 미주인권협약은 타 법익과의 관계에서 인권의 보호를 제한하는 일반적 규정을 포함하고 있다.

구체적으로 자유권규약은 다른 법익과의 관계에서 인권 일반에 대하여 제한을 인정하는 규정을 두고 있지 않다. 각각의 인권에 대하여 개별적 제한 규정을 가지고 있다는 것이 특징이다. 예컨대 거주이전의 자유를 보장하면서도 국가안보, 공공질서, 타인의 권리와 자유 보호를 위해 반드시 필요한 경우 자유권 규약에서 인정되는 다른 권리와 양립된다는 것을 전제로 법률에 의해 거주이전의 자유를 제한할 수 있게 하였다. 사상, 양심, 종교의 자유(제18조 제3항), 집회의 권리(제21조), 노동자의 단결권(제22조) 등도 이러한 제한 및 규제가 영향을 미치는 인권 사례에 해당한다. 자유권규약은 표현의 자유와 관련하여 특별히 의무와 책임을 강조하고 있다. 그리고 유럽인권협약은 사생활과 가정생활의 보호(제8조 제2항), 사상, 양심, 종교의 자유(제9조 제2항), 집회와 결사의 자유(제11조 제2항)와 함께 표현의 자유에 대해서 개별적인 제한 규정을 가지고 있다(박배근, 2003, pp.30~37, 재인용).

그러나 국제인권법 상 표현의 자유에 대한 인권보호는 국가적 비상사태를 원인으로 할 때 그 보호가 제한될 수 있다. 이러한 보호 제한 규정이 최초로 등장한 것은 유럽인권규약인데, 유럽인권규약은 전쟁이나 그 밖의 국민의 생존을 위협하는 국가적 혹은 공공적 비상사태의 경우 유럽인권 협약을 위반하는 조치를 취할 수 있음을 인정하고 있다(제15조 제1항). 이와 유사한 내용은 자유권규약 제4조, 미주인권협약 제27조에도 공통적으로 명시되어 있다. 그러나 이들 국제인권협약들은 국가적 혹은 공공적인 비상사태가 발생한 경우에도 위반될 수 없는 '위반이 불가능한 인권'들을 규정하고 있다. 유럽인권협약, 자유권협약, 미주인권협약은 '표현의 자유'를 위반이 불가능한 인권으로 규정하고 있다(박배근, 2003, pp.30~37, 재인용).

6. 분석범위

본 장은 국내에서 인권과 관련된 이슈를 가장 폭넓게 다루고 있으며, 준 사법기관의 성격을 가지고 있는 국가인권위원회의 인권관련 진정사례 및 의견 표명문을 분석대상으로 설정하였다. 인권을 다루고 있는 다양한 시민단체가 존재하고 있지만, 국가기관으로서 공식적인 활동을 수행하고 있는 국가인권위원회의 인권 인식이 국내 인권의 정의와 현황 등에 대해 가장 충실한 설명을 할 수 있을 것이라고 판단하였기 때문이다.

구체적으로 본 장은 2001년 11월 25일 국가인권위원회 창립 이후 2011년 11월 15일까지 검색된 국가인권위원회의 진정사례와 결정문 등 총 33건에 대한 분석을 수행하였다. 관련 자료들은 국가인권위원회 홈페이지(www.humanrights.go.kr)의 '결정문' 키워드 검색을 통해 수집되었다. 우선 키워드 검색을 통해 '표현(의) 자유'와 직접 혹은 간접적으로 관련된 53건의 결정문과 의견 표명문을 발견하였고, 그 가운데 중복되는 결정문과 의견서, 분석방향과 현저히 관련이 없다고 판단된 것들은 제외하였다. 이러한 과정을 통해 17건의 결정문과 16건의 의견 표명문을 포함한 총 33건의 문건을 최종 분석대상으로 삼았다. 임지봉(2006)에 의하면 민원인의 진정사건에 대한 권고 및 각종 현안에 대한 의견 표명은 국가인권위원회의 주요 업무이다. 따라서 국가인권위원회의 진정사례 및 각종 의견 표명문은 기관의 공식적인 입장이라고 판단해도 무방할 것이다.

한편, 본 장에서는 국가인권위원회의 자료 33건에서 나타나고 있는 사건과 유사한 내용의 법원 판례를 분석하여, 국가인권위원회만의 인권인식을 도출해 내기 위해 법률 포털 로앤비(www.lawnb.com)와 대법원 사이트(www.scourt.go.kr)를 중심으로 키워드 검색을 실시하였다. 이러한 과정을 통해 인권위원회의 사건과 유사한 사건을 다루고 있는 판례를 수집하였다.

7. 국가인권위원회의 표현의 자유 관련 인식

1) 국가인권위원회의 표현의 자유 관련 진정사건

표현의 자유와 관련된 국가인권위원회의 진정사건에 대한 결정문 17건에 대한 내용분석 결과, 17건의 진정사례 중 사회문화의 영역이라고 할 수 있는 집회 및 시위를 다루고 있는 것이 총 11건 도출되었다. 구체적으로 11건 중 4건은 1인 시위의 절차 중 부당한 공권력의 방해 등에 대한 내용을 다루고 있었고, 4건은 청소년, 1건은 대학생의 집회 및 시위에 대한 내용을 다루고 있었다. 또한 2건은 집시법 상 장소 규제 등의 문제를 다루고 있었다.

정보사회와 인권영역이라고 할 수 있는 사이버 공간에서의 표현, 사생활과 개인정보의 보호 문제를 다루고 있는 것은 1건 나타났는데, 공공단체의 개인정보 열람의 문제를 다루고 있었다. 사회적 소수자인 동성애자와 수감자의 표현의 문제를 다룬 것은 각 1건씩 도출되었다. 대학생의 정치적 활동과 학칙 상의 규제문제에 대한 것도 1건 도출되었다. 그 밖에 직권남용에 의한 인권침해 문제, 노동조합 홈페이지 차단에 의한 기본권 침해 문제를 다루고 있는 것이 각 1건씩 도출되었다.

저널리즘 영역에서 표현의 자유는 주로 언론의 자유로 통칭된다.[85] 이는 저널리즘 연구에서 연구 대상이 되는 표현의 주체가 개

---

85 표현의 자유(freedom of expression)는 사상이나 의견을 외부에 표현하는 자유

인인 경우보다 방송, 신문, 인터넷 등의 매체나 언론사를 기반으로 한 것이 많았기 때문이라고 판단된다.

주목할 점은 저널리즘 영역에서의 연구가 주로 매체를 통한 언론의 자유와 관련된 내용에 집중하고 있다면, 국가인권위회에서는 언론의 표현이 아닌 개인이나 소규모 단체의 표현행위에 집중하고 있었다는 것이다. 표현의 자유와 관련된 진정사건을 검토한 결과 17건의 사례 모두 개인 혹은 소규모 단체의 표현과 관련된 내용이었다. 또한 국가인권위원회에서는 언론의 자유라는 용어보다, 표현의 자유라는 용어를 주로 사용하고 있었는데 이는 국가인권위원회가 언론의 자유보다 표현의 자유를 상위의 개념으로 고려하고 있다는 방증이라고 생각된다.

표현의 자유와 관련된 진정사례에 있어서도 언론기관이나 언론기관의 표현행위를 통해 피해를 당한 개인이나 기관의 진정은 전무하였다. 청소년, 수감자(收監者), 1인 시위자, 누리꾼 등 개인이나 소수집단에 의한 진정 의뢰, 경찰의 집시법 집행, 공공기관의 개인정보 보호정책, 청소년 유해 매체 심의기준 등이 공권력에 의한 개인이나 소수집단의 표현자유 침해와 관련된 진정 의뢰가 대부분이었다. 17건의 진정사건 중 등록금 인하관련 기자회견시 경찰의 불법연행 등의 사건을 다루고 있는 '09진인1256'를 제외한 16건의 사건

로서 개인적 표현의 자유인 언론·출판의 자유와 집단적 표현의 자유인 집회 및 결사의 자유를 총칭하는 개념으로 이해된다. 그러나 일부 학자들은 표현의 자유 대신에 언론의 자유가 표현의 자유를 포괄하는 보다 더 광범위한 개념이라고 정의하기도 한다. 이들은 말할 자유(freedom of speech)나 표현의 자유는 개인의 법적 권리인데 비해 출판, 방송의 자유(freedom of press)는 미디어의 자유를 의미한다고 판단한다. 표현의 자유와 언론의 자유 중 어느 것을 상위의 개념으로 인식하는가는 논란의 여지가 있다. 그러나 대부분의 학자들은 두 용어를 필요에 따라 혼용하는 경우가 많다(이재진, 2002).

〈표 7-1〉 국가인권위원회의 진정사건 결정문 17건에 대한 주요 내용

분류	사건	진정요지
집회 시위	집회의 자유 침해 (02진인983 결정)	공관으로부터 100m 이상 떨어진 장소를 특정하여 집회개최장소로 신고한 집회에 대해 집시법 제11조에 해당된다는 이유로 불허한 것은 집회의 자유를 침해한 것.
	1인 시위에 따른 표현의 자유 등 침해 (02진인1691 결정)	외국대사관 앞 인도 상에서 평화적이고 합리적인 방법으로 1인 시위를 하고 있는 진정인을 다른 장소로 밀어낸 행위는 표현의 자유를 침해한 것.
	학생에 대한 집회 해산 등에 의한 인권침해 (07진인4150)	중학생들이 학생인권, 두발 자유를 외치며 학내 집회를 하자, 학교 측에서 강제해산 시킴, 학생의 권리 등과 관련이 있는 집회의 경우 보장되어야 함.
	1인 시위 방해 (07진인1760)	1인 시위자의 피켓을 빼앗는 등의 방해 행위는 표현의 자유를 침해하는 것으로 관련자들에 대하여 징계 권고.
	학교 안에서의 학생의 표현의 자유 침해(07진인1146)	고등학교 재학 중 학생인권관련 토론회 전단지를 학생들에게 배포, 학교는 허가 받지 않은 전단을 배포했다는 이유로 징계, 이는 표현의 자유를 침해한 것.
	학생수업 중 경찰조사 등에 의한 인권침해 (08진인1739)	집회신고를 했다는 이유로 피해자가 다니고 있는 학교를 방문, 수업 중인 피해자를 불러내 조사함. 이는 집회의 자유와 학습권 등을 침해한 것.
	등록금 인하관련 기자회견시 경찰의 불법연행 등 (09진인1256)	체포 중 목을 졸라 가혹행위를 한 피진정인들에 대해 주의조치 및 인권교육 권고. 그러나 피진정인 1, 2의 지휘를 받는 피진정인 3, 4, 5는 진정인(한대련 소속 대학생들)과 피해자들이 불특정 다수가 아닌 기자들을 상대로 기자회견을 하고, 연설 및 의사표명을 하는 등의 평화적 행사를 했음에도 동 행사가 끝날 무렵 갑자기 집시법을 적용하여 현행범으로 50명의 학생들을 불법 체포, 연행하였는데, 이는 표현의 자유 침해라고 주장. 그러나 인권위는 상징적 의사표현을 평화적으로 진행, 기자회견 장소에서 이탈해 집단행진 등 하지 않음, 소요기간 역시 기자회견으로서의 성격을 잃을 정도로 장시간 경과하지 않았음, 피진정인들이 곧바로 강제해산 및 체포를 하기보다 헌법상의 표현의 자유와 집회 시위의 자유라는 민주주의의 근간을 이루는 진정인 등의 기본권이 최대한 보장되도록 노력하였고, 다소 공공질서의 유지에 따른 불편을 초래한다해도 여러 기본권과의 조화를 이루는 선에서 국가 공권력의 행사를 자제하는 것이 헌법 제37조 제2항이 규정하는 과잉금지 원칙에 보다 부합하는 것이라고 판단함. 그러나 이 사건은 학생들이 옥외집회 개최에 따른 신고의무를 위반한 점이 있다고 보이므로 이를 이유로 강제해산 및 체포행위를 한 것을 위법한 공권력의 행사하고 보기는 어려움.

	집회금지통고로 인한 인권침해 (08진인3157)	진정인들은 OO경찰서에 OO반대규탄집회를 신고했으나 피진정인은 OO의 시설보호 요청이 있었고 진정인들이 불법집회 시위 전력이 있다는 이유로 집회금지 통고함, 이에 대해 국가인권위원회는 집회장소를 변경하는 중재안 제시, 진정인들은 집회신고와 동일한 내용이나 집회장소를 수정해 다시 집회 신고함. 피진정인들은 장소 경합의 이유를 추가하여 집회 금지 통고함. 인권위는 긴급구제를 권고하여, 집회장소에서 집회를 하고자 했으나 성명불상의 경찰들이 미신고 집회 참가 등을 이유로 해산 경고, 진정인 연행함. 인권위원회는 장소경험과 관련하여 상반되는 집회 금지통고 사유의 명확한 적시가 없어 집시법 제8조제2항의 조건을 갖추지 못했다고 판단, 시설보호 요청 역시 인정할 만한 근거 없음. 불법집회시위 전력은 공공의 안녕질서에 대한 직접적인 위협의 명백성을 판단하는 기준이 될 수는 있어도 이를 이유로 명백성을 판단해서는 안된다고 봄. 따라서 피진정인들이 진정인들의 두 번째 집회신고를 금지한 것은 집시법 제5조 제8조의 집회금지 통고조항을 진정인에게 무리하게 적용하여 헌법 제21조가 보장하는 집회결사의 자유를 침해한 것임.
	집회방해에 의한 인권침해 (08진인3585)	집회신고 등 적법한 절차를 거친 진정인의 집회에 대해 사전에 충분한 검토없이 1인 시위라고 판단해서 진정인의 현수막을 제거한 피진정인 2의 행위는 진정인의 표현의 자유 및 집회의 자유를 침해한 것, 피진정인 2 및 소속직원들에게 국민의 기본권 보장에 관한 직무교육을 실시할 것 권고.
	일제고사반대학생에 대한 인권침해 (08진인4868)	헌법과 아동의 권리에 관한 협약은 자신의 견해를 형성할 능력이 있는 아동에 대해 본인에게 영향을 미치는 모든 문제에 관한 자신의 견해를 자유스럽게 표시할 권리를 보장함. 국가안보, 공공의 안전, 공공질서, 공중보건이나 도덕의 보호, 타인의 권리와 자유의 보호 등 필요할 경우에만 제한 가능함. 위의 열거된 사유 외에 학생들의 집회 및 시위의 자유를 보장해야 함. 특히 학생 본인에게 영향을 미치는 문제 등과 관련이 있는 집회 및 시위의 경우 폭넓은 의사 표현의 자유가 보장되어야 함. 수업시간 전에 평화적으로 행한 학생들의 시위가 타인의 권리를 침해했다거나 학교 시설물을 훼손하는 등의 사정이 없음에도 불구하고 시위 문화를 알려준다는 이유만으로 피켓을 학생 동의 없이 수거한 행위는 표현의 자유를 침해한 것, 소속 교사들에게 교육을 실시할 것 권고.
	1인 시위 방해 등에 의한 인권침해 (09진인4569)	피진정인 1의 지휘 및 피진정인 2의 전달 하에 피진정인 3, 4가 진정인들의 1인 시위 준비 행위를 부적절하게 강제로 제지한 행위는 진정인들의 표현의 자유를 각각 침해한 것으로 판단. OO지방경찰청장에게 피진정인 1, 2에 대해 주의 조치할 것 등 권고.
개인정보	국민연금관리공단의 과도한 개인정보 열람 등에 의한 인권침해 (05진인1862)	안티 국민연금 활동을 벌여온 누리꾼과 사람들, 그들의 가족의 개인정보를 직원들이 무단 열람하는 행위는 가입자들의 개인정보 통제권과 프라이버시, 표현의 자유를 침해한 것.

유해 매체	성적지향에 의한 행복추구권 등 침해 (02진차80, 130)	동성애 표현 매체물을 청소년 유해 매체물로 지정한 청소년 유해 매체물 심의기준(제7조)은 헌법 상 평등권 및 신체의 자유를 침해한 것.
조사 수용	부당한 조사수용에 의한 인권침해 (06진인675)	성동구치소 제소자들에게 성실, 갱생 등 구호를 외치게 하는 것은 자신의 의사를 자유롭게 표현하고 전달할 적극적 권리, 자신의 의사를 표현하지 않을 소극적 자유를 보호하는 헌법 제21조 중 사상, 의견을 표명할 자유 침해.
정치 활동	대학생의 정치활동을 금지하는 학칙으로 인한 인권침해 (05진차297)	학생의 정치활동을 금지하고 학내외 집회를 위해서는 학교 측의 승인, 허가를 받게 하는 등의 학칙이 인권침해라는 진정에 대해 집회의 승인 및 허가가 기본권을 침해한다는 진정 기각. 단, 각 학칙이나 학생생활 규정 등이 사전신고제가 아닌 사전허가제로 운영하는 경우 예외임.
직권 남용	직권남용에 의한 인권침해(03진인6284)	인간복제금지에 대한 사회적 합의가 도출된 상황에서 인간복제와 관련한 활동할 우려를 이유로 라엘의 입국금지 처분을 한 조치는 종교의 자유의 탄압이 아니며, 위법하지 않음.
노조 조합	노동조합 홈페이지 차단에 의한 기본권 침해 등 (08진차962)	피진정인은 2007. 9. ㅇㅇ군청 내 전산망을 통해서 'ㅇㅇㅇㅇㅇㅇㅇ노동조합 ㅇㅇ지역본부 ㅇㅇ군지부'(이하 'ㅇㅇ군지부'라고 한다)가 운영하는 노동조합 홈페이지의 접근을 차단함으로써 ㅇㅇ군지부 조합원의 표현의 자유를 침해함, 피진정인에게 ㅇㅇㅇㅇㅇㅇㅇ노동조합 ㅇㅇ지역본부 ㅇㅇ군지부 홈페이지에 대한 접속차단 조치를 해제할 것을 권고.

의 경우 진정이 받아들여졌다. 진정을 의뢰한 표현자의 표현의 자유를 보장하라는 진정결과가 도출된 것이다.

2) 국가인권위원회의 표현의 자유 관련 의견표명

국가인권위원회의 표현의 자유와 관련된 의견표명을 살펴보면, 총 16건의 의견 표명문 중 사회문화 영역이라고 할 수 있는 집회 및 시위와 집시법을 다루고 있는 것은 3건이었다. 폭력시위 전력 등의 사항을 근거로 집회를 금지하는 것은 사실상의 허가제로서 문제가 있다는 것(집회금지통고제도 및 사전차단조치 개선을 위한 법령 및 관행 개선 권고, 2008. 1. 2; 집시법개정안에 대한 의견, 2003. 11. 19) 등이 그것이다. 국가인권위원회는 집회 및 시위의 보장에 있어 표현의 자유를 제약하는 조항의 개정, 집회 및 시위의 장소와 시간제한의 폐지 등을 권고하였다.

정보사회와 인권 영역에서 사이버 공간과 표현의 자유, 사생활과 개인정보 보호의 문제를 다룬 것은 전기통신사업법, 인터넷 실명제, NEIS 문제, 사이버모욕죄 등 4건이었다. 2002년 전기통신사업법 개정안에 대해서 인권위원회는 공공의 안전과 복리를 위해 통신을 제한할 필요성을 인정하고 있었다. 그러나 이는 통신내용이 명백히 범죄에 해당하는 경우로 한정된 것이었다. 그렇지 않을 경우 이용자의 사전의견 제출 기회가 원천적으로 봉쇄될 가능성이 있고, 행정규제의 최소화원칙에도 어긋나기에 표현의 자유를 침해할 가능성이 있다는 것이다(전기통신사업법 개정안, 2002. 8. 12). NEIS와 관련해서는 정보제공자의 사생활이 침해될 가능성을 우려하고 있었다(교육행정정보시스템(NEIS) 관련 권고, 2003. 5. 12). 인터넷실명제와 관련해서 인권위원회는 인터넷 언론사의 실명인증제 도입을 반대하였다. 실명제는 모든 국민이 허위정보 및 타인에 대한 비방을 유포하는 자라는 예단을 전제로 하는 것이므로, 명백한 사전검열에 해당하며, 불법적 정보게시와 유통의 경우 사후처벌이 가능하기에 최소침해의 원칙에 위배된다는 것이다(정치관계법 개정에 대한 의견, 2004. 2. 16). 사이버모욕죄와 관련해서는 세계 언론자유위원회가 표현의 자유 위축을 우려하여 형법 상 모욕죄마저도 폐지를 권고하고 있는 상황이라는 점을 밝혔다. 또한 현재의 모욕죄가 친고죄로 규정된 것은 그 보호법익이 개인의 명예감정이라는 점에 기인하는 것인데, 동일한 보호법익을 가지고 있는 사이버모욕죄를 반의사불벌죄(反意思不罰

罪)[86]로 규정하는 것은 법적 일관성이 없고, 수사기관의 자의적 판단이 개입할 여지가 있어 표현의 자유 위축으로 이어질 우려가 있다고 판단하였다. 이에 친고죄의 형태로 규정하는 것이 형벌 이론에 부합하며 국민의 표현의 자유 제한을 최소화시키는 방안이라고 판단하였다(정보통신망 이용촉진 및 정보보호 등에 관한 법률 일부 개정 법률안에 대한 의견표명, 2009. 2. 5).

교육과 인권 영역에서는 국정교과서의 표현의 자유 관련 부분에 대한 의견표명이 1건(초중고교 제7차 교육과정 교과서 인권내용관련 직권수정 권고, 2002. 10. 28) 있었고, 수감자의 집필권 보장을 위해 관련 법령을 개정해야 한다는 권고(수감자의 집필권 보장을 위한 법령 등 개정권고, 2003. 8. 25), 국방부의 불온서적 선정에 대한 인권침해 소지 의견 제시(2008. 8. 20), 양심적 병역거부자의 인권침해 구제 및 대체복무제도 도입 권고(2006. 2) 등 사회적 소수자의 표현문제를 다룬 것이 3건, 국가보안법 폐지권고(2004. 8. 23) 등 정치적 문제를 다룬 것이 3건, 단순한 정치적 견해의 표출에 대해 징역형을 부과한 것은 국제노동기구(ILO)의 제105호 협약에 위배된다는 ILO의 입장에 대한 긍정과 ILO 가입 권

86 피해자가 가해자의 처벌을 원하지 않는다는 의사를 표시하면 처벌할 수 없는 범죄를 의미하는 반의사불벌죄(反意思不罰罪)는 반의사불론죄(反意思不論罪) 또는 해제조건부범죄(解除條件附犯罪)라고도 한다. 피해자의 의사와 관계없이 소추(訴追)할 수는 있지만, 그 후 피해자가 처벌을 원하지 않는다는 의사를 표시하거나, 처벌 의사표시를 철회한 경우에는 공소기각(公訴棄却)의 판결을 선고하여야 한다(형사소송법 327조 6항). 이때 처벌을 원하는 의사표시의 철회는 1심 판결 전까지 해야 하고, 일단 고소를 취소하면 다시 고소할 수 없다(232조 3항). 형법의 외국 원수에 대한 폭행·협박 등의 죄(107조), 외국사절에 대한 폭행·협박 등의 죄(108조), 외국의 국기(國旗)·국장(國章) 모독죄(109조), 단순·존속폭행죄(260조 3항), 과실치상죄(266조 2항), 단순·존속협박죄(283조 3항), 명예훼손죄 및 출판물 등에 의한 명예훼손죄(312조 2항) 등이 이에 해당된다. 한편, 반의사불론죄가 처벌을 원하는 피해자의 의사표시 없이도 공소할 수 있다는 점에서 고소·고발이 있어야만 공소를 제기할 수 있는 친고죄(親告罪)와 구별된다(네이버 백과사전 법률용어, 검색일: 2011. 11. 15).

고에 대한 내용이 1건, 전반적 인권정책 제시가 1건 나타났다.

특히 국가인권위원회의 표현의 자유와 관련한 전반적인 인식을 알 수 있는 '2007-2011 국가인권정책기본계획 권고안NPA(2006. 1)'은 '집회 및 시위의 자유와 관련한 장소와 시간 등의 규제조항 완화와 과도한 행정절차의 완화', '공무원과 교사의 정치활동 확대', '개인정보의 무분별한 수집제한', '인터넷 내용규제 최소화', '국가보안법 폐지', '양심적 병역거부 인정' 등의 내용을 담고 있다.

국가인권위원회의 진정 사례의 경우 주로 개별 표현 주체들의 표현의 제약이라는 구체적인 사례를 통해 문제의 해결방식을 제시하는 방식을 취하였다. 반면, 의견표명은 집시법 개정(시간과 장소를 제약하는 규정의 폐지 등), 국가보안법 폐지, 양심적 병역거부 인정, 인터넷 실명제 폐지, 사이버모욕죄 입법 제고 등 현재 시행되고 있지 않거나, 시행을 위해 법의 개정이 필요하며, 사회적 논쟁이 유발될 수 있는 이슈들에 대해 자체적인 조사 결과 등을 바탕으로 의견을 표명하는 형식을 보였다.

〈표 7-2〉 표현의 자유 관련 국가인권위원회의 의견표명에 대한 주요 내용

의견표명	권고 내용(주문 사항)
전기통신사업법 개정안 (2002. 8. 12)	개정안 제53조 제3항 제1호는 "공공의 안전 또는 복리를 위하여 긴급히 처분을 할 필요가 있는 경우에 사전 의견 제출의 기회 없이 통신제한 조치를 할 수 있다"고 규정, 이는 통신내용이 명백히 범죄에 해당하는 경우로 한정해야 함.
월드컵 기간 중 집회시위의 자유 보장 관련 의견(2002. 7. 23)	경찰은 월드컵 기간 동안 주관단체가 폭력 시위를 개최한 전력이 있다는 이유로 시위 금지, 이는 사실상 허가제, '공공의 안녕질서에 직접적이고 명백한 위협'이라는 사유로 금지된 집회 급증, 이 기준을 구체화할 필요 있음, 객관화된 지침 마련 요구.
제7차 교육과정 교과서 인권내용관련 직권수정 권고(2002. 10. 28)	제7차 교육과정 교과서의 일부 내용이 학생들의 인권존중의식 형성에 부정적인 영향을 미칠 수 있는 소지가 있어, 교과서 내용을 수정협의할 것을 권고.

교육행정정보시스템(NEIS) 관련권고(2003. 5. 12)	NEIS 인사기록 입력사항 중 정당사회 단체는 사용목적에 부합하지 않으나 인사업무에 영향을 미칠 수 있어 표현의 자유 제한소지 있음.
수감자의 집필권 보장을 위한 법령 등 개정권고 (2003. 8. 25)	집필의 자유는 헌법 제21조 등에서 도출할 수 있는 헌법 상 기본권. 수감자가 구금시설의 처우에 불복하거나 제도적으로 보장된 권리구제 절차를 밟기 위해 집필 필요. 형법 제33조의 3의 규정을 헌법 제21조 제2항의 취지에 맞도록 개정할 것.
집회 및 시위에 관한 법률 개정안에 대한 의견 (2003. 11. 19)	헌법과 국제인권법 상 보장된 집회의 자유가 기본권제한 일반원칙 및 명백하고 현존하는 위험의 원칙에 위반되어 과도하게 제한하고 있다고 판단됨. 개정 법률안에 대해 일부조항에 반대, 일부 조항에는 재고 의견을 표명
정치관계법 개정에 대한 의견(2004. 2. 16)	인터넷 게시판 실명제는 선거게시판에 의견을 게시하고자하는 모든 국민을 허위정보 및 타인에 대한 비방을 유포하는 자라는 예단을 전제, 사전검열에 해당.
시민적 정치적 권리에 관한 국제규약 제3차정부 보고서의견 (2004. 2. 16)	표현의 자유 영역 중 특히 국가보안법과 관련된 유엔(UN)인권이사회의 우려 및 권고사항을 대한민국이 어떻게 이행하고 있는지 입장을 표명할 것.
국가보안법 폐지권고 (2004. 8. 23)	유엔(UN)은 국가보안법의 폐지 혹은 개정 권고. 국가안보에 관한 범죄는 다른 형벌법규로 규율이 가능. 우리나라는 국제사회의 여론과 결정을 수용할 필요 있음.
기부금품모집 규제법 중 개정 법률안에 관한 결정보고(2005. 1. 24)	행정자치부의 기부금품모집규제법 개정안 제5조 2는 기부금품 출연강요 행위 금지를 규정하고 있는데, '모집자가 타인에게 본인의 의사에 반하는'이라고 규정되어 있는 기부금품 출연벌칙조항의 구성요건을 명확히 규정하여 표현의 자유 차원에서 인정되어야 하는 기부권유 활동에 대한 국가의 과도한 제한을 최소화 시킬 것.
2007-2011 국가인권정책기본계획 권고안 NPA(2006. 1)	인권위는 언론의 자유를 확대하여 표현의 자유를 증진, 자신의 의견, 사상, 정보 등을 언론기관에 공표할 수 있는 액세스권 확대를 주장. 헌법이 보장하는 집회 및 시위의 자유를 최대한 보장하도록 법제를 정비하는 것을 목표로 함. 공무원과 교사의 정치활동 확대, 정부에 의한 일률석인 인터넷 규제 최소화, 집회시위에 대한 규제완화, 국가보안법 폐지, 양심적 병역거부 인정 및 대체복무제 등을 도입해야 함.
양심적 병역거부 관련 결정문(안) (2006. 2)	양심적 병역거부권은 헌법 제19조와 시민적·정치적 권리에 관한 국제규약 제18조의 양심의 자유의 보호 범위 내에 있음. 양심적 병역거부권과 병역의무가 조화롭게 공존할 수 있는 대체복무제도가 도입되어야 할 것임.
ILO 강제근로관련 제29조, 제105호 협약 가입권고(2006. 11. 13)	1998년 방한한 ILO자문단은 국가공무원법, 국가보안법, 집시법 등과 관련해 단순 정치적 견해의 표출에 대한 처벌로서 징역형을 부과한 것은 제105호 협약에 위배된다는 입장 표명, 현재는 강제근로의 폐지에 관한 ILO의 협약을 우리나라가 비준하지 않았기에 이를 위헌성 심사의 척도로 삼기 어렵다고 말함. 협약 가입을 권고.

집회금지 통고제도 및 사전차단조치 개선을 위한 법령 및 관행 개선 권고(2008. 1. 28)	현행 집회금지통고는 경찰관서장의 자의적인 금지통고로 인해 허가제 같이 운영, 대규모 집회의 경우 집회시간, 집회 장소로부터 멀리 떨어진 지역에서 미리 집회의 참가를 사전에 저지하는 사전차단 조치로 인해 집회 시위의 자유 및 이동의 자유가 침해. 유사사건 방지 위해 집시법 제8조 2항과 제12조 중 금지통고 부분 폐지, 경찰관서장에 의한 금지통고의 자의성을 방지할 것 권고.
국방부 불온서적 지정: 근본적 재검토 필요 (2008. 8. 20)	국방부는 외부 단체에서 군 장병 정신전력 약화를 목적으로 군내 도서 보내기 운동을 추진한다는 첩보가 있고, 관련 도서가 장병의 정신력을 저해할 수 있다는 판단에 따라 불온서적 목록을 작성하여 장병의 접근을 차단함. 이 같은 조치에 대해 군인권전문위원회 논의 및 상임위원회 의결을 통해 결정을 재검토할 것과 필요한 경우 법률 상의 근거에 의해 시행해야 한다는 의견을 전달.
정보통신망 이용촉진 및 정보보호 등에 관한 법률 일부 개정 법률안에 대한 의견표명(2009. 2. 5)	모욕죄가 친고죄로 규정된 것은 그 보호법익이 개인의 명예감정이라는 점에 기인, 동일 보호법익을 가지고 있는 사이버모욕죄를 반의사불벌죄로 규정하는 것은 법적 일관성 결여, 피해자의 고소 없이 수사 진행시 결국 피해자의 명예감정의 훼손 여부에 대한 확인 없이 처벌할 수 있게 됨. 수사기관의 자의적 판단 개입 여지 있음.

3) 표현의 자유 보호를 위한 대안적 담론의 형성

국가인권위원회의 표현의 자유 관련 진정사례와 의견 표명문 33건은 사회문화와 인권 분야(15건, 45.45%), 정보사회와 인권 분야(6건, 18.18%), 소수자와 인권 분야(5건, 15.15%), 정치와 인권 분야(4건, 12.12%), 기타(교육, ILO가입 권고, 전반적 인권 정책 제시) 분야(3건, 9.09%)로 세분화되어진다.

국가인권위원회의 표현의 자유 관련 인식을 살펴볼 때, 주요 사안에서 여권이 추진했거나 추진하고 있는 다양한 입법안의 내용[87]과 차이가 존재함을 확인할 수 있다. 국가인권위원회는 설립 이후 꾸준하게 집회금지통고제도 및 사전차단조치의 개선, 시간과 장소를 제약하는 규정의 폐지 등 집회 및 시위에 있어 표현의 자유를

87 일명 마스크법이라고 불리는 "집회 및 시위에 관한 법률 개정안(신지호 발의안, 09. 1. 30)"과 사이버모욕죄를 규정하고 있는 "정보통신망 이용촉진 및 정보보호 등에 관한 법률 일부 개정 법률안(나경원 대표발의, 08. 11. 03)"을 참조할 것.

제약하는 조항에 대한 개선의견을 표명해왔다. 또한 인터넷 사용자 모두를 범죄자로 예단하는 문제가 있는 인터넷실명제를 폐지할 것, 수사관의 자의적 판단에 의한 인권 침해소지가 있는 사이버모욕죄의 보류 등 표현의 자유와 관련하여 행정부와 여권의 안과는 다소 상이한 의견을 표출해왔다. 사회적 소수자의 인권문제라고 할 수 있는 수감자의 문제, 동성애자의 문제, 군대(인)의 문제, 양심적 병역 거부자의 문제 등에 있어서도 국가인권위원회는 수감자의 집필권 허용, 동성애자를 표현한 매체물을 청소년 유해 매체로 규정한 청소년보호법시행령에 대한 개정 권고, 양심적 병역 거부자에 대한 대체복무제 도입, 공무원, 교사, 대학생들의 정치활동 허용 등에 대해서도 보수적 정부여당 혹은 사회 관습과는 다른 대안적 권고사항을 표출하였다.

결과적으로 국가인권위원회는 한국 사회에서 발언권이 미약하였던 청소년, 동성애자, 수감자, 양심적 병역 거부자, 시위자 등 다양한 소수자들의 표현의 자유에 비교적 적극적으로 관심을 가져왔고, 그들의 권익보호를 위해 보수적 행정부와 전통적 한국의 가치체계와는 차이가 있는 대안적 담론들을 꾸준히 생산해왔다고 할 수 있다.

8. 국가인권위원회와 법원의 표현의 자유 관련 인식

1) 국가인권위원회와 법원의 표현의 자유 관련 판단

본 장에서는 국가인권위원회와 법원의 표현의 자유와 관련된 인식을 비교하고자 하였다. 이를 위해 집회 및 시위(집시법, 1인 시위), 소수자의 표현(청소년, 수감자, 동성애자, 양심적 병역 거부자), 사이버공간에서의 표현(인터넷실명제, 사생활 침해, 전기통신사업법, 노동조합의 홈페이지, 사이버모욕죄), 국가보안법과 관련된 사건을 판단하는 국가인권위원회와 법원의 인식 상의 유사점과 차이점을 도출하였다.

먼저, 국가인권위원회와 법원이 특정사건에 대해 유사한 인식을 보이고 있는 것은 소수자의 표현행위 중 청소년들의 표현행위, 수감자의 표현행위, 사이버공간에서의 표현행위 중 노동조합의 표현행위, 전기통신사업법(통신제한) 등이었다. 두발의 자유, 종교의 자유 등을 주장하는 청소년들의 표현행위에 있어 국가인권위원회와 법원은 모두 학생들의 표현행위가 보호되어야 한다고 판단하였다(국가인권위원회: 07진인4150, 07진인1146, 08진인1739, 2008. 5. 23, 법원: 서울중앙지법 2005가단30517 판결 등). 국가인권위원회와 법원은 전기통신사업법 제53조 즉 '공공의 안전과 복리, 공공의 안녕질서 또는 미풍양속을 해하는 것'이라는 조항이 남용될 우려가 있고, 이로 인해 이용자의 사전의견 제출 기회가 원천적으로 봉쇄될 수 있다고 판단하였고, 노동조합의 홈페이지에 명예훼손적 내용의 글이 게시되더라도 그것을 일방적으로 차단하는 것은 표현의 자유를 침해하는 행위라고 판단하였다(국가인권위원회: 2006. 7. 27, 법원: 서울행법 2003구합32923 판결). 수감자의 표현행위에 대해서는 집필의 자유라는 것이 수감자들이 적법한 구제절차를 밟기 위한 전제조건이라고 판단하였다(국가인권위원회: 2003. 8. 25, 06진인675, 법원: 서울중앙지법 2003나5930 판결, 대구지법 2007나8783 판결 등).

국가인권위원회와 법원의 의견이 일부 일치(일부 불일치)하는 것은 집시법과 1인 시위에 대한 것이다. 국가인권위원회는 집시법의 집회 금지통고제도(제8조 2항)의 폐지 및 사전차단조치 개선을 권고하였고(2008. 1. 28), 법원 역시 사전차단조치의 개선을 통한 경찰의 자의적 판단을 최소화 할 필요성에 대한 인식을 공유하고 있었다(창원지법 2008가단2374 판결). 그러나 법원은 집시법 상 집회 금지 통고 제도의 폐지에 대해서는 부정적 인식을 표출하였다(헌재 2004헌가 177 판결). 또한 국가인권위원회가 적법한 1인 시위에 있어 경찰들의 자의적 판단에 의한 법집행을 최소화하여 1인 시위 보장을 극대화해야 한다고 주장(02진인1691 결정, 07진인1760)하는 반면, 법원은 1인 시위가 타 기본권과 충돌할 경우 대부분 1인 시위에 의한 피해자의 명예권 등의 기본권을 더욱 중요한 비교형량의 기준으로 삼고 있었다(이재진 · 이정기, 2010).[88]

국가인권위원회와 우리 법원이 특정사건에 대해 상이한 인식을 가지고 있는 것은 소수자의 표현행위 중 동성애자의 표현 및 양심적 병역거부자의 표현, 사이버공간에서의 표현행위 중 사생활 침해, 정치적 표현행위 중 국가보안법 등이다. 국가인권위원회가 동성애를 유해매체로 표현한 청소년 유해 매체물 심의기준(제7조)이 헌법상 평등권 및 신체의 자유, 표현의 자유를 침해한 것(02진차80, 130)이라고 판단하고 있는 반면, 대법원은 동성애에 관한 정보제공이 성적인 호기심을 부추길 수 있고, 청소년의 인격형성에 지장을 초래할 수 있기에 이 기준은 위헌이 아니라고 판단하고 있었다(대법 2004두619 판결).

---

88 이재진·이정기(2010)에 의하면 1인 시위가 개인의 인격권 등 다른 기본권과 충돌하는 사례를 다룬 판례는 11건(대법원 2004도6408 판례, 헌법재판소 2004헌마85 판례 등)이다. 이상의 판례에서 법원은 표현의 자유라는 기본권보다 인격권이라는 기본권을 보다 적극적인 가치로 판단하고 있다. 구체적인 내용은 본 책의 제4장을 참고할 것.

양심적 병역거부에 있어서도 국가인권위원회는 양심적 병역거부권의 인정과 대체복무제의 도입을 권고하고 있지만(2006. 2), 대법원은 양심의 자유는 상대적 자유로 국방의 의무보다 우월한 가치로 볼 수 없기에 이것을 제한하는 것이 과잉금지원칙 위반이 아니라고 판단하였다(대법 2004도2965 판결).

한편 사이버공간에서의 사생활 침해와 관련해서 국가인권위원회는 공공기관의 개인정보의 무분별한 열람, 업무와 불필요한 개인정보의 요구가 프라이버시권과 사생활의 자유를 침해할 소지가 있다고 판단하고 있지만(05진인1862 등), 법원은 노동자 개인의 자기정보관리 통제권이 일반국민이 공공기관에 대해 갖는 자기정보관리 통제권보다 제한적이라고 판단하고 있고, 개인정보 유출의 위험성이 크지 않다면 사생활과 비밀의 자유를 침해한 것이 아니라고 판단하였다(대전지법 2007카합527 판결).

또한 국가인권위원회는 국가보안법 제7조의 조항이 모호하여 개인을 자의적으로 위협할 수 있고, 표현의 자유를 제한 할 수 있다고 보고 있으며, 이에 국가보안법 폐지 등을 권고하고 있으나(2008. 8. 21, 2004. 8. 23), 법원은 국가보안법 제7조가 학문연구나 순수예술활동 등에는 적용되지 않으므로 양심과 사상의 자유의 본질적 침해가 아니라고 판단하고 있었다(헌재 2003헌바85 판결).

직접적인 관련 판례가 도출되지 않았기 때문에 직접 비교가 불가하지만, 인터넷 실명제와 사이버모욕죄 등에 대해서도 국가인권위원회와 법원은 서로 상이한 의견을 가지고 있는 것으로 판단된다. 국가인권위원회(2009. 2. 16)는 인터넷 실명제와 관련하여 국민을 허위정보 및 비방글의 유포자라는 예단을 전제하고 있으므로, 최소침해의 원칙에 어긋나며 사전검열에 해당한다고 보고 있다. 또한 실명제가 익명성에 기인하는 인터넷의 표현의 자유와 여론형성의 권리를 제한하는 것이라고 판단하여 인터넷 언론사의 실명인증제 도입을 반대하고 있다. 그러나 헌법재판소(2004헌마218 판결)는 인터넷 언론사의 게시판 실명제가 사생활의 비밀, 표현의 자유를 침해한다는 헌법소원에 대해 헌법소원 당시 인터넷 실명제가 실시되지 않은 상황이었기에 실명제로 인해 기본권 침해는 이루어지지 않는다는 인식을 보였다.

사이버모욕죄와 관련하여 국가인권위원회(2009. 3. 4)는 세계 언론자유위원회 등에서 모욕죄마저 표현의 자유 위축을 우려해 폐지를 권고하고 있는 상황인 점, 모욕죄를 친고죄로 규정하고 있는데, 동일한 보호법익을 가지고 있는 사이버모욕죄를 반의사불벌죄로 규정하는 것은 법적 일관성 없다는 점, 피해자의 고소 없이 수사를 하게 되면 수사기관의 자의적 판단여지가 있다는 점 등을 들어 표현의 자유 위축 우려가 있다고 판단하였다. 반면, 사이버모욕죄와 직접적인 관련은 없지만 대법원은 '2007도5077 판결'에서 인터넷 사이트 '싸이월드'에 피고인을 괴롭히기 위하여 글을 게시한 것은 피해자의 명예를 훼손한 행위에 해당한다고 판시하여 인터넷 공간에서의 명예훼손에 대해 친고죄로 처벌하고 있음을 확인할 수 있다. 또한 모욕죄와 관련한 대법원의 '203도4934 판결'에 따르면 익명성의 보장으로 인한 무책임성, 강력한 전파성을 가지고 있는 인터넷 게시판에 타인을 비방하는 글을 게시한 행위는 공익보다는 단순 비방의 목적이 강하기 때문에 모욕죄에 해당한다고 판시하였다.

국가인권위원회는 법원의 판결에서 확인할 수 있듯 사이버 공간에서의 명예훼손이 사후적으로 충분히 처벌되고 있음에도 이를 새로운 법으로 규제하려는 것은 최소침해의 원칙, 과잉금지의 원칙에 위반하는 것이라는 인식을 드러냈다. 이와 함께 법 집행 등에 정치적 외압이 개입할 여지가 있고, 국민들의 표현에 자기검열효과가 나타날 수 있기에 사이버모욕죄가 불필요하다는 인식을 표출하였다.

주목할 점은 인터넷 공간의 기반이 되는 익명성에 대한 국가인권위원회와 법원의 인식이다. 국가인권위원회(2009. 2. 16)는 인터넷상의 익명성이 인터넷에서의 표현과 여론형성의 기반이 된다는 긍정적 인식을 표출하고 있는 반면, 대법원(203도4934 판결)은 인터넷의 속성 자체가 익명성의 보장으로 인한 무책임성을 갖고 있기에 법적으로 경계해야 한다는 부정적 인식을 표출하고 있었다. 이처럼 양 기관은 사이버 공간의 근간인 익명성에 대한 인식과 이에 기반한 사이버 공간에서의 표현에 대한 접근방식 자체가 상이하였다. 따라서 사이버 공간에서 발생하는 문제에 대해서도 서로 다른 판단기준을 가질 수밖에 없었던 것으로 예측된다.

이밖에 공무원 및 교사의 정치적 활동에 있어, 대법원(2005도4513) 판결 등은 전국교직원노동조합원이 총선을 앞두고 시행한 시국선언이 특정집단을 지칭하지는 않았지만, 목적과 경위 등 구체적 내용에 비추어볼 때, 공직선거 및 선거부정방지법위반, 국가공무원법위반, 집시법 등을 위반한 것이라고 판단하였다.[89] 반면, 국가인권위원회는 공무원과 교사의 정치활동을 확대할 것을 권고하였다(국가

89 초·중·고교 교원의 정치참여(시국선언)와 관련된 판례 33건 중 유죄 판결된 판례는 26건으로 대부분을 차지하고 있다. 즉 우리 법원은 기본권(표현의 자유)으로서의 교원의 정치참여를 적극적인 가치로 인식하고 있지 않고 있다. 구체적인 내용은 본 책의 제6장을 참고할 것.

인권정책기본계획 권고안NPA(2006. 1)). 법원이 공무원이나 교사 등 사회적 영향력이 있는 사람들의 지지정당표명 등의 정치활동이 사전선거 운동에 해당할 수 있을 만큼의 영향력을 가질 수 있고, 이를 방지하는 측면에서 정치활동을 금지해야 한다는 입장을 가지고 있는 반면, 국가인권위원회는 이러한 규정 자체가 공무원과 교사를 잠재적 범죄의 대상자로 규정하는 것이기에 인권 침해적 요소가 있다고 판단한 것이다.

2) 유비무환(有備無患) 하자는 법, 소탐대실(小貪大失)할 수 없다는 인권

국가인권위원회와 법원의 표현의 자유에 대한 사건 인식을 종합해 볼 때, 양 기관의 인식 사이에는 몇 가지 중요한 차이가 있다고 판단된다.

두 단체의 판단이 일치하는 것은 청소년의 표현, 수감자의 표현, 노동조합의 홈페이지 차단, 전기통신사업법 등에 대한 것이었다. 전기통신사업법을 제외하고는 모두 비정치적인 문제로 쟁점화 되기 어려운 문제이다. 학교나 교도소 등에서의 인권침해와 이에 대한 청소년들과 수감자들의 권리요구(표현)의 문제는 많은 국민들이 그 필요성을 이성적으로 인지하고 개선의 필요성에 대해 공감하고 있는 부분이라고 할 수 있다. 이와 같은 문제의 경우 정치적 판단 요인이 크게 개입되지 않는다는 특성을 가진다. 이처럼 정치적으로 쟁점화 되기 어려운 사안에 대해서는 국가인권위원회와 법원의 판단이 대체로 일치하는 경향을 보였다.

두 단체의 판단이 일부 일치, 일부 불일치하는 부분은 집시법과

1인 시위 관련 문제였다. 물론, 국가인권위원회와 법원 모두 표현의 자유의 중요성을 강조하며 경찰 등 공권력의 자의적 판단에 의한 법집행을 반대하고 있다는 사실을 확인할 수 있다. 그러나 국가인권위원회는 집회금지통고제도 및 사전차단조치 개선, 시간과 장소를 제약하는 규정의 폐지를 통해 표현의 자유를 극대화해야 한다는 인식을 보이고 있었다. 즉 집회 및 시위와 관련해서 범죄행위가 발생할 경우 사후처벌이 가능한 상황이기에 사전규제를 통해 시위 대상자를 잠재적 범죄자로 인식하는 것 자체가 국민의 표현의 자유를 침해하는 행위라는 것이다. 반면 법원은 집시법 조항을 명문화(구체화)하여 불법 집회 등을 사전 차단하고, 이를 통해 공익과 타 기본권을 보호해야 한다는 인식을 보이고 있었다. 집시법 등을 규정하고 있는 법조항이 최소침해의 원칙, 과잉금지의 원칙에 어긋남이 없다는 행정부의 입장을 지지하고 있는 것이다. 이러한 국가인권위원회와 법원의 인식 차이는 1인 시위에서도 대동소이했다. 집시법 개정의 문제는 정부 여당과 야당, 시민단체 등의 의견이 첨예하게 대립하고 있는 사회적 문제로 정치쟁점화 되어온 문제라고 할 수 있다. 예컨대 2009년 9월 24일 집시법 제10조 야간옥외집회 금지조항의 경우 헌법불합치 결정[90]이 내려졌으나 이 결정과 개정안을 둘러싸고 여권과 야권, 시민단체 등은 여전히 정치적인 대립을 지속하고 있다.[91]

국가인권위원회와 법원의 판단이 불일치하는 부분은 사회적 소

---

90 헌법불합치 결정의 내용은 이 책의 제5장을 참고할 것.

91 한나라당은 밤 11시부터 다음날 새벽 6시까지 야간옥외집회 금지를 주장하고 있고, 민주당은 자정부터 새벽 6시까지로 하고 일부 장소를 제한하자는 의견을 표명한 바 있다(박세열, 2010. 6. 25).

수자의 표현, 즉 동성애자의 표현, 양심적 병역거부자의 표현과 공공기관에 의한 사생활 침해, 국가보안법 문제 등이다. 양심적 병역거부자 문제와 국가보안법 문제, 공권력의 정보통제에 의한 사생활 침해의 문제는 여권과 야권, 진보와 보수 세력 사이에서 오랫동안 정치쟁점화 되어 온 문제이고, 동성애자의 문제는 종교단체 및 전통적 보수집단과 진보집단 간의 의견이 첨예하게 대립하고 있는 문제이다. 우리 법원은 정치사회적으로 쟁점화 되고 있는 문제에 대해서는 개인의 표현의 자유를 보장하기 위한 법제도의 개선을 주장하는 국제인권법, UN 등 국제인권단체의 권고를 수용하기보다 전통적 법질서와 사회질서 체계를 긍정하는 보수적 판결을 내려왔다. 분단국가라는 특수한 정치환경과 유교라는 사회문화적 배경에 따른 국가 관념과 전통적 성 관념이 인권으로서의 표현의 자유에 비해 상대적으로 중요한 가치라고 판단했기 때문일 것이다. 반면, 국가인권위원회는 한국 사회의 전통적 법질서와 사회질서 체계에 대한 견제와 도전의 가치를 중시하는 인식을 보이고 있는 것으로 보인다. 인권으로서의 표현의 자유를 중시하는 의견을 지속적으로 표출한 것이다. 이는 대부분의 인권선진국에서 양심적 병역거부와 동성애자의 표현을 인정하고 있고, UN을 비롯한 세계 인권단체에서 국가보안법 폐지를 지속적으로 권고하고 있는 상황을 반영한 것으로 판단된다.

국가인권위원회와 법원의 표현의 자유 관련 인식의 차이를 구체화하기 위해, 각 사건을 두 가지 축, 즉 '표현의 자유 적극과 기타 기본권 적극', '정치적(쟁점이 유발된) 사건과 비정치적 사건'으로 구분하면 〈그림 5〉, 〈그림 6〉과 같은 가시적 차이를 확인할 수 있다.

앞선 논의에서와 같이 청소년의 표현, 수감자의 표현, 노동조합의 홈페이지 차단과 같은 비정치적 문제에 대한 국가인권위원회와 법원의 인식은 같았다. 단, 양심적 병역거부, 국가기관 등의 개인정보 관리, 국가보안법 등 정치적 쟁점이 되는 문제에 대한 두 단체의 인식은 차이가 있었다. 일반적 사회관습에 대한 인식의 차이로 사회적 논란이 발생하고 있는 동성애자의 표현 문제 등에 있어서도 두 단체의 인식은 상이하였다. 집시법 등의 문제에 있어서는 일부 인식을 같이 하는 측면도 있었으나 집회금지 통고 제도 및 사전차단 조치 개선, 시간과 장소를 제약하는 규정의 폐지 등에 있어 커다란 인식의 차이를 나타냈다.

이상의 사건을 검토해 볼 때, 법원은 유비무환의 태도, 보수적 가치체계를 가지고 각 사건을 인식하고 있는 것으로 판단된다. 누구나 범죄의 대상이 될 수 있기에 법 조항을 명문화하여 범죄를 예방하는 것이 무엇보다 중요하다는 인식이다. 개인의 표현행위도 공익이나 국가안보, 전통적 법질서와 관습의 보호 등과 같은 법 체제 안에서 이루어져야 정당하다는 것이다.

반면, 국가인권위원회는 "벼룩 잡으려고 초가삼간 태울 수 없다"는 인식을 보이고 있다. 공익, 국가안보, 전통적 법질서와 관습 등을 이유로 표현의 자유를 제약하는 것은 다양한 의견의 경합을 통한 사회발전이라는 민주주의의 기본적 원리를 간과하는 것으로, 표현의 자유 제약이 오히려 민주주의 사회에서의 공익을 해치는 소탐대실의 결과를 초래할 수 있다는 것이다. 또한 한국의 현 인권상황을 고려해 볼 때, 국가보안법과 양심적 병역거부 문제는 한국 사회에서 당연시되는 전통적 가치체계에 의문을 던지고 개선을 요구한다는 점에서 진보적 가치를 가지고 있다고 할 수 있다. 물론 국가인권위원회는 개인의 무조건적 표현 보호를 주장하는 것은 아니다. 국제인권선언의 표현의 자유제약 관련 규정에서 확인할 수 있듯 개인의 표현도 제한이 있을 수 있음을 명시하고 있다. 다만, 국가인권위원회는 표현의 자유를 제약한다고 판단되는 다양한 법적 조항이 국민을 잠재적 범죄자로 규정하고 있어 국민들이 스스로 표현행위를 제약하는 자기검열 효과가 발생할 가능성이 있다고 주장한다.

한편 법 조항 자체가 불명확한 경우 법집행자들이 법 조항을 유추 해석하는 일이 발생할 수 있다. 따라서 국가인권위원회는 진보와 보수, 야당과 여당이라는 정치적 논리를 떠나 국민의 기본권인 표현의 자유를 보호하기 위해서는 국가보안법 등을 폐지하여 인권침해와 표현의 자유 침해 요인을 최소화하는 것이 바람직하다고 판단하고 있었다.

국가보안법, 사이버 모욕죄가 규정하고 있는 범죄의 경우 기존의 형법으로 처벌할 수 있다. 그럼에도 이를 새로운 법의 제정으로 규제하려는 것은 표현행위를 위축시킬 수 있다는 인식이다. 법을 통해 공익이나 타인의 인격권을 보호하려는 유비무환적 예방 태도가 오히려 국민들을 잠재적 범죄자로 규정하여 표현행위를 제약하게 됨으로써 다양한 의견의 표현과 경쟁을 통한 사회의 발전이라는 민주주의 체제를 위협하게 된다는 것이다. 한마디로 "벼룩 잡으려고 초가삼간 태울 수 없다"는 인식이다. 이는 UN과 국제인권법 상의 표현의 자유에 대한 입장과도 일치하는 것이기에 국제사회의 일원인 한국도 이를 존중할 의무가 있다고 보는 것이다.

〈그림 5〉 국가인권위원회의 표현의 자유 인식

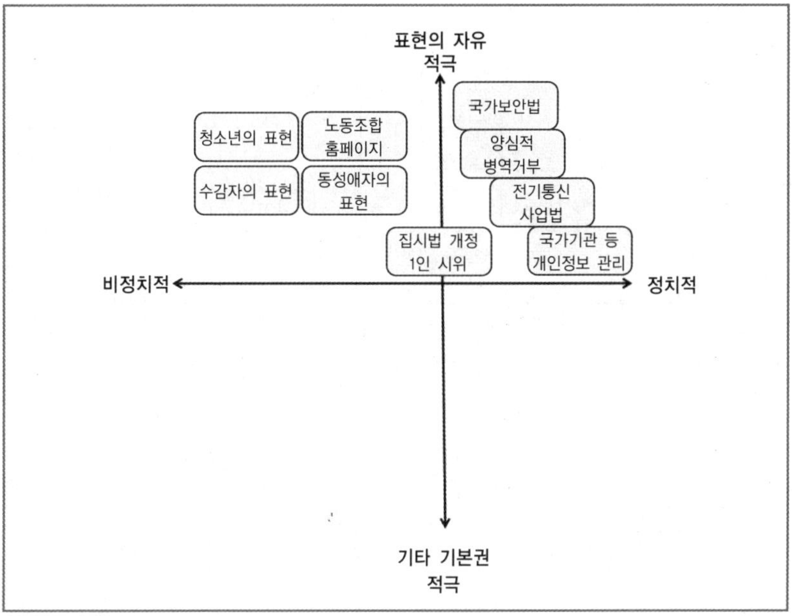

9. 인권으로서 표현의 자유 보장을 위한 제언

전통적인 사회질서에 문제를 제기하는 표현행위 없이 사회적 문제의 개선은 있을 수 없다. 표현의 자유로서의 인권은 정치, 권력, 사회, 문화 등의 외압으로부터 민주주의의 근본이 되는 '표현', '표현 행위'의 보장을 주요 내용으로 하고 있다. 예컨대 국제인권법 규약은 국가나 타인의 간섭 없이 개인이 자유롭게 의견을 가질 자유와 국경에 관계없이 정보와 사상을 추구하고 접수하며 전달할 자유를 가진다고 명시하고 있다.

우리나라는 1990년 국회가 국제인권규약과 부속 의정서를 비준

〈그림 6〉 법원의 표현의 자유 인식

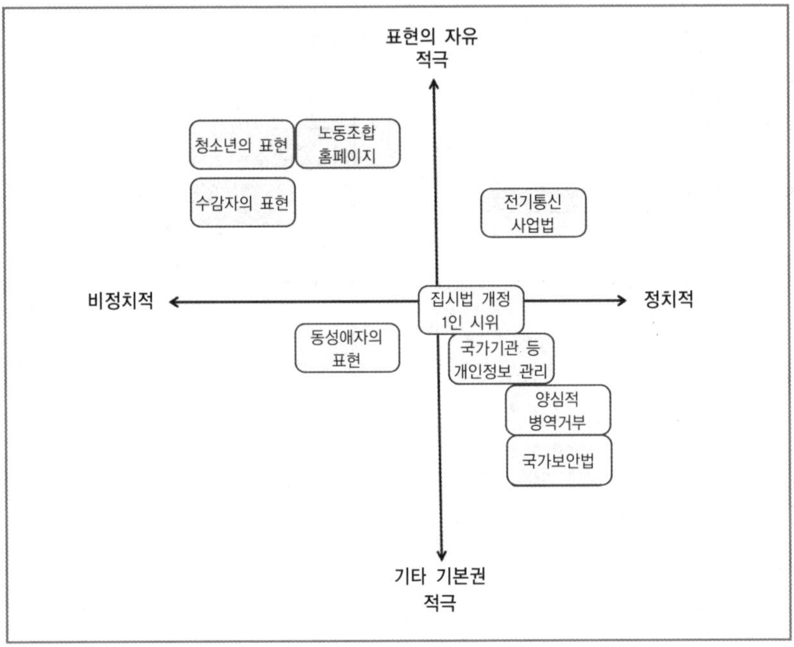

하여 인권규약 가입국으로서 규약 준수 의무를 지고 있다. 국가인권위원회는 이러한 국제사회의 인권규약과 인권의 요구에 부응하여 한국 사회에 인권 개선의 목소리를 내고 있다. 그러나 한국 사회와 행정부의 인권의식 수준은 높지 않다고 판단된다.[92] 양심적 병역 거부자, 성적 소수자의 표현행위에 대해서는 사회 병리적 현상이나 병역 회피로 치부하여 금기시하는 경향이 남아있고, 청소년들

92 2008년 광우병촛불집회 정국에서 국제앰네스티가 "촛불시위 과정에서 광범위한 인권침해가 있었다"는 권고를 한 것에 대해 법무부가 "촛불시위에서의 공권력 행사는 일부 과격한 폭력행사 등을 저지하기 위해 필요한 최소한의 정당한 조치"라는 입장을 밝힌 것, 경찰청장이 국제앰네스티에 법적 대응을 불사하겠다는 입장을 밝힌 것(뉴시스, 2008. 7. 18일자, 동아일보, 2008. 7. 22일자)이 단적인 예.

의 표현행위는 학생의 본분은 공부라는 인식 등에 의해 제약당하고 있다. 행정부는 국가보안법, 집시법, 인터넷 실명제, 모욕죄 등과 같이 표현의 자유를 제약할 수 있는 사안에 대한 국제인권단체의 폐지 권고를 국내 상황의 특수성을 이유로 거부하고 있다.

또한 이러한 표현의 자유로서의 인권 보장을 위해 의견을 제시하는 국가인권위원회에 대한 국민의 신뢰도와 영향력도 미미한 수준이다. 예컨대 2009년 3월 31일 발표된 국가인권위원회 조직 축소 조치 발표, 현 정부의 인권정책과 현병철 현 위원장에 반대하는 상임위원과 비상임위원의 연쇄사퇴, 그리고 2010년 11월 15일 국가인권위원회가 위촉한 전문, 자문, 상담위원 등 61명이 집단 사퇴한 사건(손봉석, 2010. 11. 15), 현병철 현 위원장 체제에 반기를 들고 2010년 9월 인권위원회를 떠났던 김형완 전 인권정책과장, 김창국 초대 인권위원장 등을 중심으로 2011년 4월 29일 인권정책연구소가 창립된 사건(이지혜, 2011. 4. 29) 등은 국가인권위원회의 낮은 신뢰도와 미약한 영향력을 반영하는 것이라고 판단된다.

이상과 같이 한국 사회에서의 인권으로서의 표현의 자유의 수준은 세계인권법 상의 규약이나 인권 선진국에 비해 비교적 낮은 편이라고 평가된다. 이는 인권 자체에 대한 철학이 부족한 행정부와 천부적인 인간의 권리여야 할 인권을 정치쟁점의 수단으로 생각하고 있는 여야 정치권, 국제인권법 상의 규약과 UN인권위원회 등의 의견을 수렴하지 않고 정치 쟁점화 된 사건, 관습적 가치를 내포한 사건에 대해 보수적 판결을 내리는 경향이 있는 사법부, 적극적인 시민교육과 인권 홍보를 충분히 해내지 못한 국가인권위원회, 한국 사회의 소수자의 표현과 표현의 자유로서의 인권에 충분한 관심을 기울이지 못한 언론학계, 그리고 스스로의 권리를 충분히 인식하고 있지 못한 국민 모두의 책임이라고 할 수 있다.

이러한 이해에 입각하여 여기에서는 한국 사회의 인권으로서의 표현의 자유 검토를 바탕으로 인권의 측면에서 한국 사회의 표현의 자유의 보장 현황과 문제점, 개선방안에 대해 몇 가지 제언을 하고자 한다.

첫째, 한국 행정부는 정책결정과 집행에 있어 국제인권법과 UN 인권위원회, 국제엠네스티(Amnesty International) 등 인권단체의 권고를 적극적으로 검토할 필요가 있다. 1990년 국회가 국제인권규약과 부속의정서를 비준, 규약 가입국으로서 규약 준수 의무를 지고 있는 한국이 국내 사정만을 앞세워 권고를 이행하지 못한다는 것은 전 세계적 인권보호의 흐름에 역행하는 것이다. 특히 2008년 광우병 촛불집회 정국에서 경찰청과 법무부가 국제엠네스티의 권고에 반박하고, 이에 대해 사법대응을 불사하겠다는 등의 행동을 보인 것은 한국 행정부의 인권의식이 얼마나 부족한가를 극명하게 보여준다. 한국이 국제사회의 일원으로서 국내법뿐만 아니라 세계 인권규약 등과 같은 인권보호의 목소리를 적극적으로 수용하는 것만이 글로벌 국가의 중심을 지향하는 한국 사회의 의무이자 성장 동력이 될 수 있음을 직시해야 한다. 또한 행정부는 인권으로서 표현의 자유를 충분히 보장할 때에야 하의(下意)가 자유롭게 상달(上達)될 수 있는 민주적 체계를 구축할 수 있음을 인식하여야 한다.

둘째, 한국의 입법기관 국회는 국민의 천부적 인권을 진보와 보수의 이데올로기로 재단하여 정치 도구화하는 것을 피하고 인권으로서의 표현의 자유에 대한 인식을 공유해야 한다. 국민들이 저마

다의 생각을 다양한 방식으로 표현함을 통해 얻을 수 있는 다양한 공적이익을 고려하여, 적어도 인권으로서의 표현의 자유와 관련된 사안에 대해서는 비생산적 정치 쟁점화를 피하고 초당적 인식을 공유하여야 한다.

셋째, 사법부는 인권 관련 사건의 판결에 있어 국제법과 국제인권법, 국제인권사항과 국제 인권단체의 권고 등을 종합적으로 고려하여 판단을 해야 한다. 인권이라는 가치에 대한 저변이 넓지 않은 한국 사회에서의 사회 관습적 판단은 필연적으로 보수적 판결을 만들어 낼 수밖에 없다. 이에 법원은 다양한 국가의 인권상황, 한국이 가입해 있는 UN 인권위원회와 국제인권규약, 그리고 국가인권위원회 등의 인권조항 및 권고를 두루 고려하여 한국적 상황에 적용하려는 노력이 필요하다.

넷째, 국가인권위원회 및 국내 인권단체는 천부적 권리인 인권에 대한 적극적인 대국민 홍보를 할 필요가 있다. 한국 사회에는 인권 자체가 무엇인지 모르거나 인권 침해 시 구제받을 수 있는 방법에 대한 정보가 없어 인권 침해를 묵시하는 사람들이 존재한다. 이러한 지식의 부재는 우리 사회의 인권의식을 세계적 수준으로 격상시키지 못하는 중요한 이유라고 판단된다. 인권단체는 인권의 가치, 인권 침해 시 대응방법 등에 대한 기본적인 인권 정보를 국민들에게 충분히 제공하여야 하고, 단체 차원의 인권교육 및 인권의식 증진을 위한 홍보를 적극적으로 수행하여야 할 것이다.

마지막으로 국가인권위원회는 2009년 3월 조직 축소 발표와 현병철 현 위원장에 반대하는 상임위원과 비상임위원의 연쇄사퇴, 그리고 2010년 11월 15일 국가인권위원회가 위촉한 전문, 자문, 상담

위원 등 61명이 집단 사퇴하는 일을 거치면서 내부 갈등에 봉착했다. 국가인권위원회가 내부적 문제를 서둘러 해결하고, 국민의 신뢰를 받는 조직으로 거듭날 때에야 인권의 가치와 인권으로서의 표현의 자유의 가치도 신장될 수 있을 것이다.

C·H·A·P·T·E·R 08

영화 등급제와 표현의 자유

이번 장에서는 자율규제의 본질에 대한 이해를 중심으로 영상물 등급제의 위헌성 여부에 대한 언론법적 판단 기준을 모색하였다. 즉 영상물에 대한 사전심의의 위헌성에 대한 논의의 연장선에서 이해될 수 있는 등급제를 둘러싼 논의를 소개하고, 국내 등급제 심의방법을 미국의 사례와 비교하였다. 궁극적으로 표현의 자유를 보장하면서 국가 사회질서와 청소년을 보호하는 절충적 수단이 무엇인지에 대한 함의를 도출하였다.

1. 영화 등급제의 배경과 문제점

우리나라의 다양한 법규정은 성표현물이 영상으로 표출될 때 일정한 제약을 가하고 있다. 성표현물이 노골적이거나 성적 수치심을 유발하는 경우 형법, 방송법, 청소년보호법 상의 관련 규정을 통해서 이를 규제할 수 있다. 특히 '음란물'로서의 영상물은 그 상영과 방송이 불허될 수밖에 없다. 왜냐하면 적나라하고 노골적인 성표현은 하등의 사회적 보호가치가 없을 뿐 아니라 건전한 사회기풍을 해치기 때문이다. 특히 청소년들에 대한 매체의 영향력을 고려하지 않을 수 없다. 물론 음란한 성표현이 어디까지인가에 대해서는 논의가 계속되고 있고 그 허용범위도 조금씩 확장되고 있다(이재진, 2009). 다만 상당한 정도의 보호가 주어지기에는 시간이 걸릴 것으로 판단된다.

그런데 성표현이 음란한 표현이 아니고 '저속한 표현'에 그치는 경우 '성인의 알권리'를 위해서 일정한 보호를 받는다(헌재 1998. 4. 30. 선고 95헌가16 결정). 저속한 표현의 경우에도 매체특성론적 규제에 근거, 영상매체에서의 저속한 표현은 인쇄매체에서의 저속과는 달리 취급되고 그 규제의 정도가 훨씬 강하다. 본 장에서는 이러한 영상매체에서의 성표현에 대한 규제방식으로 적용되고 있는 영화 등급제의 문제점과 개선방안에 대해서 살펴보고자 한다.

오늘날 매체의 발전과 융복합으로 인한 환경의 변화는 표현의 자유에 대한 인식의 변화를 가져왔다. 매체 이용자들은 기존에는 대중 매체가 일방적으로 전달하는 정보를 소비하던 수준(수용자)에서 이제는 정보를 직접 생산하거나(생산자) 또는 전달하는(유통자) 적극적인 모습을 보여주고 있다. 이와 함께 이전에 누리던 것보다는 더욱 확장된 형태의 표현의 자유를 요구하게 되었으며 이에 따라 우리가 누리는 언론자유의 범위를 재설정해야 한다는 논의도 제기되고 있다(문재완, 2008).

이러한 상황에서 가장 많은 논란이 되어왔던 것은 우리나라 법이 오랜 동안 성인에 대한 규제와 청소년들에 대한 규제를 구분하고 있지 않았다는 점이다. 즉 전체적으로 금지되어야 할 표현물과 청소년에게만 유통이 제한되는 표현물을 구별하지 않았다는 점에서 규제의 취지와 근거에 있어 혼란스러움이 있었다. 이러한 혼란은 1997년 청소년보호법이 제정 시행되면서 일단락된 것으로 보인다. 다만 청소년 보호를 목적으로 방대한 표현물을 어떻게 심의해야 할 것인가의 논란이 남게 되었다. 청소년 보호는 필수적으로 보호되어야 하는 법익이기는 하나 자칫 표현의 자유나 성인의 알권리를 과도하게 규제할 위험이 있으므로 신중하게 이익형량이 이루어져야 하며, 청소년보호를 위한 심의를 위해 지정된 국가기관이 존재한다는 점에서 특히 신중하게 이익형량이 이루어져야 한다는 것이다.

청소년 보호를 위한 표현물에 대한 규제 방식은 매체의 특성에 따라 그 규제의 방법이 다르다. 청소년보호법 제7조는 모든 형태의 매체를 포괄하는 규정을 항목별로 다루고 있는데, 보도를 위한 경우를 제외하고 인쇄매체를 포함하여 인터넷에 이르기까지 심의의 필요성을 규정하고 있다. 이번 장에서 다루고자 하는 영화의 경우 '영화 및 비디오물의 진흥에 관한 법률'에 의한 영상물(비디오물)에 대해 심의기관인 영상물등급위원회가 심의를 하게 된다(청소년보호법 제9조).

청소년보호법 제9조는 청소년 유해물이 아닌 것으로 판단되는 경우 이러한 매체물에 대하여 청소년 유해의 정도, 이용 청소년의 연령, 당해 매체물의 특성, 이용시간과 장소 등을 감안하여 필요한 경우 매체물의 등급을 구분할 수 있도록 규정하고 있다. 영화의 경우 청소년유해물로 판단되는 경우 연령별 등급제 적용을 통하여 상영관 접근을 막음으로써 이를 규제할 수 있다.

다시 말하자면 소위 영화 등급제를 통하여 유해물로부터 청소년을 보호하고 있는 것이다. 동 법에 따르면 활자매체와 음성매체의 경우에는 청소년 유해성 여부만을 결정하지만, 영화 등 영상표현물의 경우에는 연령별 등급제를 실시하도록 되어있다. 이는 활자매체와 달리 영상매체의 경우 청소년들에게 특히 큰 영향을 미칠 수 있다는 기존의 논리에 근거한다. 영화의 경우에는 관람비용 등을 통해 비디오물이나 방송의 경우에서보다 청소년의 접근을 용이하게 막을 수 있다.

반면 같은 영화라 하더라도 이것이 텔레비전을 통해 방송되는 경우 안방에까지 무차별적으로 노출될 수 있다는 점에서 송출시간을 제한하는 등 청소년에 대한 노출을 제한하고 있다. 방송의 경우 영화보다 더 높은 수준의 규제가 이루어지게 된다. 이러한 규제 방식의 차이로 인해 영화 등급제가 헌법에서 금지하고 있는 사전검열의 성격을 띠는 것은 아닌지의 논란이 제기되기도 하였다.

이처럼 영화 등급제는 아직도 논란이 진행 중인 사안으로 표현의 자유라는 입장에 있어서도 문제의 소지가 없지 않다. 본 장에서 중점을 두고 있는 부분이 바로 표현의 자유 측면에서의 등급제에 대한 비판적인 논의이다. 성표현에 대한 규제가 규제자체를 위한 것이라기보다 자율적인 규제를 이끌어 내기 위한 것이라는 점에서 규제는 최소한에 그쳐야 할 것이다. 이러한 측면에서 영화 등급제의 문제점을 살펴보고자 한다.

2. 영화 등급제 규제의 연혁과 논의

우리나라 법원은 변화하는 상황에 부응하는 판결을 내고 있다. 예를 들어 2008년 3월 대법원은 전원합의체 결정을 통하여 과거의 음란(淫亂) 기준을 사실상 폐지하고 새로운 기준을 제시함으로써 과거의 엄격한 성 표현물에 대한 규제를 완화하였다. 아울러 헌법재판소도 2009년 3월 음란한 표현을 부분적으로 헌법 제21조의 보호범위에 포함시킬 수 있다는 결정을 내렸다. 단지 헌법 제37조 제2항에 따라 국가 안전보장, 질서유지, 또는 공공복리를 위하여 제한할 수 있다는 단서를 달기는 했으나 이는 언론자유의 측면에서 상당히 진일보한 판결이라고 할 수 있다.

그러나 영화에서의 성표현과 관련된 규제는 상당히 오랫동안 지속되어 왔다. 무엇보다 우리나라의 경우 전술한 바와 같이 성인과 청소년을 따로 구분하지 않고 영화의 음란성에 대한 엄격한 검열 또는 심의를 운영해 왔다. 최초의 영화관계법인 '영화법'이 1962년 제정되었는데 영화를 상영하기 위해서는 공보부장관의 사전허가를 받도록 하였다. 4년 후인 1966년 영화법이 개정되어 영화를 제작하는 단계에서도 검열을 받도록 규정하기에 이르렀다.

동 법은 ① 헌법의 기본질서에 위배되거나 국가의 권위를 손상할 우려가 있을 때, ② 공서양속(공공의 질서와 선량한 풍속)을 해하거나 사회질서를 문란하게 할 우려가 있을 때, ③ 국제간의 우의를 훼손하게 할 우려가 있을 때, ④ 국민정신을 해이하게 할 우려가 있을 때와 같이 상당히 추상적인 논거로서 검열을 할 수 있도록 하였다.

이후 동 법은 1984년 다시 개정되어 영화검열이 영화심의로 그 명칭이 바뀌었고, 공보부가 아닌 공연윤리위원회가 심의를 담당하게 되었으나 사전제한적인 틀은 변하지 않았다. 이후에도 전술한 바와 같이 1996년 헌법재판소가 영화심의가 위헌이라고 결정하기 전까지 영화에 대한 심의는 계속되었다. 이러한 심의에 있어서 청소년을 보호하는 목적의 법규정은 없으나 '공서양속 보호'와 같은 문언 속에 이미 청소년 보호의 의미가 강력히 자리잡고 있었기 때문에 청소년에게 유해하지만 성인에게는 허용되는 성표현물이 들어올 여지가 없었다(박용상, 2003). 다시 말하자면 모든 영화를 청소년의 눈높이에서 맞추다보니 표현의 자유나 성인의 알권리를 제약하는 결과를 가져오게 된 것이다.

이러한 점은 1996년을 기점으로 변화하기 시작한다. 1996년 10월 4일 헌법재판소는 영등위의 전신인 공연윤리위원회(이하 공륜)의 영화 사전심의에 대해 위헌 결정을 내렸다. 4개월 전인 6월 7일 음반에 대한 사전심의를 위헌으로 결정한 데 이은 획기적인 결정을 헌법재판소가 내린 것이다. 헌법재판소는 "헌법 제21조는 국가 행정권의 언론, 출판에 대한 허가나 검열을 인정하지 않은 만큼… 공륜이 민간인으로 구성된 자율적인 기관이라고 하더라도 영화에 대한 사전심의제도를 채택하고 공연법에 의해 공륜을 설치토록 해 행정권이 공륜 구성에 지속적인 영향을 미칠 수 있게 했으므로 공륜을 검열기관으로 볼 수밖에 없다”고 밝혔다. 그러나 헌법재판소는 “청소년이 음란·폭력 영화에 접근하는 것을 막을 필요가 있기 때문에 유통단계에서 효과적으로 등급을 심사하는 것은 사전검열이 아니다”라고 밝혔다(헌재 1996. 10. 4. 선고 93헌가13 결정).

헌법재판소의 위헌결정이 나고 1997년 청소년보호법이 제정, 시행되면서 이때부터 일반적 윤리질서의 보호를 위한 심의와 청소년 보호를 위한 심의는 다르게 취급되기 시작하였고 동시에 등급심의가 도입되었다. 1997년 3월 17일 국회는 개정 영화진흥법을 통과시켰고, 종전의 사전심의제를 등급심의제로 바꾸되 등급 외 영화전용관은 불허하고, 공륜은 폐지하는 대신 한국공연예술진흥협의회를 신설하고 이 기구로 하여금 6개월간 등급부여를 보류할 수 있게 하였다. 그러나 등급 외 영화 상영 기관이 없다는 점과 보류 조항이 문제가 되었다. 그러다가 1999년 6월 8일부터 그 명칭을 영상물등급위원회(이하 영등위)로 바꾸었다.

그런데 2001년에 와서 헌법재판소는 등급 보류 조항에 대해 위헌 결정을 내렸다. 이 결정으로 2002년 영화진흥법이 개정되고 여기서 완전등급제가 실시되었으며 제한상영가 등급의 영화를 위한 제한상영관의 설치가 새로 규정되었다. 등급제의 실시로 인하여 예고편 및 광고를 포함하여 영화는 상영 전에 영등위로부터 상영등급을 분류 받아야 하며 그렇지 않은 경우 상영할 수 없게 되었다.

동법 제21조에 따르면 영화의 상영등급은 ① ‘전체관람가’(모든 연령의 자가 관람할 수 있는 영화), ② ‘12세관람가’(12세 미만의 자는 관람할 수 없는 영화), ③ ‘15세관람가’(15세 미만의 자는 관람할 수 없는 영화), ④ ‘18세관람가’(18세 미만의 자는 관람할 수 없는 영화), ⑤ ‘제한상영가’(상영 및 광고 · 선전에 있어서 일정한 제한이 필요한 영화)로 구분된다. 이렇게 만들어진 기준에 따른 등급분류는 영등위에서 행하도록 하였다.

이러한 등급분류를 위한 사전심의가 헌법 상 금지된 검열이라는 논의가 계속되었다. 그럼에도 당시까지 헌법재판소는 사전검열금지 원칙에 대해서 명확히 판시한 바가 없었다. 특히 제한상영가 등급으로 분류된 영화에 대한 위헌성 여부가 핵심적인 문제였다.

그러나 헌법재판소는 다시 2008년 7월 31일 영화및비디오물진흥에관한법률(이하 영비법)상의 제한상영가 등급 조항에 대해 명확성 원칙 위배 등의 이유로 헌법불합치 결정을 내리고 현재 이 법을 개정하고자 하고 있다. 여기서 헌법재판소는 제한상영가 영화를 '상영 및 광고·선전에 있어서 일정한 제한이 필요한 영화'라고만 적시한 영비법 조항(제21조 제3항 제5호)이 "헌법정신이 요구하는 '명확성의 원칙' 및 '포괄위임 금지의 원칙' 등을 위반하고 있다"고 지적하였다. 즉 제한상영가를 결정하기 위한 법적인 규정이나 근거가 불분명하고 모호하다는 것이다.

헌법재판소의 이러한 결정에 따라 2009년에는 영비법 제21조 조항뿐만 아니라 다른 조항을 포함한 개정안이 발의되기 시작하였다. 예를 들어 국회 법안 소위원회에 제출되어 있는 한나라당 허원제 의원이 대표 발의한 영비법 일부 개정법률안에 따르면 제한상영가 영화를 "성, 폭력, 반사회적 행위 등의 묘사가 지나치게 과도하여 상영 등에 있어서 일정한 제한이 필요한 영화"라고 규정하고 있다. 제한상영가 규정과 아울러 대사나 영상의 표현이 선정성, 폭력성, 반사회적 행위 등을 지나치게 묘사하여 인간의 보편적인 존엄과 가치를 현저하게 손상하며, 사회질서 및 미풍양속을 과도하게 해할 우려가 있거나, 영화의 주제나 내용이 예술적·문화적·교육적·과학적·사회적 가치를 현저히 훼손한다고 인정되거나, 기타 국민정서를 심각하게 훼손할 우려가 있는 영화에 제한상영가 등급을 부여한다는 기준도 마련하였다.

그러나 이러한 개정안은 기존 규정의 답습에 불과하다는 주장이 강하게 제기되었다. '반사회적, 비윤리적, 미풍양속 등' 지나치게 추상적이고 모호한 표현들은 최대한 절제해야 하는데도 개정법률안이 같은 잘못을 저지른다면서, 개정법률안은 형식적인 법률 개정이라는 지적을 받았다. 결국 제한상영가 등급에 대한 새로운 규정이 마련되었지만, 이는 또다시 제한 자의적인 등급으로서 법적 시비로 번져갈 수 있음을 의미한다.

헌법재판소의 2008년 결정 이후 영상물등급위원회(이하 영등위)도 이전에 비해 전향적인 자세를 취하기도 했으나 영등위의 제한상영가 등급(등급 외 등급) 유지에 대한 찬반 논의는 계속되었다. 무엇보다 등급을 반대하는 측에서는 우리나라의 경우 제한상영가 등급의 영화를 상영할 곳이 없다는 점에서 등급을 통한 규제의 실효성이 없으며 과잉규제의 가능성이 있다고 주장하였다. 이들은 제한상영가 등급을 폐지하자는 제안부터 일반 상영 극장에서 18세 이하 관람가의 수준을 높여서 상영을 허락하게 하자는 등의 논의를 제시하였다. 아울러 등급 외 등급이 없는 '완전 등급제'를 조속히 실현해야 한다고 주장하였다.

그러나 제한상영가 등급의 존속을 찬성하는 측에서는 헌법재판소의 헌법불합치 판결이 있었으나 이는 제한상영가 등급을 부정하는 것이기 보다는 이 등급 결정을 좀 더 구체적으로 하라는 것이라고 주장하였다. 이들은 우리나라의 제한상영가 등급의 영화를 상영하는 영화관이 아직 없지만 이를 좀 더 개선해 나갈 수 있으며 또한 이전에는 금지하던 비디오물로 만들 수 있도록 했고, 이 등급이 없다면 실제로 청소년에게 유해한 음란물을 규제할 수 있는 장치가 없다는 점에서 필요성이 존재한다고 피력하였다.

헌법재판소의 2008년 결정으로 영등위의 등급제 심의의 문제점에 대해 재조명해야 한다는 목소리가 다시 제기 되었다. 이러한 문제점은 영등위의 등급규제가 일종의 검열로서 위헌이 아닌가 하는 문제에서부터 등급결정이 주관적이고 자의적인 기준에 의해 이루어진다는 지적에 이르기까지 다양하게 존재하고 있음을 잘 보여준다.

그럼에도 등급제가 위헌이냐 아니냐에 대해서, 검열이라고 볼 수 없다는 논의가 지배적이다. 실제로 '검열이 행정권에 의한 사전제약'이라는 헌법재판소의 정의를 따르자면 우리나라의 행정권에 의한 심의제도가 검열이 되지 않기 위해서는 사전 제출 의무가 없어야 하며 완전히 상영을 금지하는 것이어서는 안 된다. 그런데 영상물 등급제의 경우 이러한 제도가 단지 등급을 부여하는 것이므로 '검열'의 법리가 적용되지 않는다고 보았다. 즉 영등위의 등급제가 표현을 '완전히 금지를 하는 것은 아니므로' 검열이라고 볼 수 없다는 것이다.

그러나 이러한 점에 대해 일부 학자들은 영등위의 등급제가 비록 검열은 아니라고 하더라도 이는 사전제재에 속하며, 궁극적으로 검열과 같은 역할을 하게 된다고 주장한다. 이러한 점은 헌법재판소가 영등위의 전신인 공연예술진흥협의회를 행정권이 주체인 기관으로 판단한 것과 일치한다(헌재 1999. 9. 16. 선고 99헌가1 결정). 이들은 우리나라 사법부가 영화 등급제를 사전제재의 여러 형태 중 '명백하고 위헌적'인 형태의 검열만을 위헌으로 본 결과이고, 위헌적인 사전제재에 대해서는 명확한 입장을 취하지 않은 이유 때문이라고 주장한다.

헌재의 2008년 결정 이후 우리 대법원에서도 제한상영가 등급부여 취소 판결이 나왔다. 2009년 1월 15일 대법원은 미국 영화 "숏버스"에 대한 제한상영가 처분을 취소해달라며 영등위를 상대로 제기한 행정소송에 대하여 해당 영화에 대한 제한상영가 판정은 재량권을 일탈·남용한 것으로 위법하다고 판결한 원심을 확정하였다. 이 판결로서 법적으로 제한상영가 처분이 빨리 수정되어야 한다는 여론이 높아졌다.

그러나 2009년 2월 영등위가 제한상영가 등급을 계속 유지하기로 방침을 정하자 논란이 또 다시 일게 되었다. 그러나 이전과는 달리 '성과 폭력, 반사회적 행위' 등의 묘사가 과도한 제한상영가 영화는 등급 기준을 법률로 정하고, 전용시설에서만 상영할 수 있게 하였으며, 위헌 결정을 받은 '비디오물 등급보류' 조항은 폐지하고 '제한관람가 비디오물' 등급을 신설해 영화처럼 비디오물 등급분류기준을 명시하도록 하였다. 영등위는 이러한 시도가 제한상영가 등급 기준을 법률에 적시해 확대해석을 막고자 한 것이라고 말하고 있으나, 제한상영가는 사실상의 상영금지에 해당하는 것으로 창작자의 표현 자유를 제한하다는 의미에서 나온 것으로 영등위가 이를 법제화 한다는 것은 모순이라는 비판이 강하게 제기되었다.

앞으로도 법개정을 둘러싼 논의는 지속될 것으로 보이며, 영등위에서 실시하고자 하는 '제한상영가' 등급(등급 외 등급)에 대해서도 논란은 아직도 여전한 것으로 보인다. 전술한 바와 같이 이러한 논의가 영화에 대한 등급 설정 논의의 일부로서, 즉 국가 기관에서 영상물에 등급을 매기는 행위의 위헌성 여부에 대한 논란의 연장선상에 있다. 우리나라의 경우 영화와 비디오물 그리고 이에 대한 광고 및 홍보물 등의 등급 결정은 영등위에 의해 이루어진다. 영등위는 선정성과 폭력성이 강한 유해영상물로부터 청소년을 보호하기 위한 목적으로 영비법 제71조에 근거하여 영화, 비디오 그리고 이에 대한 광고에 등급을 매기고 추천하는 업무를 하고 있다. 따라서 영등위는 청소년 보호라는 가치에 근거하여 영상물의 등급을 결정하고 있다고 하겠다. 결국 영등위의 영상물 등급 결정은 여타 내용물 규제기관의 목적과 유사하게 영상업계에서 스스로 규제하기 힘든 상황에서 임의적으로 이루어지는 것이기 때문에 가장 바람직한 것은 역시 매체 스스로에 의한 자율규제라고 할 수 있다.

영등위에서 실시하고자 하는 소위 '등급 외 등급'이란 이론적으로는 검열적 요소를 없앤 것으로 보인다. 영등위는 등급 외 등급을 받는다고 해도 이것이 폭력성과 선정성에 있어 과도하다는 사전 정보만 담게 되는 것이며, 앞으로 일반 극장에서의 상영이나 광고, 홍보 등에 있어 별다른 제재를 받지 않으며, 다른 매체로도 제작이 가능한 이상 애초에 유통 자체를 금지시키는 효과는 없다고 밝혔다.

그렇다면 왜 굳이 등급 외 등급을 두어야만 하는가에 대한 원론적 차원의 의문이 제기된다. 즉 영화 내용의 음란성과 폭력성에 대한 정보가 인터넷이나 기타 매체를 통해서도 충분히 전달될 수 있는데도 굳이 행정기관이 사전에 과도한 판정을 내릴 필요가 있는가 하는 점이다. 등급 외 등급을 받는 경우 이는 곧 음란물로 인식될 우려가 있고 이로 인하여 형사적 처벌을 받을 수 있어 궁극적으로 이 또한 검열의 성격을 지니게 된다는 우려가 있다. 실제로 이러한 처분은 2002년 제한상영가 등급을 만들 때 위헌으로 판명된 등급보류 제도에 대한 대안으로 표현의 자유를 확대하기 위한 목적을 지니고 있었으나, 오히려 검열의 효과를 낳았다는 점을 두고 볼 때 등급 외 등급 신설은 부작용을 가져올 가능성이 크다는 것이다. 비록 완전등급제의 요구를 일정부분 반영하기는 하지만 청소년 관람불가 영화에 대해 사전 제한을 다시 가하는 것으로 해석될 여지는 많아 보인다.

결국 이와 관련하여 현행 심의 방식이 이러한 자율규제에 배치된다는 견해와 현재는 자율규제로 가기 위한 중간과정으로 궁극적으로 등급제 또한 자율규제로 가야(유도해야) 한다는 견해가 다시 대립하고 있다.

3. 성표현물에 대한 법리적 입장

성표현이 사회에서 어느 정도 허용되는지는 해당 사회의 가치관이나 문화적 수용의 정도에 따라서 달라진다. 어느 정도가 허용되는지는 다르지만 확실한 것은 어느 사회를 막론하고 완전하게 성표현을 허용하고 있지는 않다는 것이다. 예를 들어 성표현이 가장 개방적인 사회라고 알려진 미국에서도 아동포르노와 같은 특정한 성표현은 표현으로서 보호받지 못한다.

성표현에 대한 인식은 크게 보수적인 입장과 자유주의적 입장으로 구분해 볼 수 있다. 보수적인 입장은 대개 폐쇄적이고 권위주의적 사회에서 드러난다. 사회적인 윤리수준이나 성도덕이 더욱 엄격히 요구되는 폐쇄적이고 권위주의적인 사회일수록 성표현의 허용 정도는 적을 수밖에 없다. 이러한 사회의 특징은 성표현을 보호 가치가 낮은 표현으로 인식하고 있다는 점이다. 그래서 성표현이 공익적 목적 달성에 필요하기보다는 오히려 사회질서와 미풍양속을 저해한다고 판단하여 성표현에 대한 법규제를 강화해야 한다는 입장을 표명한다.

반면 자유주의적인 입장은 개방적인 사회에서 나타난다. 이러한 사회적인 인식은 성표현에 대한 규제가 자율적으로 이루어지는 것이 바람직하다는 인식을 공유한다. 비록 성표현 전체는 아니라도 성표현이 하등의 사회적 가치가 없다고 단정하기 보다는 표현의 일부로서 허용되어야 한다고 주장한다. 여성주의적인 입장을 가진 사람들과 동성애자와 같은 성적 소수자들 그리고 진보주의적 헌법관을 갖는 사람들이 이러한 입장에 동조하고 있다. 이를 구체적으로 살펴보면 다음과 같이 설명할 수 있다.

첫째, 성표현에 대해 보수주의적 입장을 가진 사람들은 성적 표현은 이성적인 삶의 일부가 아니라는 인식을 기지고 있다. 이들은 이러한 인식에 근거하여 성적 표현이 사회 질서를 문란하게 만들 것이라고 우려하며, 국가가 성표현 규제에 적극 나서야 한다는 입장을 견지한다. 이들은 무엇보다도 성적 표현물을 대다수 사람들에게 공적인 가치를 가지는 표현이 아니라 불쾌감과 혐오감을 불러일으키는 무가치한 표현으로 인식한다. 특히 포르노그래피(이하 포르노)와 같은 성표현은 사회적으로 잘못된 성도덕 관념과 성폭력과 같은 행동을 유발할 수 있기 때문에 규제되어야 한다고 주장해 왔다. 또한 가학적인 행위나 동물과의 성적인 행위를 묘사함으로써 인간의 수치심을 발생시킨다고 지적한다(김영환 · 이경재, 1992).

이러한 법적인 규제의 시각 외에 사회병리학적 측면에서 포르노그래피는 쾌락주의적 행태를 만연하게 만들고 품위 있고 인간다운 성행위를 보장하는 인간의 규범과 제도를 위협할 수 있다고 주장하기도 한다.

문제는 이러한 주장을 경험적인 측면에서 입증하기 힘들다는 점이다. 구체적인 입증 없이 단지 주관적인 혐오감만으로 성표현을 규제하려고 하는 것은 너무나 막연한 행위에 불과할 수 있다. 또한 성표현에 대한 사람들 개개인의 혐오감의 정도가 다르기 때문에 단순히 포르노그래피가 불법적인 행동을 유발하게 된다는 주장은 인과관계가 취약한 개인적 주장이 될 수 있다.

결국 이러한 견해는 법적 규제와 도덕의 경계를 무시하게 되어 개인의 성적 자기결정권을 무시한 채 성표현을 단지 도덕을 해치는 것으로 판단하고 있으며, 정확한 경험적인 실증적 검증없이 단순히 가설이나 추측만을 근거로 하고 있다는 점에서 개인의 표현의 자유를 과도하게 규제할 위험성이 존재한다. 이러한 이유로 성표현을 사회윤리적인 차원에서 억압하고 규제하려는 '후견주의'적인 성격이라는 비판도 있다.

둘째, 자유주의적 시각을 가진 사람들은 성표현을 규제하기 위해서는 법적 규제와 도덕적인 규제를 구분해야 한다고 주장한다. 이들은 성표현도 표현의 일부이며, 포르노그래피의 문제는 사회적인 규제의 문제라기보다는 개인의 자기 결정권의 일부라고 판단하는 경향이 있다. 이에 따르면 실질적인 근거 없이 개인의 자유를 제한하는 것은 법치주의와 자유민주주의의 원칙에 위배되기 때문에, 성표현물에 대한 제한 혹은 검열도 바로 이러한 자유민주주의의 기본원리에 어긋나는 것이다(김영환 · 이경재, 1992).

이러한 자유주의적 시각 중에서 급진적인 입장을 가진 사람들은 성적 표현은 자유로워야 하며 포르노그래피는 성적인 욕구를 간접적으로 분출하거나 성적 문제를 해결할 수도 있는 유익한 기능을 하기 때문에 이를 억압하기보다는 오히려 적극적으로 허용해야 한다는 입장을 보인다. 이러한 급진적인 입장은 소위 성해방 운동이 적극적으로 전개되던 1960년대에 활발히 개진되었다. 최근에는 여성에 대한 성적인 억압을 정치, 경제적 권력의 문제에서 바라보는 사회구조적인 시각으로 전환하고 있다(김영환 · 이경재, 1992).

급진주의적 자유주의론에 따르면 성표현을 금기시하려는 것은 권력을 유지하기 위한 현상과 관련되어 있다. 따라서 그들은 성개방 요구는 사회적 개방을 위해서도 필요하다고 주장한다. 예를 들어 그들은 성과 관련된 문학이나 예술을 통해서 남성중심적 결혼제도, 남녀차별, 계급대립 등의 현상이 성적 억압을 통해서 유지되어 왔다는 사실을 비판하고자 하였다.

급진주의적 자유주의 시각은 포르노그래피를 특수하게 인식하고자 한다. 즉 포르노그래피는 권력에 대한 섹슈얼리티의 저항으로서 권력의 억압성을 폭로하고, 체제에 대한 저항의 수단이 될 수 있다고 보는 것이다. 이에 따르면 포르노그래피는 계몽사상과 더불어 출현하였고, 권력과 억압에 대항하는 반권력, 저항의 수단으로 사용되어왔다. 또한 포르노그래피가 계급의 평준화를 통한 민주화에 도움이 되었다는 평가도 있다. 예컨대 성표현의 역사 연구에 따르면 포르노그래피는 성의 억압에 대항하기 위한 목적으로 정치적 풍자를 위해 사용되었다. 즉 성표현을 통하여 절대주의 권력에 대한 대립을 시도한 것이다.

급진적 자유주의론자 중에서 진보적이면서 개량적인 입장을 취하는 학자들은 포르노그래피를 급진적 자유론자들과 같이 바람직한 현상으로 인식하는 것은 아니지만 성표현이 사회에 대해 명백히 해악을 끼친다는 점이 입증되지 않는 한 금지되어서는 안 된다고 인식한다. 일부의 성표현을 예외로 한다면 포르노그래피에 대한 법적인 규제는 지양되어야 하고, 비법적인 방식을 통한 규제가 지향되어야 한다는 것이다. 따라서 실질적인 근거없이 함부로 성표현을 금지하는 것은 헌법 상의 죄형법정주의의 원칙에 위배될 수 있다. 이러한 시각은 서구 국가에서 살펴볼 수 있다. 서구 국가들은 대부분 청소년 보호를 위한 경우 또는 이를 원하지 않는 사람에게 전파하는 것을 규제하는 선에서 성표현 규제가 이루어지고 있다.

그러나 이러한 시각은 성표현의 문제를 전적으로 개인적인 법익의 차원에서 이해하기 때문에 성표현의 사회적 유해성을 간과할 수 있는 문제가 있다. 즉 경험적인 증거없이 자의적으로 성표현을 규제할 수 없다는 점을 강조하고 있기 때문에 사회공동체의 규범적인 합의를 무시한다는 점에서 비판 받게 되는 것이다.

셋째, 성적인 관계를 일종의 권력관계로 바라보는 차원에서 성표현을 이해하려는 여성주의적 시각은 포르노그래피가 여성을 착취하고 여성의 지위를 저하시키는 역할을 한다고 주장한다. 즉 포르노그래피는 여성을 객체화하고 품위를 손상시킴으로써 불평등한 남녀간의 권력관계를 영속화하려는 시도이기 때문에 이를 금지해야 한다고 본다(MacKinnon, 1987).

여성주의자들은 포르노그래피가 가부장제도의 부산물로서 성차별을 정당화하기 위한 제도적 장치라고 비판한다. 따라서 궁극적으로 포르노그래피는 여성의 인권을 심각하게 훼손할 수 있다고 본다(Dworkin, 1985). 문화적으로 포르노그래피는 가부장제 지배문화를 함축적으로 폭로하는 상징적 의미를 갖는다. 또한 여성을 비인간적인 성적 도구로 묘사함으로써 남성이 여성에게 행사하는 성폭력인 강간이 포르노그래피와 직접적인 연관관계를 갖는다고 보기도 한다. 이들은 현대에 범람하는 여성에 대한 폭력과 불평등을 근절하기 위해서는 포르노그래피를 근절해야 한다고 주장한다.

이러한 여성주의자들의 주장은 다양한 포르노그래피 금지 규정을 이끌어 낸다. 예를 들어 유럽연합(EU)의 경우 텔레비전 지침 제22조 제2항에서 남녀 양성(兩性) 중 일방에 대한 혐오를 부추기는 프로그램을 금지하며, 캐나다 대법원은 여성비하의 내용을 담은 포르노가 불평등 사상을 유포시킬 위험이 있다면 금지할 수 있다는 입장을 취한다. 또한 여성주의자들의 주장은 1983년 미국 미네소타주 미네아폴리스시의 반포르노 조례(Anti pornography Ordinace)를 제정하는데 기여한다. 이 조례는 포르노그래피에 대해 ① 여성을 성적인 객체나 물건처럼 비인격적으로 표현한 것, ② 여성을 고통이나 굴욕감을 즐기는 성적 대상으로 묘사한 것, ③ 여성을 강간당하는 동안 쾌감을 느끼는 성적 대상으로 표현한 것, ④ 여성을 결박당하고 신체손상 당하는 성적 대상으로 표현한 것, ⑤ 여성을 성적으로 복종당하며 성적인 노예의 모습으로 표현한 것, ⑥ 여성의 성적 기관

(성기, 가슴, 엉덩이 등)이 노출된 것, ⑦ 여성을 타고난 창녀로 표현한 것, ⑧ 여성의 성기가 물건이나 동물에 의해 관통된 것을 표현한 것, ⑨ 여성을 성적인 관계에서 비천하고 지위저하적이며 손상을 입는 모습으로 표현한 것 등을 사진이나 그림 혹은 문자로 자세하게 묘사하여 여성을 성적으로 종속되게 만든 것이라고 규정하였다 (김영환 · 이경재, 1992, 재인용).

그러나 이 조례는 표현의 자유를 과도하게 규제한다는 논란에 휩싸이게 된다. 결국 미국의 주법원 및 연방대법원은 남녀평등을 실현하기 위해 표현의 자유를 검열할 수는 없다는 점을 들어 이 입법안이 수정헌법 제1조에 위반된다고 판시하였다. 재판부는 여성주의적 관점에서 음란을 정의하는 것은 표현내용에 대한 차별적 규제를 의미하기 때문에 위헌이라고 판시하였다.

미국의 경우 헌법 상 평등보호조항에 의해 국가가 남성과 여성, 인종 간에 행해지는 차별행위를 규제할 수 있지만, 표현의 자유를 절대적으로 보장한 수정헌법 제1조에 의해 표현의 자유까지 제약해가며 평등권을 보장할 수 없다는 논리를 가지고 있다. 따라서 정부가 성에 관한 사상을 표현한 '작품'을 검열하는 것은 출판사의 '표현의 권리', 독자들의 '읽고 생각할 권리'를 침해하는 것이라고 보았다.

이러한 여성주의적 견해는 가부장 중심의 성제도에 초점을 맞춰 포르노그래피의 문제를 서술한다는 점에서 새로운 시각을 제공하였다고 평가할 수 있다. 그러나 이러한 여성주의적 관점은 성적 대결의식을 기반으로 여성의 남성에 대한 투쟁을 상정하고 있다는 점에서 기존의 남녀관이나 가족관을 부정하는 것이라는 비판을 받는다. 이들이 정의하는 포르노그래피는 모두 병리적인 도착성을 유발시키는 것이라고 주관적으로 인식하기 때문에 '여성비하적인 것'과 '포르노그래피'를 서로 구별할 수 없다는 치명적인 단점을 지닌다. 뿐만 아니라 성표현물을 다양하게 세분화할 수 없어서 여성비하적인 것을 포르노그래피라는 개념을 빌어 형법 상 처벌하려는 의도가 강하다는 지적도 있다(김영환 · 이경재, 1992).

4. 미국의 등급제 규제 논의

미국의 경우 사전검열은 원칙적으로 허용되지 않는다. 즉 미국의 경우 현재 영화업계에 의해서 완전자율등급제가 정착되었다. 그러나 영화에 대한 사전검열의 정도와 방법에 대해서는 오랜 시간 동안 논의가 진행되어 왔다. 1차 대전 직후인 1920년대에 일부 영화들이 선정성과 비도덕성으로 비난을 받자 7-8개 주와 많은 도시들이 영화를 검열하는 다양한 법들을 제정하였다. 이러한 움직임에 대해 영화제작자들은 자율적으로 영화를 규제하기 위한 노력을 기울이는데, MPPDA(Motion Picture Producers and Distributors of America)를 조직하고 자체 제작규정을 만들기도 하였다. 영화에 있어서의 등급제의 기본취지는 부모들에게 영화에 대한 사전 정보를 제공해줌으로써, 부모들이 자신들의 자녀가 관람하거나 관람하지 않기를 원하는 영화를 결정할 수 있도록 하는 것이라고 볼 수 있다(FTC, 2000).

이러한 과정에서 미국 연방대법원은 1961년 타임즈 영화사 사건(Times Film Corp. v. City of Chicago et al, 365 U.S. 43(1961))에서 영화의 사전검

열 자체는 위헌이 아니라고 판시하였다. 즉 당시까지만 해도 상영되기 이전에 영화를 검열하는 것은 그것이 자율적인 것이든 또는 행정적인 것이든 수정헌법 제1조가 보호하는 표현의 자유를 억압하는 것은 아니었다.

그러나 연방대법원은 1965년 프리드만 사건(Freedman v. Maryland, 389 U.S. 51(1965))에서 어떠한 형태의 행정권적 개입도 위헌이 될 수 있다고 입장을 바꾸었다. 이 사건에서 연방대법원은 행정당국에 의한 상영거부의 경우 그 최종적 판단은 법원에 맡겨야 하되, 거부대상 여부에 해당하느냐에 대한 입증책임은 행정당국이 부담하며, 검열관의 불허가 처분에 대하여 신속한 사전적 구체절차가 보장되지 않는 영화검열은 위헌이라고 보았다. 이 판결의 영향으로 미국의 각 주(state)가 주도하던 영화검열관련 법규는 효력을 잃게 되고 영화업계에 의한 자율적인 사전심의가 자리를 잡게 된다.

이 사건은 〈새벽의 복수〉라는 영화를 만든 신청인이 매릴랜드주의 영화검열법에 근거하여 영화를 주검열위원회에 제출하지 않은 채 신청인이 소유한 볼티모어의 영화관에서 상영한 것이 발단이 되었다. 매릴랜드주 측은 그 내용이 법률적 기준을 크게 위반하지 않았기 때문에 검열위원회에 제출만 했다면 큰 문제없이 상영허가를 받았을 것이라고 밝히면서 신청인을 기소하였고 신청인은 원심에서 유죄 판결을 받았다. 신청인은 검열위원회에 대한 영화 제출에 있어 이를 통과하지 못하거나 삭제 명령이 내려지면 상영자는 실질적으로 영화를 상영하지 못하게 되며, 비록 상영을 위해서는 항소(이의제기)를 할 수 있다고 하지만 시간적, 사법적인 문제들이 많다는 점을 들어 영화검열 위헌성을 주장하였다. 그러나 매릴랜드주 법원은 이를 수용하지 않았다.

반면 연방대법원은 행정적 행위를 통해 표현에 대한 사전 제재를 가할 때 이것이 합헌적이기 위해 충족되어야 하는 요건을 다음과 같이 열거하였다.

첫째, 해당 영화가 헌법이 보호하지 않는 표현이라는 것에 대한 입증책임은 검열자가 져야 한다. 이는 곧 해당 영화가 불법적인 내용이라는 확정적인 증명이 있기까지는 현상유지 외에 아무것도 할 수 없다는 것이다.

둘째, 상호 간 대립적인 절차에서 나오는 사법적 판단(judicial determination in adversary proceeding) 만이 표현의 자유를 다루는 데에 필요한 민감성을 갖추고 있고, 사법적 판단을 의무화하는 절차만이 유효한 종국적인 제재를 가할 수 있다는 것이다. 그리고 이 사법적 판단도 신속히 이루어져야 한다.

여기서 "신속히"는 1-2일 내의 기간을 뜻하는 것으로 이해되며 (Universal Film Exchanges, Inc. v Chicago, 288 F Supp 286(DC Ill, 1968)), 이러한 1-2일 내에 사법심사를 통해 확정된 불법성 판단을 얻지 못하면 행정행위를 통해 매체물의 배급을 방해할 수 없다는 것이다. 이는 영장주의와 비슷한 맥락으로, 행정기관이 누군가를 구속하면 48시간 내에 영장실질심사를 하여 구속을 정당화 시켜야 하는 것과 마찬가지라고 할 수 있다. 프리드만 사건으로 인하여 '사법적인 통제를 받지 않는 장래에 효력이 발생할 수 있는 행정적 행위는 사전제재'로서 위헌이라는 규범이 확립된다.

프리드만 사건의 쟁점은 행정적인 사전제재가 불신되는 이유가 사법심사의 부재 및 행정판단에 대한 불신임이므로, 행정적인 사전제재라도 즉각적이고 신속한 사법심사가 따른다면 그 자의성을 상쇄할 수 있고 이에 따른 자기검열 효과를 완화할 수 있다는 것이었다. 이 사건의 경우 등급결정을 한 후 7일 내에 상영자가 사법 판단을 얻을 수 있음을 확인함으로써 위헌이 아니라는 것이다. 프리드만 사건은 표현의 자유에 대한 행정권의 개입을 배제시키는 결과를 가져왔으나 여전히 자기 검열에 대한 고려의 여지는 남게 되었다고 할 수 있다.

비록 이러한 점이 판례에 반영되었다고 말할 수는 없으나 1960년대 이후에는 '등급제'의 문제가 제기되면서 표현의 자유에 대한 제한방식이 달라지게 된다. 즉 1965년 프리드만 사건 이후 1968년부터 제작, 배급, 상영업계가 모여서 구성한 기구인 CARA(Classification and Rating Administration)를 발족하고 4단계의 등급을 정하였다. 4단계의 등급은 ① G(일반관객, 모든 연령 관람가능), ② M(부모의 지도가 있으면 모든 관람객 관람가능), ③ R(관객제한, 16세 미만자는 성인 보호자 동반 필요), ④ X(17세 이상 관람가능) 등급을 말한다.[93] 영화를 상영하기 위해서 반드시 CARA의 등급 판정을 받을 필요는 없으나 상업배급망을 통해 유통하고자 하는 영화는 MPAA의 등급표시를 필요로 하기 때문에 대다수의 영화가 등급위원회에 제출되고 있다.

프리드만 사건 이후 연방대법원은 등급제가 표현물의 유통을 금지시키는 것이 아니고 표현물의 불법성에 대해 등급을 매겨 특정 등급에 해당되는 표현물의 일부 유통을 제한하는 것으로 등급제 자

93 현재 미국 등급심의제도는 변천을 거쳐 5등급으로 나누어 진다. ① G(General Audience), ② PG(Parent Guidance), ③ PG-13 ④ R(Restricted), ⑤ NC-17 (No Children under 17 Admitted)인데 기타 "등급외", "등급심의를 신청하지 않는" 영화 등급이 있다.

체는 위헌이 아니라고 보았다(Ginsberg v. New York 390 U.S. 629, 88 S. Ct. 1274, 20 L. Ed. 2d 195(1968)).

연방대법원의 판결 이후 거의 모든 주에서는 선정적인 성표현에 대한 법규제의 방향이 음란물규제법 중심에서 청소년유해매체법으로 전환하게 되었다. 즉 청소년에게 유해한 것임을 인지하고서도 이를 미성년자에게 전시 또는 배포하는 행위는 불법이라고 인식하는 것이다. 여기서의 매체는 간행물은 물론이고 영화, 음반과 전자적 매체를 포함하는 것이다. 매체를 통하여 청소년 유해물로 판단된 것을 유포하는 경우 형사적으로 처벌도 가능하도록 하였다.

미국 법원은 점차 표현의 자유와 청소년 유해 사이의 비교형량을 어떻게 적절히 할 것인가 하는 점이 핵심이라고 보았다. 청소년 유해물 구분을 위한 등급제의 경우 기존의 표현의 자유에 대한 제재보다는 정도가 약하다고 하지만 기존의 표현의 자유 법리가 완전히 포기된 것은 아니었다. 예를 들어 ACLU v. Reno 사건(521 U.S. 844(1997))에서 연방대법원은 음란물에 대한 등급제가 등급의 적용을 받지 않는 성인들의 표현의 자유를 침해할 수 있다고 판시하였다. 연방대법원은 음란한(obscene) 내용뿐만 아니라 저속한(indecent) 내용까지도 처벌하려 했던 연방통신품위법(Communication Decency Act)의 기준이 모호하여 위헌이라는 판결을 내리면서, 저속한 사이트에 연령차단을 명하는 것은 전혀 하자가 없는 성인들에게는 표현의 자유를 침해당하는 실질적인 피해가 발생할 수 있다고 보았다. 단지 온라인 상에서의 어린이보호법(COPPA; Children's Online Privacy Protection Act of 1998)을 통해 13세 미만의 어린이로부터 정보를 수집할 수 없도록 금지하고 있다.

다시 말하자면 미국 법원은 청소년 보호라는 이익을 위하여 등급제를 인정하면서도 그 보호를 행정권의 참여가 최소화되고 성인들의 권리를 침해하지 않으며 아주 빠른 시일 내에 적절한 사법적 심의를 취할 수 있도록 하는 경우에 한하여 이를 인정하고 있다고 할 수 있다. 이러한 점은 사전제재의 경우 부분적인 금지냐 완전금지냐에 상관없다는 판례(Interstate Circuit, Inc. v. Dallas 390 U.S. 676(1967)), 전면적으로 불법성을 띤 서적을 고르지 않고 청소년 유해물만을 골라내어 등급제를 행사한 것은 타당하다는 판례(Bantam Books v. Sullivan, 372 U.S. 58(1963))의 취지와 일치하는 것이다.

결국 미국의 관련 판례들을 종합하자면 미국의 등급제는 사법부를 통해서 철저히 사후제재를 통해 관리되고 있으며, 청소년 보호 이익의 경우 이것이 명백히 성인의 표현의 자유를 침해하는 경우가 아니면 지켜져야 하는 것으로 인정된다. 단지 성인의 표현의 자유를 침해하는 경우에는 완전금지든 부분금지든 사전제재는 금기시하고 있는 것으로 보인다.

이처럼 미국도 논의가 다양하게 제기되고 있으나 한국의 경우와 조금 다르지만 궁극적으로 등급제를 인정하고 있는 것으로 볼 수 있다. 결국 등급제를 어떻게 행하는가를 통해서 청소년 보호와 성인의 표현의 자유 사이의 이익형량을 하게 되는데, 최대한 사전제재의 성격을 약화시켜야 한다. 미국의 경우에서 볼 때, 궁극적으로는 우리나라도 자율규제를 통해서 규제를 실시하는 것이 가장 바람직하다고 하겠다. 즉 영상물 업계에서 자율적인 측면에서의 청소년 유해여부 판단이 가장 중요할 것이라고 보여진다.

결과적으로 우리나라와 미국에 있어서의 영화 및 음반물에 대한

〈표 8-1〉 사전제재에 대한 미국 판례의 경향

행정권에 의한 사전제재	사전제출의무 유	사전제출의무 무 (시간상 발표 이후의 제재)
완전금지	Freedman v. Maryland(즉각적이고 신속한 사법심사가 뒤따를 경우에만 합헌)	1960년대 행정개입에 대한 판결들 다수
부분금지 (등급제)	Interstate Circuit, Inc. v. Dallas (즉각적이고 신속한 사법심사가 뒤따를 경우에만 합헌)	Bantam Books v. Sullivan(무조건 위헌 또는 즉각적이고 신속한 사법심사 필요)

등급제의 특성을 비교하자면, 비록 우리나라의 영등위를 통한 등급제가 사전제출의무의 성격이 완전히 없다고는 할 수 없지만, 사전제한적 요소를 제거하기 위해서는 미국과 같이 신속한 사법심사가 이루어질 수 있는 체계가 갖추어져 한다. 즉 우리나라의 경우에도 등급제가 합헌으로서 인정받기 위해서는 궁극적으로 이와 같은 신속한 사법심사 제도가 갖추어져야 할 것이며, 궁극적으로는 미국과 같이 업계의 자율규제 방식으로 가야 할 것으로 판단된다.

5. 자율규제로서의 등급제

외국이나 우리나라의 사례를 토대로 살펴볼 때 영화를 규제하기 위한 등급제는 자율적으로 실시해야 한다. 다시 말하자면 내용이나 표현을 규제하기 위한 것은 행정적인 성격을 띠는 경우 어떠한 형태로든 위헌이 될 수 있다는 측면에서 등급제는 자율규제의 틀 안에서 이루어져야 한다는 것이다.

자율규제로서의 등급제를 도입하기 전에 자율규제란 어떤 의미를 갖는 것이며 어떻게 실행하는 것이 원칙인가를 판단하는 것이 필요하다. 자율규제는 규제 형식의 정도, 규제 주체의 법적 지위와 주어진 역할의 범위 등 많은 변수로 인해 다양한 형태를 지니고 있기 때문에, 모든 형태의 자율규제에는 부합되는 단일한 정의는 없다(Gunninghanm & Reese, 1997). 실제로 자율규제는 유럽 국가들에서 중세로까지 거슬러 올라가는 오랜 역사를 지닌 규제방식 중 하나이며, 현대 사회에서는 법률, 의학에서 언론분야에 이르기까지 많은 전문기관 및 영역에서 널리 시행되고 있다. 따라서 자율규제는 다양한 정의들을 가지며 여러 가지 다른 방식으로 해석될 수 있다.

프라이스(Price)는 자율규제는 규제의 주체가 누구냐에 따라, 또한 국가(정부)와 영역에 따라 그 의미를 달리한다고 말하고 있다(김유승, 2005에서 재인용). 이러한 측면에서 자율규제는 몇 가지 유형으로 구분할 수 있다. 첫째, 강휘원(2002)이 언급한 바와 같이 규제의 주체가 정부가 아닌 정부 규제에서 피규제자였던 개인, 기업, 업계 등이 규제의 주체가 되는 경우이다. 이는 정부규제의 부적절성을 극복하고 효율성을 회복하는 방법의 하나로서 정부가 정한 기준에 대하여 기업이나 업계 또는 개인이 자율적으로 순응하는 것을 의미한다. 또한 일반적으로 자율규제는 업계가 협회의 결성을 통하여 스스로가 준수해야 할 행동 강령을 제정하고, 위반 행위를 스스로 점검하는 행위로 이루어진다.

둘째, 자율규제의 다양한 형태는 일반적으로 정부의 영향력과 역할의 정도에 따라 설명되는데, 이는 미 상무성 차관인 레리 어윙(Larry Irving)이 언급한 바와 같이 자율규제는 정부가 규제권한을 위임하는 경우로서 한정적인 의미를 갖는다. 프라이스와 버헐스트

(Price & Verhulst)는 자율규제는 정부와의 일정한 관계없이는 존재할 수 없으며, 이러한 관계 자체도 상당히 다양하다는 것을 지적하고 있다. 이들은 정부와의 관계 정도를 기준으로 자율규제 유형을 네 가지로 구분하였다. 첫째, 위임적 자율규제로서 이는 사업자가 정부로부터 정부가 정의하는 틀 안에서 규범을 만들고 그것을 강제하도록 분명하게 요구받는 것을 의미한다. 둘째, 승인적 자율규제로서 이는 집단들 스스로 규제하되, 정부의 승인을 받는 것을 의미한다. 셋째, 강제적 자율규제로서 사업자 스스로 규제를 형성하고 부과하지만 이렇게 하지 않을 경우 정부는 법이 정하는 규제를 부과하는 것을 의미한다. 마지막으로 정부의 적극적인 개입이 없는 자발적 자율규제가 있다.

정부와의 관계 혹은 개입으로서 설명되는 자율규제의 경우 싱클레어(Sinclair, 1997)가 주장했듯 자율규제와 정부규제 사이에 명확한 구분이 존재하지 않는다. 따라서 그들을 규제형태의 연속체로 보는 것이 좀 더 정확하고 생산적일 것이다. 아울러 어떤 이유에서든 민간 영역이 규제해야 할 필요성을 인식하고 스스로 규제하는 경우에도 자율규제의 개념이 사용되기도 한다(Price & Verhulst, 2000). 이는 곧 자율규제의 개념으로 정부에 의해 규제 권한이 사업자에게 형식적으로 위임되는 것에서부터 사업자와 기타 민간 영역에 의하여 자발적으로 조직화되고 관리되는 규제에 이르기까지 다양한 스펙트럼에 사이에 놓여 있는 것을 의미한다(최병선, 1994).

그런데 자율규제를 포함한 모든 형태의 규제에 관한 논의는 '규제방법'에 관한 문제 이전에 이러한 규제방법을 통해 달성하려는 '규제 목표'에 관한 접근에서 출발해야 한다. 즉 자율규제를 통해서 실천하고자 하는 목표가 무엇인지를 명확하게 해야 한다는 것이다. 일반적으로 자율규제는 경제적 자율규제와 사회적 자율규제로 구분될 수 있는데, 대개 경제적 자율규제는 시장실패, 즉 시장이 일정한 구조적 문제들을 스스로 해결할 능력이 없을 때 이루어지지만, 사회적 자율규제는 산업화의 치명적인 결과로부터 사람 혹은 환경을 보호하는 데 그 목적을 두고 있다(Hawkins & Hutter, 1993). 그런데 콘텐츠, 즉 표현물에 대한 자율규제는 '시장 기능의 조절'이라는 경제적 동기뿐만 아니라 미디어 규제가 지니는 사회적 동기를 강하게 반영하게 된다.

이러한 자율규제의 목표를 위한 자발적 자율규제 행동은 다양한 동기로 인해 발생한다. 사업자의 자율규제는 분명한 경제적 동기가 존재한다. 또한 사업자 자율규제의 동기에는 영상물의 불법 및 유해 콘텐츠와 관련된 법적 상황도 지적될 수 있다. 많은 사업자들에게 자율규제는 이러한 속죄양식의 책임부과 체제에서 벗어나기 위한 최선의 선택으로 받아들여지고 있다. 왜냐하면 사업자들 스스로가 효과적이고 합리적인 책임의 틀을 스스로 구성한다면, 정부역시 그들에게 예측 가능한 법적 환경을 제공할 것이라고 기대할 수 있기 때문이다(황승흠 외, 2004).

또 다른 자율규제의 목적은 사회적으로 영향력이 커지는 미디어의 사회적 책무(accountability)에 대한 인식에서 찾을 수 있다. 책무라는 용어는 책임과 유사한 용어로 사용되기도 하지만 책임이 미디어의 의무나 기대와 관련된다면 책무는 미디어에게 책임을 묻는 과정을 의미하게 된다(McQuail, 2005). 미디어에게 무엇인가를 지적하고, 평가하고, 요구하는 과정이 미디어 책무의 본질이라고 할 수 있다. 인터넷에 대한 사회적 책무 의식이 커지고 있다는 점에서, 영상 미디어가 스스로 자신을 자발적으로 점검하고 사회적 요구를 수용하는 것은 어쩌면 필수적인 절차라고 할 수 있다.

또한 미디어가 책무를 수행하는 과정은 미디어에 의한 자율적이고 선택적인 과정이 된다는 점에서 자율성과 깊이 관련된다. 물론 일부는 미디어와 이용자와의 계약에 의해서 그리고 일부는 법률의 규정으로 실시되기도 하지만, 책무의 수행은 자발적일수록 미디어가 스스로 선택할 수 있는 방식이 결정될 수 있다는 점에서 자율성 확보에 중요한 요인이 될 수 있다. 결국 미디어가 자발적으로 움직이는 경우에는 법적인 책무의 경우 미디어 생산물에 의해 개인과 사회에 발생할 수 있는 잠재적인 위험과 해악이 강조되는 반면, 사회적 책무의 경우는 미디어에 대한 요구와 불만이 이용자나 피해자, 미디어 스스로가 해명하고, 이해 당사들과 토론, 협상, 대화 등을 통해서 이를 방지하는 장치가 된다.

궁극적으로 미디어의 자발적인 사회적 책무를 다하기 위한 것이 자율규제 모델 설정의 목적이라고 할 수 있다. 다시 말하자면 효율적이고 실제적인 자율규제의 방식을 만들어 주는 것은 이러한 사회적 책무 수행의 기본 전제가 될 수 있으며, 이러한 사회적 책무의 수행은 불필요한 법적인 규제를 피할 수 있게 한다. 영상물 등급제도 이러한 점에서 살펴본다면 영화나 비디오물의 경우에도 자발적인 형태로 그 책무(예를 들어 청소년 보호)를 수행하는 것이 비록 위헌은 아니라고 하더라도 그 시비를 줄이는 가장 바람직한 방법이라고 할 수 있다.

6. 영화 등급제 개선방향

비록 우리나라 법원이 영상물 등급제가 청소년 보호라는 입장에서 위헌은 아니라고 보았으나 사전제재의 성격을 띠고 있다는 점은 여전히 논란의 불씨로 남아있다. 즉 현재 영등위의 등급제 심의방식은 궁극적으로 언론의 자유에 대한 과잉규제로 해석될 가능성이 있다. 무엇보다 완전등급제가 이루어지지 않는 경우에는 이렇게 해석될 가능성은 큰 것으로 판단된다. 미국에 있어 사전제재의 경우 이것이 위헌이 아닌 것으로 인정되기 위해서는 사전제출의 의무가 없어야 하고 신속한 사법적 심의가 이루어져야 한다고 보고 있다. 우리나라에서도 이러한 점을 참고하여 현행 심의방식에 대한 대안적인 방식을 도입하는 것이 바람직할 것으로 판단된다.

전술한 바와 같이 등급제 실시와 관련된 가장 큰 핵심은 '등급외 등급'을 통해서 청소년 유해 매체물을 골라내는 것이 위헌이냐 아니냐 하는 것이다. 이것이 명확성의 원칙, 포괄위임금지의 원칙에 어긋난다는 점으로 인하여 헌법불합치 결정이 내려지긴 했으나, 등급제 자체에 대한 위헌 결정은 내려지지 않았다. 따라서 등급 외 등급을 통한 청소년 유해물 규제가 그 자체로서는 위헌이 아닐 수 있으나 이를 더욱 명확하게 해주지 않으면 사전제재의 의심을 받지 않을 수 없다. 물론 현재의 연령등급을 가지고 분류하기에는 무리가 있다는 지적도 있다.

이러한 문제를 해결하는 것은 역시 매체의 자율적인 등급분류이다. 즉 미국에서처럼 영화 등의 매체 업계에서 등급을 자율적으로 분류하도록 하는 것이다. 아울러 이의 제기 등이 있을 때에는 이에 대해서 대단히 신속한 사법적 심의를 하도록 한다면 위헌적 요소는 줄어들 수 있다. 그러나 현실적으로 우리나라 영화 업계가 자율로 등급분류 기구를 구성할 능력에 대해서는 회의적이다. 현재로서는 등급제의 위헌적 요소를 줄여가는 일이 급선무라고 판단된다.

궁극적으로 표현의 자유를 보장하면서 국가 사회질서와 청소년을 보호하는 절충적 수단을 만들어야 할 것이다. 몇 가지 대안적 방법을 고려할 수 있을 것이다. 무엇보다 현재 영등위의 심의 기준을 구체화하고 더욱 세분화해야 할 것이다. 이때 제한을 완전히 없앨 수는 없다는 측면에서 과도한 제한의 경우(등급 외 등급 등)는 줄여나가야 할 것이다. 또한 영등위는 완전등급제를 실시하고 만일 관객과 관련하여 문제가 발생하는 경우 형법 등을 통해서 사후에 처벌하는 방법을 찾도록 하는 것도 하나의 방법일 수 있다.

영화의 경우 복잡한 문제 중 하나는 음란성과 예술성을 어떻게 조화롭게 인식하는가이다. 등급제를 실시하는 경우 예술성 부분에 대한 올바른 평가를 받기 힘들 수도 있다. 이러한 점에 대한 영등위 위원들의 전문성을 높이는 것도 필요할 것이라 보여진다. 한편으로는 영화업계 등이 자율규제를 실시할 준비를 갖추도록 해야 할 것이다. 이때 전술한 바와 같이 어떠한 자율규제도 정부적인 규제와 완전히 분리되어 실시될 수는 없다는 점을 인식해야 한다. 아울러 자율규제의 목적은 매체의 책무를 다하기 위한 것이라는 점도 고려되어야 할 것이다.

C·H·A·P·T·E·R 09

대중스타의 사생활과 언론의 자유

이번 장에서는 대중스타의 공인성이 어느 정도이며, 대중스타들의 사생활과 관련된 발언의 언론공개가 국내 환경에서 어느 정도까지 허용될 수 있는지에 대해 확인하고자 하였다. 구체적으로 대중스타를 공인으로 볼 수 있는지에 대한 문제를 확인하기 위해 공인이론을 적용하였고, 판례에 나타난 대중스타의 공인성에 대한 우리 법원의 인식을 비판적으로 검토하였다.

1. 대중스타의 사생활 보도와 한계에 관한 법리 규명의 필요성

2009년 3월 24일 서울고등법원은 가수 ㅂ씨와 ㅇ엔터테인먼트사가 상호 제기한 계약부존재확인과 손해배상청구 소송에 대해 "연예인에게는 이미지 관리가 중요하므로 원고의 사생활을 일정부분 관리해야 할 필요성이 있다"고 판단하면서 ㅇ엔터테인먼트 "소속 연예인의 사생활에 실제로 문제가 있는 것은 아닌지 의심할 여지가 있었던 점 등을 고려하여 본다면 위반 행위에 해당한다고 보기 어렵다"고 판결하였다.

이 판결의 핵심적인 부분은 전속계약 상 의무 위반에 따른 위약금에 대해 원고인 ㅂ씨에게 8,000만 원의 손해배상을 지급하라는 것이다. 문제는 법원에서 밝힌 바와 같이 소속사가 소속 연예인들의 사생활에 쉽게 개입할 수 있는가 하는 것이다. 법원은 일정 부분 이를 긍정하였다고 판단된다. 이는 대중스타의 이미지를 결정하는 사생활의 중요성을 법원이 인정한다는 사실을 방증하는 것이며 최근 논란이 되는 대중스타의 사생활 침해의 문제점을 간접적으로 시사하고 있다고 하겠다.

대중스타에 관한 사적 정보는 대개 보도나 오락 프로그램과 토크쇼, 그리고 인터넷 게시판을 통해서 드러나게 된다. 보도에 의한 대중스타들의 사생활 침해 문제는 비단 어제 오늘만의 일이 아니다. 특히 스포츠 신문이 대중적인 인기를 누리던 시기에 경쟁적으로 대중스타들의 사생활을 다루면서, 이들의 인격권 침해에 대한 우려가 제기되기도 하였다. 그러던 것이 인터넷이 보편화되면서 사람들이 대중스타들의 사생활과 관련된 정보를 쉽게 접할 수 있는 환경이 마련되었고, 대중스타의 동의 없이 개인의 사적정보가 게시판에 급속도로 유포되기 시작하였다. 또한 대중매체가 인터넷의 정보를 중계하는 방식으로 대중스타들의 사생활이 침해되는 사건들이 더욱 자주 발생하게 되었다.

예를 들어 2006년, 모 여배우와 관련된 결혼설과 임신설이 인터넷을 통하여 유포되었고, 모 여가수와 모 남자 인기가수가 성관계를 가졌다는 허위사실이 유포되기도 하였다. 그 외에도 대중스타의 홈페이지나 미니홈피 해킹을 통한 사적 정보 들추기(심지어는 공개를 빌미로 돈을 요구하는 사건이 발생하기도 함) 등을 통해 개인의 명예나 사생활이 침해될 수 있는 정보들이 인터넷에 게재되고, 이것이 큰 문제라는 식의 대중매체의 보도로 인하여 오히려 피해가 더욱 확산되는 경우도 있다.

비교적 최근에 발생한 아이돌 그룹 2PM의 전 멤버인 박재범 사건(2009년)과 송지선 아나운서 사건(2011년)은 인터넷 게시글이 대중매체를 통해 보도됨으로써 문제가 유발된 대표적 사건이다. 우선 박재범 사건은 연습생 시절 미국국적인 그가 SNS(social network service) 마이스페이스(myspace)에 한국을 비하하는 듯한 글을 썼고, 이것이 언론에 의해 공개되면서 발생하였다. 그의 글이 공개된 후 상당수의 사람들은 그의 행위에 분노했고, 박재범 씨를 연예계에서 퇴출시켜야 한다고 주장하였다. 또한 그를 추방하고 입국을 금지시켜야 한다는 극단적인 주장까지 나타났다. 물론 사적공간인 SNS에서 이루어진 박재범 씨의 발언에 대해서 비난을 가하는 것은 그의 사생활에 대한 침해이며, 궁극적으로 천박한 애국주의에 지나지 않는다는 옹호론도 있었다. 그럼에도 당시의 지배적 분위기는 언론에 의해 한 개인의 사생활이 침해 될 수도 있다는 것보다도 박재범 씨가 공인으로서 해서는 안 될 행동을 했다는 점을 강조하는 것이었다. 다시 말하자면 이미 유명해진 아이돌 그룹의 멤버로서 언론은 그의 활동이나 언행이 국민의 알권리로서 공개되어도 무방하다는 전제 하에 보도를 한 셈이고, 이러한 보도로 인하여 박재범 씨는 그룹에서 탈퇴하기에 이른다.

한편 연예인은 아니지만 모 스포츠 전문 채널의 故 송지선 아나운서[94] 사건 역시 한국형 SNS 싸이월드에 야구선수 임 모씨와의 사생활 폭로 글을 등록한 것, 트위터(twitter)에 자살 암시 글을 올린 것이 인터넷 상에 유포되면서 발생한 사생활 침해 사건이다. 송지선 아나운서는 임모 선수와의 사생활을 다루고 있는 싸이월드 글은 자신이 쓴 것이 아니라고 부인했지만, 그 글은 인터넷 상에서 급속도로 유포되었고, 그녀는 수많은 악성 댓글에 시달려야 했다(김용습, 2011. 5. 23). 급기야 송지선 아나운서는 우울증으로 인한 충동적 자살을 하기에 이른다. 서울 서초경찰서는 2011년 5월 25일 수사결과 브리핑을 통해 "송지선이 우울증으로 병원 치료를 받은 사실이 확인됐다. 최근 미니홈피 등을 통해 사생활이 노출, 누리꾼들의 악성 댓글과 루머가 확대되면서 고인을 압박한 것으로 보인다"고 밝혔다(최민지, 2011. 5. 25). 경찰이 송지선 아나운서의 자택에서 발견해 공개한 '경위서'라는 제목의 문건에는 "가슴이 쩡 깨질 것 같은 우울감, 미래에 대한 불안감, 트위터 한 자 한 자가 기자들의 먹잇감이 될 줄은 몰랐다"고 적혀있었다(김상만, 2011. 5. 25). 언론의 트위터 등

94 송지선 아나운서는 남성 잡지에 섹시 컨셉의 화보를 촬영하는 등의 행보를 통해 아나테이너로 평가받았다(최보란, 2009. 9. 19). 아나테이너(annotainer)는 아나운서와 엔터테이너(연예인)가 결합된 단어이다.

SNS 이용이 무차별적으로 이루어지는 현실에서 그냥 원래의 공간(사적 공간)에 머물렀으면 큰 문제가 없었을 글들이 내용 자체에 오해나 왜곡의 여지가 생기게 되며, 다양한 문제를 유발시키고 있는 것이다(고은태, 2011. 5. 27).

구체적으로 밝혀지지 않아서 그렇지 사실 이러한 사건들은 비일비재하다. 물론 이러한 사례들의 근본적 원인이 언론에 있다고 단정하기에는 무리가 따른다. 언론은 일반적으로 적절한 취재과정을 거치며, 보도의 내용이 진실인 경우가 많다. 또한 공적 기능을 수행한다는 측면에서 언론보도는 민주주의 사회에서 대단히 중요한 가치를 지닌다. 문제는 보도가 진실한 내용을 담고 있고, 공적인 역할을 한다고 하더라도 그로 인해 개인의 인격권이 침해되거나 그렇게 될 가능성이 있다고 판단되는 경우에는 보도 여부, 보도 방법에 대해서 신중을 기해야 한다는 것이다. 아울러 대중스타들이 많은 사람의 관심의 대상이라는 점에서 누리꾼들에 의한 사적 정보 게재 및 퍼나르기(유포) 행위 자체를 부정적으로 볼 수는 없겠으나 이 또한 대중스타들의 인격권을 침해할 소지가 있는 경우에는 주의를 기울여야 한다.

그러나 만일 대중스타들이 공인이라고 한다면 이들에 대한 법리의 적용은 사인(일반 사람들)과는 차별적으로 이루어져야 하며, 일반인에 비해 사생활의 보호 정도는 축소될 수밖에 없을 것이다. 문제는 법적으로 규제를 받지 않고 어느 정도로 이들의 사적 정보가 공개될 수 있는가 하는 점이 명확하지 않다는 것이다.[95]

95 연예인을 포함한 대중스타들은 오랫동안 언론의 더욱 악의적인 보도를 두려워하여 소송을 피하는 경향을 보였다. 비록 소송에 승리하여 언론을 처벌하더라도 해당 연예인은 이미 부정적인 이미지가 파급되어 연예인들에게는 소송이 별 실

미국의 경우 대중스타는 일반인보다 사생활 보호의 정도가 크지 않다는 것이 판결의 경향이다. 언론이나 누리꾼들은 아마도 이러한 점을 주장할 수 있을 것이다. 또한 대중스타가 공적 인물이므로 그들에 대해서 알고 싶어 하는 대중의 욕구를 충족시켜 주어야 한다는 주장도 가능할 것이다. 그러나 우리나라의 경우 대중스타의 사생활이 어느 정도 보호되는지, 또한 대중스타가 정말로 공적 인물에 속하는지, 그리고 이들의 사적인 정보가 알권리의 대상이 되는지에 대해 명확히 밝히고 있는 상급심 판례는 아직 나오지 않고 있다.

이러한 이해에 근거하여 본 장에서는 대중스타의 사적정보의 공개의 문제점을 짚어보고 이들의 공인성은 어느 정도이며, 또한 대중스타들의 사생활과 관련된 발언의 공개가 어느 정도 허용될 수 있는가를 기존의 연구들과 관련 판례의 분석을 통해 정리하고자 한다.[96]

2. 대중스타의 지위, 대중스타의 사생활 침해 유형과 해결 방식

1) 대중스타의 의미

비록 대중스타가 정치인이나 고위 공직자와 같이 권력을 가진 존재는 아니라고 하더라도,[97] 현대 사회에서 이들의 영향력을 부정

효성을 거두지 못했다. 그 때문에 법적 대응보다는 합의하는 선에서 문제를 해결하기도 하였다(한겨레, 2003. 3. 24).

96 우리나라의 경우 사생활 침해가 대부분 명예훼손과 직결되므로 차이 없이 판단되어 온 경향이 있었으나 최근 인격권으로서의 사생활의 가치가 중요시되면서 점차 독립적으로 분화되고 있다(이재진, 2006).

97 스타는 "권력이 없는 엘리트"라고 정의되기도 한다(Dyer, 1995, p.165).

할 수는 없다. 다시 말하자면 대중스타가 제도적 권력의 기반 위에 존재하는 것은 아니지만 이들의 생활양식이나 일거수일투족에 많은 사람들이 동조하거나 관심을 보이고, 나아가 사회적인 여론 형성에 있어서도 중요한 역할을 한다는 사실에서 이들의 사회적 영향력을 쉽게 생각할 수는 없다(권영성, 2008).

또한 직접적으로 정치적인 존재는 아니라고 하더라도 정치적인 쟁점을 어떻게 해결해 나갈 것인가의 방향설정에 영향을 끼치기도 한다. 다시 말하자면 대중스타가 중요한 결정권자(decision-maker)는 아니라고 하더라도 대중들의 표상에 대한 주요한 통제력을 발휘하며 특정한 사회적 역할을 강화하고 사람들의 신념이나 가치체계에 영향을 미친다고 할 수 있다(Dyer, 1995; Brown, 1980).

특히 알권리의 대상이 특정의 정치인 집단에 머무르지 않고 그 범주가 점차 커지고 있다는 측면에서 볼 때, 대중스타에 관한 정보는 알권리의 대상이라고 주장하는 경우도 늘어나고 있다(박용상, 2008). 그러나 이로 인하여 개인의 사생활과 표현(언론)의 자유가 충돌하는 일이 빈번하게 발생하게 된다. 비록 언론중재법에 관련 규정이 있기는 하지만 이러한 경우에 어떠한 법리를 적용할 것인지 판단하기가 쉽지 않다는 점에서 대중스타 분석의 의미를 찾을 수 있다.[98]

이와 같이 사회적으로 중요한 존재로 인정되는 대중스타란 도대체 어떤 사람인가? 대중스타란 유명세를 먹고 사는 존재이다. 대중

98 언론중재법 제5조 ② 인격권 침해가 사회상규에 반하지 아니하는 한도 안에서 피해자의 동의에 의하여 이루어지거나 또는 언론 등의 보도가 공공의 이익에 관한 것으로서, 진실한 것이거나 진실하다고 믿는 데에 정당한 사유가 있는 경우에는 법률에 특별한 규정이 없는 한 그 보도내용과 관련하여 책임을 지지 아니한다. 〈개정 2009. 2. 6〉

스타의 사회적 지위와 부를 가져다주는 것이 바로 대중스타의 유명세다. 이러한 유명세는 대중매체를 매개로 하는 것으로 대중매체에 자주 등장하여 많은 사람들에게 노출될수록 유명세를 더욱 크게 누리게 된다. 그런데 대중매체를 통하여 유명세를 누릴수록 이들의 사생활에 대한 침해는 불가피해진다. 특히 인터넷의 등장으로 사생활 침해의 가능성은 더욱 커지고 있는데, 대중스타의 경우에는 유명세의 대가로 일정 부분의 사생활을 포기할 수밖에 없다(Burr, 2004).

또한 대중스타는 연예인과 유사하게 재능과 명성, 그리고 생활양식으로 인하여 일반인에 알려지게 되고, 그 행위나 인격에 대해 일반인이 관심을 가지는 스포츠 스타를 포함한다고 할 수 있다(권영성, 2008). 대중스타인지 아닌지를 판단할 때 가장 중요한 요인은 대중매체와의 관계이다. 대중스타는 일반인보다 언론에 노출되는 빈도가 훨씬 높고, 대중으로부터 주목을 이끌어 내기 위해 자발적이고 적극적으로 언론에 접근하고자 하며, 때로 선정적이거나 부정적으로 보도되기는 하지만 이를 통해 유명세를 타게 되며 나아가 언론에 대해 반박하거나 해명하는 것도 용이할 수 있다(이재진, 2004).

구체적으로 대중스타는 세 가지 측면에서 일반인과 다르게 인식된다(윤성옥, 2007; Nordhaus, 1999; Ware, 1997). 첫째, 대중스타는 자신을 대중매체를 통해 널리 알리고 싶어하고 이를 추구하는 경향이 있다. 얼마나 자신이 알려지는가 하는 것이 궁극적으로 자신의 전문성이나 능력을 인정받는 척도로서 인식되기 때문이다.

둘째, 대중스타의 사생활은 대중들이 알고자 하는 공적인 정보로 인식되는 경향이 있다. 일반 수용자들은 대중스타가 어떻게 살아가는지를 알고 싶어 하기 때문에 공적인 관심영역에 존재한다고 인식된다. 언론은 대중스타의 사생활 정보를 전달하는 것이 국민의 알권리 충족이라는 의무를 행하는 것이라고 생각한다.

셋째, 대중스타는 이미 자신이 대중매체의 집중적인 조명을 받고 있기 때문에 사생활이 자신이 원하든지 원하지 않든지 언제든 노출될 가능성이 있다는 사실을 인식하고 있다고 판단하는 경향이 있다. 따라서 대중스타는 자신이 원하지 않는다고 하더라도 사생활이 노출되는 것에 대해서 인내심을 발휘해야 한다. 이러한 이유로 미국의 경우에 사생활 보호 관련법은 대중스타의 사생활이 언론에 의해 보호될 수 있는 여지를 남기지 않을 것이라는 지적이 있다.

2) 대중스타의 법적 지위

유명세를 통해서 대중의 관심을 끌고 있는 대중스타는 법적으로 어떠한 위치를 누리게 되는가? 누가 명예훼손이나 사생활 침해에 대한 수인성을 가지는 공인으로 대중스타의 범주에 속하는가? 이는 한 마디로 설명할 수 없다. 왜냐하면 명확한 공인인 정치인을 제외하면 유명인에 대해서는 많은 요인들을 고려해야 하기 때문이다. 그래서 대중스타의 범주에 누가 속하는가 하는 점은 기존의 논의나 관련 판례를 통해서 유추할 수밖에 없다. 즉 대중매체에 의해 유명세를 누리는 정도를 기준으로 협의의 대중스타와 광의의 대중스타로 구분할 수 있을 것이다. 협의의 대중스타 범주에는 독자들이나 시청자들에게 익숙한 가수, 배우, 탤런트, 개그맨, 모델 등을 포함할 수 있다. 또한 광의의 대중스타는 협의의 스타와 아울러 운동선수, 유명 앵커, 인기 정치인, 인기 강사나 교수를 포함한다(이재진, 2006).

그러나 대중스타라고 해서 모두 같은 정도의 사생활 침해가 인정되는 것은 아니다. 학계에서는 유명세를 타는 대중스타를 대개 공인으로 판단하는 경향을 보이고 있다(이승선, 2004, 2007; 김옥조, 2007). 특히 이승선(2004)은 공인을 자발적·정치적 공인, 자발적·비정치적 공인, 비자발적·정치적 공인, 비자발적·비정치적 공인의 4개 부류로 구분하였다. 구체적으로 자발적·정치적 공인은 공직자, 선출직 공무원, 법조계 인사, 언론 종사자, 고위직 군경 간부 등이며, 비자발적·정치적 공인은 대기업 경영진, 대학교수, 성직자, 문화계 고위 인사, 병원장급 인사, 비자발적·비정치적 공인은 사회적으로 널리 알려진 주요 범죄의 피해자나 가해자, 일시적으로 사회적 관심의 대상이 된 인물, 자발적·비정치적 공인은 탤런트, 가수, 모델, 배우, 스포츠 스타 등 이른바 연예인으로 분류한 바 있다(〈표 9-1〉).

한편, 학자에 따라 정의하는 공인의 분류범위와 명칭은 다르지만 〈표 9-2〉를 통해서 공통적인 유형을 살펴볼 때, 정치인, 공직자, 기업인, 언론사/언론인, 사회운동단체, 종교 지도자, 유명인과 함께 연예인과 스포츠 스타를 공인의 범주로 보고 있다는 사실을 확인할

〈표 9-1〉 공인의 범주

		정책결정·자원 분배 영향력	
		정치적(정책·자원분배 영향)	비정치적
미디어 접근 자발성	자발적 허용	자발적·정치적 공적 인물 (공직자, 정치인, 기관/단체)	자발적·비정치적 공적 인물 (연예인, 스포츠 스타)
	비자발적 감수	비자발적·정치적 공적 인물 (대기업 대표,[99] 고위문화계 인물)	비자발적·비정치적 공적 인물 (범죄 연루자, 피해자)

※ 출처 : 이승선(2004), p.307

99 이승선(2004)은 기업대표 등을 정치적이라고 명명했다. 이는 분류의 단순화를 위한 것이지, 실제로 기업대표가 정치인들과 행위양식이나 행위내용이 동일해

〈표 9-2〉 공인의 유형 비교

한상범 (1986)	이재진 (2003)	한위수 (2004)	이승선 (2007)	Pember & Calvert (2008)
정치인	정치인	정치인	자발적·정치적 공인	공직자 (public official)
공무원	공무원	공무원	비자발적·정치적 공인	전면적인 공인 (all-purpose public figure)
공적 인물	공적 인물	공무원/정치인의 친인척	자발적·비정치적 공인	논쟁사안의 공인 (vortex public figure)
경제사회 지도자	언론인	연예인	비자발적·비정치적 공인	제한적 공인 (limited public figure)
유명인	기업인	기업인	경계 영역적 인물	타인에 의한 공인 (involuntary public figure)
	기타	언론인		
		기타		

※ 출처: 이재진·이창훈(2010), p.249.

수 있다.

〈표 9-1〉과 〈표 9-2〉에서 확인할 수 있듯, 자발적이고 정치적 공인으로 된 부류는 미국 명예훼손법에서 판단하는 전적인 공인(all-purpose public figure)에 가까운 것인 반면, 비자발적·비정치적 공인은 제한적 공인(limited purpose public figure)에 속한다고 볼 수 있다(Pember & Calvert, 2007/2008).[100] 이러한 구도에서 대중스타를 위치 지운다면

서 분류한 것은 아니다. 정책결정 및 (정치적, 경제적) 자원의 배분에 영향을 미치고 있다는 측면을 고려한 것이다(이승선, 2004, p.307).

100 미국의 경우 대표적인 공인은 선출직 공직자나 입후보자, 정부의 중요 정책결정자, 고위공직자 등이다. 전적 공적 인물(all-purpose public figure)은 '유명인사'를 포함하는 것으로 연예인, 프로 스포츠 스타, 대기업 총수 등이 이에 해당한다. 여기에 더하여 공직자나 유명인은 아니지만 어떤 지위와 관련된 보도로 인해 또는 특정한 공적 논쟁에 참여하거나 센세이셔널한 범죄로 인하여 인지도가 높아진 인물을 '제한적인 공적 인물(limited public figure)'이라 한다. 예를 들어 유명 선수는 아니지만 경기의 승부조작에 연루된 것으로 지목된 선수나 흉악범 등이 이에 해당한다. 이러한 구분에 대한 비판도 많이 제기되고 있으나 미국 법원은 여전히 일관된 법리를 적용하고 있으며 프라이버시 관련

자발적·비정치적 공인과 비자발적·비정치적 공인 2개의 범주 모두에 속한다고 할 수 있을 것이며, 일반적 대중스타는 자발적·비정치적 공인으로, 범죄와 연루되어 언론에 보도된 경우는 비자발적이고 비정치적인 측면에서의 공인에 해당한다고 볼 수 있다. 다만, 선거와 관련하여 공적인 활동을 하는 경우는 자발적이며 정치적인 공인에 속한다고 할 수 있다.

그런데 공인 여부를 따지는 데 있어 이재진(2004)은 현재 대단히 인기 있는 대중스타와 과거의 대중스타의 보호 정도를 달리 해야 한다고 주장한다. 그는 〈표 9-1〉에서 볼 수 있는 공인의 범주화에 동의하면서도 일반적으로 공인이라고 볼 수 있는 '시효'가 존재한다는 점을 함께 고려해야 하기 때문에 현재 활발한 활동을 하고 있는가 아니면 과거에 어떠한 유명세를 누렸는가를 추가적으로 살펴보아야 한다고 지적한다.

그러나 이러한 다양한 견해에도 불구하고 아직도 법적으로 공인의 지위에 속할 수 있는 대중스타가 누구인가는 확실치 않다. 따라서 누가 공인에 속하고 누가 속하지 않는가의 이분법적 판단보다 특정 대중스타가 '공인성'이라는 일직선 상의 어느 한 곳에 위치하는가에 따라서 공인에 가까운지 아닌지를 판단해야 할 것으로 보인다. 대중스타의 사생활 침해가 법적인 분쟁으로 가는 일이 늘어나고 있으며 여전히 법원의 판단이 공인 여부를 결정하는 잣대가 된다는 점에서 기존의 판결례를 분석하여 공인성의 정도를 판단할 수 있는 기준들을 제시할 수 있을 것이다. 이러한 기준을 통하여 논란이 된 인물이 '상당한 정도 공인에 가깝다고 판단되는 경우'에는 현

분쟁에도 적용된다(염규호, 2000; Pember & Calvert, 2007/2008).

재 공인으로 분류되는 인물들과 유사한 정도의 법적 기준을 적용해야 할 것이다.

미국의 경우 공인과 관련하여서는, 비록 개인적으로는 사생활 침해에 해당할 수 있는 사안도 그 내용이 해당 지역사회에서 중요한 공적 관심사가 되는 경우 초상권 침해를 포함한 사생활 침해에서 대개 면책되는 경향이 있다. 예를 들어 보도에 있어 공적 이익의 대상이 되는 공직자나 공적 인물들의 초상권은 대개 인정되지 않으며(Page v. Something Weird Video, 24 Media L. Rep.(BNA) 1489), 사인의 경우에도 상업적인 도용이 아닌 공익적인 순수한 뉴스 기사의 경우 초상권이 인정되지 않는다(Baugh v. CBS, Inc., 828 F.Supp. 745(N.D.Cal. 1993)).

3) 대중스타의 사생활 침해 유형과 해결 방식

대중스타의 사생활이 모두 보호받지 못하는 것은 아니지만, 대중스타에 대한 소식은 공중의 정당한 관심사일 뿐만 아니라 이들의 사생활과 관련된 소식도 국민의 알권리의 일부라고 판단되고 있다. 이러한 법리적 혼란 속에서 스타의 사생활 침해가 계속 발생하게 된다. 스타의 권리침해 유형을 106건의 판결례를 통하여 본격적으로 연구한 윤성옥(2007)에 따르면, 1991년부터 2007년까지의 전체 소송 건수의 47.2%(명예훼손 45.3% + 기타 1.9%)를 제외한 52.8%가 사생활이나 초상권 또는 퍼블리시티권 침해와 관련되었다. 이 중 가장 많은 건수는 초상권 침해로 나타났으며, 사적 정보의 공개를 통해서 사생활이나 명예를 훼손한 경우는 13건(13.3.8%), 범죄에 연루되어 보도된 경우는 4건(4.1%)으로 나타났다. 사적 정보와 관련된 경우 그 내용은 열애설, 결혼 및 이혼, 성형수술 등 사적인 영역에 관한 것이었다.

대중스타들의 손해배상 청구액은 대개 1억 원 이상이었으며, 20억 이상 청구한 경우도 2건으로 나타났다. 이에 대해 법원이 인용한 경우 손해배상액을 1천만 원에서 1억 원 이하로 책정하고 있어 손해배상 청구액에 비해 상당히 낮은 금액의 손해배상을 명하고 있는 것으로 나타났다. 남성 스타의 경우에는 범죄연루 보도에 있어서 높은 비율을 차지하였고, 여성 스타의 경우에는 음란이나 선정성에 관련된 것이 남성보다 훨씬 많았다. 전체 106건의 소송에서 매체가 피소인으로 나타난 경우는 34건이었고, 이 중 인터넷이 피소된 경우는 4건(11.8%)으로, 인터넷도 스타의 명예훼손이나 사생활 침해에 대해서 일정 부분 책임을 지게 된다는 것을 알 수 있다. 가장 많이 피소된 매체는 일간 스포츠지로 13건으로 나타났다(38.2%).

3. 관련 판례 분석

대중스타가 누구인가를 명확히 하기 어려운 것과 같이 대중스타들의 사생활 침해에 관련된 판례를 모두 수집하고 분석하는 것은 실제로 불가능하다. 따라서 여기서는 대중스타를 유명연예인과 스포츠 스타에 국한하여 이들과 관련된 대표적 판례들을 살펴보고자 한다. 이러한 것은 자의적 판단에 근거하는 것이지만 적어도 대중스타의 공익성을 판단할 수 있는 기준을 구성하는 요인을 찾는 데는 큰 무리가 없을 것이라 생각된다. 대중스타들의 사생활 침해로 인한 소송은 대개 대중매체나 인터넷을 통한 사적인 사실(정보)을 공개하거나 초상권을 침해함으로써 발생하게 된다.

1) 공인으로 규정된 대중스타(연예인, 스포츠 선수) 관련 판례

연예인은 1990년대 초부터 공인으로 인식되어 왔다. 그러나 스포츠 선수의 경우 2006년에 와서야 공인으로 규정한 판례가 도출되었다(이재진 · 이창훈, 2010). 이렇게 연예인과 스포츠 선수를 공인으로 규정한 판례가 도출된 이후 2011년 현재까지 도출된 연예인 관련 판례는 4건(서울중앙지법 남부지원 1993. 9. 2. 선고 92가합18321 판결; 서울고법 1994. 4. 14. 선고 93나43059 판결; 서울고법 1994. 5. 26. 선고 93나39814 판결; 서울중앙지법 2007. 1. 24. 선고 2006가합24129 판결)이다. 판결문을 통해 연예인의 경우 영화배우, 탤런트, 유명 가수나 미스코리아 등이 공인으로 규정되어 왔다는 사실을 확인할 수 있다(이재진 · 이창훈, 2010). 예컨대, 1993년 영화배우 최유리에 대한 판례에서 재판부는 "원고는 영화배우 등으로 활동하는 연예인으로 일반 대중들에게 미치는 영향이 크다고 할 수 있는 공인"이라고 규정한 바 있다(서울중앙지법 남부지원 1993. 9. 2. 선고 92가합18321 판결). 또한 전 탤런트인 차화연에 대한 판결에서 재판부는 "1978년경부터 TV 탤런트로 활동하여 왔으므로 공인으로서의 신분을 가지고 있었다"고 판시함으로써(서울중앙지법 2007. 1. 24. 선고 2006가합24129 판결) TV 탤런트 활동과 일반 대중에게 미치는 영향력의 크기를 공인의 요건으로 제시한 바 있다.

한편, 스포츠 선수의 경우 2006년 이종범 외 122명이 게임업체를 상대로 낸 소송(서울중앙지법 2006. 4. 19. 선고 2005가합80450 판결)에서 최초로 공인으로 규명한 판례가 도출된 바 있다. 재판부는 "원고들은 언론을 통한 프로야구 경기중계, 인터뷰, 광고 등으로 인해 공적 인

물이 되었으므로…"라고 판시해 비교적 많은 선수들에 대해 공인으로 규정하였다. 이후 스포츠 선수를 공인으로 규정한 판례는 도출되지 않고 있다. 스포츠 선수를 공인으로 봐야 하느냐에 대한 논란 속에서 프로선수나 유명세가 높은 선수들을 중심으로 자발적인 매체 노출과 자칭을 매개로 공인으로 보는 경향이 커지고 있다는 사실을 확인할 수 있다(이재진 · 이창훈, 2010).

2) 판례에서 나타난 대중스타

그러나 우리나라 법원은 사생활 침해와 관련하여 대중스타가 누구인가에 대해서 명확하게 정의를 내리고 있지는 않다. 이에 여러 판결을 종합적으로 판단하여 유추할 수 있을 것으로 보인다. 서울고등법원 96나24196(1996. 9. 20. 선고), 2003나55334(2004. 10. 12. 선고)와 서울중앙지방법원 2004가합82527 판결, 2004가합82527(2005. 7. 6. 선고) 판결 등에 의하면 대중스타는 '일반인에게 널리 알려진 유명 연예인 또는 유명 인기 연예인, 연예인으로서 널리 알려진 인물 등 대중에게 미치는 영향력이 큰 인물'을 의미하며, 이러한 부류의 사람들을 공인으로 인정하고 있는 것으로 파악할 수 있다.[101]

다시 말하자면 대중스타가 되기 위한 요건은 전술한 '유명세'가 있어야 하며, '인기'를 누리는 연예인이어야 하며, 이들이 대중매체를 통해서 대중에게 상당한 '영향력'을 행사할 수 있는 인물이어야 한다. 예컨대, 서울지법 남부지원의 92가합18321 판결(1993. 9. 2. 선고)은 탤런트 활동이 일반 대중에게 미치는 영향력을 고려할 때 영화

101 판례의 전체적 경향은 대중스타의 법적 지위에 대해 일관되게 공인으로 인식하고 있는 것으로 나타났다(윤성옥, 2007).

배우는 공인에 해당한다고 판단하고 있다. 이때 영향력이란 공적인 절차에 자발적으로 참여하여 영향력을 행사하는 것을 포함할 뿐만 아니라 간접적으로 사회적 영향력을 발휘할 수 있는가의 여부를 따져서 판단해야 할 사항이라고 정의된다.

그러나 대중스타라고 하더라도 연예계 현역에서 은퇴한 경우에는 공인으로 인정하지 않는 판결이 있다. 한때 유명 여배우였던 원고의 동생과 관련하여 동생이 마치 원고의 숨겨진 딸인 것 같은 인상을 보도한 데 대해 원고의 사생활 침해를 인정한 사건에서, 법원은 "원고는 기사를 작성할 당시 이미 영화계를 은퇴하고 가정생활에 전념하고 있어 더 이상 공인으로 볼 수 없다"고 판시하였다(서울중앙지법 1997. 2. 26. 선고 96가합31227 판결).

서울지방법원은 2001년 12월 19일 유명 가수 신해철 씨가 윤 모 씨와의 근거 없는 결혼설이 보도되는 바람에 피해를 입었다며 한 스포츠 신문을 상대로 낸 손해배상 청구소송에서 원고 승소 판결을 내렸다. 재판부는 비록 신해철의 결혼 얘기가 대중의 정당한 관심사에 해당하는 내용이기는 하지만 보도내용의 상당성이 인정되지 않아 위법하다고 판결했다. 법원은 언론사가 제대로 사실 확인을 하지 않은 점을 지적하면서 "신해철과 결혼한 사람이 미스코리아 뉴욕 진 출신이라는 점만으로 공인으로 보기는 어려운 만큼 실명과 사진을 게재한 것은 부당하다"고 하여 대중스타의 기준이 유명세를 포함한다는 것을 다시 한 번 확인하였다.

이러한 법원의 판단을 종합해 보면 대중스타가 누구인지 명확하게 판단하기보다는 여러 요소를 고려하여 일직선 상의 위치를 지움으로서 대중스타인지 아닌지를 가릴 수 있을 것으로 판단된다. 다시 말하자면 과거보다는 현재, 인기를 누리고, 유명하며, 대중의 관심을 끌며, 사회적 영향력이 있고, 대중매체에 자주 등장하며, 대중매체에의 접근이 용이할수록 공인에 가깝다고 하겠다. 공인이라는 일직선 상의 어느 곳에 위치할 것인가는 궁극적으로 법원이 판단할 일이지만 적어도 위의 요건들을 만족시킬 수 있는 인물은 공인에 속하는 대중스타로서 인식할 수 있을 것이다.

3) 사생활 정보의 공개에 대한 법원의 판단

원칙적으로 개인의 내밀한 영역에 속하는 정보의 경우, 이를 본인의 동의 없이 함부로 공개해서는 안 된다. 예를 들어 이혼 여부와 사유, 출생의 비밀, 개인의 병력(병의 유무)과 같이 타인에게 부정적으로 비춰지거나 오인을 야기할 수 있는 정보는 함부로 보도할 수 없도록 되어 있다. 만일 이러한 보도를 통해 개인의 인격권이 침해된다면 내용의 진실성 여부와 상관없이 민사 상의 책임을 지게 된다. 이에 대해 우리 대법원은 사람은 자신의 사생활의 비밀에 관한 사항을 함부로 타인에게 공개 당하지 아니할 법적 이익을 가진다고 판시한 바 있다(대법 1998. 9. 4. 선고 96다11327 판결).

그러나 대법원은 모든 사생활의 비밀이 공개되지 못하는 것이 아니라 "그것이 공공의 이해와 관련되어 공중의 정당한 관심의 대상이 되는 사항이 아닌 한"이라는 단서를 달고 있다. 즉 공적인 관심사와 관련되고 공익적 목적에 부합하는 경우 사생활에 대한 정보는 공개될 수 있다는 것이다. 물론 사생활의 공개를 허용하는 경우에도 당사자의 동의를 얻어야 하고, 동의를 얻은 범위 내에서만 공개되어야 하지만 공개의 허용 정도는 일반인과는 달라질 수 있다.

따라서 현행법 상 일반인의 경우에는 원칙적으로 유효한 동의가 없이는 사적인 영역에 대해 보도하거나 공개할 수 없다. 다만 공인에 해당하는 경우에는 동의 없이 사적인 사항을 공개한 경우에도 공적인 관심사에 해당하거나 또는 공공의 정당한 알권리가 인정되는 범위 내에서는 위법성이 조각될 수 있다고 하겠다.

그러나 법원은 유명 여성 연예인의 성행위가 담긴 비디오테이프의 내용을 몇 장의 사진과 함께 보도한 사건에서, 원고가 공인이라서 사생활 침해를 감수해야 한다는 피고의 항변을 수용하지 않은 바 있다(서울중앙지법 2000. 10. 11. 선고 99가합109817 판결). 법원은 "(연예인이 되기 전의) 원고를 공인이라고 할 수 없고, 설사 원고가 이 사건 비디오테이프를 통해서 공인이 되었다고 하더라도 그를 통해 공적인 관심사가 된 것은 이 사건 비디오테이프를 찍었다는 사실 자체이지 이 사건 비디오테이프가 담고 있는 영상이나 음향의 내용은 아니다"고 언급하였다. 또한 법원은 비디오테이프에 담긴 내용이 이미 공지된 사실이고, 촬영에 응한 원고가 추후 공개될지 모른다는 위험을 감수한 것이며 법익을 포기하거나 침해를 묵시적으로 추인했다는 것으로 항변하였으나 법원은 이를 모두 배척하였다.

이 판례에서 주목할 점은 법원이 진실한 사실, 즉 비디오테이프가 있다는 사실은 정당한 관심사라고 보았으나 사실의 세부적 내용, 즉 그 비디오테이프를 어떤 사람과 찍었는가 등에 관한 것은 정당한 관심사에 속하지 않는다고 판단하고 있다는 것이다(김경환, 2006). 즉 유명연예인의 성생활과 관련된 세세한 정보는 공적인 이익에 부합하는 공중의 정당한 관심사의 영역에 속하지 않는다고 판단하고 있었다.

원고의 결혼과 이혼 전력, 결혼 생활, 출산과 양육에 관한 사항을 공개한 사안이 문제된 판결에서 법원은 "사생활 공표의 위법성은 공표된 사생활이 공중의 정당한 관심의 대상이 되는 사항인지 여부(표현 목적의 공공성), 공표된 내용이 진실에 부합하는지 여부(표현 내용의 진실성), 사실을 왜곡하거나 주제와는 무관한 내용이 포함되어 있는지 또는 주로 호기심에 호소하는 흥미 본위의 품위 없는 표현을 사용한 것은 아닌지 여부(표현 방법의 상당성) 등을 종합하여 개별·구체적으로 판단함이 상당하다"고 판시함으로써 비교형량의 기준을 제시하고 있다(서울중앙지법 2005. 8. 12. 선고 2004가합47227 판결).

결국 사생활 침해로부터 면책되기 위해서는 무엇보다 공익성의 여부가 중요하다. 공익성과 관련된 판례를 분석한 연구에 따르면 공적인 이익에 관련된 내용은 크게 ① 국가안전보장과 사회질서유지, ② 반사회범죄방지, ③ 대중계몽, ④ 소비대중 이익보호와 사회적 손실의 4가지 주제와 직접 관련된다(이재진 · 이성훈, 2003).

이러한 4가지 주제와 관련된 사적인 정보의 경우에는 공개를 통해 달성할 수 있는 이익이 개인의 권익에 대한 보호보다 크기 때문에 공개가 가능할 수 있다. 그러나 공익성에 대하여 우리 법원은 공중의 정당한 관심사인가 또는 원고가 공인인가를 통해 판단하거나, 이를 동시에 거론하는 경우도 있었다. 즉 공익성의 구성요건에 공인으로서의 원고의 지위와 공적인 목적을 혼재하여 사용하는 것으로 나타났다.

실제로 대중스타의 사생활과 관련된 보도의 많은 부분이 이들의 연애 관계, 성형수술, 부부불화, 이혼문제, 또는 심한 경우 자살 원인 등에 관한 것들이다. 판례에 따르면 일반인들의 경우에는 이러한 내용의 공개는 당연히 사생활 침해 분쟁으로 연결될 수 있다. 반면 대중스타의 경우에는 사적인 정보가 공개된다고 하더라도 이것이 공익적 목적에 부합하는 공중의 정당한 관심사에 속한다고 법원이 판단하게 되면 위법성이 조각될 수 있을 것으로 이해된다.

중요한 것은, 전술한 바와 같이 우리 법원은 대중스타가 완전히 사생활의 비밀 보호를 포기한 것으로 보고 있지는 않다는 것이다. 다시 말하자면 일정한 부분의 사생활 보호는 인정한다는 것이다. 그러나 여전히 어떠한 사안을 보호해야 되는가(어떤 것은 왜 안 되는가?) 하는 문제, 인터넷 게시판에 공인으로서의 대중스타들의 동의를 일일이 얻어서 올려야 하는가에 대한 근거는 아직 제시되지 못하고 있다.

4) 대중스타의 초상권 침해에 대한 법원의 판단

대중스타들이 비록 개인적 정보의 공개에 있어서는 덜 보호될 수밖에 없다고 하더라도 초상권과 관련해서는 상당한 보호를 받는다. 우리나라 법제도 이러한 부분은 명확히 하고 있다. 법원에서 시사하는 바와 같이 대중스타들의 유명세는 대중스타들이 개별적으로 어떤 사람인가보다는 이들이 대중에게 전달되는 이미지에 근거하고 있다. 따라서 이들의 이미지가 함부로 훼손된다면 이는 심각한 사생활 침해가 될 수 있을 것이다. 특히 초상권이 침해되는 경우 문제가 된다.

초상권이란 개인의 얼굴, 기타 사회통념상 특정인임을 식별할 수 있는 신체적 특징에 관하여 함부로 촬영되고 공표되지 않으며, 광고 등의 영리적 목적에 이용당하지 않을 권리라고 할 수 있다.

구체적으로 이러한 권리는 ▲자신의 초상이 함부로 촬영, 작성되는 것을 거부할 수 있는 권리, ▲초상이 함부로 공표, 복제되는 것을 거부할 수 있는 권리, ▲자신의 초상이 함부로 영리목적에 사용되지 않도록 할 수 있는 권리를 일컫는다(박용상, 2008). 이러한 초상권은 언론중재법 제5조 제1항[102]의 인격권 개념에 속하는데, 아직 우리 대법원은 초상권에 대해 명확한 정의를 내리고 있지 않다.

하급심 법원은 대중스타에게 있어 초상권이란 사생활 침해보다는 재산권 침해의 성향이 강하다고 판단하고 대중스타의 초상권 침해 부분에 대해서는 상당히 엄격한 잣대를 들이대고 있다. 법원은 우선 "초상권이라 함은 사람이 자신의 초상에 대하여 갖는 인격적, 재산적 이익을 의미하는 것으로서, 헌법 제10조(행복추구권),[103] 민법 제751조 제1항(재산 이외의 손해의 배상)[104] 등의 규정에 의할 때 모든 국민은 인격권의 일종으로서 초상권을 침해받지 아니할 권리가 있다. 이러한 초상권은 사람이 자기의 얼굴, 기타 사회 통념상 특정인임을 식별할 수 있는 신체적 특징에 관하여 함부로 촬영 또는 작성되지 아니하고, 촬영된 사진 또는 작성된 초상이 함부로 공표, 복제되지 아니하며, 초상이 함부로 영리목적에 이용되지 아니할 권리를

102 언론중재법 제5조(언론 등에 의한 피해구제의 원칙) ① 언론·인터넷뉴스 서비스 및 인터넷 멀티미디어 방송(이하 "언론 등"이라 한다)은 타인의 생명·자유·신체·건강·명예·사생활의 비밀과 자유·초상·성명·음성·대화·저작물 및 사적 문서 그 밖의 인격적 가치 등에 관한 권리(이하 "인격권"이라 한다)를 침해하여서는 아니 되며, 언론 등이 타인의 인격권을 침해한 경우에는 이 법에서 정한 절차에 따라 피해를 신속하게 구제하여야 한다. 〈개정 2009.2.6〉

103 헌법 제10조는 "모든 국민은 인간으로서의 존엄과 가치를 가지며, 행복을 추구할 권리를 가진다. 국가는 개인이 가지는 불가침의 기본적 인권을 확인하고 이를 보장할 의무를 진다"고 규정하고 있다.

104 민법 제751조 제1항은 "타인의 신체, 자유 또는 명예를 해하거나 기타 정신 상 고통을 가한 자는 재산 이외의 손해에 대하여도 배상할 책임이 있다"고 규정하고 있다.

포함하는 것"이라고 밝히고 있다(서울지법 2000. 7. 4. 선고 99나83698 판결).

법원은 또한 "고유의 명성, 사회적 평가, 지명도 등을 획득한 배우, 가수, 스포츠 선수 등과 같이 대중의 인기에 의하여 뒷받침되어 그 존재가 사회에 널리 알려지기를 바라는 유명인사"의 퍼블리시티권을 인정하고 있다(서울지법 2000. 7. 14. 선고 99가합84901 판결). 같은 맥락에서 "유명 연예인"의 성명, 초상, 음성, 연기 등을 본인의 동의 없이 함부로 사용하는 행위는 불법행위라고 판단하고 있으며(서울고법 2000. 5. 16. 선고 99나30444 판결), "재산적 가치를 가지는 유명인의 성명, 초상 등 프라이버시에 속하는 사항을 상업적으로 이용할 수 있는 퍼블리시티권은... 인격권과는 별도로 법으로 보호된다"고 판단하고 있다(서울지법 1999. 7. 30. 선고 99가합13985 판결). 그러나 "사회적으로 널리 알려져 있는 공적인 인물의 경우 그 인물의 명예가 상당히 침해되지 않았다면 예술의 자유와 출판의 자유라는 법익을 이익형량해야 한다"는 취지의 판결도 있다(서울지법 1996. 9. 6. 선고 95가합72771판결). 이러한 판결경향을 종합하자면 대중스타의 경우 이들이 공적 인물에 속한다고 하더라도 동의를 받지 않거나 공공의 이익을 위한 것이 아닌 경우에는 초상권 침해가 면책되지 않는다는 것을 알 수 있다.

4. 대중스타의 공인성 판단 기준과 공인에 대한 사생활 보도에 있어서의 함의

현대사회의 시대적 우상으로 떠오른 대중스타들이 공인에 속하는지 그리고 이들에 대한 사적 정보의 공개나 초상권의 침해가 어느 정도 허용될 수 있는지에 대하여 명확하게 판단하는 것은 어렵다. 기존의 학술적인 논의나 법원의 판결문을 통해서도 이러한 문제를 명확히 해결하기는 불가능해 보인다. 선례구속의 원칙이 없는 우리나라의 법체계에서 이러한 판단은 결국 개별 사건들을 다루는 판사들의 판결에 따를 수밖에 없다. 이러한 점에서 판사들은 표현(또는 언론)의 자유와 개인적 인격권이라는 이익을 적절하게 비교형량해야 하는 부담을 지게 될 것이고, 판결 과정에서 다양한 요인들을 고려하게 될 것이라고 예상할 수 있다.

결국 대중스타의 공인으로서의 지위나 이들의 사생활 침해 정도에 대한 허용 여부 등은 현재 점차 자리를 잡아가고 있는 소위 '공인이론'으로 판단하기에는 무리가 따를 것으로 보인다. 따라서 대중스타가 법원의 판례에서 정의하고 있는 공인의 범주에 속하는가의 문제는 대중스타가 공인이냐 아니냐의 이분법적 판단보다는 정도의 판단에 근거해야 할 것으로 보인다. 다시 말하자면 대중스타의 영향력과 대중스타에 대한 사생활 침해적 표현이 발생한 사회문화적 배경 등 다양한 요건들을 고려하여 문제가 된 표현과 관련된 대중스타가 상당한 정도 공인의 범주에 속한다고 판단된다면 현재 공인에게 적용되는 사생활 관련 법리가 적용되어야 할 것으로 사료된다.[105]

우리나라의 경우 대중스타에 대한 기존의 판례들이 다소 혼재된

---

105 헌법재판소는 "신문보도의 명예훼손적 표현의 피해자가 공적 인물인지 아니면 사인인지, 그 표현이 공적인 관심 사안에 관한 것인지 순수한 사적인 영역에 속하는 사안인지의 여부에 따라 헌법적 심사기준에는 차이가 있어야 한다"고 명시하였다(헌재 1999. 6. 24. 선고 97헌마265 결정).

판단양상을 보이고 있다. 또한 공인으로서 대중스타의 유효기간에 대해서도 고려를 해야 하는 상황이다. 따라서 우리 재판부가 공인으로서의 대중스타와 관련하여 명확한 판단을 내리는 것이 쉽지 않을 것으로 예상된다. 따라서 공인으로서 대중스타들에 대한 일반적인 평가가 자리를 잡을 때까지는 '공인성 정도'에 대한 인식에 근거할 수밖에 없을 것이라 여겨진다. 즉 공인인지 아닌지를 양극으로 하는 선상의 어느 곳에 위치하는가에 대해 여러 요인을 통해 판단하고 상당한 정도 공인에 기울어져 있다면 공인으로 판단해도 무방할 것이다.

그렇다면 어떠한 요인들이 고려되어야 하는가? 우리나라 법률과 판례에서 나타난 사생활 침해의 가장 기본적인 판단요인은 '보도의 목적'이다. 이는 해당 인물의 공인성 판단과 상관없이 공개의 목적이 공익적인 것인가의 여부, 그리고 그 내용이 공중의 정당한 관심사에 관련된 것인가에 의해 결정된다. 따라서 공익적 목적의 보도를 위한 공개인지 아니면 사적인 목적의 공개인지 등을 통해서 목적성 여부 등을 판단해 볼 수 있을 것이다. 또한 사적인 정보의 공개가 국민들의 알권리 충족에 얼마나 기여하는가 하는 점도 판단해야 한다. 그러나 이러한 요인은 대단히 추상적이라는 점에서 이를 명확히 알기 위해서는 하위 요인들을 살펴보아야 한다.

기존의 판례나 학술적 연구들은 ① 정치적인가 아닌가 하는 요인과, ② 자발적인가 아닌가 하는 요인을 중요한 판단 기준으로 제기하고 있다. 즉 관련 대중스타가 정치적인 인물인가 그렇지 않은가 하는 점과 공적 결정(public decision)에 영향을 미치기 위해서 자발적으로 참여했는가 아닌가를 판단해야 한다는 것이다.

이러한 정치성이나 자발성의 요인 이외에도 대중스타의 ③ 유명세를 살펴보아야 한다. 즉 얼마나 대중에게 알려져 있으며 대중의 정당한 관심이 높은가를 판단해야 한다. 이러한 요인과 함께 ④ 현재 활동 중인가 하는 요인도 살펴야 한다. 왜냐하면 현재 시점에서 유명한 사람이 과거의 유명인보다는 더욱 공인에 가까울 수 있기 때문이다. 아울러 해당 인물의 공개된 정보가 ⑤ 범죄보도 등을 포함하는 사회적 쟁점에 얼마나 관련되어 있는가를 고려해야 한다. 이밖에 법원에 따라서는 해당 인물이 ⑥ 미디어에 대해 얼마나 용이하게 접근할 수 있는지를 고려할 수 있을 것으로 보인다.

이처럼 다양한 요인들을 고려하여 종합적으로 판단한 후 해당 인물이 공인에 얼마나 가까운가를 판단하고 사생활 침해여부를 결정해야 할 것으로 보인다.[106] 앞에서 열거된 요인들 중 어디에 우선순위를 두어야 할 것인가에 대해서는 판결 담당자에 따라서 다를 수 있을 것이다. 또한 더 많은 판결이 나오면서 다른 고려 요인들이 도출될 수 있을 것으로 보인다. 그러나 결국은 판사들이 이러한 요인들을 최대한 상황에 맞게 고려하여 공인성 여부와 공개의 인격권 침해여부 등을 판단하게 될 것이다.

이승선(2004)은 공인 판단과 사생활 침해에 있어 공직자와 같은 명확한 공인과 그렇지 않은 공인을 법적으로 달리 판단하는 이중적

---

106 유사하게 박용상(2008)은 개인의 인격권과 표현의 자유(알권리)와의 비교형량을 위해서는 하나의 기준에 의존할 것이 아니라 개인 법익의 종류와 부문에 관하여 세분화를 시도하고, 그에 대립하는 공익을 다양한 조합에 의해 비교형량하는 방안을 고려해야 한다고 지적한다. 이러한 고려 요인에는 보도가 공적 인물 또는 사인을 대상으로 한 것인가, 또 공적 인물에는 그 지위 및 공공 참여도에 따라 여러 유형이 존재하며, 그러한 공적 인물에 대한 보도라 할지라도 그 사안이 그의 여러 생활영역 중 사적 영역에 관한 보도인가, 공적 영역에 관한 보도인가를 검토해야 한다고 주장한다.

인 잣대가 필요하다고 보았다. 이러한 판단은 올바른 것으로 보인다. 그러나 이와 함께 해당 스타가 얼마나 공인에 가까운가 하는 공인성 정도 판단이 병행되어야 할 것으로 보인다. 비록 상당한 공인성을 가진 사람과 그렇지 않은 사람의 차이 정도가 어느 정도 유의미하며 어떤 방식으로 법을 달리 적용할 것인가에 대해서는 좀 더 논의가 필요할 것이다. 다만, 공인의 범주가 점차 확대되어가고 있다는 점을 감안하여 최대한 다양한 요인들을 고려한 공인성 정도 판단을 통해 문제를 해결한다면 큰 문제가 없을 것이라 생각된다.

그러나 대중스타가 비록 공인으로 판단되었다고 하더라도 이들의 사생활이 완전히 보호되는 것은 아니라는 점에서 사생활에 대해 어떤 내용을 어느 정도까지 허용할 수 있는가 하는 문제는 여전히 쉽지 않은 과제이다. 실제로 잘못된 사적 정보의 공개가 엄청난 사회적 파장을 불러일으켜 대중스타들의 활동을 막아버릴 수도 있기 때문이다. 그러나 현대 대중스타들의 경우, 언론이나 인터넷 등을 통하여 자신들의 생활기반이 되는 인기를 얻고자 하며 때로는 이를 위한 홍보전략으로 사생활을 공개하는 등의 활동도 공공연히 하고 있다는 점, 그리고 자신들이 원하지 않은 내용은 언론에 보도되지 않도록 압력을 가할 수도 있다는 점 등에서 사생활 공개의 허용의 범위를 정하는 것은 쉽지 않을 것이다.[107]

기존의 논의와 법원의 판결례 분석을 통해서 나타난 바에 따르면 공인에 대한 공적인 정보는 공개가 가능하다. 다만, 공인의 사적

---

107 대중들은 언론을 통해 연예인 부부가 증가하고 있고 이들이 어떻게 결혼에 이르게 되었는가에 대한 사랑이야기를 심심찮게 접하게 된다. 이들의 결혼 발표라든가 또는 결혼식 행사에 대한 보도가 대중스타들의 인기를 배가시키며 동시에 엄청난 부가가치를 창출하는 홍보효과를 낳게 된다.

정보의 경우 어느 정도까지 공개할 수 있는지는 명확치 않다. 그러나 언론중재법과 판례에 근거하자면 일단 공인으로 인식되는 경우 사적인 정보라고 하더라도 공개가 사회상규에 어긋나지 않으며 그 내용이 공중의 정당한 관심의 영역에 속하는 것으로 판단되는 경우에는 공개가 가능하다고 할 것이다. 그러나 법원은 단순히 공중의 정당한 관심사보다 그 사실이 진실에 가까운 경우에 공개가 가능하다고 판단하고 있는 것으로 보인다. 공개가 가능한 것은 실제 내용의 큰 주제나 사실 자체(예를 들어 누가 결혼을 했다, 누가 이혼을 했다)이지 그 세부적인 내용이 아니라는 것(예를 들어 누구와 결혼을 했는가, 왜 이혼을 했는가)이라고 일관된 판단을 내리고 있다. 이러한 법원의 판단은 자칫 표현(언론)의 자유와 알권리를 침해할 가능성이 있다. 왜냐하면 세부적 내용이 담겨져 있지 않은 기사는 무의미하기 때문이다.

따라서 공인의 사적정보 보도에 있어서는 적절한 비교형량이 이루어져야 한다. 박용상(1997)은 "내밀한 영역의 경우 보도가 원칙적으로 허용이 안 되며 공적인 영역이나 사회적 영역에 관한 것인 경우 이는 최대한 허용한다. 그 사이에 속하는 사사(私事)적 영역에 있어서는 양자의 이익형량에 따라서 공개의 여부가 결정되어야 한다"고 간파하고 있다. 이에 따르자면 현재의 우리 법리는 사적인 정보 중 내밀한 영역과 사사적 영역을 구분하고 있지 않기 때문에 공인과 사인의 법적용 상의 차별성이 거의 없다. 공인의 사사적 영역의 경우에는 특정 사실을 동의 없이 또는 묵시적 동의하에 밝힐 수 있는 가능성이 좀 더 열려있어야 하는데 이러한 영역에서도 법원의 판단은 엄격한 것으로 보인다. 이러한 법원의 엄격한 법리해석은 좀 더 유연해져야할 필요가 있을 것으로 판단된다. 그래서 당사자가 유명세를 타고 있는 대중스타로서 공인에 속한다고 판단되는 경우 사생활과 관련된 정보라 하더라도 사회적 상규에 어긋나지 않는 긍정적인 내용인 경우라면 공적인 관심사에 속하는 사사적인 것으로 보는 것이 상당하다고 여겨진다. 그 영역 또한 점차 넓혀 가는 것이 바람직해 보인다. 만일 그 내용이 사실이 아닌 경우에는 차후에 이를 관련법을 적용하여 해결하면 될 것이다. 인터넷과 대중매체가 밀접하게 얽혀있는 시대를 살아가는 대중스타들은 점차 무거워지는 짐을 지고 갈 수밖에 없을 것으로 생각된다.

표현, 언론 그리고 집회결사의 자유

참고문헌

◆ 책

강명구(1994). 《한국 저널리즘 이론》. 파주: 나남.
권영성(2008). 《헌법학원론》. 서울: 법문사.
국가인권위원회(2004). 《인권백서 1집》. 서울: 국가인권위원회.
김성천·김형준(2001). 《형법각론》. 서울: 동현출판사.
김옥조(2007). 《미디어법》. 서울: 커뮤니케이션북스.
명승은(2008). 《미디어2.0-미디어 플랫폼의 진화》. 서울: 한빛미디어.
문재완(2008). 《언론법》. 서울: 늘봄.
박상기(2005). 《형법총론》. 서울: 박영사.
박용상(1997). 《언론과 개인 법익》. 서울: 조선일보사.
박용상(2003). 《표현의 자유》. 서울: 현암사.
박용상(2008). 《명예훼손법》. 서울: 현암사.
변재옥(1999). 《정보화사회의 프라이버시와 표현의 자유》. 서울: 커뮤니케이션북스.
성낙인(2008). 《헌법학》. 서울: 법문사.
신 평(2004). 《명예훼손법》. 서울: 청림출판사.
안주열(2007). 《표현의 자유와 인격권》. 서울: 지금여기.
오승훈 역(2006). 《표현 자유의 역사》. 서울: 시아출판사.
오영근(2006). 《형법각론》. 서울: 박영사.
윤인진(2004). 《대외한인의 이주, 적응, 정체성》. 서울: 고려대학교 출판부.
이부하 역(2007). 《표현의 자유와 미국헌법》. 서울: 한국학술정보.
이재상(1996). 《형법각론》. 서울: 박영사.
이재진(2002). 《한국 언론윤리법제의 현실과 쟁점》. 서울: 한양대학교 출판부.
이재진(2003b). 《언론과 명예훼손 소사전》. 서울: 나남.
이재진(2006). 《언론 자유와 인격권》. 서울: 한나래.
이재진(2009). 《인터넷 언론 자유와 인격권》. 서울: 한나래.
인권운동사랑방 사회위원회(1999). 《인간답게 살 권리》. 서울: 사람생각.
임상원(편주)(1998). 《아레오파지티카》. 서울: 나남.
장호순(2007). 《미국 헌법과 인권의 역사》. 서울: 개마고원.
정근식·서 승·정용회·이정은(2004). 《한국형 인권지표의 모색》. 서울: 경인문화사
조소영(2009). 《국가인권위원회 2008년도 인권상황실태 조사연구 용역보고서, 사회적 약자, 소수자 관련 조례실태조사와 검토-부산광역시를 중심으로》. 서울:

국가인권위원회.
최병선(2004). 《정부규제론: 규제와 규제완화의 정치경제》. 서울: 법문사.
표성수(1997). 《언론과 명예훼손》. 서울: 육법사.
한인섭(2009). 《한국과 표현의 자유》. 서울: 경인문화사.
허　영(2003). 《한국헌법론》. 서울: 박영사.
허　영(2005). 《한국헌법론》. 서울: 박영사.
황승흠·황성기·김지연·최승훈(2004). 《인터넷 자율규제》. 서울: 커뮤니케이션북스

◆ 논문

강내원(2002). 사회갈등보도 기사의 비판적 읽기: 언론의 새만금 간척사업 프레이밍에 대한갈루아 래터스 분석. 〈한국언론학보〉, 46권 4호, 46~73.
강혜주(2006). 〈신문사의 이념에 따른 국제뉴스 프레임에 관한 연구〉. 연세대학교 대학원 석사학위논문.
강휘원(2002). 자율규제적 인터넷 거버넌스: 설계와 정책적 함의. 〈한국행정학보〉, 36권 3호, 185~205.
권영국(2010). 공무원 노조, 전교조에 대한 경찰 수사의 문제점. 교원의 정치적 기본권 보장 및 경찰의 공무원 노조. 〈전교조에 대한 수사의 문제점 토론회 발표문〉, 1~10.
권영준(2006). 인터넷상 표현의 자유와 명예의 보호. 〈저스티스〉, 통권 91호, 5~25.
김경년·김재영(2005). 오마이뉴스 독자의견 분석: 난장으로서의 공론장 가능성 탐색. 〈한국방송학보〉, 19권 3호, 7~40.
김경제(2004). 집단적 표현활동, 그 한계는?. 〈공법학연구〉, 5권 2호, 215~257.
김경호(2008). 언론사로부터 전재 받은 뉴스기사의 댓글에 대한 포털의 작위의무, 〈한국언론정보학보〉, 42호, 140~167.
김경환(2006). 언론의 사생활 침해에 있어서의 위법성 요건. 〈언론중재〉, 98호(봄), 62~78.
김도현(2007). 국가인권위원회 결정과 사법부 판결에 미친 영향 평가. 〈민주법학〉, 33호, 35~57.
김동규(2000). 사회갈등 보도의 새로운 방향 찾기. 〈한국언론학보〉, 45권 1호, 6~7.
김민배(2005). 인터넷에서 언론의 자유와 검열. 〈민주법학〉. 29호, 285~310.
김민정(2007). Web 2.0시대에 인터넷서비스제공자(ISP)의 법적 책임문제. 한국방송학회 주관 OECD 장관회의 연계학술대회. 서울: 코엑스
김병철(2004). 인터넷 신문 댓글의 상호작용적 특성 분석. 〈사이버커뮤니케이션학

보〉, 14호, 147~180.
김상학(2004). 소수자집단에 대한 태도와 사회적 거리감. 〈사회연구〉, 7호, 169~206
김상호(2008). 형법상의 모욕과 비방. 〈저스티스〉, 통권 103호, 52~71.
김선남(2002). 매매춘 관련 TV 뉴스의 프레임 분석. 〈한국방송학보〉, 15권 2호, 41~76.
김선주(2002). 〈한국공무원의 정치적 중립에 관한 연구〉. 경상대학교 행정대학원 석사학위 논문.
김양선(2002). 〈1인 시위의 실태에 관한 연구〉. 단국대학교 행정학 석사학위 논문.
김원용·이동훈(2005a). 핵폐기장 중심 원자력 관련 보도에 나타난 매체별 갈등보도 프레임 비교연구. 〈한국방송학보〉, 19권 4호, 168~211.
김원용·이동훈(2005b). 언론보도의 프레임 유형화 연구: 국내 원자력관련 신문보도를 중심으로. 〈한국언론학보〉, 49권 6호. 166~197.
김유승(2005). 인터넷 콘텐츠 공동규제 연구: 유럽연합의 "더 안전한 인터넷 사용 증진을 위한 행동계획"을 중심으로. 〈사이버커뮤니케이션학보〉, 16권, 83~118.
김재형(2005). 언론에 의한 인격권 침해에 대한 구제수단. 〈언론과 법〉, 4권 1호, 55~82.
김태수(2007). 표현의 자유와 법익형량-인격권침해적 표현을 중심으로. 〈공법연구〉, 35집 4호, 407~432.
김택수(2002). 판결로 본 연예관련 기사의 법적 문제. 〈언론중재〉, 85호(겨울), 4~15.
김행수(2010). 전교조 교사 입장에서 본 교사의 정치활동 논란. 교원의 정치적 기본권 보장 및 경찰의 공무원 노조. 〈전교조에 대한 수사의 문제점 토론회 발제집〉, 39~54.
김현철(2009). 사이버 모욕죄의 헌법적 쟁점. 〈공법학연구〉, 10권 3호, 205~227.
김호순(1998). IMF 체제의 경제위기와 텔레비전 뉴스 담론: 금 모으기 운동에 대한 뉴스 프레임을 중심으로. 〈방송연구〉, 여름호. 138~163.
나미수(2004). 핵폐기장 유치에 대한 텔레비전 뉴스 프레임 분석: KBS, MBC의 전국 및 지역뉴스를 중심으로. 〈한국언론정보학보〉, 26호. 157~206.
남경국(2004). 〈인터넷상의 표현의 자유: 표현의 자유와 다른 법익간의 충돌을 중심으로〉. 연세대학교 법학과 석사학위 논문.
류지헌·허창영(2008). 대학생의 인권의식에 대한 요인부넉 및 인권태도의 인식수준. 〈민주주의와 인권〉, 8권 1호, 175~202.
민경배(2004). 사이버 공간의 논객과 폐인에 대한 사회학적 고찰. 〈2004년도 한국사회학회전기사회학대회 발표 논문집〉, 63~70.
박광민(2005). 인터넷상의 명예훼손에 대한 형사법적 규제. 〈刑事法硏究〉, 24호,

99~120.
박경숙(2002). 집단 갈등 이슈의 방송뉴스 프레임 분석: 의약분업 뉴스 프레임을 중심으로. 〈한국언론학보〉, 46권 2호, 310~340.
박배근(2003). 국제인권법상 언론의 자유와 증오표현 언론에 대한 규제. 〈언론과 정보〉, 9호, 27~54.
박응격(1992). 각국의 공무원 정치중립제도. 〈지방행정〉, 4권, 38~47
박주민(2010). 공무원의 정치적 자유. 〈참여연대 Awe2010022500〉. 14~21.
서미경·김재훈·이진향(2008). 정신보건시설에서의 정신장애인 권리침해에 관한 연구; 국가인권위원회 진정사례를 중심으로. 〈정신보건과 사회사업〉. 29호, 330~367.
서복경(2010). 민주주의와 공무원의 정치적 기본권. 〈참여연대 Awe2010022500〉, 5~13.
성낙인(1999). 공적기록의 보도와 사생활 보호. 〈언론중재〉, 71 여름호, 17~31.
성낙인(2009). 인터넷과 표현의 자유. 〈언론과 법〉, 8권 1호, 99~128.
성선제(2002). 사이버스페이스에서의 명예훼손. 〈法學硏究〉, 8권 4호, 327~357.
손원선(2003). 한국, 독일 민법에 있어서 표현의 자유와 명예보호-위법성과 책임에 관한 비교법적 고찰. 〈한독법학〉, 14권, 433~480
손희권(2007). 교육행정에서의 성차별의 개념, 유형, 그리고 판단기준에 관한 국가인권위원회 결정의 한계와 대안. 〈교육행정학연구〉, 25권 2호, 165~187.
신수경(2007). 국가인권위원회 각하와 기각 결정에 대한 평가. 〈민주법학〉, 33호, 93~114.
안경환(1986). 미국법의 이론적 조명-윌리엄 더글라스 판사의 법사상. 〈고시계〉.
안경환(1995). 법치주의와 소수자 보호. 〈법과사회〉, 12호, 6~15.
안진걸(2007). 소통과 연대의 집회를 위하여. 〈시민과 세계〉, 11, 271~290.
양정혜(2001). 사회갈등의 의미 구성하기. 〈한국언론학보〉, 45권 2호, 285~286.
엄기열(2003). 알권리의 개념적 가능성과 한계. 〈언론과 법〉, 통권 2호, 409~442.
염규호(2000). 공적 인물과 명예훼손. 〈언론중재〉, 74호(봄), 62~81.
오석홍(1992). 공무원 정치중립, 왜 필요한가. 〈지방행정〉, 4권, 13~20.
우지숙·나현수·최정민(2010). 인터넷 게시판 실명제의 효과에 대한 실증 연구: 제한적 본인확인제 시행에 따른 게시판 내 글쓰기 행위 및 비방과 욕설의 변화를 중심으로. 〈행정논총〉, 48권 1호, 71~96.
유윤종(2003). 〈집시법 운용상의 문제점과 개선방안에 대한 연구〉. 연세대학교 행정대학원 석사학위 논문.

윤성옥(2007). 공인의 미디어 소송 특징과 국내 판결 경향에 관한 연구. 〈한국언론정보학보〉, 통권 40호, 150~191.
윤성옥(2007). 한국 스타의 권리 상품화에 관한 연구: 1990년~2007년까지 스타의 권리 분쟁을 중심으로. 〈방송문화연구〉, 19권 2호, 91~122.
은우근(2009). 인권 거버넌스의 실현으로서의 인권도시. 〈민주주의와 인권〉, 9권 1호, 121~146.
이계수(2005). 공무원의 정치운동금지의무에 대한 비판적 고찰. 〈민주법학〉, 29호, 311~336.
이계수(2009). 민주적 기본질서와 공무원의 정치적 기본권 교사. 〈공무원의 정치적 표현의 자유 토론문〉, 23~30.
이기형(2003). 온라인 정치컨텐츠 연구: 정치웹진과 논객사이트를 중심으로. 〈한국언론재단연구서〉, 2003-10.
이기형(2004). 양비론 비판, 편가르기 정치중심 벗어나야. 〈신문과 방송〉, 3월호.
이문한(2009). 〈집회 및 시위의 자유의 헌법적 보장과 제한: 집시법 상의 주요 제한과 탈법·변형집회를 중심으로〉. 한양대학교 석사학위 논문.
이민영(2007). 포털사이트운영자의 법적 책임에 관한 고찰. 〈정보통신정책〉, 19권 12호, 1~23.
이삼열(2002). 〈인권 개념의 발전과 사회운동〉, 한국인권재단, 《한반도의 평화와 인권 1》, 서울: 한국인권재단.
이승선(2004). 연예인의 인격권 침해유형과 언론소송에 있어서 '공적 지위'의 특성에 관한 연구. 〈한국방송학보〉, 18권 3호, 293~334.
이승선(2007). '공적 인물'이 청구한 명예훼손 소송에 있어서 '공적 지위'의 특성에 관한 연구. 〈한국방송학보〉, 8권 1호, 96~131.
이승선(2010). '1인 시위'에 있어 '1인'의 개념에 관한 연구. 〈언론과학연구〉, 10권 2호, 380~420.
이인호(2005). 사기업 근로자의 표현의 자유-미국의 이론과 판례를 중심으로. 〈미국헌법연구〉, 16권 1호, 153~199.
이장규(2001). 1인 시위, 주체적 개인들의 싸움. 〈중등 우리교육〉, 46~47.
이재진(2003). 사이버공간에서의 표현의 자유와 인격권의 갈등해결 방식에 관한 연구. 〈방송연구〉, 2003 겨울호, 235~270.
이재진(2004). 연예인 관련 언론소송에서 나타난 한·미간의 위법성 조각사유에 대한 비교연구: '공인이론'과 '알권리'를 중심으로. 〈한국방송학보〉, 18권 3호, 7~50.
이재진(2006). 인터넷실명제의 명암과 윤리성 제고방안. 〈신문과 방송〉, 422호.

이재진(2007). 인터넷에서의 모욕죄 적용의 실태와 쟁점. 〈한국방송학보〉, 21권 5호, 127~164.

이재진(2009). 대중스타의 사생활 정보 공개의 한계와 법적 쟁점. 〈언론중재〉, 29권 4호(2009년 겨울호), 21~34.

이재진·유승관(2010). '집시법'상의 야간옥외집회 관련 조항에 관한 신문보도 프레임 연구. 〈언론과 법〉, 9권 2호, 237~287.

이재진·이성훈(2003). 명예훼손 소송의 위법성 조각 사유로서의 공익성에 대한 연구. 〈한국언론정보학보〉, 20호, 141~176.

이재진·이정기(2009). 표현 수단으로서의 1인 시위에 관한 탐색적 연구: 관련 판례 분석을 중심으로. 〈언론과학연구〉, 9권 4호, 603~638.

이재진·이정기(2010). 인터넷 논객의 표현과 제한법리에 관한 연구: 관련판례의 분석을 중심으로. 〈한국언론학보〉, 54권 5호, 59~85.

이재진·이정기(2011). 초·중·고교 교원의 정치적 표현과 제한법리에 관한 연구. 〈한국언론정보학보〉, 통권 54호, 32~57.

이재진·이창훈(2010). 법원과 언론의 공인 개념 및 입증책임에 대한 인식적 차이 연구. 〈미디어 경제와 문화〉, 8권 3호, 235~286.

이정기(2009). 〈광우병 촛불집회에 나타난 미디어 2.0 현상에 관한 연구〉. 한양대학교 신문방송학과 석사학위 논문.

이정기(2009). 인권으로서의 표현의 자유에 관한 연구: 국가인권위원회의 진정사례, 의견 표명문을 중심으로. 〈정치커뮤니케이션 연구〉, 통권 14호, 123~170.

이정기·우형진(2010). 사이버 언어폭력 의도에 관한 연구: 사이버 명예훼손/모욕 행위 인식,연령, 계획행동이론 변인을 중심으로. 〈사이버커뮤니케이션학보〉, 27권 1호, 215~253.

이정기·정대철(2010). 광우병 촛불집회에 나타난 '미디어 2.0' 현상에 관한 연구. 〈정치커뮤니케이션 연구〉, 통권 16호, 193~244.

이정배(2007). 지방공무원의 정치적 중립의무에 관한 연구. 〈지방자치법연구〉, 5권, 199~242.

이정은(2008). 제도로서의 인권과 인권의 내면화. 〈사회와 역사〉, 통권 제79집, 53~91.

이종수(2010). 공무원, 교원의 정치적 기본권 보장. 공무원, 교원의 정치적 기본권 보장 및 경찰의 공무원 노조. 〈전교조에 대한 수사의 문제점 토론회 발제집〉, 12~29.

이호중(2004). 위험정보의 유통과 인터넷서비스제공자(ISP)에 대한 형법적 규제. 〈비교형사법연구〉, 5권 2호, 207~236.

이희훈(2004). 대통령 탄핵반대 촛불집회에 대한 연구. 〈법학연구〉, 14권 2호,

269~296.
이희훈(2006). 집회의 개념에 대한 헌법적 고찰. 〈법학연구〉, 12권 5호, 147~187.
임 웅(2004). 형법상 명확성의 원칙. 〈성균관법학〉, 16권 1호, 481~498.
임규철(2004). 집회의 자유. 〈헌법학연구〉, 10권 3호, 243~269.
임재홍(2006). 공무원의 정치적 중립의무 비판: 미국 공무원법제와의 비교적 검토. 〈민주법학〉, 32호, 241~268.
장석재(2002). 〈사회적 갈등보도에 나타난 언론프레이밍 효과: 의약분업 보도를 중심으로〉. 부산대학교 석사학위 논문.
장영수(2002). 기본권의 대사인적 효력과 기본권의 충돌. 〈고려법학〉, 38집, 105~128.
장용호(1987). 사회운동과 언론. 〈현상과 인식〉, 41호, 37~72.
장우영(2005). 온라인 저널리즘의 정치적 동학: '논객사이트'를 중심으로. 〈언론과 사회〉, 13권 2호, 157~188.
장호순(2007). 방송광고 심의규정의 위헌성에 관한 연구: 명확성 원칙과 과잉금지 원칙을 중심으로. 〈한국언론정보학보〉, 통권 39호, 69~101.
전영평(2007). 소수자의 정체성, 유형, 그리고 소수자의 연구관점. 〈정부학연구〉, 13권 2호.107~132.
정대관(2005). 사이버 공간에서의 명예훼손죄. 〈成均館法學〉, 17권 1호, 197~214.
정영태(2009). 공무원의 정치적 자유에 대한 국제협약과 외국사례. 〈교사·공무원의 정치적 표현의 자유의 자유 토론문〉. 31~41.
정영태(2010a). 공무원의 정치적 자유에 대한 헌법재판소의 논거와 문제점. 〈한국정치연구〉, 19집 1호, 71~100.
정영태(2010b). 초·중등학교 교원의 정치적 자유권 제한에 대한 헌법재판소의 논거와 문제점. 〈교육문화연구〉, 16권 2호, 5~44.
정진석 (1990). 한국 언론의 법·윤리 환경의 변천. 〈언론중재〉, 34권 가을호, 6~14.
정진석 (1999). 언론법제연구 동향. 〈언론중재〉, 19권 겨울호, 48~69.
정재명·최승재(2010). 공무원의 정치참여에 관한 연구: 공무원들의 인식을 중심으로. 〈한국행정논집〉, 22권 2호, 479~508.
조재현(2008). 인권보장제도로서의 국가인권위원회제도의 의의와 한계. 〈헌법학연구〉, 14권 2호, 67~96.
차배근 (1987). 오보의 발생원인과 정정의 책임. 〈신문과 방송〉, 223권, 4~6.
차용범(2002). 공인의 명예훼손에 대한 판결기준의 변화 추세-판례분석을 중심으로. 〈한국언론학보〉, 여름호, 414~445.
최성락·이혜영·서재호(2006). 영상물등급위원회의 자율규제방안에 관한 연구.

〈한국행정연구〉, 제15권 제4호(겨울), 83~110.
최영묵(2008). 인터넷 규제와 표현의 자유: 인터넷 실명제와 사이버모욕죄를 중심으로. 〈한국언론정보학회 세미나: 인터넷 공간의 표현과 사회적 책임 발표문〉, 10~29.
최취주(2006). 양심의 자유와 과잉금지의 원칙: 양심의 자유를 제한하는 법률의 합헌성판단 기준에 관한 판례비판을 중심으로. 〈미국헌법연구〉, 17권 1호, 177~203.
한상희(2003). 정보화와 인권, 그리고 헌법. 〈문화과학〉, 2003년 겨울호.
한수웅(2004). 집회의 자유와 '집회 및 시위에 관한 법률': 집회금지장소규정에 대한 위헌성판단을 겸하여. 〈저스티스〉, 77, 5~33.
한수웅(2005). 표현의 자유와 명예의 보호-한국, 독일과 미국에서의 명예훼손 법리에 관한 헌법적 고찰과 비판을 겸하여. 〈저스티스〉, 제84호, 21~52.
한위수(2004). 공인관련 보도의 법적 제문제: 공인의 명예훼손소송 관련 국내 판결의 경향. 〈언론중재〉, 91호(봄), 22~36.
홍성방(1999). 기본권의 충돌과 경합. 〈안암법학〉, 9권, 1~20.
황성기(2008). 인터넷 실명제에 관한 헌법학적 연구. 〈法學論叢〉, 25집, 7~37.
황성기(2007). 정보매개서비스제공자의 법적 책임의 적정 범위에 관한 연구: 서울중앙지방법원 2007. 5. 18. 2005가합64571, 손해배상(기)등의 평석을 중심으로. 〈사이버커뮤니케이션학보〉, 24호, 149~189.
황창근(2008). 정보통신망법상 본인확인제에 대한 공법적 고찰. 〈세계헌법연구〉, 14권 2호, 315~344.

◆ 언론 보도 자료(기사)

강경국(2009. 8. 26). 창원지법, 北(북) 찬양 인터넷 논객 집행유예 선고. 〈뉴시스〉.
강인해(2009. 6. 19). 전교조 6월 시국선언 민주주의 훼손. 〈독서신문〉.
강주형(2010. 7. 27). 김상곤 교육감, '시국선언 교사 징계 유보' 무죄. 〈한국일보〉.
강혜승 · 전성철(2008. 7. 22). 어청수 청장 "앰네스티에 법적대응 검토", 〈동아일보〉.
고은태(2011. 5. 27). 언론의 무차별적 인용 보도가 문제. 〈한겨레〉.
곽상아(2011. 5. 3). "'쪼인트'까이는 방송사들, 한국 언론자유지수 또 하락: 프리덤하우스, '언론자유국'에서 '부분적 언론자유국'으로 강등시켜", 〈미디어스〉.
권귀순(2010. 3. 2). 글 지우고 논객 잡아들이고 '인터넷 수난', 〈한겨레신문〉.
국민일보(2004. 11. 11). 토론광장, 1인 시위 규제, 이래서 반대...인권의 숨통까지 막는격. 〈국민일보〉, 5면.
김남일(2010. 12. 28). '미네르바 기소' 전기통신기본법 위헌. 〈한겨레신문〉.

김미영(2009. 4. 2). '처음처럼' 안전성 문제 제기 네티즌 무죄. 〈뉴시스〉.
김상만(2011. 5. 25). 고 송지선 아나운서 "기자들의 먹잇감 될 줄은...": 지나친 취재경쟁 비판글 남겨...검찰, 수사 종결. 〈미디어 오늘〉
김상현(2008. 8. 4). 부산경찰 '촛불'항의 1인 시위자 연행 '논란'. 〈부산일보〉.
김연정(2011. 6. 21). 시민단체 20여곳 '표현의 자유 연대' 출범. 〈연합뉴스〉.
김영화(2001. 8. 19). 서울지법, '불쾌감 조성 1인 시위' 유죄, 〈한국일보〉.
김영화(2004. 3. 29). 전교조, "민노당 지지" 파장. 〈한국일보〉.
김용습(2011. 5. 23). 故 송지선 아나운서 사건 일지. 〈스포츠서울〉.
김재욱(2010. 9. 30). 시국선언참여 전교조 간부들 항소심서 기각. 〈뉴시스〉.
김정필(2010. 1. 6). 두산 소주 '처음처럼' 안정성 문제제기 정당. 〈세계일보〉.
김종민(2010. 11. 12). '문근영 색깔론' 지만원 손배訴 패소 확정. 〈뉴시스〉.
김종효(2010. 12. 28). 법무부 "정보통신기본법 47조 대체규정 신설 신속추진할 것". 〈뉴스엔〉.
김주성(2009. 2. 11). 변형된 1인 시위는 안돼!, 〈연합뉴스〉.
김지은(2003. 4. 1). 1인 시위 막은 종로서장은 인권교육 받아라, 〈오마이뉴스〉.
김태철(2003. 2. 28). '1인 시위', 私생활 침해 땐 제한..법원. 〈한국경제〉.
데일리서프라이즈(2008. 6. 12). 대통령은 컨테이너 쌓고, 오세훈은 철거민들 '접근금지시키고..., 〈데일리서프라이즈〉.
문화일보(2010. 10. 13). [사설] 교총, 교육 오염시키는 정치참여 시도 단념하라. 〈문화일보〉.
민경배(2007. 9. 1). 집단지성 시대에 들어선 인터넷 논객의 추억. 〈따뜻한 디지털 세상〉, 2007년 9월호.
박성은(2011. 1. 12). "교사 시국선언 주도 전교조 간부 유죄". 〈강원도민일보〉.
박세열(2010. 6. 25). MB, 촛불 재판 무죄될까봐 집시법 개정 의지: 여야 집시법 대치 일단 풀었지만 긴장감 고조. 〈프레시안〉.
박성준 · 김재홍(2010. 7. 8). 정부, 대기업, 인터넷 '상시검열'. 〈세계일보〉.
박성준 · 김재홍(2010. 7. 9). '인터넷 검열' 찬반 논쟁 가열. 〈세계일보〉.
박주민(2007. 2. 21). 집회참석자들의 연좌제, 공모공동정범이론. 〈참세상〉.
박준형(2008. 12. 18). 〈2008년 결산-사건 · 사고〉 숭례문 화재에서 다복회 사건까지, 〈뉴시스〉.
박준형 · 서유정(2009. 9. 24). 헌재, 집시법 헌법 불합치 결정...시민단체 '환영' vs '유감'. 〈뉴시스〉.
박형상(2007. 7. 15). 인터넷에 욕설 댓글 올리면 모욕죄. 〈중앙선데이〉, 13.

방연주(2011. 5. 3). “한국 ‘부분적 언론 자유국’으로 강등: 프리덤하우스 “검열, 정부 영향력확대로 언론자유 축소””. 〈PD저널〉.
배준희(2010. 7. 16). 변희재 비방 진중권 항소심도 벌금 300만원. 〈머니투데이〉.
배혜림(2008. 7. 18). 법무부 “촛불집회 공권력 행사, 정당한 조치”. 〈뉴시스〉.
변 휘(2010. 11. 16). 진중권-HID 다툼에 법원 “유감표명하라” 권고. 〈머니투데이〉.
손봉석(2010. 11. 15). 국가인권위원회 전문위원 등 61명 사퇴. 〈경향신문〉.
손효림(2004. 4. 2). 원영만 전교조위원장 긴급체포...민노당 지지호소 관련. 〈동아일보〉.
송경재(2009. 4. 29). 인터넷 실명제, 유튜브 그리고 표현의 자유. 〈PD저널〉.
안수찬(2001. 5. 24). 종로서장, ‘1인 릴레이 시위는 위법’. 〈한겨레〉.
안양옥(2010. 11. 19). [기고] 교원의 정치참여 요구 진의는...〈머니투데이〉.
안 희(2005. 10. 12). ‘김정일 품으로’ 피켓시위 국보법 위반 아니다. 〈연합뉴스〉.
연합뉴스(2009. 6. 24). 정부, 공무원 시국선언 자제 지자체에 공문. 〈연합뉴스〉.
연합뉴스(2010. 7. 8). 전교조 시국선언 전국 법원 선고내용. 〈연합뉴스〉.
연합뉴스(2010. 7. 19). 광주지법, 전교조 시국선언 교사 전원 유죄. 〈연합뉴스〉.
연합뉴스(2011. 4. 22). 韓 인터넷자유 37개국 중 공동 9위 〈프리덤하우스〉. 『연합뉴스』.
연합뉴스(2010. 9. 3). 시국선언 경북 전교조 간부 유죄(종합). 〈연합뉴스〉.
유승호(2006. 8. 11). 법원, 전교조 정치참여 제동...장혜옥 위원장, 교사자격 상실위기. 〈한국경제〉.
윤정희(2010. 3. 29). 부산지법선 시국선언 공무원노조 간부 유죄. 〈헤럴드경제〉.
이귀전 · 이태영(2009. 1. 11). 미네르바 구속 거센 후폭풍... 표현의 자유 논쟁 폭발. 〈세계일보〉.
이범준(2011. 6. 24). 대법원 “헌법불합치 개정시한 무효”. 〈경향신문〉.
이상민(2008. 3. 28). 법원, ‘1인 시위’ 업무방해금지가처분 결정. 〈교통신문〉.
이상일(2010. 5. 13). 시국선언 탄압 규탄 공무원노조 간부 무죄. 〈쿠키뉴스〉.
이석호(2009. 7. 9). 광주, 전남 교수연대도 “시국선언 교사 징계 철회”. 〈광주드림〉.
이용균 · 임현주 · 황경상(2009. 4. 21). 네티즌들 다시 결집 ‘아고라’가 살아났다. 〈경향신문〉, 10면.
이장춘(2002. 5. 8). 사이버 옥석논쟁 점점 뜨겁게 달라올라. 〈오마이뉴스〉.
이종호(2001. 5. 30). 위법이라구? 어디 한번 잡아가봐, 종로경찰서 코앞에서 1인 시위. 〈오마이뉴스〉.
이지선(2008. 10. 16). 혼자서 뭘 할 수 있냐고? 1명의 힘 세상을 바꾼다. 〈경향신문〉, 10면.
이지혜(2011. 4. 29). 인권정책연구소 오늘 출범...인권위와 쌍벽 이룰 듯. 〈노컷뉴스〉.
이태영(2010. 5. 17). "촛불집회 이후 한국 표현의 자유 위축": 라뤼 유엔 특별보고관 회견...국보법, 방통위 검열 등 우려. 〈세계일보〉.
이형주(2010. 7. 17). 시국선언 전북 전교조도 2심서 유죄. 〈동아일보〉.
임성수(2010. 7. 6). 檢, 시국선언 전교조 22명 징역형 구형. 〈국민일보〉.
임주형(2011. 3. 25). "블로그 비방글도 모욕죄": 대법, 지만원씨 비판 블로거 30만원 벌금형확정. 〈서울신문〉.
임진수(2006. 1. 26). 사학비리 폭로한 교사에 '무죄' 선고, 재판부, 공공이익 위한 행위로 명예훼손 해당 안된다...불법시위에만 1백만원 벌금형. 〈노컷뉴스〉.
장동준(2009. 10. 20). 이정현 의원 "사이버 망명, 지나친 규제 때문", 〈전자신문〉.
장영은(2011. 5. 12). 시국선언 전교조 전 울산지부장에 벌금 150만원. 〈연합뉴스〉.
전종휘(2009. 1. 30). 인터넷 평판 시스템에 맡겨라. 〈한겨레21〉, 745호.
전홍준(2010. 2. 13). 법원 "방통심의위, 게시물 삭제 부당". 〈MBC 뉴스투데이〉.
정대하(2010. 12. 3). '시국선언' 교사 항소심도 유죄. 〈한겨레〉.
정석영(2004. 3. 30). 전교조 "선관위 결정은 비상식적". 〈YTN〉.
정희주(2003. 11. 4). 논객, 논객론. 〈시대소리〉, 1~8.
조선일보(2010. 10. 14). [사설] 교원 정치활동 허용하면 학교가 싸움판 된다. 〈조선일보〉.
조영철(2006. 11. 9). 장혜옥 전교조 위원장 교사직 상실. 〈이데일리〉.
조윤주(2010. 8. 6). 시국선언 전교조 간부, 항소심서도 유죄 판결. 〈파이낸셜 뉴스〉.
조전혁(2006. 1. 14). 교사의 '정치활동 확대' 신중해야. 〈데일리안〉.
조현호(2011. 5. 3). "세계보수단체도 "MB정부 언론자유침해" 비판: 프리덤하우스 보고서...한국, 현 정부들어 처음 '부분적 언론자유국'으로 강등. 〈미디어오늘〉.
중앙일보(2010. 10. 14). [사설] '교원, 교원단체 정치활동 허용 안 된다'. 〈중앙일보〉.
참여연대(2009. 3. 31). 참여연대 성명, 국가인권위 조직축소 결정에 대한 입장, 참여연대. 〈연합뉴스〉.
채은하(2009. 4. 28). 이러다 작가님 잡혀가지 않을까 걱정되요, 토론회 "이명박 정부의 온라인 통제, 표현의 자유 죽이고 있다". 〈프레시안〉.
채은하(2010. 2. 5). "변희재 듣보잡" 진중권씨 벌금 300만원 선고. 〈프레시안〉.
채은하(2010. 6. 1). "문근영 빨치산" 지만원씨, 항소심도 진중권에게 패소. 〈프레시안〉.
최민지(2011. 5. 25). '발인' 송지선, 임태훈 관련 미니홈피 글로 우울증 치료 받아.

〈TVREPORT〉.
최보란(2009. 9. 19). 아나운서도 섹시해야 산다? '파격' 화보 논란. 〈머니투데이〉.
최지용(2010. 5. 17). 유엔 특별보고관 "촛불집회 이후 한국에서 표현의 자유 위축". 〈오마이뉴스〉.
프로메테우스(2006. 4. 11). 문제의 전교조 2004년 '시국선언문' 전문. 〈프로메테우스〉.
한겨레신문(2001. 5. 29). '조선인포뱅크' 북한공식 사이트. 〈한겨레〉.
한겨레신문(2006. 2. 13). 우리 둘만 되는겨? 경찰 1인 시위 이중잣대, 경찰, 영화감독 동반한 1인 시위 허용 논란. 〈한겨레〉.
한국경제(2010. 10. 13). [사설] 교총 정치활동 참여 선언 철회돼야. 〈한국경제〉.
황규인(2009. 7. 18). 전교조 2차 시국선언 3만명 넘을 듯...교과부 "가중 처벌". 〈동아일보〉.
황용석(2010. 3. 28.). UAE '통치자 명예 훼손하면 벌금 16억원': 금지어, 외국선 어떻게 통제하나. 〈중앙SUNDAY〉.
황준범(2002. 12. 19). "법원, 시위 때 상복 착용, 영정 사용도 안된다". 〈한겨레〉.
헤럴드경제(2010. 3. 30). 박경신, "사이버 망명, 법이 문제가 아니다", 〈헤럴드경제〉.

◆ 국외 자료

Ahmed, S.(2009). Censorship. In Donshbach, ed. *The international encyclopedia of communication*. vol. II., 427-431.
Barendt, E.(2005). *Freedom of speech*. Oxford: Oxford University Press.
Barnouw, E. el al.(1997). *Conglomerates and the media*. New York: The New Press.
Best, J.(1995). *Image of issues: Typifying contemporary social problems*. New York: Adline de Gruyer.
Bickel, A.(1975). *The morality of consent*. New Haven: Yale University Press.
Bird, E.(1995). *For enquiring minds: A cultural study of supermarket tabloids*. : OxfordUniversity Press.
Blasi, V.(1981). Toward a theory of prior restraint: The central linkage. *Minnesota Law Review*, 66, 11-93.
Blasi, V.(1977). The checking value in the First Amendment theory. *American Bar Foundation Research Journal*, 1977, 521-538.
Bollinger, L. C.(1991). *Image of a free press*. Chicago, IL: The University of Chicago Press.
Bowman, J., & West, J.(2009). To "Re-Hatch" Public Employees or Not? An Ethical Analysis of the Relaxation of Restriction on Political Activities in Civil

Service. *Public Administration Review*, 69(1), 52-63.

Brown, W.(1970). *Imagemaker: Will Rogers and the American Dream*. University of Missouri Press.

Burr, S. L.(2004). *Entertainment law*. Thomson West.

Carey, J.(1989). *Communication as culture*. Boston: Unwin Hyman.

Chafee, Z.(1920). *Free speech in the United States*. Reprint 1942. Cambridge: Harvard University Press.

Dunegan, K.(1993). Framing, cognitive modes, and image theory: Toward an understanding of a glass half full. *Journal of Applied Psychology*, 78, 491-503.

Dworkin, R.(1978). *Taking rights seriously*. Cambridge: Harvard Univ. Press.

Dyer, R.(1982). Stars. 주은우 역(1995). 《스타: 이미지와 기호》. 서울: 한나래.

Edelman, M.(1993). Contestable categories and public opinion, *Political Communication*, 10, 231-242.

Emerson, T.(1955). The doctrine of prior restraint. *Law & Contemporary Problems*, 20, 648-694.

Emerson, T.(1967). *Toward a general theory of the First Amendment*. New York: Vintage.

Entman, R.(1993). Framing: Toward clarification of a fractured paradigm. Levy, M. & Gurevitch, M.(eds.). *Defining media studies*, New York: Oxford University Press.

Eko, L.(1999). Framing and priming effects. In G. Stone, M. Singletary, & V.P. Richmond(Eds.), *Clarifying communication theories: A hands-on approach*(pp. 276-290). Ames, IA: Iowa State University.

Federal Trade Commission(2000). Marketing violent entertainment to children: A review self-regulation and industry practices. September, 2000.

Fulk, J.(1993). Social construction of communication technology. *Academy of Management Journal*, 36. 921-950.

Gamson, M. & Modigliani, A.(1989). Media discourse and public opinion on nuclear power: A constructionist approach. *American Journal of Sociology*, 95(1), 1-37.

Gamson, W. & Lash, W.(1989). The political culture of social welfare policy, in S.E. Spiro & E. Yuchtman-Yaar(Eds.), *Evaluating the welfare sate: Social and political perspective*, San Diego, CA: Academic Press, 397-415.

Gandy, O.(1994). The information superhighway as the yellow brick road. *National Forum*, 74(2), 24-28.

Gersh, D.(1992). Promulgating polarization: Study finds media coverage of women minorities tends to be oversimplistic, which exacerbates social strains. *Editor and Publisher*, Vol. 125, No. 41, 30-33.

Ghanem, S.(1997). Filling in the tapestry: The second level of agenda setting. in M. McCombs, D. Shaw and D. Weaver(eds.), *Communication and Democracy: Exploring the intellectual frontiers in agenda-setting theory*. Mahwah London: Lawrence Erlbaum, 3-14.

Gillmor, D. M.(1992). *Power, publicity, and the abuse of libel law*. New York: Oxford University Press.

Gitlin, T.(1980). *The whole world is watching: Mass media in the making and unmaking of the new left*. Berkeley: Univ. of California Pres.

Gleason, T. W.(1990). *The watchdog concept*. Ames, IA: Iowa State Univ. Press.

Goffman, Em(1974). *Frame Analysis: An Essay on the Organization of Experience*. Cambridge: Harvard Univ. Press.

Gunningham, N. & Rees, J.(1997). Industry self-regulation: An institutional perspective. *Law and Policy*, 19(4), 370-380.

Hawkins, K. & B. M. Hutter(1998). The response of business to social regulation in England and Wales: Enforcement perspective. *Law and Policy*, 65, 195-220.

Hesse, K.(2001). 계희열 역(2001). 《통일독일헌법원론》. 서울: 박영사.

Holsti, O.(1969). *Content analysis for the social science and humanities*. Reading, MA: Addison-Wesley Publishing.

Hopkins, W. W.(ed.)(2007). *Communication and the law*. Northport, AL: Vision Press.

Hornig, S.(1992). Framing risk: Audience and reader factors. *Journalism Quarterly*, 69, 679-690.

Iyengar, S.(1991). *Is anyone responsible?* Chicago: IL, Univ. of Chicago Press.

Jansen, S.(1991). *Censorship: The knot that binds power and knowledge*. New York: Oxford University Press.

Lee, J.(1999). The Korean press: Establishing 'public person' as a safeguard against libel suits. *Media Asia*, 26(1), 11-17.

Lessig, L.(2006). Code: *And other laws of Cyberspace, version 2.0*. New York: Basic Books.

Levy, L. W.(1966). *Freedom of the press from Zenger to Jefferson*. New York: Bobbs-Merrill Co.

Levy, L. W.(1985). *Emergence of a free press*. New York: Oxford Univ. Press.

Lewis, A.(1979). A preferred position for journalism? *Hofstra Law Review* 7, 595-626.

Lippmann, W.(1922). *Public Opinion.* New York: Macmillan.

McChesney, R. W.(2004). *The problem of the media.* New York: Monthly Review Press.

McQuail, D.(1991). *Mass communication theory.* London: Sage.

Meiklejohn, A.(1948). *Political freedom.* New York: Oxford Univ. Press.

Merrill, J.(1974). *The Imperative of freedom.* New York: Hastings House.

Michaeljohn, A.(1948). *Free speech and its relation to self-government.* New York:Harper & Brothers.

Murphy, M. P. & Blackman, C.(1999). Communications regulation in the global information society. *International Journal of Communications Law and Policy*, 3.

Nordhaus, J. E.(1999). Celebrity' rights to privacy: How far should the paparazzi beallowed to go?, *Review of Litigation*, 18(2), 285-316.

O'Neill, N., Rice, S., & Douglas, R.(2004). *Retreat from injustice: Human rights law in Austrailia.* Sysdney: Federation Press.

Ong Walter J.(1982). *Orality and Literacy*, New York: Routledge, 이기우 · 임명진 역 (1995). 《구술문화와 문자문화》. 서울: 문예출판사.

Pember, D. R., & Calvert, C.(2008). *Mass media law.* New York: NY: McGraw-Hill /Higher Education.

Pember, D. R. & Clay, C.(2005). *Mass media law.* New York: GcGraw Hill.

Pen, Z. & Kosciki, G.(1993). Framing analysis: An approach to news discours. *Political Communication*, 10, 55-75.

Price, M. E. & S. G. Verhulst, "The concept of self-regulation and the Internet content", in Jens Walterman & Marcel Machill(eds.)(2000), *Protecting our child on the Internet: Toward a new culture of responsibility.* Gütersloh: Bertelsmann Foundation Publishers.

Reese, S.(1997). News paradigm and the ideology of objectivity: A socialist at the Wall Street Journal. in D. Berkowitz(ed.). *Social meaning of news.* Thousands Oaks.

Reese, S., Gandy, O., & Grant, A.(2003). *Framing public life.* Mahwah, New Jersey: Lawrence Erlbaum.

Rosenberg, N. L.(1986). *Protecting the best men: An interpretive history of the law oflibel.* Chapel Hill: The University of North Carolina Press.

Schmidt, D.(1993). Public opinion and media coverage of labor unions. *Journal of Labour Research*, Vol. 14, No.2, 151-164.

Schauer, F.(1980). Social foundation of the law of defamation: A comparative analysis. *Journal of Law and Practice*, 1, 3-23.

Sheufele, D.(1999). Framing as a theory of media effects in the construction of social reality: Construct accessibility as an explanatory variable. *Communication Research*, 20(3). 436-471.

Shoemaker, P. & Reese, D.(1996). *Mediating message: Theories of influences on mass media contents*, New York: Longman.

Sinclair, D.(1997). Self-regulation versus command and control? Beyond false dichotomies. *Law & Policy*, 19(4), 529-559.

Smith, J.(1981). Further steps toward a theory of press control. *Journalism History*, 8 (Autumn-Winter), 93～95.

Smith, J.(1988). *A printer and press freedom.* New york: Oxford University Press.

Smolla, R. A.(1986). *Suing the press.* New York: Oxford University Press.

Smolla, R.(1992). *The open society.* New York: Free Press.

Stewart, P.(1975). Or of the press. *Hastings Law Journal*, 26, 631-642.

Sunstein, C. R.(1993). *Democracy and the problem of free speech.* New York: The Free Press.

T. Emerson(1996). *Toward a General Theory of the First Amendment*, New York: Random House.

Teeter, D. L. Jr(1968). The printer and the chief justice: Seditious libel in 1782-83. *Journalism Quarterly*, 41, 539-544.

Tuchman, G.(1978). *Making news: A study in the construction of reality*. New York: The Free Press.

Valkenburg, P. Semetko, H. & de Vreese, C.(1999). The effects of news frame on readers' thoughts and recall. *Communication Research*, 26(5), 500-569.

Van Alstyne, W.(1984). *Interpretations of the First Amendment.* Durham: Duke University Press Policy Studies.

Ware, H. E.(1997). Celebrity privacy rights and free speech: Recalibrating tort remedies for "outed" celebrities. *Harvard Civil Rights-Civil Liberties Law Review*, 32(2), 449-489.

Youm, K.(1996). *Press law in South Korea.* Ames, IA: Iowa State Univ Press.

부록1: 헌법[전부개정 1987.10.29 헌법 제10호] 중 제2장 국민의 권리와 의무 조항

제10조

모든 국민은 인간으로서의 존엄과 가치를 가지며, 행복을 추구할 권리를 가진다. 국가는 개인이 가지는 불가침의 기본적 인권을 확인하고 이를 보장할 의무를 진다.

제11조

① 모든 국민은 법 앞에 평등하다. 누구든지 성별·종교 또는 사회적 신분에 의하여 정치적·경제적·사회적·문화적 생활의 모든 영역에 있어서 차별을 받지 아니한다.

② 사회적 특수계급의 제도는 인정되지 아니하며, 어떠한 형태로도 이를 창설할 수 없다.

③ 훈장 등의 영전은 이를 받은 자에게만 효력이 있고, 어떠한 특권도 이에 따르지 아니한다.

제12조

① 모든 국민은 신체의 자유를 가진다. 누구든지 법률에 의하지 아니하고는 체포·구속·압수·수색 또는 심문을 받지 아니하며, 법률과 적법한 절차에 의하지 아니하고는 처벌·보안처분 또는 강제노역을 받지 아니한다.

② 모든 국민은 고문을 받지 아니하며, 형사상 자기에게 불리한 진술을 강요당하지 아니한다.

③ 체포·구속·압수 또는 수색을 할 때에는 적법한 절차에 따라 검사의 신청에 의하여 법관이 발부한 영장을 제시하여야 한다. 다만, 현행범인인 경우와 장기 3년 이상의 형에 해당 하는 죄를 범하고 도피 또는 증거인멸의 염려가 있을 때에는 사후에 영장을 청구할 수 있다.

④ 누구든지 체포 또는 구속을 당한 때에는 즉시 변호인의 조력을 받을 권리를 가진다. 다만, 형사피고인이 스스로 변호인을 구할 수 없을 때에는 법률이 정하는 바에 의하여 국가가 변호인을 붙인다.

⑤ 누구든지 체포 또는 구속의 이유와 변호인의 조력을 받을 권리가 있음을 고지받지 아니하고는 체포 또는 구속을 당하지 아니한다. 체포 또는 구속을 당한 자의 가족 등 법률이 정하는 자에게는 그 이유와 일시·장소가 지체없이 통지되어야 한다.

⑥ 누구든지 체포 또는 구속을 당한 때에는 적부의 심사를 법원에 청구할 권리를 가진다.

⑦ 피고인의 자백이 고문·폭행·협박·구속의 부당한 장기화 또는 기망 기타의 방법에 의하여 자의로 진술된 것이 아니라고 인정될 때 또는 정식재판에 있어서 피고인의 자백이 그에게 불리한 유일한 증거일 때에는 이를 유죄의 증거로 삼거나 이를 이유로 처벌할 수 없다.

제13조

① 모든 국민은 행위시의 법률에 의하여 범죄를 구성하지 아니하는 행위로 소추되지 아니하며, 동일한 범죄에 대하여 거듭 처벌받지 아니한다.

② 모든 국민은 소급입법에 의하여 참정권의 제한을 받거나 재산권을 박탈당하지 아니한다.

③ 모든 국민은 자기의 행위가 아닌 친족의 행위로 인하여 불이익한 처우를 받지 아니한다.

제14조

모든 국민은 거주·이전의 자유를 가진다.

제15조

모든 국민은 직업선택의 자유를 가진다.

제16조

모든 국민은 주거의 자유를 침해받지 아니한다. 주거에 대한 압수나 수색을 할 때에는 검사의 신청에 의하여 법관이 발부한 영장을 제시하여야 한다.

제17조

모든 국민은 사생활의 비밀과 자유를 침해받지 아니한다.

제18조

모든 국민은 통신의 비밀을 침해받지 아니한다.

제19조

모든 국민은 양심의 자유를 가진다.

제20조

① 모든 국민은 종교의 자유를 가진다.

② 국교는 인정되지 아니하며, 종교와 정치는 분리된다.

제21조

① 모든 국민은 언론·출판의 자유와 집회·결사의 자유를 가진다.

② 언론·출판에 대한 허가나 검열과 집회·결사에 대한 허가는 인정되지 아니한다.

③ 통신·방송의 시설기준과 신문의 기능을 보장하기 위하여 필요한 사항은 법률로 정한다.

④ 언론·출판은 타인의 명예나 권리 또는 공중도덕이나 사회윤리를 침해하여서

는 아니된다. 언론·출판이 타인의 명예나 권리를 침해한 때에는 피해자는 이에 대한 피해의 배상을 청구할 수 있다.

제22조

① 모든 국민은 학문과 예술의 자유를 가진다.

② 저작자·발명가·과학기술자와 예술가의 권리는 법률로써 보호한다.

제23조

① 모든 국민의 재산권은 보장된다. 그 내용과 한계는 법률로 정한다.

② 재산권의 행사는 공공복리에 적합하도록 하여야 한다.

③ 공공필요에 의한 재산권의 수용·사용 또는 제한 및 그에 대한 보상은 법률로써 하되, 정당한 보상을 지급하여야 한다.

제24조

모든 국민은 법률이 정하는 바에 의하여 선거권을 가진다.

제25조

모든 국민은 법률이 정하는 바에 의하여 공무담임권을 가진다.

제26조

① 모든 국민은 법률이 정하는 바에 의하여 국가기관에 문서로 청원할 권리를 가진다.

② 국가는 청원에 대하여 심사할 의무를 진다.

제27조

① 모든 국민은 헌법과 법률이 정한 법관에 의하여 법률에 의한 재판을 받을 권리를 가진다.

② 군인 또는 군무원이 아닌 국민은 대한민국의 영역안에서는 중대한 군사상 기밀·초병·초소·유독음식물공급·포로·군용물에 관한 죄중 법률이 정한 경우와 비상계엄이 선포된 경우를 제외하고는 군사법원의 재판을 받지 아니한다.

③ 모든 국민은 신속한 재판을 받을 권리를 가진다. 형사피고인은 상당한 이유가 없는 한지체없이 공개재판을 받을 권리를 가진다.

④ 형사피고인은 유죄의 판결이 확정될 때까지는 무죄로 추정된다.

⑤ 형사피해자는 법률이 정하는 바에 의하여 당해 사건의 재판절차에서 진술할 수 있다.

제28조

형사피의자 또는 형사피고인으로서 구금되었던 자가 법률이 정하는 불기소처분을 받거나 무죄판결을 받은 때에는 법률이 정하는 바에 의하여 국가에 정당한 보상을 청구할 수 있다.

제29조

① 공무원의 직무상 불법행위로 손해를 받은 국민은 법률이 정하는 바에 의하여 국가 또는 공공단체에 정당한 배상을 청구할 수 있다. 이 경우 공무원 자신의 책임은 면제되지 아니한다.

② 군인·군무원·경찰공무원 기타 법률이 정하는 자가 전투·훈련등 직무집행과 관련하여 받은 손해에 대하여는 법률이 정하는 보상외에 국가 또는 공공단체에 공무원의 직무상 불법행위로 인한 배상은 청구할 수 없다.

제30조

타인의 범죄행위로 인하여 생명·신체에 대한 피해를 받은 국민은 법률이 정하는 바에 의하여 국가로부터 구조를 받을 수 있다.

제31조

① 모든 국민은 능력에 따라 균등하게 교육을 받을 권리를 가진다.

② 모든 국민은 그 보호하는 자녀에게 적어도 초등교육과 법률이 정하는 교육을 받게 할 의무를 진다.

③ 의무교육은 무상으로 한다.

④ 교육의 자주성·전문성·정치적 중립성 및 대학의 자율성은 법률이 정하는 바에 의하여 보장된다.

⑤ 국가는 평생교육을 진흥하여야 한다.

⑥ 학교교육 및 평생교육을 포함한 교육제도와 그 운영, 교육재정 및 교원의 지위에 관한기본적인 사항은 법률로 정한다.

제32조

① 모든 국민은 근로의 권리를 가진다. 국가는 사회적·경제적 방법으로 근로자의 고용의 증진과 적정임금의 보장에 노력하여야 하며, 법률이 정하는 바에 의하여 최저임금제를 시행하여야 한다.

② 모든 국민은 근로의 의무를 진다. 국가는 근로의 의무의 내용과 조건을 민주주의원칙에 따라 법률로 정한다.

③ 근로조건의 기준은 인간의 존엄성을 보장하도록 법률로 정한다.

④ 여자의 근로는 특별한 보호를 받으며, 고용·임금 및 근로조건에 있어서 부당한 차별을 받지 아니한다.

⑤ 연소자의 근로는 특별한 보호를 받는다.

⑥ 국가유공자·상이군경 및 전몰군경의 유가족은 법률이 정하는 바에 의하여 우선적으로 근로의 기회를 부여받는다.

제33조

① 근로자는 근로조건의 향상을 위하여 자주적인 단결권·단체교섭권 및 단체행동권을 가진다.

② 공무원인 근로자는 법률이 정하는 자에 한하여 단결권·단체교섭권 및 단체행동권을 가진다.

③ 법률이 정하는 주요방위산업체에 종사하는 근로자의 단체행동권은 법률이 정하는 바에 의하여 이를 제한하거나 인정하지 아니할 수 있다.

제34조

① 모든 국민은 인간다운 생활을 할 권리를 가진다.

② 국가는 사회보장·사회복지의 증진에 노력할 의무를 진다.

③ 국가는 여자의 복지와 권익의 향상을 위하여 노력하여야 한다.

④ 국가는 노인과 청소년의 복지향상을 위한 정책을 실시할 의무를 진다.

⑤ 신체장애자 및 질병·노령 기타의 사유로 생활능력이 없는 국민은 법률이 정하는 바에 의하여 국가의 보호를 받는다.

⑥ 국가는 재해를 예방하고 그 위험으로부터 국민을 보호하기 위하여 노력하여야 한다.

제35조

① 모든 국민은 건강하고 쾌적한 환경에서 생활할 권리를 가지며, 국가와 국민은 환경보전을 위하여 노력하여야 한다.

② 환경권의 내용과 행사에 관하여는 법률로 정한다.

③ 국가는 주택개발정책등을 통하여 모든 국민이 쾌적한 주거생활을 할 수 있도록 노력하여야 한다.

제36조

① 혼인과 가족생활은 개인의 존엄과 양성의 평등을 기초로 성립되고 유지되어야 하며, 국가는 이를 보장한다.

② 국가는 모성의 보호를 위하여 노력하여야 한다.

③ 모든 국민은 보건에 관하여 국가의 보호를 받는다.

제37조

① 국민의 자유와 권리는 헌법에 열거되지 아니한 이유로 경시되지 아니한다.

② 국민의 모든 자유와 권리는 국가안전보장·질서유지 또는 공공복리를 위하여 필요한 경우에 한하여 법률로써 제한할 수 있으며, 제한하는 경우에도 자유와 권리의 본질적인 내용을 침해할 수 없다.

제38조

모든 국민은 법률이 정하는 바에 의하여 납세의 의무를 진다.

제39조

① 모든 국민은 법률이 정하는 바에 의하여 국방의 의무를 진다.

② 누구든지 병역의무의 이행으로 인하여 불이익한 처우를 받지 아니한다.

부록2: 형법[일부개정 2010.4.15 법률 제10259호] 중 제33장 명예에 관한 죄

제307조(명예훼손)

① 공연히 사실을 적시하여 사람의 명예를 훼손한 자는 2년 이하의 징역이나 금고 또는 500만원 이하의 벌금에 처한다.〈개정 1995.12.29〉

② 공연히 허위의 사실을 적시하여 사람의 명예를 훼손한 자는 5년 이하의 징역, 10년 이하의 자격정지 또는 1천만원 이하의 벌금에 처한다.〈개정 1995.12.29〉

제308조(사자의 명예훼손)

공연히 허위의 사실을 적시하여 사자의 명예를 훼손한 자는 2년 이하의 징역이나 금고 또는 500만원 이하의 벌금에 처한다.〈개정 1995.12.29〉

제309조(출판물등에 의한 명예훼손)

① 사람을 비방할 목적으로 신문, 잡지 또는 라디오 기타 출판물에 의하여 제307조제1항의 죄를 범한 자는 3년 이하의 징역이나 금고 또는 700만원 이하의 벌금에 처한다.〈개정 1995.12.29〉

② 제1항의 방법으로 제307조제2항의 죄를 범한 자는 7년 이하의 징역, 10년 이하의 자격정지 또는 1천500만원 이하의 벌금에 처한다.〈개정 1995.12.29〉

제310조(위법성의 조각)

제307조제1항의 행위가 진실한 사실로서 오로지 공공의 이익에 관한 때에는 처벌하지 아니한다.

제311조(모욕)

공연히 사람을 모욕한 자는 1년 이하의 징역이나 금고 또는 200만원 이하의 벌금에 처한다.〈개정 1995.12.29〉

제312조(고소와 피해자의 의사)

① 제308조와 제311조의 죄는 고소가 있어야 공소를 제기할 수 있다.〈개정 1995.12.29〉

② 제307조와 제309조의 죄는 피해자의 명시한 의사에 반하여 공소를 제기할 수 없다.〈개정 1995.12.29〉

부록3: 집회 및 시위에 관한 법률
[(타)일부개정 2007.12.21 법률 제8733호]

제1조(목적)

이 법은 적법한 집회(集會) 및 시위(示威)를 최대한 보장하고 위법한 시위로부터 국민을 보호함으로써 집회 및 시위의 권리 보장과 공공의 안녕질서가 적절히 조화를 이루도록 하는 것을 목적으로 한다.

제2조(정의)

이 법에서 사용하는 용어의 뜻은 다음과 같다.

1. "옥외집회"란 천장이 없거나 사방이 폐쇄되지 아니한 장소에서 여는 집회를 말한다.
2. "시위"란 여러 사람이 공동의 목적을 가지고 도로, 광장, 공원 등 일반인이 자유로이 통행할 수 있는 장소를 행진하거나 위력(威力) 또는 기세(氣勢)를 보여, 불특정한 여러 사람의 의견에 영향을 주거나 제압(制壓)을 가하는 행위를 말한다.
3. "주최자(主催者)"란 자기 이름으로 자기 책임 아래 집회나 시위를 여는 사람이나 단체를 말한다. 주최자는 주관자(主管者)를 따로 두어 집회 또는 시위의 실행을 맡아 관리하도록 위임할 수 있다. 이 경우 주관자는 그 위임의 범위 안에서 주최자로 본다.
4. "질서유지인"이란 주최자가 자신을 보좌하여 집회 또는 시위의 질서를 유지하게 할 목적으로 임명한 자를 말한다.
5. "질서유지선"이란 관할 경찰서장이나 지방경찰청장이 적법한 집회 및 시위를 보호하고질서 유지나 원활한 교통 소통을 위하여 집회 또는 시위의 장소나 행진 구간을 일정하게 구획하여 설정한 띠, 방책(防柵), 차선(車線) 등의 경계 표지(標識)를 말한다.
6. "경찰관서"란 국가경찰관서를 말한다.

제3조(집회 및 시위에 대한 방해 금지)

① 누구든지 폭행, 협박, 그 밖의 방법으로 평화적인 집회 또는 시위를 방해하거나 질서를 문란하게 하여서는 아니 된다.

② 누구든지 폭행, 협박, 그 밖의 방법으로 집회 또는 시위의 주최자나 질서유지인의 이 법의 규정에 따른 임무 수행을 방해하여서는 아니 된다.

③ 집회 또는 시위의 주최자는 평화적인 집회 또는 시위가 방해받을 염려가 있다고 인정되면 관할 경찰관서에 그 사실을 알려 보호를 요청할 수 있다. 이 경우 관할 경찰관서의장은 정당한 사유 없이 보호 요청을 거절하여서는 아니 된다.

제4조(특정인 참가의 배제)

집회 또는 시위의 주최자 및 질서유지인은 특정한 사람이나 단체가 집회나 시위에 참가하는 것을 막을 수 있다. 다만, 언론사의 기자는 출입이 보장되어야 하며, 이 경우 기자는 신분증을 제시하고 기자임을 표시한 완장(腕章)을 착용하여야 한다.

제5조(집회 및 시위의 금지)

① 누구든지 다음 각 호의 어느 하나에 해당하는 집회나 시위를 주최하여서는 아니 된다.

1. 헌법재판소의 결정에 따라 해산된 정당의 목적을 달성하기 위한 집회 또는 시위
2. 집단적인 폭행, 협박, 손괴(損壞), 방화 등으로 공공의 안녕 질서에 직접적인 위협을 끼칠 것이 명백한 집회 또는 시위

② 누구든지 제1항에 따라 금지된 집회 또는 시위를 할 것을 선전하거나 선동하여서는 아니 된다.

제6조(옥외집회 및 시위의 신고 등)

① 옥외집회나 시위를 주최하려는 자는 그에 관한 다음 각 호의 사항 모두를 적은 신고서를 옥외집회나 시위를 시작하기 720시간 전부터 48시간 전에 관할 경찰서장에게 제출하여야 한다. 다만, 옥외집회 또는 시위 장소가 두 곳 이상의 경찰서의 관할에 속하는 경우에는 관할 지방경찰청장에게 제출하여야 하고, 두 곳 이상의 지방경찰청 관할에 속하는 경우에는 주최지를 관할하는 지방경찰청장에게 제출하여야 한다.

1. 목적
2. 일시(필요한 시간을 포함한다)
3. 장소
4. 주최자(단체인 경우에는 그 대표자를 포함한다).

연락책임자, 질서유지인에 관한 다음 각 목의 사항

가. 주소

나. 성명

다. 직업

라. 연락처

5. 참가 예정인 단체와 인원
6. 시위의 경우 그 방법(진로와 약도를 포함한다)

② 관할 경찰서장 또는 지방경찰청장(이하 "관할경찰관서장"이라 한다)은 제1항에 따른 신고서를 접수하면 신고자에게 접수 일시를 적은 접수증을 즉시 내주

어야 한다.

③ 주최자는 제1항에 따라 신고한 옥외집회 또는 시위를 하지 아니하게 된 경우에는 신고서에 적힌 집회 일시 전에 관할경찰관서장에게 그 사실을 알려야 한다.

④ 제3항에 따라 통지를 받은 관할경찰관서장은 제8조제2항에 따라 금지 통고를 한 집회나 시위가 있는 경우에는 그 금지 통고를 받은 주최자에게 제3항에 따른 사실을 즉시 알려야 한다.

⑤ 제4항에 따라 통지를 받은 주최자는 그 금지 통고된 집회 또는 시위를 최초에 신고한 대로 개최할 수 있다. 다만, 금지 통고 등으로 시기를 놓친 경우에는 일시를 새로 정하여 집회 또는 시위를 시작하기 24시간 전에 관할경찰관서장에게 신고서를 제출하고 집회 또는 시위를 개최할 수 있다.

제7조(신고서의 보완 등)

① 관할경찰관서장은 제6조제1항에 따른 신고서의 기재 사항에 미비한 점을 발견하면 접수증을 교부한 때부터 12시간 이내에 주최자에게 24시간을 기한으로 그 기재 사항을 보완할 것을 통고할 수 있다.

② 제1항에 따른 보완 통고는 보완할 사항을 분명히 밝혀 서면으로 주최자 또는 연락책임자에게 송달하여야 한다.

제8조(집회 및 시위의 금지 또는 제한 통고)

① 제6조제1항에 따른 신고서를 접수한 관할경찰관서장은 신고된 옥외집회 또는 시위가 다음 각 호의 어느 하나에 해당하는 때에는 신고서를 접수한 때부터 48시간 이내에 집회 또는 시위를 금지할 것을 주최자에게 통고할 수 있다. 다만, 집회 또는 시위가 집단적인 폭행, 협박, 손괴, 방화 등으로 공공의 안녕 질서에 직접적인 위험을 초래한 경우에는 남은 기간의 해당 집회 또는 시위에 대하여 신고서를 접수한 때부터 48시간이 지난 경우에도 금지 통고를 할 수 있다.

1. 제5조제1항, 제10조 본문 또는 제11조에 위반된다고 인정될 때
2. 제7조제1항에 따른 신고서 기재 사항을 보완하지 아니한 때
3. 제12조에 따라 금지할 집회 또는 시위라고 인정될 때

② 관할경찰관서장은 집회 또는 시위의 시간과 장소가 중복되는 2개 이상의 신고가 있는 경우 그 목적으로 보아 서로 상반되거나 방해가 된다고 인정되면 뒤에 접수된 집회 또는 시위에 대하여 제1항에 준하여 그 집회 또는 시위의 금지를 통고할 수 있다.

③ 다음 각 호의 어느 하나에 해당하는 경우로서 그 거주자나 관리자가 시설이나 장소의 보호를 요청하는 경우에는 집회나 시위의 금지 또는 제한을 통고할 수 있다. 이 경우 집회나 시위의 금지 통고에 대하여는 제1항을 준용한다. 〈개정

2007.12.21〉

1. 제6조제1항의 신고서에 적힌 장소(이하 이 항에서 "신고장소"라 한다)가 다른 사람의 주거지역이나 이와 유사한 장소로서 집회나 시위로 재산 또는 시설에 심각한 피해가 발생하거나 사생활의 평온(平穩)을 뚜렷하게 해칠 우려가 있는 경우
2. 신고장소가 「초·중등교육법」 제2조에 따른 학교의 주변 지역으로서 집회 또는 시위로 학습권을 뚜렷이 침해할 우려가 있는 경우
3. 신고장소가 「군사기지 및 군사시설 보호법」 제2조제2호에 따른 군사시설의 주변 지역으로서 집회 또는 시위로 시설이나 군 작전의 수행에 심각한 피해가 발생할 우려가 있는 경우

④ 집회 또는 시위의 금지 또는 제한 통고는 그 이유를 분명하게 밝혀 서면으로 주최자 또는 연락책임자에게 송달하여야 한다.

제9조(집회 및 시위의 금지 통고에 대한 이의 신청 등)

① 집회 또는 시위의 주최자는 제8조에 따른 금지 통고를 받은 날부터 10일 이내에 해당 경찰관서의 바로 위의 상급경찰관서의 장에게 이의를 신청할 수 있다.

② 제1항에 따른 이의 신청을 받은 경찰관서의 장은 접수 일시를 적은 접수증을 이의 신청인에게 즉시 내주고 접수한 때부터 24시간 이내에 재결(裁決)을 하여야 한다. 이 경우 접수한 때부터 24시간 이내에 재결서를 발송하지 아니하면 관할경찰관서장의 금지 통고는 소급하여 그 효력을 잃는다.

③ 이의 신청인은 제2항에 따라 금지 통고가 위법하거나 부당한 것으로 재결되거나 그 효력을 잃게 된 경우 처음 신고한 대로 집회 또는 시위를 개최할 수 있다. 다만, 금지 통고 등으로 시기를 놓친 경우에는 일시를 새로 정하여 집회 또는 시위를 시작하기 24시간 전에 관할경찰관서장에게 신고함으로써 집회 또는 시위를 개최할 수 있다.

제10조(옥외집회와 시위의 금지 시간)

누구든지 해가 뜨기 전이나 해가 진 후에는 옥외집회 또는 시위를 하여서는 아니 된다. 다만, 집회의 성격상 부득이하여 주최자가 질서유지인을 두고 미리 신고한 경우에는 관할경찰관서장은 질서 유지를 위한 조건을 붙여 해가 뜨기 전이나 해가 진 후에도 옥외집회를 허용할 수 있다.

제11조(옥외집회와 시위의 금지 장소)

누구든지 다음 각 호의 어느 하나에 해당하는 청사 또는 저택의 경계 지점으로부터 100미터 이내의 장소에서는 옥외집회 또는 시위를 하여서는 아니 된다.

1. 국회의사당, 각급 법원, 헌법재판소

2. 대통령 관저(官邸), 국회의장 공관, 대법원장 공관, 헌법재판소장 공관
3. 국무총리 공관. 다만, 행진의 경우에는 해당하지 아니한다.
4. 국내 주재 외국의 외교기관이나 외교사절의 숙소. 다만, 다음 각 목의 어느 하나에 해당하는 경우로서 외교기관 또는 외교사절 숙소의 기능이나 안녕을 침해할 우려가 없다고 인정되는 때에는 해당하지 아니한다.
   가. 해당 외교기관 또는 외교사절의 숙소를 대상으로 하지 아니하는 경우
   나. 대규모 집회 또는 시위로 확산될 우려가 없는 경우
   다. 외교기관의 업무가 없는 휴일에 개최하는 경우

제12조(교통 소통을 위한 제한)

① 관할경찰관서장은 대통령령으로 정하는 주요 도시의 주요 도로에서의 집회 또는 시위에 대하여 교통 소통을 위하여 필요하다고 인정하면 이를 금지하거나 교통질서 유지를 위한 조건을 붙여 제한할 수 있다.

② 집회 또는 시위의 주최자가 질서유지인을 두고 도로를 행진하는 경우에는 제1항에 따른 금지를 할 수 없다. 다만, 해당 도로와 주변 도로의 교통 소통에 장애를 발생시켜 심각한 교통 불편을 줄 우려가 있으면 제1항에 따른 금지를 할 수 있다.

제13조(질서유지선의 설정)

① 제6조제1항에 따른 신고를 받은 관할경찰관서장은 집회 및 시위의 보호와 공공의 질서유지를 위하여 필요하다고 인정하면 최소한의 범위를 정하여 질서유지선을 설정할 수 있다.

② 제1항에 따라 경찰관서장이 질서유지선을 설정할 때에는 주최자 또는 연락책임자에게 이를 알려야 한다.

제14조(확성기등 사용의 제한)

① 집회 또는 시위의 주최자는 확성기, 북, 징, 꽹과리 등의 기계·기구(이하 이 조에서 "확성기등"이라 한다)를 사용하여 타인에게 심각한 피해를 주는 소음으로서 대통령령으로 정하는 기준을 위반하는 소음을 발생시켜서는 아니 된다.

② 관할경찰관서장은 집회 또는 시위의 주최자가 제1항에 따른 기준을 초과하는 소음을 발생시켜 타인에게 피해를 주는 경우에는 그 기준 이하의 소음 유지 또는 확성기등의 사용 중지를 명하거나 확성기등의 일시보관 등 필요한 조치를 할 수 있다.

제15조(적용의 배제)

학문, 예술, 체육, 종교, 의식, 친목, 오락, 관혼상제(冠婚喪祭) 및 국경행사(國慶行事)에 관한 집회에는 제6조부터 제12조까지의 규정을 적용하지 아니한다.

제16조(주최자의 준수 사항)

① 집회 또는 시위의 주최자는 집회 또는 시위에 있어서의 질서를 유지하여야 한다.

② 집회 또는 시위의 주최자는 집회 또는 시위의 질서 유지에 관하여 자신을 보좌하도록 18세 이상의 사람을 질서유지인으로 임명할 수 있다.

③ 집회 또는 시위의 주최자는 제1항에 따른 질서를 유지할 수 없으면 그 집회 또는 시위의 종결(終結)을 선언하여야 한다.

④ 집회 또는 시위의 주최자는 다음 각 호의 어느 하나에 해당하는 행위를 하여서는 아니된다.

1. 총포, 폭발물, 도검(刀劍), 철봉, 곤봉, 돌덩이 등 다른 사람의 생명을 위협하거나 신체에 해를 끼칠 수 있는 기구(器具)를 휴대하거나 사용하는 행위 또는 다른 사람에게 이를 휴대하게 하거나 사용하게 하는 행위
2. 폭행, 협박, 손괴, 방화 등으로 질서를 문란하게 하는 행위
3. 신고한 목적, 일시, 장소, 방법 등의 범위를 뚜렷이 벗어나는 행위

⑤ 옥내집회의 주최자는 확성기를 설치하는 등 주변에서의 옥외 참가를 유발하는 행위를 하여서는 아니 된다.

제17조(질서유지인의 준수 사항 등)

① 질서유지인은 주최자의 지시에 따라 집회 또는 시위 질서가 유지되도록 하여야 한다.

② 질서유지인은 제16조제4항 각 호의 어느 하나에 해당하는 행위를 하여서는 아니 된다.

③ 질서유지인은 참가자 등이 질서유지인임을 쉽게 알아볼 수 있도록 완장, 모자, 어깨띠, 상의 등을 착용하여야 한다.

④ 관할경찰관서장은 집회 또는 시위의 주최자와 협의하여 질서유지인의 수(數)를 적절하게 조정할 수 있다.

⑤ 집회나 시위의 주최자는 제4항에 따라 질서유지인의 수를 조정한 경우 집회 또는 시위를 개최하기 전에 조정된 질서유지인의 명단을 관할경찰관서장에게 알려야 한다.

제18조(참가자의 준수 사항)

① 집회나 시위에 참가하는 자는 주최자 및 질서유지인의 질서 유지를 위한 지시에 따라야 한다.

② 집회나 시위에 참가하는 자는 제16조제4항제1호 및 제2호에 해당하는 행위를 하여서는 아니 된다.

제19조(경찰관의 출입)

① 경찰관은 집회 또는 시위의 주최자에게 알리고 그 집회 또는 시위의 장소에 정복(正服)을 입고 출입할 수 있다. 다만, 옥내집회 장소에 출입하는 것은 직무 집행을 위하여 긴급한 경우에만 할 수 있다.

② 집회나 시위의 주최자, 질서유지인 또는 장소관리자는 질서를 유지하기 위한 경찰관의직무집행에 협조하여야 한다.

제20조(집회 또는 시위의 해산)

① 관할경찰관서장은 다음 각 호의 어느 하나에 해당하는 집회 또는 시위에 대하여는 상당한 시간 이내에 자진(自進) 해산할 것을 요청하고 이에 따르지 아니하면 해산(解散)을명할 수 있다.

1. 제5조제1항, 제10조 본문 또는 제11조를 위반한 집회 또는 시위
2. 제6조제1항에 따른 신고를 하지 아니하거나 제8조 또는 제12조에 따라 금지된 집회 또는 시위
3. 제8조제3항에 따른 제한, 제10조 단서 또는 제12조에 따른 조건을 위반하여 교통 소통 등 질서 유지에 직접적인 위험을 명백하게 초래한 집회 또는 시위
4. 제16조제3항에 따른 종결 선언을 한 집회 또는 시위
5. 제16조제4항 각 호의 어느 하나에 해당하는 행위로 질서를 유지할 수 없는 집회 또는 시위

② 집회 또는 시위가 제1항에 따른 해산 명령을 받았을 때에는 모든 참가자는 지체 없이 해산하여야 한다.

③ 제1항에 따른 자진 해산의 요청과 해산 명령의 고지(告知) 등에 필요한 사항은 대통령령으로 정한다.

제21조(집회·시위자문위원회)

① 집회 및 시위의 자유와 공공의 안녕 질서가 조화를 이루도록 하기 위하여 각급 경찰관서에 다음 각 호의 사항에 관하여 각급 경찰관서장의 자문 등에 응하는 집회·시위자문위원회(이하 이 조에서 "위원회"라 한다)를 둘 수 있다.

1. 제8조에 따른 집회 또는 시위의 금지 또는 제한 통고
2. 제9조제2항에 따른 이의 신청에 관한 재결
3. 집회 또는 시위에 대한 사례 검토
4. 집회 또는 시위 업무의 처리와 관련하여 필요한 사항

② 위원회에는 위원장 1명을 두되, 위원장을 포함한 5명 이상 7명 이하의 위원으로 구성된다.

③ 위원장과 위원은 각급 경찰관서장이 전문성과 공정성 등을 고려하여 다음 각

호의 사람 중에서 위촉한다.

1. 변호사
2. 교수
3. 시민단체에서 추천하는 사람
4. 관할 지역의 주민대표

④ 위원회의 구성·운영 등에 필요한 사항은 대통령령으로 정한다.

제22조(벌칙)

① 제3조제1항 또는 제2항을 위반한 자는 3년 이하의 징역 또는 300만원 이하의 벌금에 처한다. 다만, 군인·검사 또는 경찰관이 제3조제1항 또는 제2항을 위반한 경우에는 5년 이하의 징역에 처한다.

② 제5조제1항 또는 제6조제1항을 위반하거나 제8조에 따라 금지를 통고한 집회 또는 시위를 주최한 자는 2년 이하의 징역 또는 200만원 이하의 벌금에 처한다.

③ 제5조제2항 또는 제16조제4항을 위반한 자는 1년 이하의 징역 또는 100만원 이하의 벌금에 처한다.

④ 그 사실을 알면서 제5조제1항을 위반한 집회 또는 시위에 참가한 자는 6개월 이하의 징역 또는 50만원 이하의 벌금·구류 또는 과료에 처한다.

제23조(벌칙)

제10조 본문 또는 제11조를 위반한 자, 제12조에 따른 금지를 위반한 자는 다음 각 호의 구 분에 따라 처벌한다.

1. 주최자는 1년 이하의 징역 또는 100만원 이하의 벌금
2. 질서유지인은 6개월 이하의 징역 또는 50만원 이하의 벌금·구류 또는 과료
3. 그 사실을 알면서 참가한 자는 50만원 이하의 벌금·구류 또는 과료

제24조(벌칙)

다음 각 호의 어느 하나에 해당하는 자는 6개월 이하의 징역 또는 50만원 이하의 벌금·구류 또는 과료에 처한다.

1. 제4조에 따라 주최자 또는 질서유지인이 참가를 배제했는데도 그 집회 또는 시위에 참가한 자
2. 제6조제1항에 따른 신고를 거짓으로 하고 집회 또는 시위를 개최한 자
3. 제13조에 따라 설정한 질서유지선을 경찰관의 경고에도 불구하고 정당한 사유 없이 상당 시간 침범하거나 손괴·은닉·이동 또는 제거하거나 그 밖의 방법으로 그 효용을 해친 자
4. 제14조제2항에 따른 명령을 위반하거나 필요한 조치를 거부·방해한 자
5. 제16조제5항, 제17조제2항, 제18조제2항 또는 제20조제2항을 위반한 자

제25조(단체의 대표자에 대한 벌칙 적용)

단체가 집회 또는 시위를 주최하는 경우에는 이 법의 벌칙 적용에서 그 대표자를 주최자로 본다.

부칙 〈제8424호, 2007.5.11〉

① (시행일)이 법은 공포한 날부터 시행한다.

② (처분 등에 관한 일반적 경과조치) 이 법 시행 당시 종전의 규정에 따른 행정기관의 행위나 행정기관에 대한 행위는 그에 해당하는 이 법에 따른 행정기관의 행위나 행정기관에 대한 행위로 본다.

③ (벌칙에 관한 경과조치) 이 법 시행 전의 행위에 대하여 벌칙 규정을 적용할 때에는 종전의 규정에 따른다.

④ (다른 법령과의 관계) 이 법 시행 당시 다른 법령에서 종전의 「집회 및 시위에 관한 법률」 또는 그 규정을 인용한 경우에 이 법 가운데 그에 해당하는 규정이 있으면 종전의 규정을 갈음하여 이 법 또는 이 법의 해당 규정을 인용한 것으로 본다.

부칙 (군사기지 및 군사시설 보호법) 〈제8733호, 2007.12.21〉

제1조(시행일) 이 법은 공포 후 9개월이 경과한 날부터 시행한다. 〈단서 생략〉

제2조부터 제9조까지 생략

제10조(다른 법률의 개정) ①부터 〈21〉까지 생략

〈22〉 집회 및 시위에 관한 법률 일부를 다음과 같이 개정한다.

제8조제3항제3호 중 "「군사시설보호법」 제2조제1호"를 "「군사기지 및 군사시설 보호법」 제2조제2호"로 한다.

〈23〉부터 〈30〉까지 생략

제11조 생략

부록4: 집회 및 시위에 관한 법률 시행령

[(타)타법개정 2010.6.28 대통령령 제22224호]

제1조(목적)

이 영은 「집회 및 시위에 관한 법률」에서 위임된 사항과 그 시행에 필요한 사항을 규정함을 목적으로 한다.

제2조(시위방법)

「집회 및 시위에 관한 법률」(이하 "법"이라 한다) 제6조제1항제6호에 따른 시위방법은 다음 각 호의 사항을 말한다.

1. 시위의 대형
2. 차량, 확성기, 입간판, 그 밖에 주장을 표시한 시설물의 이용 여부와 그 수
3. 구호 제창의 여부
4. 진로(출발지, 경유지, 중간 행사지, 도착지 등)
5. 약도(시위행진의 진행방향을 도면으로 표시한 것)
6. 차도·보도·교차로의 통행방법
7. 그 밖에 시위방법과 관련되는 사항

제3조(보완 통고서의 송달)

법 제6조제1항의 규정에 따른 신고서를 접수한 관할경찰서장 또는 지방경찰청장(이하 "관할 경찰관서장"이라 한다)은 법 제7조제2항에 따른 보완 통고서를 주최자나 연락책임자의 책임 있는 사유로 주최자나 연락책임자에게 직접 송달할 수 없는 때에는 다음 각 호의 방법으로 송달할 수 있다.

1. 주최자가 단체인 경우
   주최자 또는 연락책임자의 대리인이나 단체의 사무소에서 근무하는 직원에게 전달하되, 대리인 또는 사무소에서 근무하는 직원에게 전달할 수 없는 때에는 단체의 사무소가 있는 건물의 관리인이나 건물 소재지의 통장 또는 반장에게 전달할 수 있다.
2. 주최자가 개인인 경우
   주최자 또는 연락책임자의 세대주나 가족 중 성년자에게 전달하되, 주최자 또는 연락책임 자의 세대주나 가족 중 성년자에게 전달할 수 없는 때에는 주최자 또는 연락책임자가 거 주하는 건물의 관리인이나 건물 소재지의 통장 또는 반장에게 전달할 수 있다.

제4조(주거지역 등의 범위)

① 법 제8조제3항제1호에서 "이와 유사한 장소"란 주택 또는 사실상 주거의 용도

로 사용되고 있는 건축물이 있는 지역과 이와 인접한 공터·도로 등을 포함한 장소를 말한다.

② 법 제8조제3항제1호에 따른 재산 또는 시설에 피해가 발생하거나 사생활의 평온을 해치는 경우란 함성, 구호의 제창, 확성기·북·징·꽹과리 등 기계·기구(이하 "확성기등"이라 한다)의 사용, 사람에게 모욕을 줄 수 있는 구호·낙서 및 유인물 배포, 돌·화염병의투척 등 폭력행위나 그 밖의 방법으로 재산·시설에 손해를 입히거나 사생활의 평온을 해치는 것을 말한다.

③ 법 제8조제3항제2호 및 제3호에서 "주변 지역"이란 학교 또는 군사시설의 출입문, 담장 및 이와 인접한 공터·도로 등을 포함한 장소를 말한다.

제5조(주거지역 등에서의 집회 또는 시위의 제한·금지 요청)

법 제8조제3항에 따른 시설이나 장소의 보호 요청은 주거지역이나 이와 유사한 장소의 거주자나 관리자 또는 학교나 군사시설의 거주자나 관리자가 그 이유 등을 명확하게 밝혀 관할 경찰관서장이나 집회 또는 시위의 장소에 있는 국가경찰공무원에게 서면이나 구두로 하여야 한다. 이 경우 구두로 요청할 때에는 지체 없이 그 이유 등을 명확하게 밝힌 서면을 제출하여야 한다.

제6조(주거지역 등에서의 집회 또는 시위의 제한 내용)

법 제8조제3항에 따라 집회 또는 시위를 제한할 수 있는 내용은 다음 각 호와 같다.

1. 집회 또는 시위의 일시·장소 및 참가인원
2. 확성기등의 사용, 구호의 제창, 낙서, 유인물 배포 등 집회 또는 시위의 방법

제7조(금지·제한 통고서의 송달)

관할 경찰관서장은 법 제8조제4항에 따른 집회 또는 시위의 금지·제한 통고서를 주최자나 연락책임자의 책임 있는 사유로 주최자나 연락책임자에게 직접 송달할 수 없는 때에는 제3조 각 호의 방법에 준하여 송달할 수 있다.

제8조(이의 신청의 통지 및 답변서 제출)

① 법 제9조제1항에 따른 이의 신청을 받은 경찰관서장은 즉시 집회 또는 시위의 금지를 통고한 경찰관서장에게 이의 신청의 취지와 이유(이의 신청시 증거서류나 증거물을 제출한 경우에는 그 요지를 포함한다)를 알리고, 답변서의 제출을 명하여야 한다.

② 제1항에 따른 답변서에는 금지 통고의 근거와 이유를 구체적으로 밝히고 이의 신청에 대한 답변을 적되 필요한 증거서류나 증거물이 있으면 함께 제출하여야 한다.

제9조(재결의 통지)

이의 신청을 받은 경찰관서장은 법 제9조제2항에 따라 재결을 한 때에는 집회 또

는 시위의 금지를 통고한 경찰관서장에게 재결 내용을 즉시 알려야 한다.

제10조(재결서 또는 판결문 사본의 첨부)

법 제9조제3항 단서에 따르거나 행정소송을 거쳐 새로 집회 또는 시위의 일시를 정하여 신고를 할 때에는 신고서에 재결서 또는 판결문의 사본을 첨부하여야 한다.

제11조(야간옥외집회의 조건부 허용)

① 법 제10조 단서에 따라 해가 뜨기 전이나 해가 진 후의 옥외집회를 신고하는 자는 해가 뜨기 전이나 해가 진 후 옥외집회를 하여야 하는 사유를 적고 필요한 자료를 제출하여야 한다.

② 관할 경찰관서장은 법 제10조 단서에 따라 해가 뜨기 전이나 해가 진 후의 옥외집회를 허용하는 경우에는 서면으로 질서 유지를 위한 조건을 구체적으로 밝혀 주최자에게 알려야 한다.

제12조(주요 도시의 주요 도로에서의 집회·시위)

① 법 제12조제1항에 따른 주요 도시의 주요 도로의 범위는 별표 1과 같다.

② 관할 경찰관서장은 법 제12조제1항에 따라 주요 도시의 주요 도로에서의 집회 또는 시위에 대하여 교통질서를 유지하기 위한 조건을 붙여 제한하는 경우에는 서면으로 그 조건을 구체적으로 밝혀 주최자에게 알려야 한다.

제13조(질서유지선의 설정·고지 등)

① 관할 경찰관서장은 집회 및 시위의 보호와 공공의 질서 유지를 위하여 다음 각 호의 어느 하나에 해당하는 경우에는 법 제13조제1항에 따라 질서유지선을 설정할 수 있다.

1. 집회·시위의 장소를 한정하거나 집회·시위의 참가자와 일반인을 구분할 필요가 있을 경우
2. 집회·시위의 참가자를 일반인이나 차량으로부터 보호할 필요가 있을 경우
3. 일반인의 통행 또는 교통 소통 등을 위하여 필요할 경우
4. 다음 각 목의 어느 하나의 시설 등에 접근하거나 행진하는 것을 금지하거나 제한할 필요가 있을 경우
   가. 법 제11조에 따른 집회 또는 시위가 금지되는 장소
   나. 통신시설 등 중요시설
   다. 위험물시설
   라. 그 밖에 안전 유지 또는 보호가 필요한 재산·시설 등
5. 집회·시위의 행진로를 확보하거나 이를 위한 임시횡단보도를 설치할 필요가 있을 경우
6. 그 밖에 집회·시위의 보호와 공공의 질서 유지를 위하여 필요할 경우

② 법 제13조제2항에 따른 질서유지선의 설정 고지는 서면으로 하여야 한다. 다만, 집회 또는 시위 장소의 상황에 따라 질서유지선을 새로 설정하거나 변경하는 경우에는 집회 또는 시위의 장소에 있는 국가경찰공무원이 구두로 알릴 수 있다.

제14조(확성기등의 소음기준)

법 제14조제1항에 따른 확성기등의 소음기준은 별표 2와 같다.

제15조(질서유지인의 완장 등의 통일)

법 제17조제3항에 따른 질서유지인의 완장·모자·어깨띠 또는 상의 등은 종류·모양 및 색상이 통일되어야 한다.

제16조(조정된 질서유지인 명단의 통보방법)

법 제17조제4항 및 제5항에 따라 조정된 질서유지인의 명단은 서면으로 통보하여야 한다.

제17조(집회 또는 시위의 자진 해산의 요청 등)

법 제20조에 따라 집회 또는 시위를 해산시키려는 때에는 관할 경찰관서장 또는 관할 경찰관서장으로부터 권한을 부여받은 국가경찰공무원은 다음 각 호의 순서에 따라야 한다. 다만, 법 제20조제1항제1호·제2호 또는 제4호에 해당하는 집회·시위의 경우와 주최자·주관자·연락책임자 및 질서유지인이 집회 또는 시위 장소에 없는 경우에는 종결 선언의 요청을 생략할 수 있다.

1. 종결 선언의 요청

주최자에게 집회 또는 시위의 종결 선언을 요청하되, 주최자의 소재를 알 수 없는 경우에는 주관자·연락책임자 또는 질서유지인을 통하여 종결 선언을 요청할 수 있다.

2. 자진 해산의 요청

제1호의 종결 선언 요청에 따르지 아니하거나 종결 선언에도 불구하고 집회 또는 시위의 참가자들이 집회 또는 시위를 계속하는 경우에는 직접 참가자들에 대하여 자진 해산할 것을 요청한다.

3. 해산명령 및 직접 해산

제2호에 따른 자진 해산 요청에 따르지 아니하는 경우에는 세 번 이상 자진 해산할 것을 명령하고, 참가자들이 해산명령에도 불구하고 해산하지 아니하면 직접 해산시킬 수 있다.

제18조(집회·시위자문위원회의 운영 등)

① 법 제21조에 따른 집회·시위자문위원회(이하 이 조에서 "위원회"라 한다)의 위원장 및 위원의 임기는 2년으로 한다.

② 위원장은 위원회를 대표하며, 위원회의 업무를 총괄한다.

③ 위원장이 부득이한 사유로 직무를 수행할 수 없을 때에는 위원 중 연장자 순으로 위원장의 직무를 대리한다.

④ 위원회의 회의는 각급 경찰관서장의 요청에 따라 위원장이 소집한다.

⑤ 위원회의 회의는 재적위원 과반수의 출석으로 개의하고 출석위원 과반수의 찬성으로 의결한다.

⑥ 위원회는 필요하면 위원이 아닌 자를 위원회의 회의에 출석하게 하여 그 의견을 들을 수 있다.

⑦ 각급 경찰관서장은 위원회의 위원 등에 대하여 예산의 범위에서 수당, 여비, 그 밖의 필요한 경비를 지급할 수 있다.

⑧ 이 영에서 정한 사항 외에 위원회의 운영 등에 관하여 필요한 사항은 경찰청장이 정한다.

부칙 〈제20307호, 2007.10.4〉

제1조(시행일) 이 영은 공포한 날부터 시행한다.

제2조(다른 법령과의 관계) 이 영 시행 당시 다른 법령에서 종전의 「집회 및 시위에 관한 법률 시행령」 또는 그 규정을 인용한 경우 이 영 중 그에 해당하는 규정이 있는 때에는 종전의 규정에 갈음하여 이 영 또는 이 영의 해당 조항을 인용한 것으로 본다.

부칙(소음·진동관리법 시행령) 〈제22224호, 2010.6.28〉

제1조(시행일) 이 영은 2010년 7월 1일부터 시행한다.

제2조 및 제3조 생략

제4조(다른 법령의 개정) ①부터 ⑬까지 생략

⑭ 집회 및 시위에 관한 법률 시행령 일부를 다음과 같이 개정한다.

별표 2 비고 제5호 중 "「소음·진동규제법」 제6조에 따른 소음·진동 공정시험 방법"을 "「환경분야 시험·검사 등에 관한 법률」 제6조제1항제2호에 따른 분야의 환경오염 공정시험기준"으로 한다.

⑮부터 〈17〉까지 생략

제5조 생략

부록5: 국가공무원법[일부개정 2011.5.23 법률 제10699호 시행일 2011.8.24] 중 초·중·고교 교원 정치참여 금지 조항

제65조(정치 운동의 금지)

① 공무원은 정당이나 그 밖의 정치단체의 결성에 관여하거나 이에 가입할 수 없다.

② 공무원은 선거에서 특정 정당 또는 특정인을 지지 또는 반대하기 위한 다음의 행위를 하여서는 아니 된다.

1. 투표를 하거나 하지 아니하도록 권유 운동을 하는 것
2. 서명 운동을 기도(企圖)·주재(주재)하거나 권유하는 것
3. 문서나 도서를 공공시설 등에 게시하거나 게시하게 하는 것
4. 기부금을 모집 또는 모집하게 하거나, 공공자금을 이용 또는 이용하게 하는 것
5. 타인에게 정당이나 그 밖의 정치단체에 가입하게 하거나 가입하지 아니하도록 권유운동을 하는 것

③ 공무원은 다른 공무원에게 제1항과 제2항에 위배되는 행위를 하도록 요구하거나, 정치적 행위에 대한 보상 또는 보복으로서 이익 또는 불이익을 약속하여서는 아니 된다.

④ 제3항 외에 정치적 행위의 금지에 관한 한계는 국회규칙, 대법원규칙, 헌법재판소규칙, 중앙선거관리위원회규칙 또는 대통령령으로 정한다.

제66조(집단 행위의 금지)

① 공무원은 노동운동이나 그 밖에 공무 외의 일을 위한 집단 행위를 하여서는 아니 된다. 다만, 사실상 노무에 종사하는 공무원은 예외로 한다.

② 제1항 단서의 사실상 노무에 종사하는 공무원의 범위는 국회규칙, 대법원규칙, 헌법재판소규칙, 중앙선거관리위원회규칙 또는 대통령령으로 정한다.

③ 제1항 단서에 규정된 공무원으로서 노동조합에 가입된 자가 조합 업무에 전임하려면 소속 장관의 허가를 받아야 한다.

④ 제3항에 따른 허가에는 필요한 조건을 붙일 수 있다.

부록6: 지방공무원법[일부개정 2011.5.23 법률 제10700호 시행일 2011.8.24] 중 초·중·고교 교원 정치참여 금지 조항

第57조(정치운동의 금지)

① 공무원은 정당이나 그 밖의 정치단체의 결성에 관여하거나 가입할 수 없다.

② 공무원은 선거에서 특정정당 또는 특정인을 지지하거나 반대하기 위하여 다음 각 호의 어느 하나에 해당하는 행위를 하여서는 아니 된다.

1. 투표를 하거나 하지 아니하도록 권유하는 것
2. 서명운동을 기획·주재하거나 권유하는 것
3. 문서 또는 도화(圖畵)를 공공시설 등에 게시하거나 게시하게 하는 것
4. 기부금품을 모집하거나 모집하게 하는 행위 또는 공공자금을 이용하거나 이용하게 하는 것
5. 타인에게 정당이나 그 밖의 정치단체에 가입하게 하거나 가입하지 아니하도록 권유하는 것

③ 공무원은 다른 공무원에게 제1항과 제2항에 위배되는 행위를 하도록 요구하거나 정치적 행위에 대한 보상 또는 보복으로 이익 또는 불이익을 약속하여서는 아니 된다.

④ 제1항부터 제3항까지에서 규정한 사항 외에 공무원의 정치적 행위의 금지에 관한 한계는 대통령령으로 정한다.〈신설 2011.5.23〉

第58조(집단행위의 금지)

① 공무원은 노동운동이나 그 밖에 공무 외의 일을 위한 집단행위를 하여서는 아니 된다. 다만, 사실상 노무에 종사하는 공무원은 예외로 한다.

② 제1항 단서에 규정된 사실상 노무에 종사하는 공무원의 범위는 조례로 정한다.

③ 제1항 단서에 규정된 사실상 노무에 종사하는 공무원으로서 노동조합에 가입한 사람이 조합업무를 전임(專任)으로 하려면 소속 지방자치단체의 장의 허가를 받아야 한다.

④ 제3항에 따른 허가에는 필요한 조건을 붙일 수 있다.

부록7: 청소년보호법 [일부개정 2011.7.28 법률 제10980호 시행일 2012.1.29]

제7조 (매체물의 범위)

이 법에서 매체물이라 함은 다음 각 호의 1에 해당하는 것을 말한다. [개정 99·2·5, 2001·5·24, 2004.1.29, 2005.3.24, 2006.4.28 제7943호(영화 및 비디오물의 진흥에 관한 법률), 2009.7.30 제21657호(외국인투자촉진법시행령)][[시행일 2009.7.31]]

1. 「영화 및 비디오물의 진흥에 관한 법률」의 규정에 의한 비디오물, 「게임산업진흥에 관한 법률」에 의한 게임물 및 「음악산업진흥에 관한 법률」에 의한 음반
2. 삭제 [2001·5·24]
3. 「공연법」 및 「영화 및 비디오물의 진흥에 관한 법률」의 규정에 의한 영화·연극·음악·무용, 기타 오락적 관람물
4. 「전기통신사업법」 및 「전기통신기본법」의 규정에 의한 전기통신을 통한 부호·문언·음향 또는 영상정보
5. 「방송법」의 규정에 의한 방송프로그램. 다만, 보도방송프로그램을 제외한다.
6. 「신문 등의 진흥에 관한 법률」에 따른 일반일간신문(주로 정치·경제·사회에 관한 보도·논평 및 여론을 전파하는 신문을 제외한다)·특수일간신문(경제·산업·과학·종교분야를 제외한다)·일반주간신문(정치·경제분야를 제외한다)·특수주간신문(경제·산업·과학·시사·종교분야를 제외한다), 「잡지 등 정기간행물의 진흥에 관한 법률」에 따른 잡지(정치·경제·산업·과학·시사·종교분야를 제외한다) 및 대통령령으로 정하는 그 밖의 간행물(이하 "정기간행물등"이라 한다)과 정기간행물 외의 간행물 중 만화·사진첩·화보류·소설 등의도서류, 전자출판물, 그 밖에 대통령령으로 정하는 것
7. 「옥외광고물 등 관리법」의 규정에 의한 간판·입간판·벽보·전단 기타 이와 유사한 상업적 광고선전물과 제1호 내지 제6호의 규정에 의한 각종 매체물에 수록·게재·전시, 기타방법으로 포함된 상업적 광고선전물
8. 기타 청소년의 정신적·신체적 건강을 해칠 우려가 있다고 인정되는 것으로서 대통령령이 정하는 매체물

제8조 (청소년유해매체물의 심의·결정)

① 청소년보호위원회는 제7조의 규정에 의한 매체물의 청소년에 대한 유해여부를 심의하여 청소년에게 유해하다고 인정되는 매체물에 대하여는 청소년유해매체물로 결정하여야 한다. 다만, 다른 법령의 규정에 의하여 당해 매체물의 윤리성·건전성의 심의를 할 수 있는 기관(이하 "각 심의기관"이라 한다)이 있는 경우에는 그러하지 아니하다. [개정 2004.1.29, 2005.3.24, 2005.12.29, 2008.2.29]

② 청소년보호위원회는 각 심의기관이 해당 매체물에 대하여 청소년유해여부의 심의를 하지 아니할 경우 청소년보호를 위하여 필요하다고 인정할 때에는 그 심의를 하도록 요청할 수 있다. [개정 2005.3.24, 2005.12.29, 2008.2.29]

③ 청소년보호위원회는 제1항 단서의 규정에 불구하고 다음 각 호의 1에 해당하는 매체물에 대하여는 청소년에 대한 유해여부를 심의하여 청소년에게 유해하다고 인정되는 매체물에 대하여는 청소년유해매체물로 결정할 수 있다. [개정 2005.3.24, 2005.12.29, 2008.2.29]

1. 제1항 단서의 각 심의기관의 요청이 있는 매체물
2. 제1항 단서의 각 심의기관의 청소년유해여부 심의를 받지 아니하고 유통되는 매체물

④ 청소년보호위원회 또는 각 심의기관은 매체물 심의결과 그 매체물의 내용이 형법등 다른 법령에 의하여 유통이 금지되는 내용이라고 판단되는 경우에는 그 매체물에 대한 청소년 유해매체물 결정을 하기 전에 관계기관에 형사처벌 또는 행정처분을 요청하여야 한다. 다만, 각 심의기관별로 해당법령에서 별도의 절차가 있는 경우에는 그 절차에 의한다. [신설 1999.2.5, 2005.3.24, 2005.12.29, 2008.2.29]

⑤ 청소년보호위원회 또는 각 심의기관은 제작·발행의 목적 등에 비추어 청소년이 아닌 자를 상대로 제작·발행되거나, 매체물 각각에 대하여 청소년유해매체물로 결정하여서는 당해 매체물이 청소년에게 유통되는 것을 차단할 수 없는 매체물에 대하여는 신청 또는 직권에 의하여 매체물의 종류, 제목, 내용 등을 특정하여 청소년유해매체물로 결정할 수 있다. [신설 1999.2.5, 2005.3.24, 2005.12.29, 2008.2.29]

⑥ 청소년보호위원회의 심의·결정방법 등 기타 필요한 사항은 대통령령으로 정한다. [개정2005.3.24, 2005.12.29, 2008.2.29]

제9조 (등급구분 등)

① 청소년보호위원회와 각 심의기관은 제8조의 규정에 의한 청소년유해매체물의 심의·결정 시에 청소년유해매체물로 심의·결정하지 아니한 매체물에 대하여는 청소년유해의 정도, 이용청소년의 연령, 당해 매체물의 특성, 이용시간과 장소 등을 감안하여 필요한 경우에 당해 매체물의 등급을 구분할 수 있다. [개정 2005.3.24, 2005.12.29, 2008.2.29]

② 청소년보호위원회는 각 심의기관이 해당 매체물에 대한 청소년유해여부의 심의·결정시제1항의 규정에 의한 등급구분을 하도록 요청할 수 있다. [개정 2005.3.24, 2005.12.29, 2008.2.29]

③ 제1항 및 제2항의 규정에 의한 등급구분의 대상·종류·방법 등에 대하여 필요한 사항은 대통령령으로 정한다.

제10조 (청소년유해매체물의 심의기준)

① 청소년보호위원회와 각 심의기관은 제8조의 규정에 의한 심의를 함에 있어서 당해 매체물이 다음 각 호의 1에 해당하는 경우에는 청소년유해매체물로 결정하여야 한다. [개정2005.3.24, 2005.12.29, 2008.2.29]

1. 청소년에게 성적인 욕구를 자극하는 선정적인 것이거나 음란한 것
2. 청소년에게 포악성이나 범죄의 충동을 일으킬 수 있는 것
3. 성폭력을 포함한 각종 형태의 폭력행사와 약물의 남용을 자극하거나 미화하는 것
4. 청소년의 건전한 인격과 시민의식의 형성을 저해하는 반사회적·비윤리적인 것
5. 기타 청소년의 정신적·신체적 건강에 명백히 해를 끼칠 우려가 있는 것

② 제1항의 규정에 의한 기준을 구체적으로 적용함에 있어서는 현재 국내사회에서의 일반적인 통념에 따르며 그 매체물이 가지고 있는 문학적·예술적·교육적·의학적·과학적 측면과 그 매체물의 특성을 동시에 고려하여야 한다.

③ 청소년유해여부에 관한 구체적인 심의기준과 그 적용에 관하여 필요한 사항은 대통령령으로 정한다.